江苏省高等学校重点教材

大数据管理与应用系列教材

商业数据分析

米传民 肖 琳 王俊杰 王玉森 / 编著

科学出版社

北京

内 容 简 介

随着大数据、人工智能、云计算以及管理科学理论的发展，数据分析成为商业分析必不可少的内容。本教材综合传统数据分析和机器学习最新理论内容，共包括八个部分（导论、数据预处理、商业数据统计分析、数据挖掘与机器学习、文本挖掘与情感分析、数据可视化、商业决策分析、两个数据分析综合案例），以数据分析流程为主线，既涵盖了数据分析的理论内容，又避免了与相关课程的简单重复。

本书可满足大数据管理与应用、管理科学与工程、信息管理与信息系统等专业的老师、学生的教学需要，还可以作为工业和信息化部门、现代制造企业的管理干部、工程技术人员的自学参考书。

图书在版编目（CIP）数据

商业数据分析 / 米传民等编著. —北京：科学出版社，2023.12
江苏省高等学校重点教材
大数据管理与应用系列教材
ISBN 978-7-03-075893-4

Ⅰ. ①商⋯ Ⅱ. ①米⋯ Ⅲ. ①商业信息–数据处理–高等学校–教材 Ⅳ. ①F713.51

中国国家版本馆 CIP 数据核字（2023）第 116702 号

责任编辑：方小丽 / 责任校对：姜丽策
责任印制：赵 博 / 封面设计：有道设计

科 学 出 版 社 出版
北京东黄城根北街 16 号
邮政编码：100717
http://www.sciencep.com

三河市骏杰印刷有限公司印刷
科学出版社发行 各地新华书店经销

*

2023 年 12 月第 一 版　开本：787×1092　1/16
2025 年 2 月第三次印刷　印张：16 1/2
字数：391 000

定价：48.00 元
（如有印装质量问题，我社负责调换）

前　言

党的二十大报告指出："加快发展数字经济，促进数字经济和实体经济深度融合，打造具有国际竞争力的数字产业集群。"[①]在当今数字时代，数据成为企业决策的核心驱动力。我国在经济产业发展过程中，必须加强数字经济建设，必须重视数字化、科学化管理。无论是大型跨国企业还是初创公司，都在不断积累和利用数据以提升业务绩效、降低成本、增强竞争力。然而，要想从庞大的数据海洋中提炼出对业务有价值的信息，并做出科学的商业决策，并非易事。这就需要企业拥有一支懂得如何采集、清洗、分析和解释数据的专业团队。本教材的编著旨在满足不同背景的学习者，帮助他们深入了解数据分析的基本原理、方法和工具，使其能够在日常业务中灵活运用数据来做出科学的决策，从而培养出具备商业数据分析技能的专业人才。

本教材结合大数据、数据科学的发展带来的商业数据分析思路和方法的演进，包括机器学习、文本分析等最新的商业分析思路和方法，融知识性、思想性和实践性于一体。本教材具有如下主要特点。

（1）章节逻辑上，以数据分析流程为主线，融合多种数据分析方法，并结合案例对数据分析的目的、工具、结果进行深入透彻的分析。

（2）内容框架上，包括数据预处理、商业数据统计分析、文本挖掘与情感分析、数据挖掘与机器学习、数据可视化和商业决策分析等内容。

（3）结构体系上，本教材包括八个部分（导论、数据预处理、商业数据统计分析、数据挖掘与机器学习、文本挖掘与情感分析、数据可视化、商业决策分析、大数据下的计算分析综合案例），以数据分析流程为主线，既涵盖了数据分析的理论内容，又避免了与相关课程的低级重复。

本教材第1、2、4、5、6章由米传民编著，第3、7章由王俊杰编著，第8章由肖琳编著，第9章由王玉森编著。全书由米传民负责统稿。

本教材适用于各类商科专业（包括但不局限于管理科学与工程、信息管理与信息系

[①] 习近平：高举中国特色社会主义伟大旗帜　为全面建设社会主义现代化国家而团结奋斗——在中国共产党第二十次全国代表大会上的报告，https://www.gov.cn/xinwen/2022-10/25/content_5721685.htm。

统、大数据管理与应用等）的学生和工商管理硕士（MBA）、企业员工以及对商业数据分析感兴趣的从业者。无论是初学者还是有一定经验的数据分析师，都能通过本教材受益。本教材通过实例和案例，以简洁清晰的语言向读者阐释复杂的概念，使其更容易理解和应用。

  商业数据分析不仅是一门课程，更是一项能够推动企业创新和发展的关键技能。通过深入学习本教材内容，读者能够掌握从数据中发现商机、优化运营和提高竞争力的核心能力。希望本教材能够成为读者在商业数据分析领域探索的起点，激发他们对数据的热爱，提高他们在商业决策中运用数据的信心和能力。

  在教材编著过程中，所有参编人员付出了很大的努力，在此表示感谢。另外，科学出版社的方小丽编辑认真而细致的工作态度和高度的专业素养，给编著者留下了极为深刻的印象，在此谨致敬意！同时，感谢书中所列参考资料的各位作者，他们的研究成果为本教材的顺利撰写和出版提供了文献和数据资料的支持；感谢科学出版社为本教材的出版所做的大量工作，保障了本教材质量。书中难免出现这样或那样的不足，敬请读者批评指正。

米传民

2023 年 12 月 18 日于南京

联系邮箱：cmmi@nuaa.edu.cn

目　录

第一章
导论 ··· 1
第一节　什么是商业数据分析 ······································· 1
第二节　数据分类与数据模型 ······································· 4
第三节　大数据时代的商业数据分析 ······························ 10
第四节　大数据在数据分析中的应用 ······························ 18
第五节　商业数据分析工具 ··· 21
本章习题 ·· 31

第二章
数据预处理 ··· 32
第一节　数据预处理概述 ·· 32
第二节　数据质量 ·· 34
第三节　数据审计 ·· 35
第四节　数据清洗 ·· 36
第五节　数据变换 ·· 42
第六节　数据集成和数据排序 ······································ 44
第七节　其他数据预处理 ·· 46
本章习题 ·· 48

第三章
商业数据统计分析 ·· 50
第一节　回归分析 ·· 50

第二节 方差分析 …………………………………………………………… 62
第三节 时间序列分析 ………………………………………………………… 72
第四节 灰色预测模型 ………………………………………………………… 83
本章习题 …………………………………………………………………………… 88

第四章
数据挖掘与机器学习 …………………………………………………… 92
第一节 数据挖掘基本概念 …………………………………………………… 92
第二节 机器学习基本概念 …………………………………………………… 96
第三节 一元线性回归机器学习 …………………………………………… 103
第四节 分类机器学习 ………………………………………………………… 107
第五节 神经网络与深度学习 ……………………………………………… 110
第六节 机器学习典型算法 ………………………………………………… 120
本章习题 ………………………………………………………………………… 124

第五章
文本挖掘与情感分析 ………………………………………………… 125
第一节 文本挖掘概述 ………………………………………………………… 125
第二节 文本挖掘过程 ………………………………………………………… 129
第三节 文本挖掘工具 ………………………………………………………… 143
第四节 文本情感分析 ………………………………………………………… 144
本章习题 ………………………………………………………………………… 152

第六章
数据可视化 ………………………………………………………………… 153
第一节 数据可视化概述 …………………………………………………… 153
第二节 数据可视化的实现过程和方法体系 …………………………… 157
第三节 数据可视化工具 …………………………………………………… 159
本章习题 ………………………………………………………………………… 167

第七章
商业决策分析 …………………………………………………………… 171
第一节 决策分析概述 ………………………………………………………… 171
第二节 确定型决策分析 …………………………………………………… 180
第三节 不确定型决策分析 ………………………………………………… 182

第四节　风险型决策分析 ･･････････････････････････････ 184
　　第五节　多属性决策方法 ････････････････････････････････ 193
　　第六节　灰色决策 ･･･････････････････････････････････････ 202
　　本章习题 ･･ 215

第八章

住院费用影响因素挖掘 ････････････････････････････････････ 219

　　第一节　案例背景 ･･･････････････････････････････････････ 219
　　第二节　数据预处理 ････････････････････････････････････ 220
　　第三节　不同治疗类别的治疗费用差异分析 ･････････････ 225
　　第四节　住院费用的影响因素分析 ･･････････････････････ 234
　　结论 ･･ 238

第九章

基于大数据分析平台的 L 集团销售商机预测 ････････････ 239

　　第一节　案例背景 ･･･････････････････････････････････････ 239
　　第二节　L 集团销售过程管理 ･･･････････････････････････ 240
　　第三节　L 集团销售线索管理 ･･･････････････････････････ 243
　　第四节　销售商机分析大数据平台建设 ･･････････････････ 245
　　第五节　销售商机分析大数据平台应用 ･･････････････････ 250

参考文献 ･･ 255

第一章

导　论

本章要点：
（1）商业数据分析的基本概念。
（2）商业数据分析的基本流程与算法。
（3）大数据的概念与应用。

学习要求：
掌握商业数据分析的基本概念、商业数据分析的流程，了解常用的数据分析算法，理解大数据的特点及其应用场景；了解商业数据分析的基本工具。

第一节　什么是商业数据分析

一、数据和信息

在一般的汉语含义中，"数据"就是"数值"，也就是我们通过观察、实验或计算得出的结果。然而在计算机领域，"数据"与"数值"是两个不同的概念，"数值"仅仅是"数据"的一种存在形式而已。除了"数值"，计算机、大数据领域中所说的"数据"还包括文字、图形、图像、动画、文本、语音、视频、多媒体和富媒体等多种类型，例如，"1、2、3""学生的档案记录""货物的运输情况"等都是数据。

因此，在计算机和大数据分析领域，数据是事实或观察的结果，是对客观事物的逻辑归纳，是用于表示客观事物的未经加工的原始素材。更详细的定义，数据是指对客观事物进行记录并可以鉴别的符号，是对客观事物的性质、状态以及相互关系等进行记载的物理符号或这些物理符号的组合，是可识别的、抽象的符号。

数据加工后就成为信息，信息与数据既有区别，又有联系。

1. 区别

数据是符号，是物理性的；信息是对数据进行加工处理之后所得到的，并对决策产生影响的数据，是逻辑性的。

2. 联系

（1）数据是信息的表现形式和载体，可以是符号、文字、数字、语音、图像、视频等。而信息是数据的内涵，信息加载于数据之上，对数据做出具有含义的解释。

（2）数据和信息是不可分离的，信息依赖数据来表达，数据则生动具体地传达出信息。

（3）数据本身没有意义，数据只有对实体行为产生影响时才成为信息。

二、商业数据分析的概述

商业数据分析是企业日常运营管理中的重要工作之一，是企业管理科学化与工程化的重要内容。比如以下三家公司面临的问题：

（1）阿里巴巴的天猫电子商务网站是如何推荐商品的？

（2）为什么通用电气要从销售的飞机引擎中收集大数据？

（3）迪士尼的服务有什么特别之处？

这三家公司对数据进行分析，以做出更优的决策，为客户更好地服务。

（1）通过数据分析，阿里巴巴将销售数据转化为洞察力，通过分析数以百万计的购买数据来找到相似的客户，并预测其可能购买的产品。

（2）当发动机需要维修时，通用电气可以根据传感器数据提前进行预测。

（3）根据填写的调查，迪士尼可以提醒服务员，游客更喜欢展台而不是桌子，游客最喜欢的角色是米妮老鼠。当游客到达后，游客可以坐在展台旁休息或等待，米妮也会特意在午餐时间来看看游客。

商业数据分析是根据定量数据形成商业决策的实践和艺术，具体指的是对方案进行经济效益分析，从财务上进一步判断它是否符合企业目标。

商业数据分析对于不同的组织其含义不尽相同。数据分析的下一层便是"商业智能"，具体是指数据可视化的使用和对"发生过的事和正在发生的事"的展示和理解。数据可视化一般使用图、表格、仪表板显示等功能来实现。此前商业智能主要是生成静态报告，而如今的商业智能已经演变成更友好、更有效的工具和方法，如创建交互式仪表板，不仅可以让用户访问实时数据，也可以让用户直接与它进行交互。

商业数据分析包括了一系列更先进的数据分析方法，如统计模型、数据挖掘、机器学习、灰色系统建模等。

三、商业数据分析的流程概述

商业数据分析流程分成六个步骤，以商业目标的明晰为开端，以部署为结尾，其中带有多个反馈回路，如图1.1所示。具体包括以下六个数据分析流程步骤。

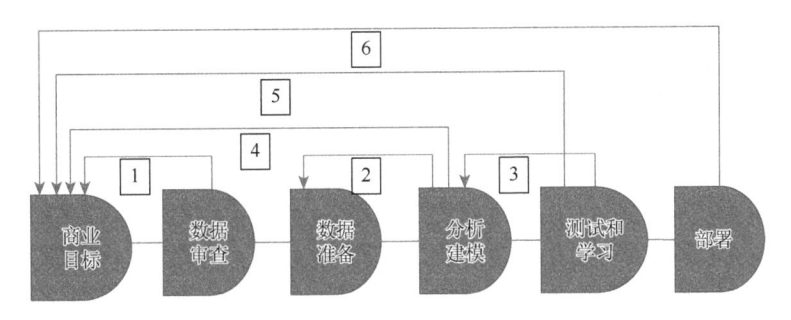

图 1.1 商业数据分析流程

1. 商业目标

在这一步骤需要提出明确的商业问题，并定义预期成果。

2. 数据审查

一旦确定了目标，数据分析团队应该快速将重点集中到潜在分析模型所需要的数据上，并对其进行一次彻底的数据审查，确定数据在现存数据分析基本框架中的实用性。如果存在数据质量或数量方面的问题，团队应返回到第一步，与企业商定如何修订目标，或是搜集或清洁出更多的数据。

3. 数据准备

一旦确定具备了符合质量和数量要求的数据，就要将其转换成正确的格式，以便能运用到将要建立的模型中。

4. 分析建模

数据挖掘标准流程中单独的建模步骤，在数据分析流程中将扩展成下列三个子步骤，具体如下。

1）商业校准

在建立任何商业分析模型之前，必须将商业目标转化成一系列的分析建模目标和描述。要正确地做到这一点，必须要有一个对建模和企业战略都了然于胸的负责人来引领这一步骤。

根据商业目标和数据进行建模分析，企业往往会以下列两种方式发生定位失败。第一种，分析建模的说明性要求是企业基于原有知识和认知来制定的，而这些知识从根本上限制了知识发现的过程，同时随着时间的推移，这些要求将数据分析团队变成了简单的命令接受者。第二种，由于缺乏分析知识，企业领导人将整个知识发现的工作完全交到建模师手中，可能带来如下的负面影响：浪费时间，分析团队花费很多时间将方案过度工程化；由于数据分析团队缺乏企业内部运营的商业知识，产生了无法付诸实践的方案；由于结果缺乏严密性和简洁性分析，建模师丢弃了部分对企业有重要影响的观点，致使企业错失商业机会。

2）模型建立

在达成一致目标之后，就可以开始完善实际模型中的建模目标。可以根据数据特征、企业条件和模型性能选择具体模型。往往需要建立一系列的模型，并进行对比测试，然后从中选出性能最佳的模型。在这个阶段，我们可能需要进一步修正一些数据和参数。

3）模型观点萃取

分析专家通常会将 10%的时间花费在数据准备上，并用 70%～80%的时间建立模型，另外 10%～20%的时间则用在萃取观点上。在理想情况下，应该将 1/3 的时间放在数据准备上，1/3 的时间用于建立模型，1/3 的时间用于萃取观点。这个环节经常会出现更多问题，并且需要在发现新观点的同时修正一些过去的想法和假设。

5. 测试和学习

一旦验证了模型，同时与企业确认了观点，下一步需要将模型的测试结果转化成核心驱动因素和具有明确指标的实际商业行为。首先，在用于实际部署的数据中选一个子集进行测试。如果测试结果不支持模型的观点，那么就要重新审视模型，以便确定其原因是数据或模型输入错误，还是市场条件发生了变化。

6. 部署

该环节需要合理地部署所有的资源。在部署环节，应对测试和学习环节所发现的结果进行衡量和基准测试。

第二节　数据分类与数据模型

一、商业数据分类

数据分类是帮助人们理解数据的另一个重要途径。不同的数据各有特点和适用范围，可以从不同维度分析数据类型及其特征。

1. 按数据的性质分类

按数据的性质，可以分为以下四类。
（1）定位的，如各种坐标数据。
（2）定性的，如表示事物属性的数据（居民地、河流、道路等）。
（3）定量的，反映事物数量特征的数据，如长度、面积、体积等几何量或重量、速度等物理量。
（4）定时的，反映事物时间特性的数据，如年、月、日、时、分、秒等。

2. 按数据的表现形式分类

按数据的表现形式，可以分为以下两类。
（1）数字数据，如各种统计或测量数据。数字数据在某个区间内是离散的值。

（2）模拟数据，由连续函数组成，是指在某个区间连续变化的物理量，又可以分为图形数据（如点、线、面）、符号数据、文字数据和图像数据等，如声音的大小和温度的变化。

3. 按数据的记录方式分类

按数据的记录方式，可以分为：地图、表格、影像、磁带、纸带等。

4. 按数据的结构化程度分类

按数据的结构化程度，可以分为以下三类，见表1.1。

表 1.1　结构化数据、非结构化数据与半结构化数据的区别和联系

类型	含义	本质	举例
结构化数据	直接可以用传统关系数据库存储和管理的数据	先有结构，后有数据	关系数据库中的数据
非结构化数据	无法用关系数据库存储和管理的数据	没有（或难以发现）统一结构的数据	语音、图像文件等
半结构化数据	经过一定转换处理后可以用传统关系数据库存储和管理的数据	先有数据，后有结构（或比较容易发现其结构）	HTML、XML 文件等

注：HTML 全称为 hypertext markup language，超文本标记语言；XML 全称为 extensible markup language，可扩展标记语言

（1）结构化数据：以"先有结构，后有数据"的方式生成的数据。通常，人们所说的"结构化数据"主要指的是在传统关系数据库中获取、存储、计算和管理的数据。在关系数据库中，需要先定义数据结构（如表结构、字段、完整性约束条件等），然后严格按照预定义结构进行获取、存储、计算和管理数据。当数据与数据结构不一致时，需要按照数据结构对数据进行转换处理。

（2）非结构化数据：没有（或难以发现）统一结构的数据，即在未定义结构的情况下或并不按照预定义结构获取、存储、计算和管理的数据。通常指无法在传统关系数据库中直接存储、管理和处理的数据，包括所有格式的办公文档、文本、图片、图像和音频/视频等。

（3）半结构化数据：介于完全结构化数据（如关系数据库、面向对象数据库中的数据）和完全无结构的数据（如语音、图像文件等）之间的数据。例如 HTML、XML 等，其数据的结构与内容耦合度高，需要进行转换处理后可发现其结构。

目前，非结构化数据占比最大，绝大部分数据或数据中的绝大部分属于非结构化数据。因此，非结构化数据是大数据与新一代人工智能环境下商业数据分析中重要的研究对象之一，也是区别于传统数据分析管理的主要内容之一。目前流行的大语言模型（large language modle，LLM）、多模态模型，对非结构化数据能够进行智能分析。

5. 按数据的加工程度分类

按数据的加工程度，可以分为以下四类，如图 1.2 所示。

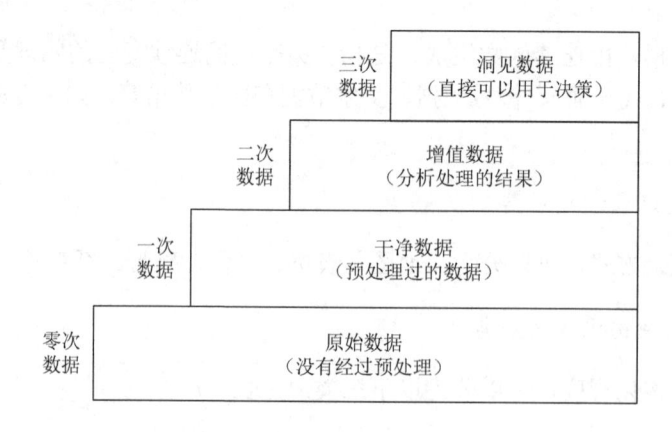

```
                    ┌─────────────────────┐
          三次      │      洞见数据        │
          数据      │ （直接可以用于决策） │
              ┌────┴─────────────────────┴────┐
       二次   │          增值数据              │
       数据   │      （分析处理的结果）        │
         ┌────┴───────────────────────────────┴────┐
   一次  │              干净数据                    │
   数据  │         （预处理过的数据）               │
    ┌────┴──────────────────────────────────────────┴────┐
零次 │                   原始数据                         │
数据 │              （没有经过预处理）                    │
     └────────────────────────────────────────────────────┘
```

图 1.2　数据的加工程度

（1）零次数据：数据的原始内容及其备份数据。零次数据往往存在缺失值、噪声、错误或虚假数据等质量问题。

（2）一次数据：对零次数据进行初步预处理（包括清洗、变换、集成等）后得到"干净数据"。

（3）二次数据：对一次数据进行深度处理或分析（包括脱敏、归约、标注）后得到的"增值数据"。

（4）三次数据：对一次或二次数据进行洞察分析（包括统计分析、数据挖掘、机器学习、可视化分析等）后得到的，可以直接用于决策支持的"洞见数据"。

6. 按数据的抽象或封装程度分类

按数据的抽象或封装程度，可以分为以下三类。

（1）数据：对客观事物或现象直接记录下来后产生的数据，如介绍商业数据分析知识的教材《商业数据分析》的内容。

（2）元数据：数据的数据，可以是数据内容的描述信息等。教材《商业数据分析》的元数据有作者、出版社、出版地、出版年、页数、印数、字数等。通常，元数据可以分为五大类，即管理、描述、保存、技术和应用类元数据。

（3）数据对象：对数据内容与其元数据进行封装或关联后得到的更高层次的数据集。例如，可以把教材《商业数据分析》的内容、元数据、参考资料、与相关课程的关联数据以及课程相关的行为封装成一个数据对象。

在商业数据分析应用领域，数据的数量、类型、采集、处理方法的选择，视企业业务目标和需求、所要采用的数据分析和数据挖掘工具等具体情况而定。

二、数据模型分类

数据模型是对现实世界数据特征的抽象。按照应用层次和建模目的，可以把数据模型分为三种基本类型：概念模型、逻辑模型和物理模型。不同应用层次的数据模型之间存在一定的对应关系，可以相互转换。

数据模型应满足三方面要求：一是能比较真实地模拟现实世界；二是容易为人所理解；三是便于在计算机上实现。一种数据模型要很好地、全面地满足这三方面的要求在目前是比较困难的。因此，针对不同的使用对象和应用目的，有以下三种不同的数据模型。

（1）概念模型（conceptual model）也称信息模型，是以现实世界为基础，从普通用户（如业务员、决策人员）视角对数据构建的模型，主要用来描述现实世界的概念化结构，与具体的数据管理技术无关。常用概念模型有：E-R 图、面向对象模型和谓词模型等。

（2）逻辑模型（logical model）是在概念模型的基础上，对数据进一步抽象的模型，主要用于数据科学家之间的沟通以及数据科学家与数据工程师之间的沟通。常用的逻辑模型有：关系模型（relational model）、层次模型（hierarchical model）、网状模型（network model）、面向对象模型（object oriented model）和对象关系模型（object relational model）等。

（3）物理模型（physical model）是在逻辑模型的基础上，从计算机视角对数据进行建模后得出的模型。物理模型主要描述数据在系统内部的表示方法和存取方法，在磁盘或磁带上的存储方式和存取方法，与具体的平台（包括软硬件）直接相关。常用的物理模型有索引、分区、复制、分片、物化视图等。

这三种模型中，逻辑模型是数据库的核心，逻辑建模也是数据仓库实施中的重要一环，直接联系概念模型和物理模型。逻辑模型既能直接反映出业务部门的需求，同时对数据系统或数据分析系统的物理实施有着重要的指导作用，因此逻辑模型应用范围最广。下面对逻辑模型中的层次模型、网状模型和关系模型进行简要介绍。

1. *层次模型*

层次模型是数据库系统中最早出现的数据模型。

层次模型用树状结构来表示各类实体以及实体间的联系，在数据库中定义满足下面两个条件的基本层次联系的集合为层次模型。

（1）有且只有一个节点没有双亲节点，这个节点称为根节点。

（2）根以外的其他节点有且只有一个双亲节点。

在层次模型中，每个节点表示一个记录，记录间的联系用节点之间的连线（有向边）表示，这种联系是父子之间的一对多的联系。

每个记录可包含若干个字段，这里，记录类型描述的是实体，字段描述实体的属性。

在层次模型中，同一双亲的子女节点称为兄弟节点（twins 或 sibling），没有子女节点的节点称为叶节点。图 1.3 给出了一个层次模型的例子。其中，R_1 为根节点；R_2 和 R_3 为兄弟节点，是 R_1 的子女节点；R_4 和 R_5 为兄弟节点，是 R_2 的子女节点；R_3、R_4 和 R_5 为叶节点。

从图 1.3 中可以看出层次模型像一棵倒立的树，节点的双亲是唯一的。

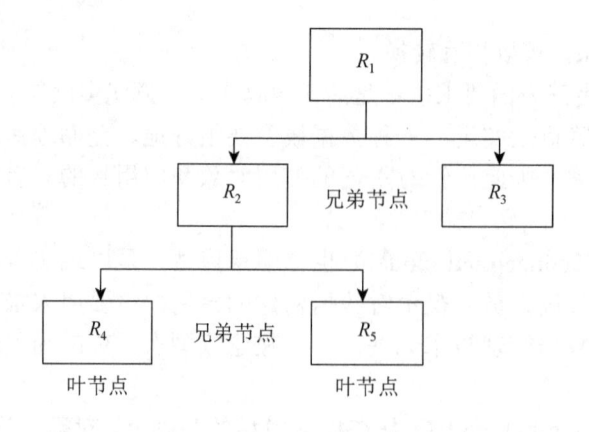

图 1.3　一个层次模型的示例

层次模型的一个基本的特点是，任何一个给定的记录值只有按其路径查看时，才能显出它的全部意义，没有一个子女记录值能够脱离双亲记录值而独立存在。

2. 网状模型

在现实世界中事物之间的联系更多的是非层次关系的，用层次模型表示非树形结构是很不直接的，网状模型则可以克服这一弊端。

在数据库中，把满足以下两个条件的基本层次联系集合成为网状模型。

（1）允许一个以上的节点无双亲。

（2）一个节点可以有多于一个的双亲。

网状模型是一种比层次模型更具普遍性的结构。它去掉了层次模型的两个限制，允许多个节点没有双亲节点，允许节点有多个双亲节点。此外它还允许两个节点之间有多种联系（称为复合联系）。因此，网状模型可以更直接地描述现实世界。而层次模型实际上是网状模型的一个特例。

从定义可以看出，层次模型中子女节点与双亲节点的联系是唯一的，而在网状模型中这种联系可以不唯一。因此，要为每个联系命名，并指出与该联系有关的双亲记录和子女记录。例如图 1.4（a）中 R_3 有两个双亲记录 R_1 和 R_2，因此把 R_1 与 R_3 之间的联系命名为 L_1，R_2 与 R_3 之间的联系命名为 L_2。图 1.4（a）、（b）、（c）都是网状模型的例子。

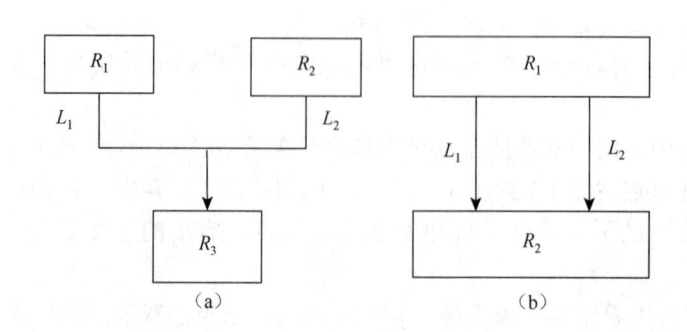

(c)

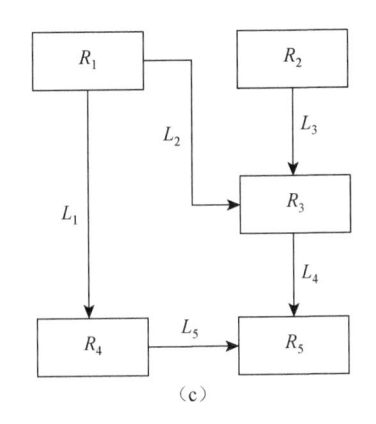

图 1.4 网状模型的例子

3. 关系模型

关系模型由一组关系组成，每个关系的数据结构是一张规范化的二维表。现在以学生登记表（表 1.2）为例，介绍关系模型中的一些术语。

表 1.2 学生登记表

学号	姓名	年龄	性别	系名	年级
2005004	王小明	19	女	社会学	2005
2005006	黄大鹏	20	男	商品学	2005
2005008	张斌	18	女	法律	2005
⋮	⋮	⋮	⋮	⋮	⋮

关系（relation）：一个关系对应一张表，如表 1.2 中的学生登记表。

元组（tuple）：表中的一行即为一个元组。

属性（attribute）：表中的一列即为一个属性，给每一个属性起一个名称即属性名。如这张表有 6 列，对应 6 个属性（学号、姓名、年龄、性别、系名和年级）。

码（key）：也称为码键。表中的某个属性，它可以唯一确定一个元组，如表 1.2 中的学号，可以唯一确定一个学生，也就成为本关系的码。

域（domain）：属性的取值范围，如大学生年龄属性的域是（14～28），性别的域是（男，女），系名的域是一个学校所有系名的集合。

分量：元组中的一个属性值。

关系模式：对关系的描述，一般表示为

关系名（属性1，属性2，…，属性n）

例如，上面的关系可描述为

学生（学号，姓名，年龄，性别，系名，年级）

关系模型要求关系必须是规范化的，即要求关系必须满足一定的规范条件，这些规范条件中最基本的一条就是：关系的每一个分量必须是一个不可分的数据项，也就是说，不允许表中还有表。

可以把关系和现实生活中的表格所使用的术语做一个粗略的对比（表 1.3）。

表 1.3　术语对比

关系术语	一般表格的术语
关系名	表名
关系模式	表头（表格的描述）
关系	（一张）二维表
元组	记录或行
属性	列
属性名	列名
属性值	列值
分量	一条记录中的一个列值
非规范关系	表中有表（大表中嵌有小表）

第三节　大数据时代的商业数据分析

一、大数据的内涵

大数据（big data）的定义方法有很多种。不同的机构、咨询公司和专家人士对大数据内涵的解释有着细微的差别。简单地理解，大数据指无法在一定时间范围内用常规软件工具进行捕捉、管理和处理的数据集合。

研究机构 Gartner 认为大数据是指需要新处理模式才能具有更强的决策力、洞察发现力和流程优化能力的海量、高增长率和多样化的信息资产。

管理咨询公司麦肯锡（McKinsey）的定义是：大数据是指那些规模大到传统的数据库软件工具已经无法采集、存储、管理和分析的数据集。

亚马逊的数据科学家约翰·劳泽（John Rauser）给出了一个简单直观的定义：大数据就是任何超过了一台计算机处理能力的庞大数据量。

在大数据时代，术语"大数据"的内涵已超出了数据本身，代表的是数据给我们带来的"机遇"与"挑战"。

（1）机遇：原先无法（或不可能）找到的"数据"，现在可以找到；原先无法实现的计算目的（如数据的实时分析），现在可以实现。

（2）挑战：原先一直认为"正确"或"最佳"的理念、理论、方法、技术和工具越来越凸显出其"局限性"，在大数据时代需要改变思考模式。

总而言之，大数据是由超出传统技术和模式处理范围的海量数据组成的数据集，利用数据挖掘等特殊技术对该数据集进行分析与处理能够从大量无用的数据中快速筛选出有价值的信息，从而更好地提供信息决策、管理咨询服务。大数据处理需要特殊的技术，以有效地处理大量的、类型多样的数据，包括大规模并行处理数据库、数据挖掘、分布式文件系统、分布式数据库、云计算平台、互联网和可扩展的存储系统等。

二、大数据的特征

IBM 将大数据的特征定义为 4 个 "V"（volume，variety，value，velocity）。

（1）规模性（volume）：大数据的特征首先就体现为"数量大"，存储单位从过去的 GB 到 TB，直至 PB、EB[①]。随着信息技术的高速发展，数据开始爆发性增长。社交网络（微博、推特、脸书）、移动网络、各种智能终端等，都成为数据的来源。

（2）多样性（variety）：广泛的数据来源，决定了大数据形式的多样性，不仅包括结构化数据，还包括非结构化数据和半结构化数据。统计显示，在未来，非结构化数据的占比将达到 90% 以上。非结构化数据所包括的数据类型有很多，如网络日志、音频、视频、图片、地理位置信息等。数据类型的多样性往往导致数据的异构性，进而加大了数据处理的复杂性，对数据处理能力提出了更高的要求。

（3）价值性（value）：这也是大数据的核心特征。现实世界所产生的数据中，有价值的数据往往被淹没在海量无用数据之中，所占比例很小。以视频为例，长达 2 小时的监控录像中，有用的镜头可能只有短短的 1～2 秒。因此，如何在海量数据中洞见有价值的数据成为大数据分析领域的重要课题。

（4）高速性（velocity）：与以往的档案、广播、报纸等传统数据载体不同，大数据的交换和传播是通过互联网、云计算等方式实现的，远比传统媒介的信息交换和传播速度快捷。大数据与海量数据的重要区别，除了大数据的数据规模更大以外，大数据对处理数据的响应速度有更严格的要求，如实时分析而非批量分析，数据输入、处理与丢弃立刻见效，几乎无延迟。数据的增长速度和处理速度是大数据高速性的重要体现。

三、大数据的发展历程

（一）国际上的大数据发展状况

大数据的历史最早可以追溯到 19 世纪 80 年代，美国统计学家赫尔曼·霍尔瑞斯为了统计 1890 年的人口普查数据，发明了一台电动机来读取卡片上的洞数。该设备让美国用 1 年时间就完成了原本耗时 8 年的人口普查活动，由此在全球范围内引发了数据处理的新纪元。

1997 年 10 月，迈克尔·考克斯和大卫·埃尔斯沃思在第八届美国电气和电子工程师协会（Institute of Electrical and Electronics Engineers，IEEE）关于可视化的会议论文集中

---

① 1EB =1024PB，1PB=1024TB，1TB=1024GB，1GB=2^{30}B。

发表了《为外存模型可视化而应用控制程序请求页面调度》的文章。这是第一篇使用"大数据"这一术语的文章。

2001年，美国一家在信息技术研究领域具有权威地位的咨询公司Gartner首次开发了大数据模型。

2005年，Hadoop项目诞生。Hadoop是由多个软件产品组成的一个生态系统，这些软件产品共同实现功能全面和灵活的大数据分析。

2008年末，"大数据"得到美国知名计算机科学研究人员的认可，计算社区联盟（Computing Community Consortium）发表了一份有影响力的白皮书《大数据计算：在商务、科学和社会领域创建革命性突破》。它使人们的思维不局限于数据处理的机器，此组织可以说是最早提出大数据概念的机构。

从2009年开始，"大数据"逐渐成为互联网信息技术行业的流行词。2009年印度政府建立了用于身份识别管理的生物特征识别数据库。联合国全球脉动项目已研究了如何利用手机和社交网站的数据源来分析预测从螺旋价格到疾病暴发之类的问题。2009年中，美国政府通过启动Data.gov网站的方式进一步开放了数据的大门，这个网站向公众提供各种各样的政府数据，这一行动激发了其他国家相继推出类似举措。

2010年2月，肯尼斯·库克尔在《经济学人》上发表了长达14页的大数据专题报告《数据，无所不在的数据》。库克尔在报告中写道："世界上有着无法想象的巨量数字信息，并以极快的速度增长。科学家和计算机工程师为这个现象创造了一个新词——大数据。"库克尔也因此成为最早洞见大数据时代趋势的数据科学家之一。2010年12月，美国总统办公室下属的科学技术顾问委员会（President's Committee of Advisors on Science and Technology）和信息技术顾问委员会（President's Information Technology Advisory Committee）向奥巴马和国会提交了一份《规划数字化未来》的战略报告，把大数据收集和使用的工作提升到体现国家意志的战略高度。

2011年5月，全球知名咨询公司麦肯锡的全球研究院（McKinsey Global Institute，MGI）发布了一份报告——《大数据：创新、竞争和生产力的下一个新领域》，这项研究估计2010年所有的公司存储了7.4 EB新产生的数据，消费者存储了6.8 EB新数据。大数据开始备受关注，这也是专业机构第一次全方面地介绍和展望大数据。

2012年1月，瑞士达沃斯召开的世界经济论坛上，大数据是主题之一，会上发布的报告《大数据，大影响》（Big Data，Big Impact）宣称，数据已经成为一种新的经济资产类别。

2012年3月，美国奥巴马政府在白宫网站发布了《大数据研究和发展倡议》，这一倡议标志着大数据已经成为重要的时代特征。2012年3月22日，奥巴马政府宣布投资2亿美元于大数据领域。

2012年4月，美国软件公司Splunk于19日在纳斯达克成功上市，成为第一家上市的大数据处理公司。Splunk成功上市促进了资本市场对大数据的关注，同时也促使IT厂商加快大数据布局。

2012年7月，联合国在纽约发布了一本关于大数据政务的白皮书《大数据促发展：挑战与机遇》，全球大数据的研究和发展进入了前所未有的高潮。这本白皮书总结了各国政府如何利用大数据响应社会需求，指导经济运行，更好地为人民服务。

2014 年 4 月，世界经济论坛以"大数据的回报与风险"为主题发布了《全球信息技术报告（第 13 版）》。报告认为，在未来几年中针对各种信息通信技术的政策会显得更加重要，学者对数据保密和网络管制等议题展开了积极讨论。全球大数据产业的日趋活跃，以及技术演进和应用创新的加速发展，使各国政府逐渐认识到大数据在推动经济发展、改善公共服务、增进人民福祉，乃至保障国家安全方面的重大意义。

2014 年 5 月，美国白宫发布了全球"大数据"白皮书的研究报告《大数据：抓住机遇、守护价值》。报告鼓励使用数据推动社会进步，特别是在市场与机构并未以其他方式来支持社会进步的领域；同时，也需要相应的框架、结构与研究，来帮助保护美国人对于保护个人隐私、确保公平或是防止歧视的坚定信仰。

2016 年 4 月，欧盟通过《通用数据保护条例》（General Data Protection Regulation，GDPR），用以保护消费者的数据和隐私。条例规定，当企业所拥有的消费者相关数据遭遇黑客攻击或泄露事件后，消费者有权利获知相关情况。

《加州消费者隐私法案》（California Consumer Privacy Act，CCPA）是继欧盟 GDPR 颁布后又一部数据隐私领域的重要法律。它于 2018 年 6 月 28 日正式颁布，在随后的两年内又陆续做了多次修订，2020 年 7 月 1 日开始正式执行。CCPA 是美国首部关于数据隐私的全面立法。美国目前并没有 GDPR 一类的通用数据保护法律，只在一些特殊行业或领域立法里有关于隐私保护的内容。CCPA 的出台弥补了美国在数据隐私专门立法方面的空白，它旨在加强加州消费者隐私权和数据安全保护，被认为是美国当前最严格的消费者数据隐私保护立法。

（二）国内的大数据发展状况

2011 年 12 月，工信部发布的《物联网"十二五"发展规划》中，把信息处理技术作为四项关键技术创新工程之一，其中包括了海量数据存储、数据挖掘、图像视频智能分析，这都是大数据的重要组成部分。

2012 年 7 月，为挖掘大数据的价值，阿里巴巴集团在管理层设立"首席数据官"一职，负责全面推进数据分享平台战略，并推出大型的数据分享平台"聚石塔"，为天猫、淘宝平台上的电商及电商服务商等提供数据云服务。阿里巴巴也是最早提出通过数据进行企业数据化运营的企业。

为了推动我国大数据技术的研究发展，2012 年中国计算机学会（China Computer Federation，CCF）发起组织了 CCF 大数据专家委员会，CCF 大数据专家委员会还特别成立了一个"大数据技术发展战略报告"撰写组，并撰写发布了《2013 年中国大数据技术与产业发展白皮书》。

国内的学术界和工业界也都迅速行动，广泛开展大数据技术的研究和开发。2013 年以来，国家自然科学基金、973 计划、核高基、863 计划等都把大数据研究列为重大的研究课题。

2015 年，国务院正式印发《促进大数据发展行动纲要》，明确提出，推动大数据发展和应用在未来 5 至 10 年逐步实现以下目标：打造精准治理、多方协作的社会治理新模式；

建立运行平稳、安全高效的经济运行新机制；构建以人为本、惠及全民的民生服务新体系；开启大众创业、万众创新的创新驱动新格局；培育高端智能、新兴繁荣的产业发展新生态。标志着大数据正式上升成国家战略。

2016年，工业和信息化部印发了《大数据产业发展规划（2016—2020年）》，明确了"十三五"时期大数据产业的指导思想、发展原则和发展目标，提出到2020年，技术先进、应用繁荣、保障有力的大数据产业体系基本形成。此外，为了保障大数据产业健康快速发展，还制定了推进体制机制创新、健全相关政策法规制度、加大政策扶持力度、建设多层次人才队伍、推动国际化发展五个方面的具体保障措施。

2017年5月28日，大数据战略重点实验室研究成果《大数据蓝皮书：中国大数据发展报告No.1》发布，该书是国内首部有关大数据发展的蓝皮书，对大数据发展态势与趋势、大数据发展指数构建与评价、大数据制度建设、地方应用与实践等方面进行了探讨分析。

2017年10月18日，大数据被写入中国共产党第十九次全国代表大会报告中："加快建设制造强国，加快发展先进制造业，推动互联网、大数据、人工智能和实体经济深度融合，在中高端消费、创新引领、绿色低碳、共享经济、现代供应链、人力资本服务等领域培育新增长点、形成新动能。"

2022年10月16日，习近平总书记在党的二十大报告中强调："加快发展数字经济，促进数字经济和实体经济深度融合，打造具有国际竞争力的数字产业集群。"发展数字经济是把握新一轮科技革命和产业变革新机遇的战略选择，推动数字经济和实体经济融合发展是推动我国经济高质量发展的重要方面。不断做强做优做大我国数字经济，促进数字经济和实体经济深度融合，才能更好推动经济实现质的有效提升和量的合理增长。

四、大数据时代的新理念

大数据时代的到来改变了人们的生活方式、思维模式和研究范式，可以总结出10个重大变化，如图1.5所示。

（1）对研究范式的新认识——从"第三范式"到"第四范式"。2007年，图灵奖获得者吉姆·格雷（Jim Gray）提出了科学研究的第四范式——数据密集型科学发现（data-intensive scientific discovery）。在他看来，人类科学研究活动已经历过三种不同范式的演变过程（原始社会的"实验科学范式"、以模型和归纳为特征的"理论科学范式"和以模拟仿真为特征的"计算科学范式"），目前正在从"计算科学范式"转向"数据密集型科学发现"范式。第四范式的主要特点是科学研究人员只需要从大数据中查找和挖掘所需要的信息和知识，无须直接面对所研究的物理对象。例如，在大数据时代，天文学家的研究方式发生了新的变化——其主要研究任务变为从海量数据库中发现所需的物体或现象的照片，而不再需要亲自进行太空拍照。再如，本书作者在一次研究生科学研究方法的调研中发现，绝大部分同学的研究范式正在调整，如图1.6

所示，充分利用来自互联网上的已经存在的数据以及大数据和人工智能技术进行数据洞察。

研究范式	第三范式	第四范式
数据重要性	数据资源	数据资产
方法论	基于知识	基于数据
数据分析	统计学	数据科学
计算智能	复杂算法	简单算法
管理目标	业务数据化	数据业务化
决策方式	目标驱动	数据驱动
产业竞合关系	以战略为中心	以数据为中心
数据复杂性	不接受复杂性	接受复杂性
数据处理模式	小众参与	大众协同

图 1.5 大数据时代的十大变化

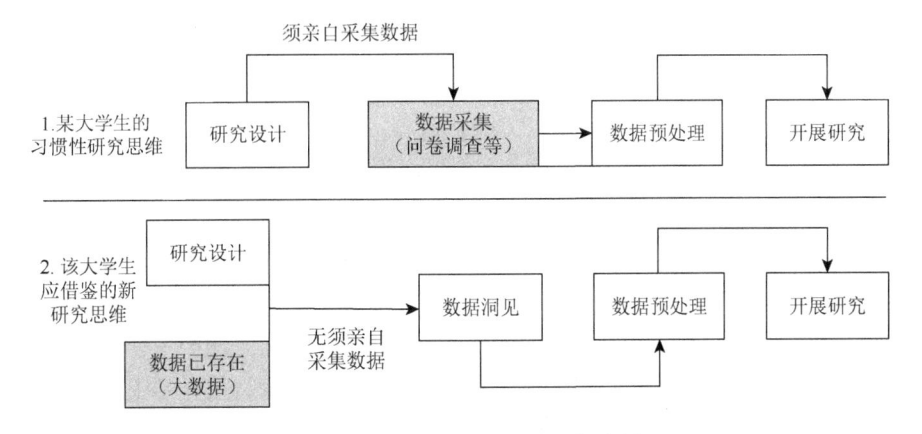

图 1.6 某学生的科学研究思维分析

（2）对数据重要性的新认识——从"数据资源"到"数据资产"。在大数据时代，数据不仅是一种"资源"，更是一种重要的"资产"。因此，数据科学应把数据当作"一种资产来管理"，而不能仅仅当作"资源"来对待。也就是说，与其他类型的资产相似，数据也具有价值，且需要作为独立实体进行组织与管理。国内外已达成共识，数据是一种重要的生产要素。2023年8月1日，财政部对外发布《企业数据资源相关会计处理暂行规定》，明确数据资源的确认范围和会计处理适用准则等，于2024年1月1日起正式施行。可以看出，数据作为资产在企业层面进入到实施阶段。

（3）对方法论的新认识——从"基于知识解决问题"到"基于数据解决问题"。我们传统的方法论往往是"基于知识"的，即从"大量实践（数据）"中总结和提炼出一般性知识（定理、模式、模型、函数等）之后，用知识去解决（或解释）问题。因此，传统的问题解决思路是"数据→知识→问题"，即根据问题找"知识"，并用"知识"解决"问题"。然而，数据科学中兴起了另一种方法论——"问题→数据→问题"，即根据问题找"数据"，并直接用数据（不需要把"数据"转换成"知识"的前提下）解决问题，如图1.7所示。

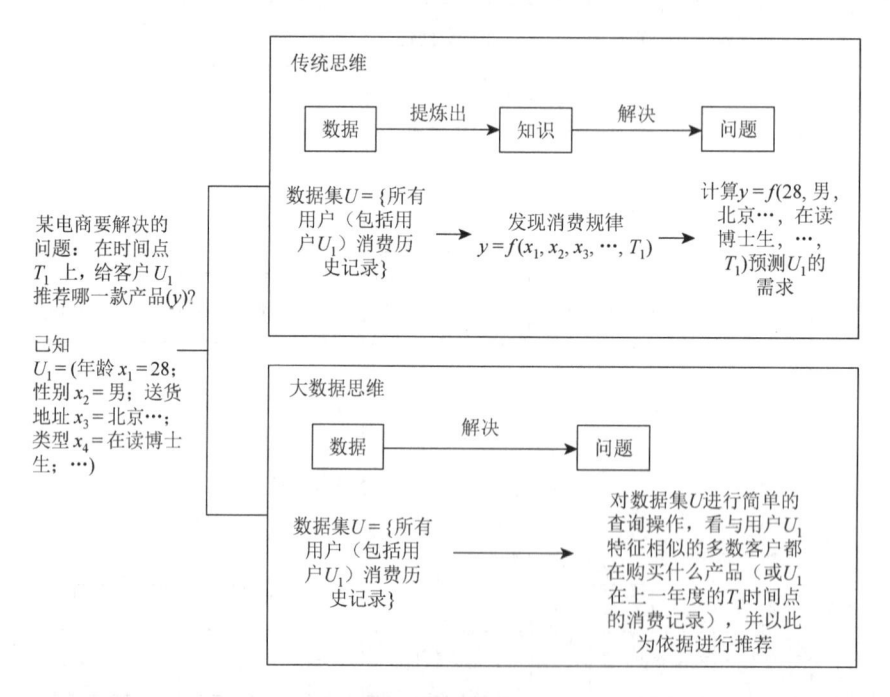

图1.7 传统思维与大数据思维的比较

（4）对数据分析的新认识——从统计学到数据科学。在传统科学中，数据分析主要以数学和统计学为直接理论工具。但是，云计算等计算模式的出现以及大数据时代的到来，提高了数据的获取、存储、计算与管理能力，对统计学理论与方法产生了深远影响，主要有：①随着数据获取、存储与计算能力的提升，可以很容易获得统计学中所指的"总体"中的全部数据，且可以在总体上直接进行计算——不再需要进行"抽样操作"；②在海量、动态、异构数据环境中，人们更加关注的是数据计算的"效率"，而不再盲目追求其"精准度"。例如，在数据科学中，广泛应用"基于数据"的思维模式，重视对"相关性"的分析，而不是等到发现"真正的因果关系"之后才解决问题。

（5）对计算智能的新认识——从复杂算法到简单算法。"只要拥有足够多的数据，我们可以变得更聪明"是大数据时代的一个新认识。因此，在大数据时代，原本复杂的"智能问题"变成简单的"数据问题"——只要对大数据进行简单查询就可以达到"基于复杂算法的智能计算的效果"。为此，很多学者曾讨论过一个重要话题——"大数据时代需要的是更多数据还是更好的模型？"（more data or better model?）机器翻译是传统自然语言技术处理领域的难点，虽曾提出过很多种"算法"，但应用效果并不理想。近年来，Google 翻译等工具改变了"实现策略"，不再仅靠复杂算法进行翻译，而对它们之前收集的跨语言语料库进行简单查询，提升了机器翻译的效果和效率。2022 年以 ChatGPT 为主的大语言模型基于海量的数据和复杂的模型计算，使得包括语言翻译在内的智能程度得到进一步的提高。

（6）对管理目标的新认识——从业务数据化到数据业务化。在大数据时代，企业需要重视一个新的课题——数据业务化，即如何"基于数据"动态地定义、优化和重组业务及其流程，进而提升业务的敏捷性，降低风险和成本。但是，在传统数据管理中我们更加关注的是业务数据化问题，即如何将业务活动以数据方式记录下来，以便进行业务审计、分析与挖掘。业务数据化是前提，而数据业务化是目标。

（7）对决策方式的新认识——从目标驱动型决策到数据驱动型决策。传统科学思维中，决策制定往往是"目标"或"模型"驱动的——根据目标（或模型）进行决策。然而，大数据时代出现了另一种思维模式，即数据驱动型决策，数据成为决策制定的主要"触发条件"和"重要依据"。例如，近年来，很多企业的部门和岗位设置不再是"固化的"，而是根据所做项目与所处的数据环境，随时动态调整其部门和岗位设置。然而，部门和岗位设置的敏捷性往往是基于数据驱动的,根据数据分析的结果灵活调整企业内部结构。

（8）对产业竞合关系的新认识——从"以战略为中心竞合关系"到"以数据为中心竞合关系"。在大数据时代，企业之间的竞合关系发生了变化，原本相互激烈竞争，甚至不愿合作的企业，不得不开始合作，形成新的业态和产业链。例如，近年来 IBM 公司和 Apple 公司"化敌为友"，并有报道称它们正在从竞争对手转向合作伙伴——IBM 的 100 多名员工前往 Apple，与 Apple 一起为 IBM 的客户（如花旗、Sprint 和日本邮政）联合开发 iPhone 和 iPad 应用。

（9）对数据复杂性的新认识——从不接受到接受数据的复杂性。在传统科学看来，数据需要彻底"净化"和"集成"，计算目的是需要找出"精确答案"，而其背后的哲学是"不接受数据的复杂性"。然而，大数据中更加强调的是数据动态性、异构性和跨域等复杂性，开始把"复杂性"当作数据的一个固有特征来对待，认为组织处于混沌边缘状态。

（10）对数据处理模式的新认识——从"小众参与"到"大众协同"。传统科学中，数据的分析和挖掘都是具有很高专业素养的"企业核心员工"的事情，企业管理的重要目的是如何激励和考核这些"核心员工"。但是，在大数据时代，基于"核心员工"的创新工作成本和风险越来越大，而基于"专家余"（Pro-Am）的大规模协作日益受到重视，正成为解决数据规模与形式化之间矛盾的重要手段。

第四节　大数据在数据分析中的应用

一、商业大数据分析的必要性

市场经济中的商品价格瞬息万变，如何更准确地预测价格的走势，以便有助于投资者或消费者做出决策？美国连年宽松的货币政策对实体经济的刺激作用最终如何精确计算，有无泡沫，泡沫多少？这些问题都是传统的统计技术和数据挖掘技术解决不了的。进行商业大数据分析是时代的要求，也是市场的必然选择。

（1）时代需求：在所有大数据需求之中，最需要大数据的是经济领域。中国改革开放40多年巨大成绩在于经济发展。商业、交易以及经济管理需要越来越多的高质量数据。以前的传统数据形式，显然已经不能适应经济发展的需求。随着经济的发展，有必要开发新的大数据需求领域，就是商务大数据的需求。

（2）现实困境：2022年9月，国务院办公厅印发了《全国一体化政务大数据体系建设指南》，文件在加快政府数据开放步伐的同时，大力推动产业创新发展，培育新兴业态，助力经济转型。为响应国家政策，各高校、科研单位、高新技术企业在工业大数据和政府大数据方面的项目全面推进，但在发展商业大数据方面的努力略显不足。

（3）传统技术的局限性：传统的统计技术和数据挖掘技术解决不了现有的数据驱动的企业经营管理、数字化转型以及数字经济的发展问题。

（4）大数据技术的优越性：企业利用相关数据和分析可以帮助其降低成本、提高效率、开发新产品、做出更加科学准确的业务决策。

二、商业大数据分析的重要性

从大数据的角度去提出问题，建立模型，然后采用现代信息技术将物联网数据融合进来，才能解决经济领域的这些问题。而大数据是由无数的小数据积聚起来形成的，不管是从时间跨度的角度还是空间界限的角度都需要一点一点细分信息源。这些细分后的信息源可能是一笔交易的信息、一个新产品的上市等。可见经济大数据的获取必须建立在单一的商务业务基础之上。

在大数据时代，商业大数据除了作为形成经济大数据的主体数据来源，生成经济大数据用于国家宏观经济决策之外，已经越来越成为政府和企业的重要资产。政府利用相关数据，不仅可以更科学地对宏观数据进行监控分析，还可以通过数据融合等技术，提高政务信息化水平，优化业务流程以及提升服务质量。

企业经营需要的顾客信息、需求信息、价格信息、信用信息都是商业大数据的重要来源。对于企业来说，利用新技术对商业大数据进行分析会带来以下四方面好处。

（1）个性化推荐，提高顾客的购买体验效率。

（2）客户群体细分，为每个群体量身定制特别的服务。

（3）模拟现实环境，发掘新需求的同时提高投资的回报率。

（4）加强部门联系，提高整条管理链条和产业链条的效率。

三、商业大数据分析步骤

从整体上看，商业大数据的分析流程主要包括商业理解、数据理解、数据准备、模型建立、模型评估、结果部署，如图 1.8 所示。

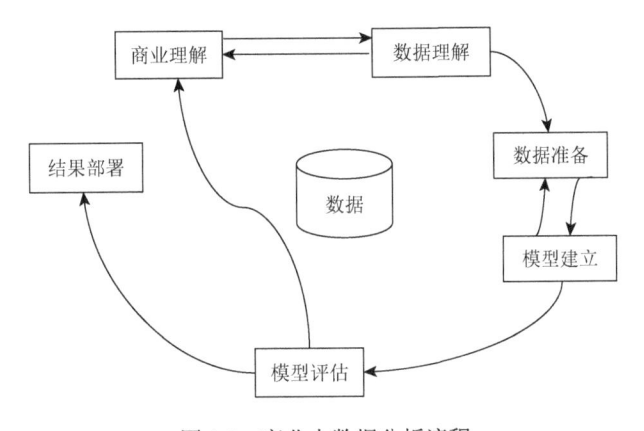

图 1.8　商业大数据分析流程

（1）商业理解：商业大数据分析的本质是满足商业需求，只有明确了商业大数据分析的宏观经济目标或者企业业务需求、目的，才能使得商业大数据分析的结果有意义。

（2）数据理解：根据业务需求确定所需要的数据，并且从现实世界中收集（获取和记录）原始数据——零次数据。

（3）数据准备：将原始数据（零次数据）转换为干净数据——一次数据、二次数据或三次数据，采用统计方法对数据进行初步探索，发现数据内部规律。

（4）模型建立：综合考虑业务需求精度、数据情况、花费成本等因素，设计/选择/应用最合适的统计模型或者机器学习算法进行数据分析。

（5）模型评估：对模型或算法的精度、准确性、效率和通用性进行评估。

（6）结果部署：采用数据可视化、故事描述等方法将大数据分析的结果部署和展示给最终用户，并将其应用于业务实践，真正实现大数据分析的商业价值。

四、商业大数据分析方法

统计学与数据挖掘相互融合的趋势越来越明显，很多原本在数据挖掘中提出的方法（如关联规则分析法）也逐渐被引入统计学领域，逐渐成为统计学的常用方法，并在统计学中得到了进一步的应用与优化。

（1）基本的分析方法包括相关分析、回归分析、方差分析、时间序列分析和灰色预测分析等，如图1.9所示。

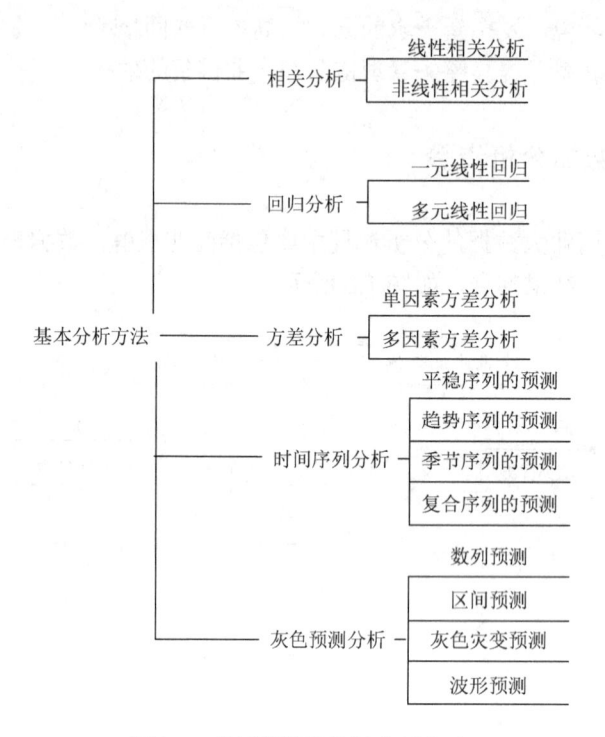

```
                          ┌─ 相关分析 ──┬─ 线性相关分析
                          │            └─ 非线性相关分析
                          │
                          ├─ 回归分析 ──┬─ 一元线性回归
                          │            └─ 多元线性回归
                          │
           基本分析方法 ──┼─ 方差分析 ──┬─ 单因素方差分析
                          │            └─ 多因素方差分析
                          │
                          │              ┌─ 平稳序列的预测
                          ├─ 时间序列分析 ┼─ 趋势序列的预测
                          │              ├─ 季节序列的预测
                          │              └─ 复合序列的预测
                          │
                          │              ┌─ 数列预测
                          └─ 灰色预测分析 ┼─ 区间预测
                                         ├─ 灰色灾变预测
                                         └─ 波形预测
```

图1.9 常用的数据统计分析方法

（2）常用的机器学习算法：人工神经网络、贝叶斯学习、遗传算法、基于实例学习和增强学习等，如图1.10所示。

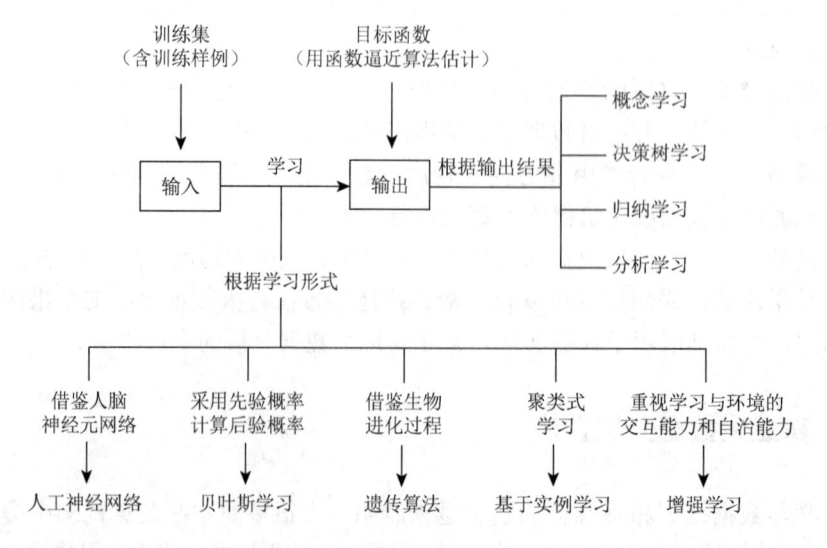

```
  训练集              目标函数
（含训练样例）      （用函数逼近算法估计）
      │                   │
      ▼                   ▼                        ┌─ 概念学习
  ┌──────┐   学习   ┌──────┐  根据输出结果          ├─ 决策树学习
  │ 输入 │────────▶│ 输出 │──────────────┤
  └──────┘          └──────┘                       ├─ 归纳学习
                        │                          └─ 分析学习
                        │
                   根据学习形式
                        │
  ┌──────────┬──────────┼──────────┬──────────┐
  ▼          ▼          ▼          ▼          ▼
借鉴人脑   采用先验概率  借鉴生物    聚类式      重视学习与环境的
神经元网络 计算后验概率  进化过程    学习        交互能力和自治能力
  │          │          │          │          │
  ▼          ▼          ▼          ▼          ▼
人工神经网络 贝叶斯学习  遗传算法  基于实例学习  增强学习
```

图1.10 常用的机器学习算法

第五节 商业数据分析工具

一、工具分类

按分析流程划分,数据分析工具可分为:查询与报告(query and reporting)软件、联机分析处理(online analytical processing, OLAP)软件、数据挖掘工具、可视化软件(包括"仪表盘"软件)。

常见的编程语言环境有 R 语言、Python 等。

常见的大数据处理框架有 MapReduce、Storm、Spark 等。

常见的数据分析和挖掘工具有 IBM SPSS Statistics 和 Modeler(简称 SPSS,其中 Statistics 偏重统计分析、Modeler 主要用于数据挖掘,本书从商业数据分析广义概念上,在这里将两个软件都列为数据分析的工具)、MATLAB、Weka 等。

常见的可视化分析软件有 Excel、Orange、Tableau 等。

二、工具介绍

(一)数据分析语言

1. R 语言

R 语言是一个自由、免费、源代码开放的软件,可用于统计分析、绘图的语言和操作环境。相比于其他统计分析软件,R 语言有以下特点。

(1) R 是自由软件。这意味着它是完全免费、开放源代码的。用户可以在它的网站及其镜像中下载任何有关的安装程序、源代码、程序包及其文档资料。标准的安装文件自身就带有许多模块和内嵌统计函数,安装好后可以直接实现许多常用的统计功能。

(2) R 是一种可编程的语言。作为一个开放的统计编程环境,语法通俗易懂,很容易学会和掌握。可以编制自己的函数来扩展现有的语言。因此它的更新速度比一般统计软件如 SPSS、SAS 等快得多。大多数最新的统计方法和技术都可以在 R 中直接得到。

(3) 所有 R 的函数和数据集是保存在程序包里面的。只有当一个包被载入时,它的内容才可以被访问。一些常用的、基本的程序包已经被收入到标准安装文件中,随着新的统计分析方法的出现,标准安装文件中所包含的程序包也随着版本的更新而不断变化。

(4) R 具有很强的互动性。除了图形输出是在另外的窗口,它的输入输出窗口都是在同一个窗口进行的,输入语法中如果出现错误会马上在窗口中得到提示。R 对以前输入过的命令有记忆功能,可以随时再现、编辑修改以满足用户的需要。输出的图形可以直接保存为 JPG、BMP、PNG 等图片格式,还可以直接保存为 PDF 文件。另外,R 和其他编程语言和数据库之间有很好的接口。

2. Python

Python 是一种简单易学、功能强大的编程语言，它有高效率的数据结构，能简单而有效地实现面向对象编程。Python 简洁的语法和对动态输入的支持，再加上解释性语言的本质，使得它在大多数平台上的很多领域都是一个理想的脚本语言，特别适用于快速的应用程序开发。Python 支持命令式编程、面向对象程序设计、函数式编程、面向切面编程、泛型编程多种编程范式。与 Scheme、Ruby、Perl、Tcl 等动态语言一样，Python 具备垃圾内存自动回收功能，能够自动管理内存使用。Python 经常被当作脚本语言用于处理系统管理任务和 Web 编程，也非常适合完成各种高阶任务。Python 虚拟机本身几乎可以在所有的操作系统中运行。

Python 有以下优点。

（1）简单：Python 是一种代表简单主义思想的语言，阅读一个良好的 Python 程序就感觉像是在读英语一样。它使用户能够专注于解决问题而不是去搞明白程序语言本身。

（2）易学：Python 极容易上手，因为 Python 有极其简单的说明文档。

（3）速度快：Python 的底层是用 C 语言写的，很多标准库和第三方库也都是用 C 语言写的，运行速度非常快。

（4）免费、开源：使用者可以自由地发布这个软件的拷贝文件、阅读它的源代码、对它做改动、把它的一部分用于新的自由软件中。

（5）高层语言：用 Python 语言编写程序的时候无须考虑诸如如何管理程序使用的内存一类的底层细节。

（6）可移植性：由于它的开源本质，Python 已经被移植在许多平台上（经过改动它能够工作在不同平台上）。这些平台包括 Linux、Windows、FreeBSD、Macintosh、Solaris、OS/2、Amiga、AROS、AS/400、BeOS、OS/390、z/OS、Palm OS、QNX、Psion、Acom RISC OS、VxWorks、PlayStation、Sharp Zaurus 以及苹果的 IOS 和 Google 的 Android 等。

（7）解释性：在计算机内部，Python 解释器把源代码转换成字节码，然后再把它翻译成计算机使用的机器语言并运行。这使得使用 Python 更加简单，也使得 Python 程序更加易于移植。

（8）面向对象：Python 既支持面向过程的编程也支持面向对象的编程。在"面向过程"的语言中，程序是由过程或仅仅是可重用代码的函数构建起来的。在"面向对象"的语言中，程序是由数据和功能组合而成的对象构建起来的。

（9）可扩展性：如果需要一段关键代码运行得更快或者希望某些算法不公开，可以部分程序用 C 或 C++ 编写，然后在 Python 程序中使用它们。

（10）可嵌入性：可以把 Python 嵌入 C/C++ 程序，从而向程序用户提供脚本功能。

（二）大数据处理框架

处理框架和处理引擎负责对数据系统中的数据进行计算。

按照所处理的数据状态对其进行分类。一些系统可以用批处理方式处理数据，一些系统可以用流方式处理连续不断流入系统的数据。此外还有一些系统可以同时处理这两类数据。因此可以分为：①批处理框架：MapReduce、Hadoop；②流处理框架：Storm、Samza；③混合框架：Spark、Flink。

1. MapReduce

MapReduce 计算框架源自一种分布式计算模型，其输入和输出值均为<key, value>键/值对，其计算过程分为两个阶段——Map 阶段和 Reduce 阶段，并分别以两个函数 Map( )和 Reduce( )进行抽象。MapReduce 程序员需要通过自定义 Map( )和 Reduce( )函数描述此计算过程。

除了自动实现分布式并行计算、支持大规模海量数据处理、借鉴函数式编程思路、简洁易用等基本特点外，MapReduce 还具备如下特征。

（1）以主从结构的形式运行。主机器（Master）通过特定数据结构存储每一个 Map 和 Reduce 任务的状态（空闲、工作中或完成），以及工作机器（Worker）（非空闲任务的机器）的标识。Master 就像一个数据管道，中间文件存储区域的位置信息通过该管道从 Map Worker 传递到 Reduce Worker。因此，对于每个已经完成的 Map 任务，Master 记录着 Map 任务产生的 R 个中间文件存储区域的大小和位置。当 Map 任务完成时，Master 接收到位置和大小的更新信息，这些信息被逐步递增地推送给那些正在工作的 Reduce 任务。

（2）Map( )函数与 Reduce( )函数之间的数据处理。对 Map( )函数的返回值进行一定的处理后才传给 Reduce( )函数。

（3）容错机制的复杂性。MapReduce 设计初衷是使用由成百上千的低成本机器组成的集群来处理超大规模的数据，因此，MapReduce 必须支持较强的机器故障处理能力。

（4）数据存储位置的多样性。在 MapReduce 计算运行环境中，通过尽量把输入数据存储在集群中机器的本地磁盘上，从而节省网络带宽。谷歌文件系统（Google File System，GFS）把每个文件按 64 MB 一个 Block 分解成多个数据块，并将每个数据块保存在多台机器上。MapReduce 的 Master 在调度 Map 任务时会考虑输入文件的位置信息，尽量将一个 Map 任务调度在包含相关输入数据备份的机器上执行；如果上述努力失败了，Master 将尝试在保存有输入数据备份的机器附近的机器上执行 Map 任务。当在一个足够大的 Cluster 集群上运行大型 MapReduce 操作时，大部分的输入数据都能从本地机器读取，因此消耗网络带宽较少。可见，MapReduce 中的数据存储位置具有多样性，如表 1.4 所示。

表 1.4　MapReduce 数据存储位置

内容	存储位置
源文件	GFS
Map 处理结果	本地存储
Reduce 处理结果	GFS
日志	GFS

（5）任务粒度大小的重要性。在 MapReduce 中，通常把 Map 拆分成 M 个片段、把 Reduce 拆分成 R 个片段执行。理想情况下，M 和 R 应当比集群中 Worker 的机器数量多。每台 Worker 机器执行大量的不同任务不仅能够提高集群的动态负载均衡能力，而且可以加快故障恢复的速度：失效机器上执行的大量 Map 任务可以分布到所有其他的 Worker 机器上去执行。

2. Storm

流处理系统会对随时进入系统的数据进行计算。相比批处理模式，这是一种截然不同的处理方式。流处理方式无须针对整个数据集执行操作，而是对通过系统传输的每个数据项执行操作。

Storm 是一种侧重于极低延迟的流处理框架，也是要求近实时处理的工作负载的最佳选择。该技术可处理大量的数据，与其他解决方案相比，具有更低的延迟。

Storm 的流处理可对框架中名为 Topology（拓扑）的有向无环图（directed acyclic graph，DAG）进行编排。这些拓扑描述了当数据片段进入系统后，需要对每个传入的片段执行不同转换或步骤。

拓扑包含：

• Stream：普通的数据流，这是一种会持续抵达系统的无边界数据。

• Spout：位于拓扑边缘的数据流来源，例如可以是应用程序接口（application program interface，API）或查询等，从这里可以产生待处理的数据。

• Bolt：Bolt 代表需要消耗流数据，对其应用操作，并将结果以流的形式进行输出的处理步骤。Bolt 需要与每个 Spout 建立连接，随后相互连接以组成所有必要的处理。在拓扑的尾部，可以使用最终的 Bolt 输出作为相互连接的其他系统的输入。

Storm 的思想是使用上述组件定义大量小型的离散操作，随后将多个组件组成所需拓扑。默认情况下 Storm 提供了"至少一次"的处理保证，这意味着可以确保每条消息至少可以被处理一次，但某些情况下如果遇到失败可能会处理多次。Storm 无法确保可以按照特定顺序处理消息。为了实现严格的一次处理，即有状态处理，可以使用一种名为 Trident 的抽象。严格来说不使用 Trident 的 Storm 通常可称为 Core Storm。Trident 会对 Storm 的处理能力产生极大影响，会增加延迟，为处理提供状态，使用微批模式代替逐项处理的纯粹流处理模式。

由于 Storm 无法进行批处理，如果需要批能力可能还需要使用其他软件。

3. Spark

Spark 可以同时实现批处理和流处理工作负载。实现这样的功能重点在于两种不同处理模式如何进行统一，以及对固定和不固定数据集之间的关系进行何种假设。虽然侧重于某一种处理类型的项目会更好地满足具体用例的要求，但混合框架意在提供一种数据处理的通用解决方案。这种框架不仅可以提供处理数据所需的方法，而且提供了自己的集成项、库、工具，可胜任图形分析、机器学习、交互式查询等多种任务。

1）批处理模式

与 MapReduce 不同，Spark 的数据处理工作全部在内存中进行，只在一开始将数据读入内存，以及将最终结果持久存储时需要与存储层交互。所有中间态的处理结果均存储在内存中。Spark 在处理与磁盘有关的任务时速度也有很大提升，因为通过提前对整个任务集进行分析可以实现整体式优化。

为了实现内存中的批处理，Spark 会使用一种名为弹性分布式数据集（resilient distributed dataset），即 RDD 的模型来处理数据。这是一种代表数据集只位于内存中且永恒不变的结构。针对 RDD 执行的操作可生成新的 RDD。每个 RDD 可通过世系（lineage）回溯至父级 RDD，并最终回溯至磁盘上的数据。Spark 可通过 RDD 在无须将每个操作的结果写回磁盘的前提下实现容错。

2）流处理模式

流处理能力是由 Spark Streaming 实现的。Spark 本身在设计上主要面向批处理工作负载，为了弥补引擎设计和流处理工作负载特征方面的差异，Spark 实现了一种叫作微批（micro-batch）的概念。在具体策略方面该技术可以将数据流视作一系列非常小的"批"，借此即可通过批处理引擎的原生语义进行处理。Spark Streaming 会以亚秒级[①]增量对流进行缓冲，随后这些缓冲会作为小规模的固定数据集进行批处理。这种方式的实际效果非常好，但相比真正的流处理框架在性能方面依然存在不足。

由于内存通常比磁盘空间更贵，因此相比基于磁盘的系统，Spark 成本更高。然而处理速度的提升意味着可以更快速地完成任务，在需要按照小时数为资源付费的环境中，这一特性通常可以抵消增加的成本。

因此，Spark 是多样化工作负载处理任务的最佳选择。Spark 批处理能力以更高内存占用为代价提供了无与伦比的速度优势。对于重视吞吐率而非延迟的工作负载，则比较适合使用 Spark Streaming 作为流处理解决方案。

（三）数据分析和挖掘工具

1. SPSS

如前所述，SPSS 包括 Statistics 和 Modeler。这里主要介绍常用的 Statistics 软件。SPSS 统计分析软件是一款在调查统计行业、市场研究行业、医学统计、政府和企业的数据分析中获得广泛应用的统计分析工具，是世界上最早的统计分析软件，由美国斯坦福大学的三位研究生于 1968 年研制，1984 年 SPSS 首先推出了世界上第一个统计分析软件微机版本 SPSS/PC+，极大地扩充了它的应用范围，并很快应用于自然科学、技术科学、社会科学的各个领域。SPSS 具备以下特征。

1）功能全面

SPSS 涵盖了数据分析的整个流程，提供了数据获取、数据管理与准备、数据分析、

[①] 亚秒级，时间单位之一，表示 1 秒钟的十亿分之一。

结果报告的完整过程,特别适合设计调查方案、对数据进行统计分析,以及制作研究报告中的相关图表。

2)快速、简单地为分析准备数据

SPSS 内含的众多技术使数据准备变得非常简单。不同于其他统计分析软件,用户不需要为了完成重要的数据准备工作购买其他产品。SPSS 给出变量值的列表以及值的数量,用户能够根据这些添加信息。一旦建立了数据词典,用户可以使用"拷贝数据属性"工具,更快地为分析作数据准备。

SPSS 可以同时打开多个数据集,方便研究时对不同数据库进行比较分析和进行数据库转换处理。软件提供了更强大的数据管理功能帮助用户通过 SPSS 使用其他的应用程序和数据库。支持 Excel、文本、dBase、Access、SAS 等格式的数据文件,通过使用开放数据库连接(open database connectivity,ODBC)的数据接口,可以直接访问以结构化查询语言(structured query language,SQL)为数据访问标准的数据库管理系统,通过数据库导出向导功能可以方便地将数据写入到数据库中等。

SPSS 支持超长变量名称(64 位字符),这不但方便了中文研究需要,也方便对当今各种复杂数据仓库更好的兼容性,用户可以直接使用数据库或者数据表中的变量名。

3)使用全面的统计技术进行数据分析

除了一般常见的摘要统计和行列计算,SPSS 还提供了广泛的基本统计分析功能,如数据汇总、计数、交叉分析、分类、描述性统计分析、因子分析、回归及聚类分析等(表 1.5 和图 1.11),并且加入了针对直销的各种模块,方便市场分析人员针对具体问题的直接应用。

表 1.5 订外卖人群的 SPSS 描述性统计分析

统计指标		性别	年龄	受教育程度	月收入	订外卖频率	购买意愿
均值		1.465	2.234	1.968	2.522	1.989	3.609
众数		1.0	2.0	2.0	2.0	2.0	4.0
标准差		0.4993	0.5371	0.4410	1.1909	0.7431	0.8115
方差		0.249	0.289	0.194	1.418	0.552	0.659
极小值		1.0	1.0	1.0	1.0	1.0	1.0
极大值		2.0	5.0	3.0	5.0	4.0	5.0
N	有效	441	441	441	441	441	441
	缺失	0	0	0	0	0	0

4)用演示图表清晰地表达分析结果

高分辨率、色彩丰富的饼图、条形图、直方图、散点图、三维图形以及更多图表都是 SPSS 中的标准功能,如图 1.12 就是软件生成的直方图。SPSS 提供了一个全新的演示图形系统,能够产生更加专业的图形结果。它包括了以前版本软件中提供的所有图形,并且提供了新功能,使图形定制化生成更为容易,产生的图表结果更具有可读性。此外,用户可以一次创建一个图或表，然后使用作图模板以节省时间。同时 PDF 格式的输出功能，能够让用户更好地同其他人员进行信息共享。

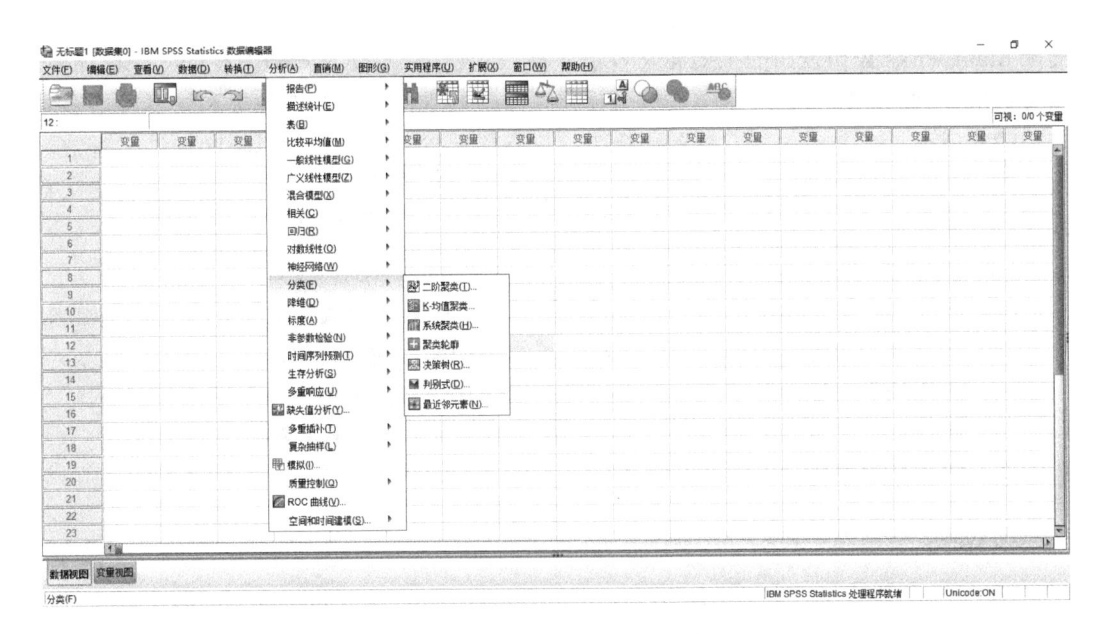

图 1.11　SPSS 统计分析工具界面

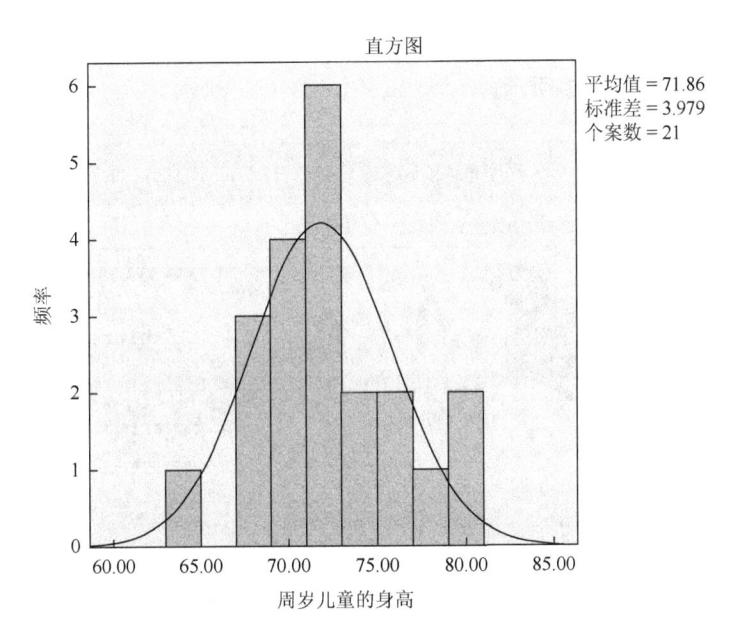

图 1.12　SPSS 中周岁儿童身高频率直方图

多维枢轴表使结果更生动，在 SPSS 软件中，用户可以在一个重叠图中基于不同的数值范围建立两个独立的 Y 轴。

2. MATLAB

MATLAB 是 matrix 和 laboratory 两个词的组合，意为矩阵工厂（矩阵实验室），是由美国 MathWorks 公司发布的主要面向科学计算、可视化以及交互式程序设计的计算环境。它将数值分析、矩阵计算、科学数据可视化以及非线性动态系统的建模和仿真等诸多强大功能集成在一个易于使用的视窗环境中，为科学研究、工程设计以及必须进行有效数值计算的众多科学领域提供了一种全面的解决方案，并在很大程度上摆脱了传统非交互式程序设计语言（如 C 语言、Fortran）的编辑模式。

MATLAB 具有以下特征。

（1）高效的数值计算及符号计算功能，能将用户从繁杂的数学运算分析中解脱出来。
（2）具有完备的图形处理功能，实现计算结果和编程的可视化。
（3）友好的用户界面及接近数学表达式的自然化语言，使用户易于学习和掌握。
（4）功能丰富的应用工具箱（如信号处理工具箱、通信工具箱等），为用户提供了大量方便实用的处理工具。

3. Weka

Weka 的全名是怀卡托智能分析环境（Waikato environment for knowledge analysis），是一款免费的、非商业化的、基于 Java 环境下开源的机器学习以及数据挖掘软件。Weka 作为一个公开的数据挖掘工作平台，集合了大量能承担数据挖掘任务的机器学习算法，包括用于数据预处理、分类、回归、聚类、关联规则以及在新的交互式界面上的可视化的工具，其主页面如图 1.13 所示。

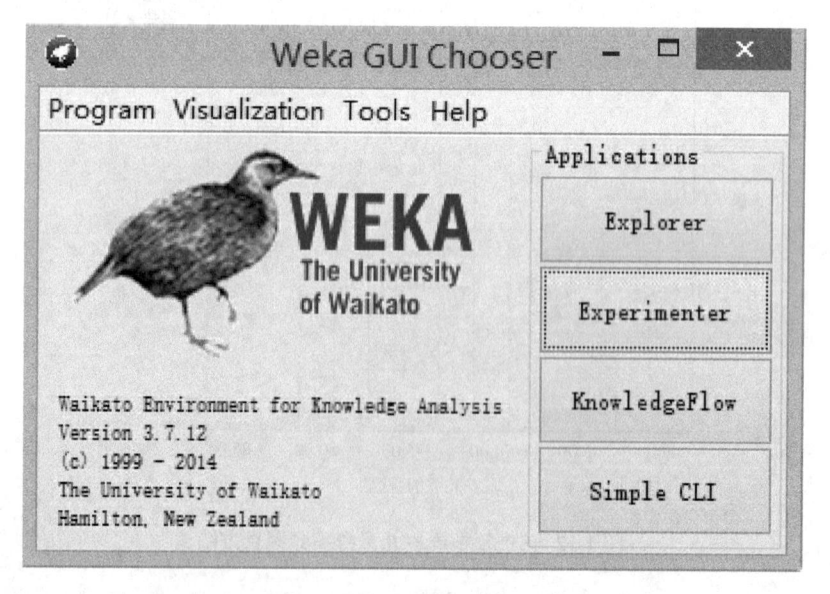

图 1.13　Weka 软件的主页面

跟很多电子表格或数据分析软件一样，Weka 所处理的数据集是一个二维的表格。

表格里的一个横行称作一个实例（Instance），相当于统计学中的一个样本，或者数据库中的一条记录。竖行称作一个属性（Attribute），相当于统计学中的一个变量，或者数据库中的一个字段。这样一个表格（或者叫数据集），在 Weka 看来，呈现了属性之间的一种关系（Relation）。

（四）可视化软件

1. Excel

Microsoft Excel 是微软公司的办公软件 Microsoft Office 的组件之一，是由 Microsoft 为 Windows 和 Apple Mac 操作系统的电脑而编写和运行的一款计算表格软件。它可以进行各种数据的处理、统计分析和辅助决策操作，广泛地应用于管理、统计、财经、金融等众多领域。

Excel 具有强大的统计、数据挖掘分析功能，拥有数量庞大、种类齐全的图表工具，但 Excel 最实用、最亮眼的是它的可视化功能。面对具体的业务需求，使用不同的数据分析方法时，也要注意选择相应的图表类型实现数据可视化。

（1）预警分析：用 KPI（key performance index，关键绩效指标）分析、预警色填充单元格以及设定图标集等方式展示关键指标的健康程度。

（2）进度分析：用图表展现目标值达成情况，适用多种可视化图表。

（3）差异分析：体现两个样本之间的差异程度，雷达图是此类分析方法的有效展现手段。

（4）纵向对比（时间序列）：对比同一指标在不同时间点下的情况。多用折线图与柱形图展现。

（5）横向对比：反映在同一时间下，部分与总体、部分与部分或是对象与对象之间的对比情况。可用饼图、环形图、条形图、分段折线图等进行展现。

（6）增维分析：将不同类型的图表嵌套使用从而达到增加信息展现维度，扩展分析广度的目的。环形图与折线图的嵌套图表就是此类分析方法中的一个案例。

（7）矩阵分析：反映观测对象在重要指标坐标系内的分类关联情况，矩阵图适用于此类分析方法。

（8）透视分析：应用数据透视图表、切片器等功能对目标值进行多维度、多层次、多规则的分析观察。

2. Orange

Orange 是一个开源的数据可视化、机器学习和数据挖掘的工具，其特色是从前端到后台的探索性数据分析和交互的数据可视化功能。它不但具有良好的用户界面，而且可以作为 Python 的一个模块使用。

Orange 具有以下特点。

（1）让数据挖掘变得生动有趣：通过大量的流程交互工具，Orange 能帮新手和专家提供数据可视化和分析的功能。

（2）交互式数据可视化：通过数据可视化可以进行数据分析，包括统计分布图、柱状图、散点图和更深层次的决策树、分层聚簇、热点图、多维度分析、线性预测等。

（3）可视化编程：通过可视化交互操作，用户可以快速进行高质量的数据分析。图形化用户界面可以让人集中于数据分析而非编码。通过在画布中放置组件、连接组件、加载数据组件等操作让数据流过程变得高效而简单。

（4）附加组件功能：用户通过使用 Orange 自带的各类附加功能组件可以进行自然语言处理、文本挖掘、社会网络分析、关联规则分析等。

3. Tableau

Tableau 是一个可视化分析平台。用户可以创建和分发交互式和可共享的仪表板，以图形和图表的形式描绘数据的趋势、变化和密度。Tableau 可以连接到文件、关系数据源和大数据源来获取和处理数据。Tableau 允许数据混合和实时协作，这使它非常独特。Tableau 被企业、学术研究人员和许多政府用来进行可视化数据分析，2021 年还获得 Gartner "分析与商业智能平台"魔力象限的"领先者"称号。

作为领先的数据可视化工具，Tableau 强大的数据发现和探索应用程序允许用户在几秒钟内回答重要的问题。用户可以使用 Tableau 的拖放界面可视化任何数据，探索不同的视图，甚至可以轻松地将多个数据库组合在一起。它不需要任何复杂的脚本，用户可以通过相关数据的可视化来发现和解决问题。分析完成后，与其他人共享就像发布到 Tableau Server 一样简单。

Tableau 具有如下特点。

（1）分析速度。由于它不需要高水平的编程技能，任何有权访问数据的计算机用户都可以使用它从数据中获取价值。

（2）安装简单。Tableau 不需要复杂的软件设置，大多数用户使用的桌面版本很容易安装。

（3）视觉发现。用户使用视觉工具（如颜色、趋势线和图表）来探索和分析数据。只有很少的脚本要写，因为几乎一切都是通过拖放来完成的。

（4）混合不同的数据集。Tableau 允许用户实时混合不同的关系型、半结构化和原始数据源，而无须昂贵的前期集成成本。用户不需要知道数据存储的细节。

（5）体系结构无关。Tableau 适用于各种设备，用户不必担心使用 Tableau 的特定硬件或软件要求。

（6）实时协作。Tableau 可以即时过滤、排序和讨论数据，并在门户网站中嵌入实时仪表板。用户可以保存数据视图，并允许同时订阅交互式仪表板，以便只需刷新其 Web 浏览器即可查看最新的数据。

（7）集中数据。Tableau Server 提供了一个集中式位置，用于管理组织的所有已发布数据源。用户可以在一个方便的位置删除、更改权限、添加标签和管理日程表，并且很容易安排、提取、刷新并在数据服务器中管理它们。管理员可以集中定义服务器上提取计划，用于增量刷新和完全刷新。

本章习题

1. 简述数据和信息的区别与联系。
2. 简述商业数据分析的流程。
3. 简述商业数据的分类与三类逻辑数据模型。
4. 阐述大数据时代商业数据分析的新理念。
5. 商业大数据发展的必要性、重要性是什么？
6. 简述商业大数据分析的步骤与方法。
7. 商业大数据分析的工具有哪些？如何分类？
8. 举例阐述商业大数据在金融领域、人力资源领域、市场营销领域、健康管理领域、供应链领域等的应用案例。
9. 案例分析题：亚马逊的"商业数据分析"。

作为一家电子商务公司，亚马逊将每个用户在其网站或 APP 上的行为记录下来，如页面停留时间、用户是否查看评论、搜索的每个关键词、浏览的商品等。这种对数据价值的高度敏感和重视以及强大的数据分析能力，使得亚马逊具有了超越传统商业运营的能力和优势。其数据应用主要有以下几个方面。

（1）推荐系统：亚马逊的各个业务环节都离不开"数据"的身影，如关联商品推荐功能。这些精准推荐被主动推给用户，使亚马逊的商品触达潜在用户。

（2）预测系统：用户需求预测是通过历史数据来预测用户未来的需求。亚马逊内部将书、手机、家电称为硬需求产品。这一类产品的特点和用户购买特征，决定了对这一类产品的预测是比较精准的，甚至可以预测到相关产品属性的需求。对服装等软需求产品，预测相对困难和复杂。

（3）测试系统：亚马逊网站上的某段页面文字并不是碰巧或随意出现的，其实亚马逊网站在持续不断地测试新的设计方案，从而找出打动潜在用户、提高转化率的方案。整个网站的布局、字体大小与颜色、按钮以及其他所有的设计都是在多次测试后优化的结果。

（4）日志系统：亚马逊的移动应用在为用户提供流畅体验的同时，通过收集手机上的数据深入了解用户的偏好。Kindle Fire 内嵌的 Silk 浏览器可以将用户的行为数据一一记录下来。

亚马逊的数据分析不局限于以上领域，对于亚马逊来说，数据是商业分析与决策的指挥棒。

思考题：

（1）亚马逊是如何将数据分析结果运用于网站各项服务中的？
（2）数据分析在商务活动中的意义是什么？

第二章

数据预处理

本章要点：
（1）数据预处理的原因和要求。
（2）数据预处理的内容和方法。

学习要求：

明确数据预处理的原因和要求；了解各种数据预处理方法，如数据审计、数据清洗、数据变换、数据集成等的应用范围和使用方法；根据商业应用时对数据质量的不同要求以及数据预处理方法的优势和特点，选择合适的方法进行数据预处理工作。

第一节 数据预处理概述

商业数据分析需要考虑被处理数据的特征。当被处理数据的质量过低或数据的形态不符合模型要求时，需要进行数据预处理工作。数据预处理是指在对数据进行正式模型处理（计算）之前，根据后续数据计算的需求对原始数据集进行审计、清洗、变换、集成、脱敏、归约和标注等一系列处理活动，提升数据质量，并使数据形态更符合具体模型需求，从而达到提升数据分析效果、降低其计算复杂度的目的。数据预处理的主要目标包含两个方面，如图 2.1 所示。

1. 质量要求

原始数据的质量不高，可能导致数据处理分析活动的"垃圾进、垃圾出"（garbage in, garbage out）。在数据处理过程中，原始数据中可能存在多种质量问题（如存在缺失值、噪声、错误或虚假数据等），此类问题将影响数据处理算法的效率与数据处理结果的准确性。因此，对数据进行正式分析和挖掘前，需要进行一定的预处理工作，发现数据中存在的质量问题，并采用特定方法处理问题数据。

2. 计算要求

原始数据的形态不符合目标算法要求，后续处理方法无法直接在原始数据上应用。

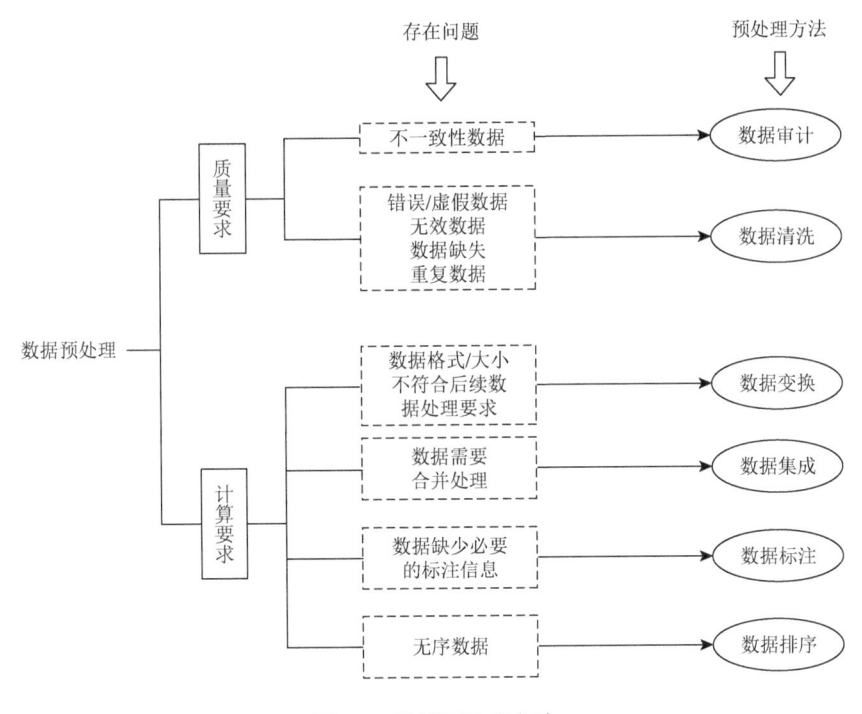

图 2.1 数据预处理方法

当原始数据质量没有问题,但不符合目标算法的要求(如对数据的类型、规模、取值范围、存储位置等)时,也需要进行数据预处理操作。

常用的数据预处理方法有数据的审计、清洗、变换、集成、标注、脱敏、归约、排序、抽样、离散化、分解处理等。值得注意的是,这些数据预处理活动之间并不一定存在互斥关系,多个预处理活动在内涵和外延方面可能存在重叠关系,并且在一项数据预处理任务中可同时采用多种预处理方法。

(1)数据审计:主要用于评价数据质量,并发现不一致性数据。主要审计数据内容与相关规则要求(如来源数据中的自描述性验证规则、与领域知识冲突或数据间自相矛盾等不一致现象)。

(2)数据清洗:主要对数据审计时发现的问题数据(如错误数据、虚假数据、无效数据、数据缺失和重复数据等)进行删除/更正/插值处理,以求达到如下清洗目标——格式标准化、异常数据和重复数据清除、错误纠正。

(3)数据变换:主要用于处理数据中存在的类型、计量单位和大小与后续数据处理方法不一致问题。例如,数据类型需要从字符串型转换为数值型,数据量级或者单位需要进行标准化处理等。

(4)数据集成:主要用于合并处理多个原始数据(或中间数据)的内容。

(5)数据标注:在机器学习和人工智能领域中,将原始数据集中的样本赋予适当的标签或注释。

(6)数据排序:按照一定顺序规则将原始数据进行排列处理,以便于通过浏览数据发现明显的特征或趋势,找到解决问题的线索。除此之外,排序也有助于对原始数据检查纠错，为重新归类或分组等提供依据。

（7）其他预处理：除了上述预处理活动之外，还有标注、脱敏、归约、抽样、离散化、分解等预处理技术。

第二节 数据质量

在数据分析中，数据的质量直接影响其价值高低和数据分析结果的可靠性，因此前期的数据质量控制与管理极为重要。通常，数据质量可以用四个基本属性进行描述，即正确性、完整性、一致性和时效性，如图2.2所示。

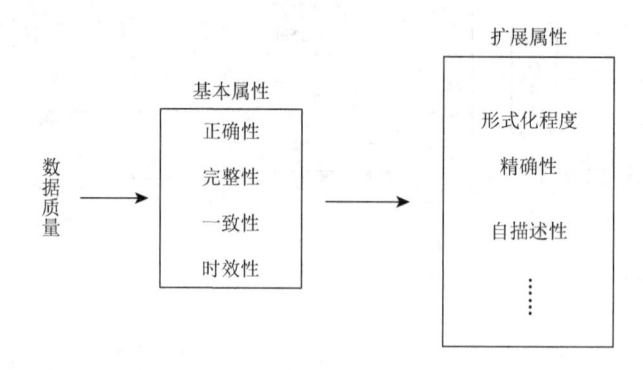

图 2.2 数据质量的属性

（1）数据正确性是指数据中记录的信息和数据是否准确，是否存在异常或者错误的信息。

（2）数据完整性是指数据的记录和信息是否完整，是否存在缺失的情况。数据的缺失主要有记录的缺失和记录中某个字段信息的缺失，两者都会造成统计结果的不准确。完整性是数据质量的基础保障。

（3）数据一致性是指数据的记录是否符合规范，是否与前后及其他数据集合保持统一。

（4）数据时效性是指数据是否被及时记录下来，且反映客观世界的最新状态，确保数据与客观世界之间的同步性等。

除了正确性、完整性、一致性、时效性等基本属性，数据质量还涉及数据的形式化程度、精确性和自描述性等。

（1）形式化程度是指数据的形式化表示程度。形式化表示是指基于数学、逻辑学理论和规则系统理论，将数据的元数据和语义信息尽量用规范化表达方法进行表示，以便计算机自动化理解。一般情况下，形式化程度越高，数据越易于被计算机自动理解和自动处理。

（2）精确性是指数据的精度是否满足后续处理的要求。如果精确性不够高，可能会影响数据质量和数据分析的粒度。

（3）自描述性是指数据是否带有一定的自描述信息，如数据的模式信息、有效验证方法（如数据类型、值域或定义域等）。如果缺乏自描述信息，很难评价数据质量的高低，也难以确保后续分析结果的正确性。

数据质量的高低将直接影响数据分析结果的准确性。因此，为了保证数据分析的正确性，要对收集数据的来源、时间、准确与否、完整程度进行多次验证与再收集，此外还需要对数据进行审计、清洗确保其一致性。

第三节 数据审计

数据审计是指按照数据质量的一般规律与评价方法，对数据内容及其元数据进行审计，发现其中存在的"问题"。

（1）缺失值（缺少数据），例如，学生登记表中缺少第2条记录的字段"年龄"的值。

（2）噪声值（异常数据），例如，学生登记表中第2条记录的字段"年龄"的值为200。

（3）不一致性（相互矛盾的数据），这个问题一般在集成多个原始数据时出现，例如，两个不同表中记录的同一名学生的"年龄"不一致。

（4）不完整值（被篡改或无法溯源的数据），当数据本身带有校验信息，则可判断校验其完整性。

一、预定义审计

当来源数据带有自描述性验证规则（如关系数据库中的自定义完整性、XML数据中的Schema定义等）时，通常采用预定义审计方法，可以通过查看系统的设计文档、源代码或测试方法找到这些验证规则。在数据预处理过程中，可以依据这些自描述性验证规则识别问题数据。预定义审计中可以依据的数据或方法有五个：①数据字典；②用户自定义的完整性约束条件，如字段"年龄"的取值范围为20～40；③数据的自描述性信息，如数字指纹（数字摘要）、校验码、XML Schema定义；④属性的定义域与值域；⑤数据中包含的关联信息。

二、自定义审计

当来源数据中缺少自描述性验证规则，或自描述性验证规则无法满足数据预处理需要时，通常采用自定义审计方法。自定义审计时，数据预处理者需要自定义规则。数据验证（validation）是指根据数据预处理者自定义验证规则来判断是否为"问题数据"。与预定义审计方法不同的是，验证规则并非来源数据自带的，而是数据预处理自定义的。验证规则一般可以分为以下两种。

1. 变量规则

在单个（多个）变量上直接定义的验证规则，如离群值的检查。最简单的实现方式有以下两种。

（1）一种是给出一个有效值（或无效值）的取值范围，例如，大学生表中的年龄属性的取值范围为[18, 28]。

（2）另一种是列举所有有效值（或无效值），以有效值（无效值）列表形式定义。例如，大学生表中的性别属性为"男"或"女"。

2. 函数规则

相对于简单变量规则，函数规则更为复杂，需要对变量进行函数计算。例如，设计一个函数 f( )，并定义规则 f(18≤age≤28) = TRUE。

三、可视化审计

有时，用数据可视化的方法很容易发现问题数据。如图 2.3 所示，用可视化方法显示了某数据表中的各字段（属性）中缺失值的个数。可见，数据可视化是数据审计的重要方法之一。

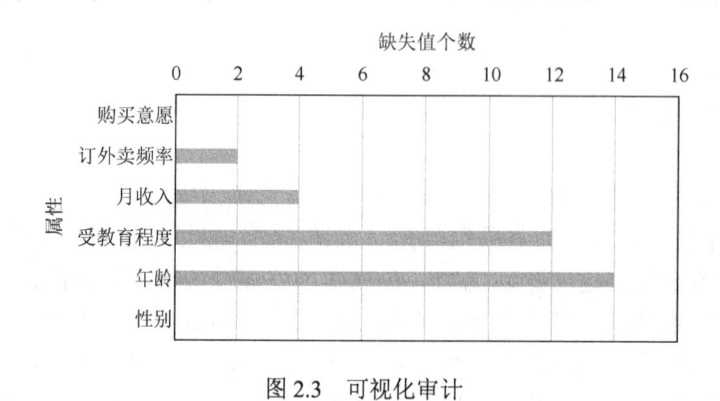

图 2.3 可视化审计

第四节 数 据 清 洗

数据清洗是指在数据审计基础上，将"脏数据"清洗成"干净数据"的过程。数据清洗也是发现并纠正数据文件中可识别错误的最后一道程序，包括缺失数据、冗余（重复数据、无关数据等）、噪声数据（错误数据、虚假数据和异常数据等）的清洗等，如图 2.4 所示。

值得一提的是，有时需要多轮"清洗"才能"清洗干净"。也就是说，一次数据清洗操作之后得到的往往是"中间数据"，而不一定是"干净数据"。因此，需要对这些可能含有"脏数据"的"中间数据"进行再次"审计工作"，进而判断是否需要再次清洗。

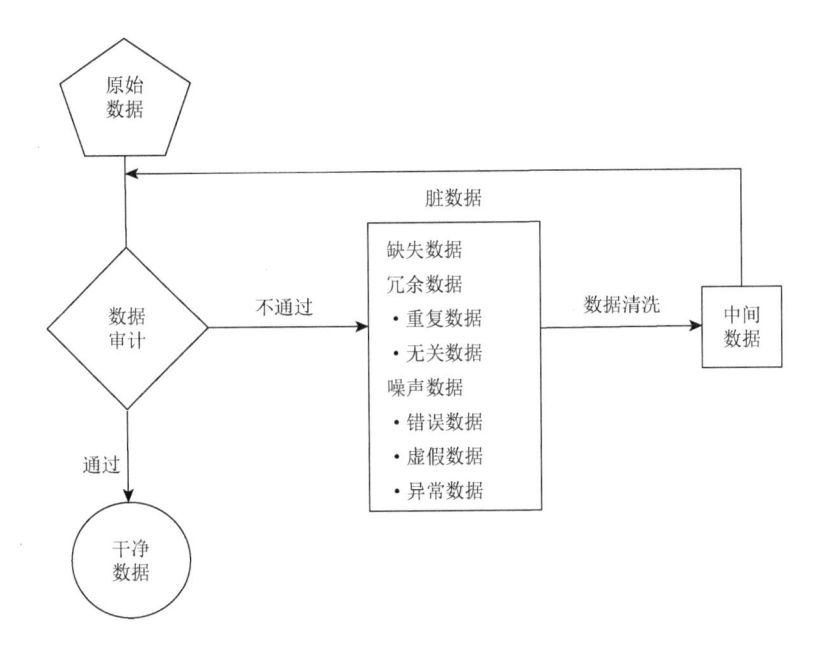

图 2.4 数据审计与数据清洗

一、缺失数据处理

缺失数据的处理主要涉及三个活动：缺失数据的识别；缺失数据的分析以及缺失数据的处理，如图 2.5 所示。

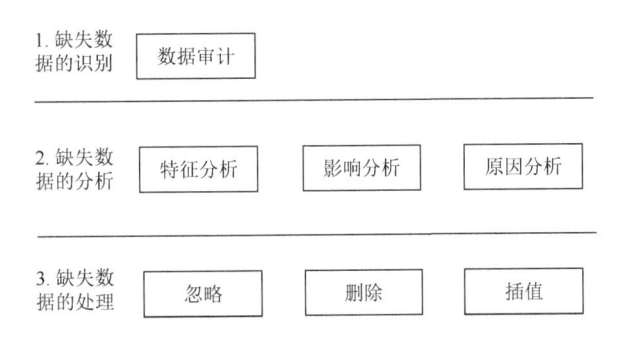

图 2.5 缺失数据的处理步骤

（1）缺失数据的识别：主要采用数据审计（包括数据可视化审计）的方法发现缺失数据。

（2）缺失数据的分析：主要包括缺失数据的特征分析、影响分析及原因分析。通常，缺失值有三种，即完全随机缺失、随机缺失和非随机缺失，如表 2.1 所示。可见，针对不同的缺失值类型，应采用的应对方法也不同。另外，缺失数据对后续数据处理结果的影响也是不可忽视的问题。当缺失数据的比例较大，并且涉及多个变量时，缺失数据将影响数据分析结果的正确性。在缺失数据及其影响分析的基础上，还需要利用数据所属领域的专业知识进一步分析其深层次原因，为应对策略（删除或插补缺失数据）的选择与实施提供依据。

表 2.1 缺失值的类型

类型	特征	解决方法
完全随机缺失	某变量的缺失数据与其他任何观测或未观测变量都不相关	较为简单，可以进行忽略/删除/插值处理
随机缺失	某变量的缺失数据与其他观测变量相关，但与未观测变量不相关	
非随机缺失	缺失数据不属于上述"完全随机缺失"或"随机缺失"	较为复杂，可以采用模型选择法和模式混合法等

（3）缺失数据的处理：根据缺失数据对分析结果的影响及导致数据缺失的影响因素，选择具体的缺失数据处理策略——忽略、删除处理或插值处理。

二、冗余数据处理

数据冗余是指数据之间的重复，也可以说是同一数据存储在不同数据文件中的现象。数据冗余浪费了很多的存储空间，尤其是存储海量数据的时候。这样某一属性值发生改变时其他与之相同的属性值也要随之改变。数据冗余不仅增加了更新代价，更严重的是其潜在的数据不一致及存储空间浪费等问题。

冗余数据的表现形式可以有多种，如重复出现的数据以及与特定数据分析任务无关的数据（不符合数据分析者规定的某种条件的数据）。

从总体上看，冗余数据的处理需要三个基本步骤：识别、分析和过滤，如图 2.6 所示。对于重复类冗余数据，通常采用重复过滤方法；对于"与特定数据处理不相关"的冗余数据，一般采用条件过滤方法。

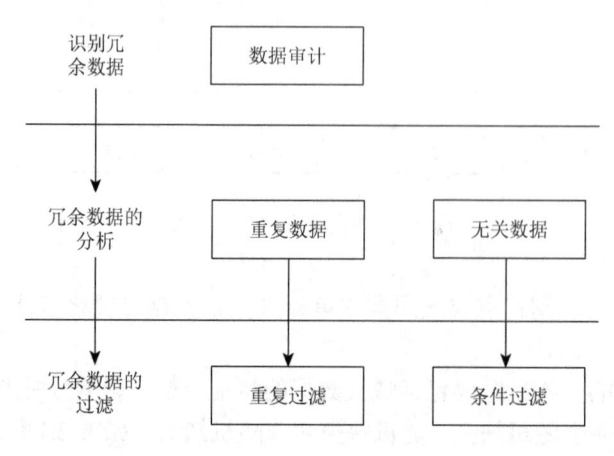

图 2.6 冗余数据的处理

第一，重复过滤。重复过滤是指在识别来自源数据集中的重复数据基础上，从每个重复数据项中选择一项记录作为代表保留在目标数据集之中。重复过滤需要进行两个关键活动：识别重复数据和过滤重复数据。在识别出重复数据的基础上，需要对重复数据进行过滤操作。根据操作复杂度，过滤可以分为以下两种。

（1）直接过滤，即对重复数据进行直接过滤操作，选择其中的任何数据项作为代表保留在目标数据集中，过滤掉其他冗余数据。

（2）间接过滤，即对重复数据进行一定校验、调整、合并操作之后，形成一条新记录。

第二，条件过滤。条件过滤是指根据某种条件进行过滤，如过滤掉年龄小于 15 岁的学生记录。

在某些条件下，对数据处理也可能增加冗余，其目的包括以下几点。

（1）重复存储或传输数据以防止数据丢失。

（2）为达到其他目的所进行的冗余，如重复信息以达到被重视的目的。

（3）为方便处理同一信息的不同表现形式，如一本书的不同语言版本。

（4）对大量数据的索引，以提高信息的检索速度，一般在数据库中经常使用。

（5）对数据进行冗余性的编码来防止数据的丢失、错误，并提供对错误数据进行反变换得到原始数据的功能，如在实际中广泛应用的校验码。

（6）为简化流程或提高处理效率所造成的数据冗余，如向多个目的发送同样的信息、在多个地点存放同样的信息。

（7）方法类的信息冗余：比如每个司机都要记住同一城市的基本交通信息；大量个人电脑都安装类似的操作系统或软件。

（8）规则性的冗余，如根据法律、制度、规则等约束，合同中大量的模式化的内容。

（9）为了完备性而需要的冗余数据，如字典里的字很多，但我们只查询其中很少的一些字。

三、噪声数据处理

"噪声"是指测量变量中的随机错误或偏差。噪声数据的主要表现形式有三种：错误数据、虚假数据以及异常数据。

噪声数据处理是预处理中的一个重要环节。现有的处理噪声数据的方法通常是找到这些孤立于其他数据的记录并删除掉，其缺点是通常只有一个属性上的数据需要删除或修正，将整条记录删除将丢失大量有用的、干净的信息。

数据含噪声可能有多种原因：收集数据本身难以得到精确的数据、收集数据的设备可能出现故障、数据输入时可能出现错误、数据传输过程中可能出现错误、存储介质有可能出现损坏等。

处理噪声、平滑数据的技术主要有：分箱（binning）、聚类（clustering）、回归（regression）等。

1. 分箱

分箱方法是一种简单常用的预处理方法，通过考察相邻数据来确定最终值。分箱，实际上就是按照属性值划分的子区间，如果一个属性值处于某个子区间范围内，就把该属性值放进这个子区间所代表的"箱子"内。在采用分箱技术时，需要确定的两个主要问题是：如何分箱以及如何对每个箱子中的数据进行平滑处理。

（1）根据对原始数据集的分箱策略，分箱的方法可分为三种：等深分箱法、等宽分箱法和用户自定义区间法。

等深分箱法，也称统一权重法，该方法是将数据集按记录行数分箱，每箱具有相同的记录数，每箱记录数称为箱子的深度。这是最简单的一种分箱方法。

等宽分箱法，也称统一区间法，使数据集在整个属性值的区间上平均分布，即每个箱的区间范围是一个常量，称为箱子宽度。

用户自定义区间法，用户可以根据需要自定义区间，当用户明确希望观察某些区间范围内的数据分布时，使用这种方法可以方便地帮助用户达到目的。

例：客户收入属性排序后的值（单位：元）为 800、1000、1200、1500、1500、1800、2000、2300、2500、2800、3000、3500、4000、4500、4800、5000，分箱的结果如下。

等深分箱法：假设箱子深度（权重）为 4，分箱后的结果如下。

箱 1：800、1000、1200、1500。

箱 2：1500、1800、2000、2300。

箱 3：2500、2800、3000、3500。

箱 4：4000、4500、4800、5000。

等宽分箱法：设定区间范围（箱子宽度）为 1000 元人民币，分箱后的结果如下。

箱 1：800、1000、1200、1500、1500、1800。

箱 2：2000、2300、2500、2800、3000。

箱 3：3500、4000、4500。

箱 4：4800、5000。

用户自定义：如将客户收入划分为 1000 元以下、1000~2000 元、2000~3000 元、3000~4000 元和 4000 元以上几组，分箱后的结果如下。

箱 1：800。

箱 2：1000、1200、1500、1500、1800、2000。

箱 3：2300、2500、2800、3000。

箱 4：3500、4000。

箱 5：4500、4800、5000。

（2）根据每个箱内成员数据的替换方法，分箱方法又可以分为均值平滑技术（用每个箱的均值代替箱内成员数据）、中值平滑技术（用每个箱的中值代替箱内成员数据）和边界值平滑技术（"边界"是指箱中的最大值和最小值，"边界值平滑"是指每个值被最近的边界值替换），如图 2.7 所示。

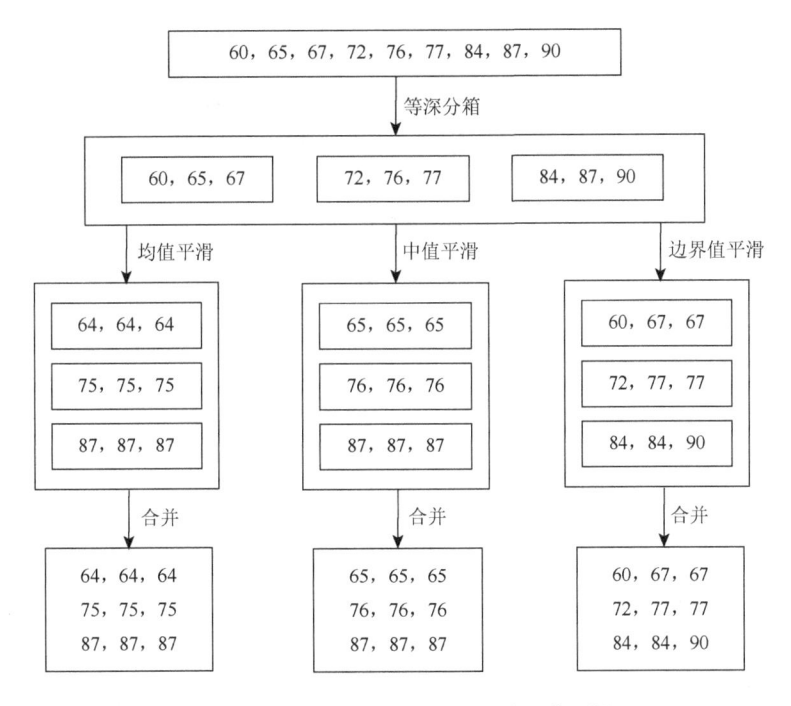

```
                60，65，67，72，76，77，84，87，90
                            │
                          等深分箱
                            │
        ┌───────────────────┼───────────────────┐
    60，65，67           72，76，77           84，87，90
        │                   │                   │
     均值平滑             中值平滑             边界值平滑
        │                   │                   │
    64，64，64           65，65，65           60，67，67
    75，75，75           76，76，76           72，77，77
    87，87，87           87，87，87           84，84，90
        │                   │                   │
       合并                合并                合并
        │                   │                   │
    64，64，64           65，65，65           60，67，67
    75，75，75           76，76，76           72，77，77
    87，87，87           87，87，87           84，84，90
```

图 2.7　均值平滑、中值平滑与边界值平滑

2. 聚类

聚类就是将数据对象分组为多个类或簇（cluster），在同一个簇中的对象之间具有较高的相似度，而不同簇中的对象差别较大。相似度是基于描述对象的属性值来计算的，距离是经常采用的度量方式。由聚类所生成的簇是一组数据对象的集合，这些对象与同一个簇中的对象彼此相似，与其他簇中的对象相异，如图 2.8 所示。在许多应用中，一个簇中的数据对象可以被作为一个整体来对待。

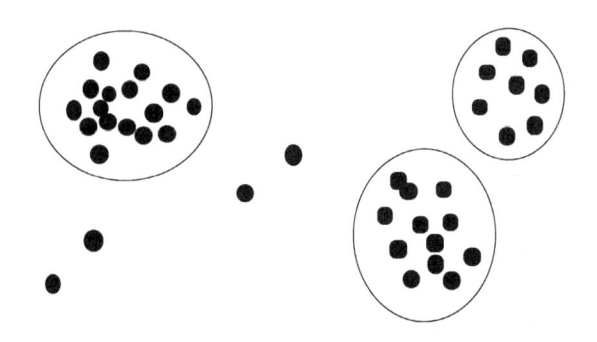

图 2.8　通过聚类发现离群点/孤立点

3. 回归

还可以采用回归分析法对数据进行平滑处理，识别并去除噪声数据，如图 2.9 所示。关于回归分析方法的更多知识，请参见本书第三章。

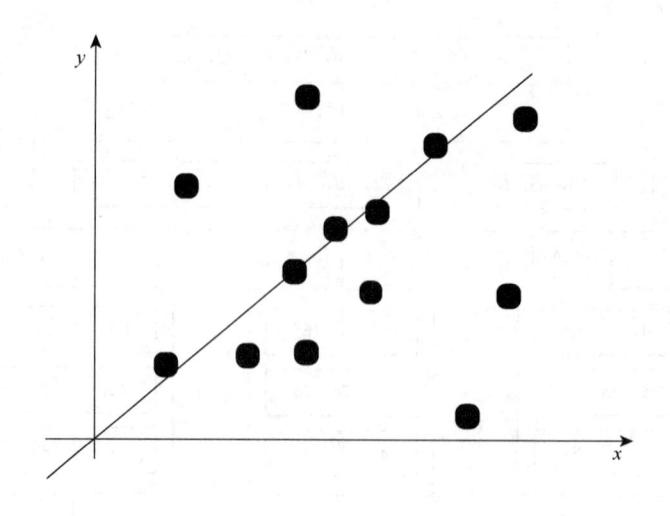

图 2.9　通过回归分析方法发现噪声数据

除了离群点、孤立点等异常数据外，错误数据和虚假数据的识别与处理也是噪声处理的重要任务。错误数据或虚假数据的存在也会影响数据分析与洞见结果的信度。相对于异常类噪声的处理，错误数据和虚假数据的识别与处理更加复杂，需要结合实践经验与领域知识。因此，与缺失数据和冗余数据的处理不同，噪声数据的处理对领域知识和领域专家的依赖程度很高，不仅需要审计数据本身，还需要结合数据的生成与获得活动等全生命期进行审计。

第五节　数据变换

在对数据进行统计分析时，要求数据必须满足一定的条件，如在方差分析时，要求实验误差具有独立性、无偏性、方差齐性和正态性。但在实际分析中，独立性、无偏性比较容易满足，方差齐性在大多数情况下能满足，而正态性有时不能满足。此时若将数据经过适当的转换，如平方根转换、对数转换、平方根反正弦转换，则可以使数据满足方差分析的要求。所进行的此种数据转换，称为数据变换。

数据变换将数据转换或者统一为符合目标算法的形式，主要有以下几个变换策略。

（1）平滑处理：去掉数据中的噪声，主要有分箱、回归和聚类等方法。

（2）聚集：通过对数据仓库中的数据进行简单的汇总和聚集来获得统计信息，以便对数据进行更高层次的分析。

（3）数据泛化：使用概念分层的方式，利用高层的概念来替换低层或原始数据。

（4）标准化（规范化）：对属性数据进行缩放，使之落入到一个特定区域之间，主要有 Min-Max 标准化、Z-Score 标准化以及小数定标标准化等方法。

（5）属性构造：采用一致的属性构造出新的属性，用于描述客观现实。例如，根据已知质量和体积属性计算出新的属性——密度，而后续数据处理直接用新属性。

一、大小变换

在数据分析之前,通常需要先将数据标准化(normalization),利用标准化后的数据进行数据分析。数据标准化主要包括数据同趋化处理和无量纲化处理两个方面。

(1)数据同趋化处理主要解决不同性质/类型的数据问题。不同性质/类型指标,直接加总不能正确反映不同作用力的综合结果,须先考虑改变指标数据性质/类型,使得所有指标对测评方案的作用力趋同化,再加总才能得出正确结果。

(2)数据无量纲化处理主要解决数据的可比性问题。在某些比较和评价类的指标处理中经常需要消除数据的单位限制,将其转化为无量纲的纯数值,便于不同单位或量级的指标之间进行比较和加权。

经过上述标准化处理,原始数据均转换为无量纲化指标测评值,即各指标值都处于同一个数量级别上。

(1)Min-Max 标准化:对原始数据的线性变换,使结果落到[0, 1]区间,转换函数如下:

$$x^* = \frac{x - \min}{\max - \min}$$

其中,max 和 min 分别表示样本数据的最大值和最小值;x 与 x^* 分别表示标准化处理前的值和标准化处理后的值。

Min-Max 标准化比较简单,但存在一些缺陷。当有新数据加入时,可能导致最大值和最小值的变化,需要重新定义 min 和 max 的取值。

(2)Z-Score 标准化:经过处理的数据符合标准正态分布,即均值为 0,标准差为 1,其转化函数为

$$z = \frac{x - \mu}{\sigma}$$

其中,μ 表示平均数;σ 表示标准差;x 与 z 分别表示标准化处理前的值和标准化处理后的值。

二、类型变换

在数据预处理时,数据同趋化处理能够将来源数据集中的类型转化为目标数据集的类型。例如,当来源数据集中存在以字符串形式存储的变量"购买时间"时,需要将其变换为时间类型的数据。根据变量类型变换中的映射关系,可分为以下两种。

(1)一对一变换是类型变换之后目标数据与来源数据之间存在一对一的对应关系。例如上述例子中将变量"购买时间"的类型从字符串变换为时间类型(表2.2)。

表 2.2 一对一变换

来源变量的值(字符串类型)	目标变量的值(时间类型)
2时46分	2:46
8时9分	8:09

续表

来源变量的值（字符串类型）	目标变量的值（时间类型）
12时10分	12:10
15时20分	15:20
20时50分	20:50

（2）多对一变换是指目标数据项与来源数据项之间进行多对一的映射，如表2.3所示。

表2.3　多对一变换

来源变量的值（时间类型）	目标变量的值（字符串类型）
0:00~6:00	凌晨
6:00~11:00	上午
11:00~13:00	中午
13:00~16:00	下午
16:00~18:00	傍晚
18:00~24:00	晚上

第六节　数据集成和数据排序

一、数据集成

数据集成就是将若干个分散数据源中的数据集成到统一的数据集合中。数据集成的目的是实现各个不同数据源之间的数据共享，有效地利用资源。

数据集成需要着重解决三个基本问题：模式匹配、数据冗余以及数据值冲突。

（1）模式匹配：来自多个数据集合的数据由于在命名上存在差异导致等价的实体具有不同的名称，这给数据集成带来了挑战。怎样才能更好地对来源不同的多个实体进行匹配是摆在数据集成面前的第一个问题，涉及实体识别问题（entity identification problem）。通常，数据库与数据仓库以元数据为依据进行实体识别，从而避免模式匹配时发生错误。

（2）数据冗余：若一个属性可以从其他属性中推演出来，那这个属性就是冗余属性。数据冗余可能来源于数据属性命名规则的不一致，在解决数据冗余的过程中对于数值属性可以利用皮尔逊积矩来衡量，对于离散数据可以利用卡方检验来检测两个属性之间的关联。

（3）数据值冲突：主要表现为来源不同的同一实体具有不同的数据值。产生这些问题的原因可能是表示差异、比例尺度不同或编码差异等。例如，重量属性在一个系统中采用公制，在另一个系统采用英制。

二、数据排序

数据排序是指按一定规则对数据进行整理、排列，为数据的进一步处理做好准备。好的排序方法可以有效提高排序速度和排序效果。在大数据和计算机领域主要使用的数据排序方法根据占用内存的方式分为两大类：内部排序方法与外部排序方法。

（一）内部排序方法

内部排序是指对数据集合中的元素进行排序，而这些元素都存储在计算机的内存中。

内部排序有许多不同的算法，每种算法都有其优缺点，适用于不同的场景。以下是一些常见的内部排序算法。

（1）冒泡排序（bubble sort）：通过多次遍历列表，比较相邻元素并交换，将最大（或最小）的元素冒泡到最后（或最前）。

（2）选择排序（selection sort）：每次选择最小（或最大）的元素，放到已排序部分的末尾，逐步形成有序序列。

（3）插入排序（insertion sort）：从列表的第二个元素开始，逐个将元素插入到已排序的部分，形成有序序列。

（4）快速排序（quick sort）：通过选择一个基准元素，将列表分为两个子序列，左边的元素都小于基准，右边的元素都大于基准，然后递归地对子序列进行排序。

（5）归并排序（merge sort）：将列表分为两个子序列，分别排序后再合并成一个有序序列，采用分治的策略。

（6）堆排序（heap sort）：将待排序的元素构建成一个二叉堆，然后逐步将堆顶元素取出，得到有序序列。

（7）希尔排序（Shell sort）：是插入排序的一种改进版本，通过比较距离较远的元素来提高排序效率。

每种排序算法的性能特点和适用场景不同。例如，快速排序在平均情况下性能较好，但在最坏情况下可能效率较低；归并排序在所有情况下都保持稳定的性能。选择排序和冒泡排序对于小规模数据集可能较为简单，但在大规模数据集上效率较低。在选择排序算法时，应根据具体的应用场景和数据特点来选择合适的排序算法。

（二）外部排序方法

外部排序方法指的是待排序记录的数量很大，以致内存不能全部容纳，在排序过程中需要对外存进行访问的排序过程。

外部排序的基本思路是大文件的排序，即待排序的记录存储在外部存储器上，在排序过程中需进行多次的内、外存之间的交换。首先将大文件记录分成若干个子文件，然后读入内存中，并利用内部排序的方法进行排序；然后把排序好的有序子文件（称为归并段）重新写入外存，再对这些归并段进行逐个归并，直到得到整个有序文件为止。

例如，假设有 10 000 个记录的文件需要排序，则先把这 10 000 个记录文件分成 10 个归并段（R1~R10，每段 1000 个记录），逐个读入归并段进行内部排序（共 10 次），然后把排序好的归并段重新写入外存中，最后进行两两归并，直到得到一个有序文件为止。

第七节　其他数据预处理

一、数据归约

数据归约（data reduction）：是指在对数据分析任务和数据本身内容理解的基础上，依据分析目标寻找数据的有用特征，以缩减数据规模，从而在尽可能保持数据原貌的前提下，最大限度地精简数据量。数据归约的前提是不影响数据的完整性和数据分析结果的正确性，因此，基于已归约处理新数据的分析结果应与基于原始数据的分析结果相同或没有本质性区别。

常用的数据归约方法有三种：特征归约、样本归约和特征值归约。

（1）特征归约：是从原有的特征中删除不重要或不相关的特征，或者通过对特征进行重组来减少特征的个数。其原则是在保留甚至提高原有判别能力的同时减少特征。

（2）样本归约：就是从数据集中选出一个有代表性的样本子集来缩减样本规模。子集大小的确定要考虑计算成本、存储要求、估计量的精度以及其他一些与算法、数据特性有关的因素。与针对整个数据集的数据分析比较起来，样本归约具有减少成本、速度更快、范围更广的优点，有时甚至能获得更高的精度。

（3）特征值归约：是一种特征值离散化技术，它将连续型特征的值离散化，使之成为少量的区间，每个区间映射到一个离散符号。特征值归约的好处在于简化了数据描述，并易于理解数据和最终的分析结果。

二、数据脱敏

数据脱敏（data masking），又称数据漂白、数据去隐私化或数据变形。数据脱敏是对某些敏感信息通过脱敏规则进行数据变形，实现敏感隐私数据的可靠保护。在遇到客户安全数据或者一些商业敏感数据（如身份证号、手机号、银行卡号、客户联系方式等）时，对真实数据进行一些替换、过滤或删除操作，能够降低信息安全隐患和个人隐私风险。

当今的数字经济时代，大数据中蕴藏的巨大商业价值被挖掘出来和充分利用，但是同时也带来了隐私信息保护的挑战。个人（或组织）信息及行为（比如位置信息、公司客户联系方式、消费行为、网络访问行为等）是个人（或组织）的隐私机密，也是需要关注的敏感信息。在商业大数据价值挖掘过程中如何保护个人（或组织）的隐私信息，是数据脱敏需要解决的难题。生活中不乏数据脱敏的例子，比如我们最常见的火车票、电商收货人地址都会对敏感信息做处理，甚至视频中的马赛克都属于脱敏。

对于脱敏程度，一般来说只要处理到无法推断原有的信息，不会造成信息泄露即可。如果修改过多，容易丢失数据原有特性。在实际操作中，需要根据实际场景来选择适当的脱敏规则。

数据脱敏分为可恢复脱敏与不可恢复脱敏两类。

（1）可恢复类脱敏指脱敏后的数据可以通过一定的方式，恢复成原来的敏感数据，此类脱敏规则主要指各类加解密算法规则。

（2）不可恢复类脱敏指脱敏后的数据中被脱敏部分使用任何方式都不能恢复。一般可分为替换算法和生成算法两大类。替换算法即将需要脱敏的部分使用定义好的字符或字符串替换，生成算法则更复杂一些，要求脱敏后的数据符合逻辑规则，即"看起来很真实的假数据"。

三、数据标注

数据标注的主要目的是通过对目标数据补充必要的词性、颜色、纹理、形状、关键字或语义信息等标签类元数据，提高其检索、洞察、分析和挖掘的效果与效率。按标注活动的自动化程度，数据标注可以分为手工标注、自动化标注和半自动化标注。

从实现层次看，数据标注可以分为以下两种。

（1）语法标注：主要采用语法层次上的数据计算技术，对文字、图片、语音、视频等目标数据给出语法层次的标注信息。例如，文本数据的词性、句法、句式等语法标签；图像数据的颜色、纹理和形状等视觉标签。语法标注的特点是：标签内容的生成过程并不建立在语义层次的分析处理技术上，且标签信息的利用过程并不支持语义层次的分析推理。语法标注的缺点在于标注内容停留在语法层次，难以直接支持语义层次上的分析处理。

（2）语义标注：主要采用语义层次上的数据计算技术，对文字、图片、语音、视频等目标数据给出语义层次的标注信息。例如，对数据给出其主题、情感倾向、意见选择等语义信息。与语法标注不同的是，语义标注的过程及标注内容应建立在语义 Web 和关联数据技术上，并通过 OWL/RDF[1]连接到领域本体及其规则库，支持语义推理、分析和挖掘工作。语义 Web 中常用的技术有：知识表示技术（如 OWL、RDF 等）、规则处理（如 SWRL[2]、RDF 规则语言等）、检索技术（如 SPARQL[3]、RDF 查阅语言等）。

本 章 习 题

1. 简述数据预处理的目的及其主要方法。

---

[1] OWL 全称为 Web ontology language，万维网本体语言；RDF 全称为 resource description framework，资源描述框架。
[2] semantic web rule language，语义网规则语言。
[3] SPARQL（SPARQL protocol and RDF query language），是为 RDF 开发的一种查询语言和数据获取协议。

2. 简述数据质量的四个基本属性。

3. 某社交网站用户信息如下，请选择合适的方法，对表 1 中的缺失值和异常值进行处理，并说明处理的理由。

表 1　用户信息

人员 ID	性别	年龄/岁	朋友数量/个
001	M	18.982	7
002	F	18.801	0
003	M	18.335	69
004	F	18.875	0
005		18.995	10
006	F		142
007	F	18.93	72
008	M	18.322	17
009	F	19.055	52
010	F	18.708	39

注：M 代表男性，F 代表女性

4. 简述数据清洗的目的与功能。

5. 请利用等深分箱法、等宽分箱法对表 2 中的数据进行处理。

表 2　某企业员工基本信息情况

序号	年龄/岁	受教育程度	负债率/%	收入/万元	工龄/年
1	41	3	9.3	17.60	17
2	24	2	17.3	2.80	2
3	24	1	24.4	1.90	3
4	36	2	8.6	4.90	9
5	36	2	16.4	4.10	13
6	21	2	18.0	1.60	1
7	28	2	17.1	2.40	1
8	26	1	7.5	1.40	0
9	23	2	11.4	2.10	0
10	34	1	12.6	2.50	2
11	46	1	12.9	5.20	16
12	37	1	15.1	2.40	1

6. 数据变换包含哪些方法，各自的应用情况是什么？
7. 数据集成主要解决哪三类问题？
8. 简述数据归约的三种方法。
9. 举例说明大数据时代数据脱敏的意义与重要性。
10. 数据标注包括哪两个类型？

第三章

商业数据统计分析

本章要点：
（1）基本统计分析方法。
（2）时间序列分析的基本思想和使用。
（3）灰色预测模型的基本原理。

学习要求：

了解商业数据分析的基本统计分析方法；熟悉回归分析、方差分析、时间序列分析的使用方法，了解灰色预测的原理。

第一节 回归分析

一、引言

回归分析是由英国生物学家兼统计学家弗朗西斯·高尔顿（Francis Galton，1822～1911）在19世纪末研究遗传学特性时首先提出来的。他在研究人类的身高时，发现父母身高与子女身高之间有密切的关系。一般来说，高个子父母的子女身高有低于其父母身高的趋势；而矮个子父母的子女身高往往有高于其父母身高的趋势。从整个发展趋势看，高个子回归于人口的平均身高，而矮个子则从另一个方向回归于人口的平均身高。高尔顿在1889年出版的著作《自然的遗传》中提出了回归分析方法，该方法很快被应用到经济、商业、金融等领域，并沿用至今。

一般来说，回归是研究因变量随自变量变化规律的分析方法。其目的在于根据已知自变量来估计和预测因变量。例如企业利润同企业销售收入、科技研发、营销费用之间是否有影响关系，以及这种影响关系有多大。

二、相关分析与回归分析

（一）相关关系的概念

在现实经济生活中，经济现象之间客观地存在着各种各样的相关联系，一种经济现象的存在和发展变化必然受到与之相联系的其他现象和发展变化的制约与影响。在许多场合下我们经常需要研究这些客观现象之间的依存关系。从定量角度来研究，归结为两种不同类型的关系：一种是函数关系，另一种是相关关系。

1. 函数关系

函数关系反映客观事物之间存在着严格的依存关系。在这种关系中，当一个或几个变量取值一定时，另一个变量有确定的值与之相对应，并且这种关系可以用一个确定的数学表达式反映出来。例如，某种商品的销售收入 Y 与该商品的销售量 X 以及该商品的价格 P 之间的关系可以用 $Y = PX$ 表示，这就是一种函数关系。再如，圆面积 S 与半径 r 之间的关系 $S = \pi r^2$ 等。

2. 相关关系

相关关系反映的是客观事物之间的非严格、不确定的依存关系。这种依存关系有两个显著的特点。

（1）客观事物之间在数量上确实存在一定的内在联系，表现在一个变量发生数量上的变化，影响另一个变量相应地发生数量上的变化。例如，个子高的人一般来讲体重也重一些；劳动生产率的提高会降低成本等。

（2）客观事物之间的数量依存关系具有一定的随机性，表现在当一个或几个相互联系的变量取一定数值时，与之对应的另一个变量有若干个数值与之相适应，这种关系虽然不确定，但因变量总是遵循一定规律围绕这些数值的平均数上下波动。其原因是影响因变量发生变化的因素不止一个。例如，影响一个人的体重的因素除了身高外，还有胖瘦、体格健壮等因素；影响粮食亩产量的因素除了施肥量外，还有土壤条件、气候条件、日照时间、种子品种等因素。在经济活动和生产过程中，许多经济的技术的因素之间都存在着这种相关关系。

相关关系与函数关系又有十分密切的联系。在实际中，由于观察和观测误差等，函数关系往往是通过相关关系表现出来的；而在研究相关关系中，又常常用函数关系作为工具，以相应的函数关系的数学表达式来表现相关关系的一般数量联系。

（二）回归分析与相关分析的内在关系

回归分析与相关分析都是研究和测度两个或两个以上变量之间关系的方法。相关分析是以相关关系为对象，研究两个或两个以上随机变量之间的依存关系。通常用相关系数表示，多元相关时用复相关系数表示。回归分析是对具有相关关系的变量之间的数量变化规律进行测定，研究某一变量（因变量）与其他一个或几个变量（自变量）之间的数量变动关系，并据此对因变量进行估计和预测的分析方法。由回归分析求出的关系式，称为回归模型。

回归分析与相关分析的区别主要有以下四点。

（1）相关分析只能说明变量之间相关的方向和密切程度，不能指出变量之间相互关系的具体形式，也无法从一个变量的变化来推断另一个变量的变动情况；回归分析则是用回归方程来反映变量间相互关系的具体形式，并可以根据这个方程由已知变量推断未知变量。

（2）在相关分析中，研究的是变量之间的相互依存关系，变量间的关系是并列、对等的，不必确定哪个是自变量，哪个是因变量；在回归分析中，研究的是因变量随自变量变化的情况，变量间的关系不是并列、对等的，因此必须根据研究对象的性质和分析目的，确定哪个是自变量，哪个是因变量。

（3）在相关分析中，所涉及的变量都可以是随机变量，各自受随机因素的影响；回归分析中，自变量是可以准确测量或控制的非随机变量，因变量的取值事先不能确定，是随机变量。

（4）在相关分析中，对于两个变量 x 和 y 来说，由于不区分自变量和因变量，变量间是并列、对等的，因此只有一个相关系数；回归分析中，对于两个变量 x 和 y 来说，如果是没有明显的因果关系的两个变量，那么可以确定两个不能相互替代的回归方程，一个以 x 为自变量，y 为因变量的回归方程；另一个以 y 为自变量，x 为因变量的回归方程。

在实际工作中，一般先进行相关分析，根据相关系数大小决定是否需要进行回归分析。在相关分析的基础上建立回归模型，以便进行推算、预测，同时相关系数还是检验回归分析的标准。相关分析需要回归分析来表明数量关系的具体形式，而回归分析建立在相关分析的基础上。

相关分析与回归分析的主要作用是：①通过对数量关系的研究，深入认识客观事物之间的相互依存关系；②运用回归模型进行预测；③用于补充缺少的数据。

三、回归模型的种类

回归模型可以从不同的角度进行分类，常用的分类如下。

（1）根据自变量的多少，回归模型可以分为一元回归模型和多元回归模型。一元回归模型是根据因变量与一个自变量的数量关系建立的模型，如根据耐用消费品销售量与居民货币收入的关系建立的回归模型。多元回归模型是根据因变量与两个或两个以上自变量的数量关系建立的模型，如根据农作物产量与施肥量、降水量和气温的关系建立的回归模型。

（2）根据回归模型的形式线性与否，回归模型可以分为线性回归模型和非线性回归模型。在线性回归模型中，因变量与自变量之间呈线性关系，如耐用消费品销售量与居民货币收入的关系。在非线性回归模型中，因变量与自变量之间呈非线性关系，如某商店的商品流通费用率与销售额的关系。

（3）根据回归模型所含变量是否带有虚拟变量，回归模型可以分为普通回归模型和带虚拟变量的回归模型。普通回归模型的自变量都是数量变量；虚拟变量回归模型的自变量既有数量变量又有品质变量。例如农作物亩产量不仅受施肥量、降水量和气温等数量变量的影响，而且受地势和政府经济政策等品质变量的影响。

此外，根据回归模型是否用滞后的因变量作自变量，回归模型又可分为非自回归模型和自回归模型。

（一）一元线性回归模型

一元线性回归模型，是对两个具有线性关系的变量建立线性回归模型，根据自变量的变动来预测因变量平均发展趋势的方法。

设 x 为自变量，y 为因变量，y 与 x 之间存在某种线性关系，即一元线性回归模型为

$$y = a + bx + \varepsilon \tag{3.1}$$

其中，x 表示影响因素，我们往往认为它是可以控制或预先给定的，故称为自变量；ε 表示各随机因素对 y 影响的总和，根据中心极限定理，它服从正态分布，即 $\varepsilon \sim N(0, \sigma^2)$。由于受各种随机因素的影响，因变量 y 是一个以回归直线上的对应值为中心的正态随机变量，即：$y \sim N(a + bx, \sigma^2)$。常数 a, b 是待定的参数。

设 $\hat{y} = a + bx + \varepsilon$ 为由一组观察值（x_i, y_i）（$i = 1, 2, \cdots, n$）得到的回归方程，式中 $\hat{y}_i$ 为 y_i 的估计值，对于每一个自变量 x_i，都可得到一个估计值 $\hat{y}_i = a + bx_i$；a 和 b 为回归参数，其中 a 是直线 $\hat{y}_i = a + bx_i$ 在 y 轴上的截距，它是 $x_i = 0$ 时，$\hat{y}_i$ 的估计值；b 是直线 $\hat{y}_i = a + bx_i$ 的斜率，表明自变量增加（或减少）一个单位，因变量 $\hat{y}_i$ 相应增加（或减少）量。当 $b>0$ 时，x 与 y 为正相关，当 $b<0$ 时，x 与 y 为负相关。

（二）最小二乘估计

对于回归方程 $y = a + bx$，将 x_i 的数据代入 x，就得到相应的估计值 $\hat{y}_i$

$$\hat{y}_i = a + bx_i$$

$\hat{y}_i$ 与 y_i 之差称为估计误差，或称为离差、残差，记为 e_i，即

$$e_i = y_i - \hat{y}_i$$

则 $y_i = \hat{y}_i + e_i = a + bx_i + e_i$。

估计模型的回归系数有许多方法。在线性回归中，广泛使用的是最小二乘法（least square method）。

最小二乘法的中心思想是通过数学模型，拟合一条较为理想的趋势线。这条趋势线必须满足下列两点要求：①原数列的观测值与模型估计值的离差平方和为最小；②原数列的观测值与模型估计值的离差总和为 0。现以公式表示如下：

$$\sum(y_i - \hat{y}_i)^2 = \min \tag{3.2}$$

$$\sum(y_i - \hat{y}_i) = 0 \tag{3.3}$$

其中，y_i 表示原数列的观测值；$\hat{y}_i$ 表示模型的估计值。

根据最小二乘法的要求，记

$$Q = \sum_{i=1}^{n} e_i^2 = \sum_{i=1}^{n} (y_i - \hat{y}_i)^2 = \sum_{i=1}^{n} (y_i - a - bx_i)^2$$

根据多元微分学的极值原理，Q 取极小值的必要条件是 Q 对 a, b 的两个一阶偏导数全为零。上式分别对 a 和 b 求偏导数，并令其等于零，有

$$\frac{\partial Q}{\partial a} = -2\sum_{i=1}^{n}(y_i - a - bx_i) = 0$$

$$\frac{\partial Q}{\partial b} = -2\sum_{i=1}^{n}(y_i - a - bx_i)x_i = 0$$

整理得

$$na + b\sum_{i=1}^{n}x_i = \sum_{i=1}^{n}y_i$$

$$a\sum_{i=1}^{n}x_i + b\sum_{i=1}^{n}x_i^2 = \sum_{i=1}^{n}x_i y_i$$

对上述两等式联立求解，得到回归参数的估计值为

$$\hat{b} = \frac{n\sum_{i=1}^{n}x_i y_i - \sum_{i=1}^{n}x_i \sum_{i=1}^{n}y_i}{n\sum_{i=1}^{n}x_i^2 - \left(\sum_{i=1}^{n}x_i\right)^2} \tag{3.4}$$

$$\hat{a} = \frac{\sum_{i=1}^{n}y_i}{n} - \hat{b}\frac{\sum_{i=1}^{n}x_i}{n} = \bar{y} - \hat{b}\bar{x} \tag{3.5}$$

其中，$\bar{x} = \frac{1}{n}\sum_{i=1}^{n}x_i$，$\bar{y} = \frac{1}{n}\sum_{i=1}^{n}y_i$。

由式（3.4）和式（3.5）所确定的直线 $\hat{y} = a + bx$ 叫作 x 对 y 的回归直线，b 叫作回归系数。

（三）回归系数的统计性质

由最小二乘法推导出的回归系数 b 的估计值可以变形为（简化起见，本章后面部分的公式中求和用的简化形式，这部分的 $i = 1$ 到 n 没再标注）

$$\hat{b} = \frac{\sum(x_i - \bar{x})(y_i - \bar{y})}{\sum(x_i - \bar{x})^2} = \frac{\sum(x_i - \bar{x})y_i - \sum(x_i - \bar{x})\bar{y}}{\sum(x_i - \bar{x})^2} = \frac{\sum(x_i - \bar{x})y_i}{\sum(x_i - \bar{x})^2} = \sum c_i y_i$$

由于，

$$\sum c_i = \frac{\sum(x_i - \bar{x})}{\sum(x_i - \bar{x})^2} = 0$$

$$\sum c_i x_i = \sum c_i x_i - \bar{x}\sum c_i = \sum c_i (x_i - \bar{x}) = \sum \frac{(x_i - \bar{x})^2}{\sum(x_i - \bar{x})^2} = 1$$

可见 $\hat{b}$ 是独立正态变量 $y_1, y_2, \cdots, y_n$ 的线性组合，所以 $\hat{b}$ 也是正态随机变量，其期望值和方差分别为

$$E(\hat{b}) = E\left(\sum c_i y_i\right) = \sum c_i E(y_i) = \sum c_i (a + bx_i) = a\sum c_i + b\sum c_i x_i = b \tag{3.6}$$

这表示 $\hat{b}$ 是 b 的无偏估计量。

同理可以证明 $\hat{a}$ 也是 a 的无偏估计量。

$$D(\hat{b}) = D\left(\sum c_i y_i\right) = \sum c_i^2 D(y_i) = \sum \frac{(x_i - \overline{x})^2}{\left[\sum(x_i - \overline{x})^2\right]^2} \cdot \sigma^2 = \frac{\sigma^2}{\sum(x_i - \overline{x})^2} \quad (3.7)$$

所以

$$\hat{b} \sim N\left(b, \frac{\sigma^2}{\sum(x_i - \overline{x})^2}\right) \quad (3.8)$$

按照上述方法可以求得 $\hat{a}$ 的方差。

$$\text{cov}(\hat{a}, \hat{b}) = E\left\{\left[\hat{a} - E(\hat{a})\right] - \left[\hat{b} - E(\hat{b})\right]\right\} = E(\hat{a} - a)(\hat{b} - b) = -\overline{x}E(\hat{b} - b)^2 = -\overline{x}D(\hat{b}) \quad (3.9)$$

（四）相关系数

在运用一元线性回归模型时，正确判断变量之间的关系，选择主要影响因素作为模型的自变量是至关重要的。为阐明相关系数的性质，需要从变差的分析开始。

1. 离差平方和的分解

在一元线性回归模型中，观察值 y_i 的取值大小是上下波动的，这种波动现象称为变差。变差的产生是由两方面的原因引起的：①受自变量变动的影响，即 x 的取值不同；②受其他因素（包括观测和实践中产生的误差）影响。为了分析这两方面的影响，需要对总变差进行分解。

对每一个观测值来说，变差的大小可以通过该观测值 y_i 与其算术平均数 $\overline{y}$ 的离差 $y_i - \overline{y}$ 来表示，而全部 n 次观测值的总变差可由这些离差的平方和来表示：

$$L_{yy} = \sum(y_i - \overline{y})^2 \quad (3.10)$$

其中，L_{yy} 称为总离差。

因为

$$L_{yy} = \sum(y_i - \overline{y})^2 = \sum[(y_i - \hat{y}_i) + (\hat{y}_i - \overline{y})]^2$$
$$= \sum(y_i - \hat{y}_i)^2 + \sum(\hat{y}_i - \overline{y})^2 + 2\sum(y_i - \hat{y}_i)(\hat{y}_i - \overline{y})$$

其中，交叉相乘项等于零，所以总变差可以分解成两个部分，即

$$\sum(y_i - \overline{y})^2 = \sum(y_i - \hat{y}_i)^2 + \sum(\hat{y}_i - \overline{y})^2 \quad (3.11)$$

或记为

$$L_{yy} = Q_1 + Q_2$$

即总变差 = 剩余变差 + 回归变差。

等式右边的第二项 Q_2 称为回归变差（或称回归平方和），回归平方和反映了 $\hat{y}_i$ 和 $\overline{y}$ 之间的变差，这一变差由自变量 x 的变动而引起，是总变差中由自变量 x 解释的部分，它的大小反映了自变量 x 的重要程度，即反映了由 x 与 y 线性关系所引起的波动；等式右边的第一项 Q_1 称为剩余变差（或称残差平方和），它是由观测或实验中产生的误差以及其他未加控制的因素引起的，反映的是总变差中未被自变量 x 解释的部分。

2. 可决系数 R^2

$$R^2 = \frac{回归变差}{总变差}$$

可决系数 R^2 的大小表明了在 y 的总变差中由自变量 x 变动所引起的回归变差所占的比例，反映了变量 x 与 y 之间的线性密切程度。它是评价两个变量之间线性相关关系强弱的一个重要指标。根据上述定义，有

$$R^2 = \frac{\sum(\hat{y}_i - \overline{y})^2}{\sum(y_i - \overline{y})^2} = 1 - \frac{\sum(y_i - \hat{y})^2}{\sum(y_i - \overline{y})^2} \tag{3.12}$$

从式（3.12）可以看出，$0 \leqslant R^2 \leqslant 1$。

由 R^2 的计算公式可知，当所有观察值都位于回归直线上时，剩余离差平方和等于零，这时 $R^2 = 1$，说明总离差可以完全由所估计的样本回归直线来解释；当观察值不完全位于回归直线上时，剩余离差平方和大于零，这时 $R^2 > 0$；当回归直线没有解释任何离差，即模型中解释变量 x 与因变量 y 完全无关时，y 的总离差全部归于剩余平方和，这时 $R^2 = 0$。

3. 相关系数 R

相关系数是可决系数的平方根，它是一元线性回归模型中用来衡量两个变量之间线性相关关系强弱程度的重要指标。相关系数有两种定义方法。

1）根据总变差定义

$$R = \sqrt{\frac{\sum(\hat{y}_i - \overline{y})^2}{\sum(y_i - \overline{y})^2}} = \sqrt{1 - \frac{\sum(y_i - \hat{y})^2}{\sum(y_i - \overline{y})^2}} \tag{3.13}$$

2）根据积差法定义

因为

$$\frac{\sum(\hat{y}_i - \overline{y})^2}{\sum(y_i - \overline{y})^2} = \frac{\sum(a + bx_i - a - b\overline{x})^2}{\sum(y_i - \overline{y})^2} = \frac{b^2 \sum(x_i - \overline{x})^2}{\sum(y_i - \overline{y})^2}$$

$$= \left[\frac{\sum(x_i - \overline{x})(y_i - \overline{y})}{\sum(x_i - \overline{x})^2}\right]^2 \frac{\sum(x_i - \overline{x})^2}{\sum(y_i - \overline{y})^2} = \frac{\left[\sum(x_i - \overline{x})(y_i - \overline{y})\right]^2}{\sum(x_i - \overline{x})^2 \sum(y_i - \overline{y})^2}$$

所以，根据积差法定义的相关系数为

$$R = \frac{\sum(x_i - \overline{x})(y_i - \overline{y})}{\sqrt{\sum(x_i - \overline{x})^2 \sum(y_i - \overline{y})^2}} \tag{3.14}$$

由于根据积差法定义的相关系数不需要先求回归模型的剩余变差，可以直接从样本数据中计算得到，所以在实际工作中得到了广泛应用。用积差法计算相关系数的计算量比较大，因此根据平均数的数学性质可将其简化为

$$R = \frac{n\sum x_i y_i - \sum x_i \sum y_i}{\sqrt{n\sum x_i^2 - \left(\sum x_i\right)^2} \sqrt{n\sum y_i^2 - \left(\sum y_i\right)^2}} \tag{3.15}$$

从上述定义可以看出，相关系数的取值范围为 $-1 \leqslant R \leqslant 1$，相关系数为正值表示两变量之间为正相关；相关系数为负值表示两变量之间为负相关。相关系数 R 的绝对值大小表示相关程度的高低。

（1）当 $R=0$ 时，说明回归变差为 0，自变量 x 的变动对总变差没有影响，这种情况称 y 与 x 不相关。

（2）当 $|R|=1$ 时，说明回归变差等于总变差，总变差的变化完全由自变量 x 的变化所引起，这种情况称为完全相关。这时因变量 y 是自变量 x 的线性函数，二者之间呈函数关系。

（3）当 $0<|R|<1$ 时，说明自变量 x 的变动对总变差有部分影响，这种情况称为普通相关。其中，R 的绝对值越大，表示相关程度越高。一般情况下，当 $|R|>0.7$，即 $R^2>0.49$ 时，说明自变量 x 的变动对总变差的影响超过 49%，故称为高度相关；当 $|R|<0.3$，即 $R^2<0.09$ 时，说明自变量 x 的变动对总变差的影响小于 9%，故称为低度相关；当 $0.3 \leqslant |R| \leqslant 0.7$ 时，说明自变量 x 的变动对总变差的影响程度在 9%~49%，故称为中度相关。

（五）显著性检验

对于任何 n 组数据 (x_i, y_i) 均可估计出 a, b 的值，配出一条回归直线，但是这条回归直线是否有意义，可否用于预测或控制？这些问题是建立一元线性回归模型时需要考虑的问题。这些问题需要通过对模型进行显著性检验来回答。在一元线性回归模型中最常用的显著性检验方法有：相关系数检验法、F 检验法和 t 检验法。

1. 相关系数检验法

相关系数是一元线性回归模型中用来衡量两个变量之间线性相关关系强弱程度的指标。一般说来，相关系数越大说明两个变量之间的线性相关关系越强。但相关系数的绝对值达到什么程度时，才能认为两变量之间的线性相关关系是显著的，回归模型用来预测是有意义的？对于不同组数的观测值，不同数值的显著性水平，衡量的标准是不同的。这一数量界限的确定只有根据具体的条件和要求，通过相关系数检验法的检验才能加以判别。相关系数检验法的步骤如下。

第一步，按式（3.13）、式（3.14）或式（3.15）计算相关系数 R。

第二步，根据回归模型的自由度（$n-2$）和给定的显著性水平 α 值，从相关系数临界值表中查出临界值 $R_\alpha(n-2)$。

第三步，判别。若 $|R| \geqslant R_\alpha(n-2)$，表明两变量之间线性相关关系显著，检验通过，这时回归模型可以用来预测；若 $|R| < R_\alpha(n-2)$，表明两变量之间线性相关关系不显著，检验不通过。在这种情况下，回归模型不能用来进行预测。这时，应分析其原因，对回归模型进行调整。

2. F 检验法

构造 F 统计量，具体如下

$$F = \frac{\sum(\hat{y}_i - \bar{y})^2}{\sum\left(\dfrac{(y_i - \hat{y}_i)^2}{n-2}\right)} = \frac{Q_2}{\dfrac{Q}{n-2}} \tag{3.16}$$

可以证明 F 服从第一自由度为 1，第二自由度为 $n-2$ 的 F 分布。对给定的显著性水平 α，查 F 分布表可得临界值 $F_\alpha(1, n-2)$。

若 $F > F_\alpha$，则认为两变量之间线性相关关系显著；反之，若 $F \leq F_\alpha$，则认为两变量之间线性相关关系不显著。

3. t 检验法

t 检验法是检验 a, b 是否显著异于 0 的方法。我们以对 b 检验为例来说明 t 检验法的步骤。

构造 t 统计量，具体如下

$$t = \frac{\hat{b}}{S_{\hat{b}}} \tag{3.17}$$

其中，$S_{\hat{b}} = \sqrt{\dfrac{\sum(\hat{y}_i - y_i)^2}{(n-2)\sum x_i^2}} = \sqrt{\dfrac{Q}{(n-2)\sum x_i^2}}$，$S_{\hat{b}}$ 称为 $\hat{b}$ 的样本标准差。可以证明 $t = \dfrac{\hat{b}}{S_{\hat{b}}}$ 服从自由度为 $n-2$ 的 t 分布。查 t 分布表得临界值 $t_{\frac{\alpha}{2}}(n-2)$。若 $t > t_{\frac{\alpha}{2}}(n-2)$，则认为 b 显著异于 0，反之，若 $t \leq t_{\frac{\alpha}{2}}(n-2)$，则认为 b 不显著异于 0。

对于 a 是否显著异于 0 的检验过程与此完全相同。

（六）预测区间

回归模型通过显著性检验后，可以用来进行因变量的预测和估算预测风险的大小。在一元线性回归模型 $\hat{y} = a + bx$ 中，对于自变量 x 的一个给定值 x_0，代入回归模型，就可以求得一个对应的回归预测值 $\hat{y}_0$，又称为点估计值。

但是在实际工作中，预测目标的实际值不一定刚好就等于预测值，随着现实情况的变化和各种环境因素的影响，两者总是会产生或大或小的偏差。如果仅根据某一点的预测计算就得出结论，存在着预测不准的风险。所以，有时不仅要预测出 y 的点估计值，还要给出 y 的预测区间。预测区间就是指在一定的显著性水平上，依据数理统计方法计算出的包含预测目标未来真实值的某一区间范围。

1. 点估计值 $\hat{y}_0$ 的统计性质

对于自变量 x 的一个给定值 x_0，对应回归模型的点估计值为 $\hat{y}_0 = \hat{a} + \hat{b}x_0$，其期望值与方差分别为

$$\begin{aligned} E(\hat{y}_0) &= E(\hat{a} + \hat{b}x_0) = E\left[(\bar{y} - \hat{b}\bar{x}) + \hat{b}x_0\right] = E\left[\bar{y} + \hat{b}(x_0 - \bar{x})\right] \\ &= a + b\bar{x} + b(x_0 - \bar{x}) = a + bx_0 \end{aligned} \tag{3.18}$$

$$D(\hat{y}_0) = D(\hat{a} + \hat{b}x_0) = D\left[\overline{y} + \hat{b}(x_0 - \overline{x})\right] = D\left(\frac{\sum y_i}{n}\right) + (x_0 - \overline{x})^2 D(\hat{b})$$

$$= \frac{1}{n^2}\sum D(y_i) + \frac{(x_0 - \overline{x})^2 \sigma^2}{\sum(x_i - \overline{x})^2} = \frac{1}{n^2} n\sigma^2 + \frac{(x_0 - \overline{x})^2 \sigma^2}{\sum(x_i - \overline{x})^2} \quad (3.19)$$

$$= \left[\frac{1}{n} + \frac{(x_0 - \overline{x})^2}{\sum(x_i - \overline{x})^2}\right]\sigma^2$$

所以

$$\hat{y}_0 \sim N\left\{a + bx_0, \left[\frac{1}{n} + \frac{(x_0 - \overline{x})^2}{\sum(x_i - \overline{x})^2}\right]\sigma^2\right\} \quad (3.20)$$

2. 总体方差 σ^2 的无偏估计量

由式（3.11）可得

$$Q_1 = \sum(y_i - \overline{y})^2 - \sum(\hat{y}_i - \overline{y})^2 = \sum(y_i - \overline{y})^2 - \hat{b}^2 \sum(x_i - \overline{x})^2$$

$$E\left[\sum(y_i - \overline{y})^2\right] = E\left(\sum y_i^2 - n\overline{y}^2\right) = \sum E(y_i^2) - nE(\overline{y}^2)$$

由 $D(y_i) = E(y_i^2) - [E(y_i)]^2$，上式为

$$E\left[\sum(y_i - \overline{y})^2\right] = \sum\left\{D(y_i) + [E(y_i)]^2\right\} - n\left\{D(\overline{y}) + [E(\overline{y})]^2\right\}$$

$$= \sum\left[\sigma^2 + (a + bx_i)^2\right] - n\left[\frac{\sigma^2}{n} + (a + b\overline{x})^2\right]$$

$$= n\sigma^2 + na^2 + 2ab\sum x_i + b^2\sum x_i^2 - \sigma^2 - na^2 - 2abn\overline{x} - nb^2\overline{x}^2$$

$$= (n-1)\sigma^2 + b^2\left(\sum x_i^2 - n\overline{x}^2\right) \quad (3.21)$$

$$= (n-1)\sigma^2 + b^2 \sum(x_i - \overline{x})^2$$

$$E\left[\hat{b}^2 \sum(x_i - \overline{x})^2\right] = E(\hat{b}^2)\sum(x_i - \overline{x})^2 = \left\{D(\hat{b}) + \left[E(\hat{b})\right]^2\right\}\sum(x_i - \overline{x})^2$$

$$= \left[\frac{\sigma^2}{\sum(x_i - \overline{x})^2} + b^2\right]\sum(x_i - \overline{x})^2$$

$$= \sigma^2 + b^2 \sum(x_i - \overline{x})^2$$

因此，根据上式，有

$$E\left[\frac{\sum(y_i - \hat{y}_i)^2}{n-2}\right] = E\left[\frac{\sum(y_i - \overline{y})^2 - \left[\hat{b}^2 \sum(x_i - \overline{x})^2\right]}{n-2}\right] = \sigma^2 \quad (3.22)$$

从而证明了 $\dfrac{\sum(y_i - \hat{y}_i)^2}{n-2}$ 是 σ^2 的无偏估计量。由于总体方差 σ^2 往往是未知的，所以，常用总体方差 σ^2 的无偏估计量来代替。

$$S_y = \sqrt{\frac{\sum(y_i - \hat{y}_i)^2}{n-2}} = \sqrt{\frac{Q}{n-2}} \tag{3.23}$$

式（3.23）中，S_y 称为 y 的估计标准误差。实际计算时可用其简洁式

$$S_y = \sqrt{\frac{\sum y_i^2 - \hat{a}\sum y_i - \hat{b}\sum x_i y_i}{n-2}} \tag{3.24}$$

3. 预测值和预测区间

设预测点为 (x_0, y_0)，则预测值为

$$\hat{y}_0 = \hat{a} + \hat{b}x_0 \tag{3.25}$$

设其预测误差为

$$e_0 = y_0 - \hat{y}_0$$

由于 y_0 和 $\hat{y}_0$ 都服从正态分布，所以 e_0 也服从正态分布，其期望值与方差分别为

$$E(e_0) = E(y_0 - \hat{y}_0) = E(y_0) - E(\hat{y}_0) = 0 \tag{3.26}$$

$$D(e_0) = D(y_0 - \hat{y}_0) = D(y_0) + D(\hat{y}_0) = \sigma^2 + \left[\frac{1}{n} + \frac{(x_0 - \overline{x})^2}{\sum(x_i - \overline{x})^2}\right]\sigma^2$$
$$= \left[1 + \frac{1}{n} + \frac{(x_0 - \overline{x})^2}{\sum(x_i - \overline{x})^2}\right]\sigma^2 \tag{3.27}$$

所以，

$$e_0 \sim N\left(0, \left[1 + \frac{1}{n} + \frac{(x_0 - \overline{x})^2}{\sum(x_i - \overline{x})^2}\right]\sigma^2\right) \tag{3.28}$$

令

$$S_0^2 = \left[1 + \frac{1}{n} + \frac{(x_0 - \overline{x})^2}{\sum(x_i - \overline{x})^2}\right]S_y^2$$

因为 S_y^2 是 σ^2 的无偏估计量，所以 S_0^2 也是 $D(e_0)$ 的无偏估计量。可以证明，S_0^2 服从 χ^2 分布，故有

$$\frac{y_0 - \hat{y}_0}{S_0} \sim t(n-2) \tag{3.29}$$

通过上述分析，可以得到，在显著性为 α 时，预测值 $\hat{y}_0$ 的预测区间为

$$\hat{y}_0 \pm t_{\alpha/2}(n-2) S_0 \tag{3.30}$$

当实际观测值较多时，一般 $n > 30$，式（3.30）中的根式近似地等于 1，而 $t_{\alpha/2}(n-2)$ 也近似趋于正态分布 $Z_{\alpha/2}$，因此，式（3.30）可简化为

$$\hat{y}_0 \pm Z_{\alpha/2} \cdot S_0 \tag{3.31}$$

（七）应用举例

江苏省1986～2003年地区生产总值和固定资产投资完成额资料如表3.1所示。

表3.1 一元线性回归模型计算表　　　　　　　　　　单位：亿元

年份	固定资产投资完成额 x	地区生产总值 y	x^2	y^2	xy
1986	241.23	744.94	58 191.91	554 935.60	179 701.88
1987	317.12	922.33	100 565.09	850 692.63	292 489.29
1988	371.87	1 208.85	138 287.30	1 461 318.32	449 535.05
1989	320.23	1 321.85	102 547.25	1 747 287.42	423 296.03
1990	356.30	1 416.50	126 949.69	2 006 472.25	504 698.95
1991	439.98	1 601.38	193 582.40	2 564 417.90	704 575.17
1992	711.70	2 136.02	506 516.89	4 562 581.44	1 520 205.43
1993	1 144.20	2 998.16	1 309 193.64	8 988 963.39	3 430 494.67
1994	1 331.13	4 057.39	1 771 907.08	16 462 413.61	5 400 913.55
1995	1 680.17	5 155.25	2 822 971.23	26 576 602.56	8 661 696.39
1996	1 949.53	6 004.21	3 800 667.22	36 050 537.72	11 705 387.52
1997	2 203.09	6 680.34	4 853 605.55	44 626 942.52	14 717 390.25
1998	2 535.50	7 199.95	6 428 760.25	51 839 280.00	18 255 473.23
1999	2 742.65	7 697.82	7 522 129.02	59 256 432.75	21 112 426.02
2000	2 995.43	8 582.73	8 972 600.88	73 663 254.25	25 708 966.92
2001	3 302.96	9 511.91	10 909 544.76	90 476 431.85	31 417 458.25
2002	3 849.24	10 631.75	14 816 648.58	113 034 108.06	40 924 157.37
2003	5 335.80	12 451.80	28 470 761.64	155 047 323.24	66 440 314.44
合计	31 828.13	90 323.18	92 905 430.39	689 769 995.53	251 849 180.42

试配合适当的回归模型并进行显著性检验；若2004年该省固定资产投资完成额为5922亿元，当显著性水平 $\alpha=0.05$ 时试估计2004年地区生产总值的预测区间。

解：1）绘制散点图

设地区生产总值为 y，固定资产投资完成额 x，绘制散点图（图略），由散点图可以看出两者呈线性关系，可以建立一元线性回归模型。

2）设一元线性回归模型为

$$\hat{y}=a+bx$$

3）计算回归参数

列表计算有关数据（表3.1），并计算出回归参数估计值：

$$\hat{b}=\frac{n\sum xy-\sum x\sum y}{n\sum x^2-\left(\sum x\right)^2}=\frac{18\times 251\,849\,180.42-31\,828.13\times 90\,323.18}{18\times 92\,905\,430.39-31\,828.13^2}=2.515\,62$$

$$\hat{a}=\frac{\sum y}{n}-\hat{b}\frac{\sum x}{n}=\frac{90\,323.18}{18}-2.515\,62\times\frac{31\,828.13}{18}=569.76$$

所求回归预测模型为

$$\hat{y}=569.76+2.515\,62x$$

4）检验线性关系的显著性

由于在一元线性回归情形下，相关系数检验、F 检验、t 检验的结果一致，此处仅给出相关系数检验。

$$R = \frac{n\sum xy - \sum x \sum y}{\sqrt{n\sum x^2 - (\sum x)^2}\sqrt{n\sum y^2 - (\sum y)^2}}$$

$$= \frac{18 \times 251\,849\,180.42 - 31\,828.13 \times 90\,323.18}{\sqrt{18 \times 92\,905\,430.39 - 31\,828.13^2} \cdot \sqrt{18 \times 689\,769\,995.53 - 90\,323.18^2}} = 0.9899$$

当显著性水平 $\alpha = 0.05$，自由度 $n - m = 18 - 2 = 16$ 时，查相关系数临界值表，得 $R_{0.05}(16) = 0.4683$，因

$$R = 0.9899 > 0.4683 = R_{0.05}(16)$$

故在 $\alpha = 0.05$ 的显著性水平上，检验通过，说明两变量之间线性相关关系显著。

5）预测

（1）计算估计值的标准误差

$$S_y = \sqrt{\frac{\sum y^2 - \hat{a}\sum y - \hat{b}\sum xy}{n-2}}$$

$$= \sqrt{\frac{689\,769\,995.53 - 569.76 \times 90\,323.18 - 2.515\,62 \times 251\,849\,180.42}{18 - 2}} = 544.9$$

（2）当显著性水平 $\alpha = 0.05$，自由度 $n - m = 18 - 2 = 16$ 时，查 t 分布表得
$$t_{0.025}(16) = 2.1199$$

（3）当 $x_0 = 5922$ 亿元时，代入回归模型得 y 的点估计值为

$$\hat{y}_0 = 569.76 + 2.515\,62x = 569.76 + 2.515\,62 \times 5922 = 15\,467.3 \text{（亿元）}$$

预测区间为

$$\hat{y}_0 \pm t_{\alpha/2}(n-2) \cdot S_y \sqrt{1 + \frac{1}{n} + \frac{n(x_0 - \bar{x})^2}{n\sum x^2 - (\sum x)^2}}$$

$$= 15\,467.3 \pm 2.1199 \times 544.9 \times \sqrt{1 + \frac{1}{18} + \frac{18 \times 4154^2}{18 \times 92\,905\,430.39 - 31\,828.13^2}}$$

$$= 15\,467.3 \pm 2.1199 \times 544.9 \times \sqrt{1.526\,69}$$

$$= 15\,467.3 \pm 1427.3$$

即当 2004 年全省固定资产投资完成额为 5922 亿元时，在 $\alpha = 0.05$ 的显著性水平上，地区生产总值的预测区间为：14 040 亿～16 894.6 亿元。

第二节 方差分析

方差分析法是一种常用的统计方法。影响某一事物的因素往往有很多。例如，商品的销售量与商品的品牌和销售的地区等因素有关。这些因素的改变都有可能影响产品的

数量与质量。方差分析是在有关因素中找出有显著影响因素的一种方法。

方差分析有以下三个基本假定。

（1）每个总体服从正态分布。

（2）各个总体的方差相同。

（3）观察值是独立的。

因此，方差分析就是通过对试验数据进行分析，检验方差相同的多个（多于两个）正态总体的均值是否相等，用以判断各因素对试验指标的影响是否显著。因此，其基本思想是采用"随机误差"与"系统误差"之间的对比方法，检验均值是否相等。

（1）如果系统误差显著地不同于随机误差，则均值就是不相等的。

（2）如果系统误差并不显著地不同于随机误差，则均值就是相等的。

我们把要考察的指标称为试验指标。如果在一个问题中有几项试验指标，我们将分别对每一项试验指标进行分析。影响试验指标的条件称为因素（factor），一般用大写字母 A、B、C 等表示。如果一项试验中只有一个因素在改变（如分析品牌对冰箱销售量的影响），我们就称为单因素试验；如果只有两个因素在改变（如分析品牌和销售地区对冰箱销售量的影响），就称为双因素试验。

一、单因素方差分析

设影响指标的因素仅有一个，设为 A 因素，该因素有 a 个水平（状态）$A_1, A_2, \cdots, A_a$，在每个水平下，分别作 n_i 次相互独立的试验，$i=1,2,\cdots,a$，其样本值 $X_{ij} \sim N(\mu_i, \sigma^2)$，$i=1,2,\cdots,a$，或 $X_{ij} = \mu_i + \varepsilon_{ij}, \varepsilon_{ij} \sim N(0, \sigma^2)$。则共进行了 $n = n_1 + n_2 + \cdots + n_a$ 次试验，得到 n 个试验指标值，如表 3.2 所示。

表 3.2 试验结果

因素 A	A_1	A_2	$\cdots$	A_i	$\cdots$	A_a
试验指标	X_{11}	X_{12}	$\cdots$	X_{1i}	$\cdots$	X_{1a}
	X_{21}	X_{22}	$\cdots$	X_{2i}	$\cdots$	X_{2a}
	$\vdots$	$\vdots$		$\vdots$		$\vdots$
	$X_{n_1 1}$	$X_{n_2 2}$	$\cdots$	$X_{n_i i}$	$\cdots$	$X_{n_a a}$

方差分析主要解决如下两个问题。

1. 假设检验

$$\begin{cases} H_0: \mu_1 = \mu_2 = \cdots = \mu_a & \text{（在各水平下的均值相等）} \\ H_1: \mu_i \neq \mu_j, \ i \neq j, \ i,j=1,2,\cdots,a & \text{（至少有一对不相等）} \end{cases} \quad (3.32)$$

其方法是若组间（各水平间）平方和大，组内（随机误差）平方和小，即 F 值大可拒绝 H_0，表明 A 因素影响显著，否则接受 H_0，表明 A 因素影响不显著。

2. 估计未知参数均值 $\mu_1, \mu_2, \cdots, \mu_a$ 和方差 σ^2

对样本值 X_{ij}，$i=1,2,\cdots,a$，$j=1,2,\cdots,n_i$，$\sum_{i=1}^{a} n_i = n$，共有 n 个样本值，设

$$X_{总} = \sum_{i=1}^{a}\sum_{j=1}^{n_i} X_{ij} \tag{3.33}$$

其中，$X_{总}$ 表示所有样本值之和，则总平均值与总的离差平方和分别为

$$\overline{X} = \frac{1}{n} X_{总}, \quad S_T = \sum_{i=1}^{a}\sum_{j=1}^{n_i}(X_{ij} - \overline{X})^2 \tag{3.34}$$

其中，S_T 反映了全部数据的波动程度。如果因素 A 的水平对指标的取值没有影响，并且试验没有随机误差，则 $S_T = 0$，但一般这两方面的影响是存在的。

记 $X_{i\cdot}$ 表示第 i 个水平下样本值之和，即

$$X_{i\cdot} = \sum_{j=1}^{n_i} X_{ij}, \quad i=1,2,\cdots,a \tag{3.35}$$

则

$$\overline{X_{i\cdot}} = \frac{1}{n} \sum_{j=1}^{n_i} X_{ij} \tag{3.36}$$

根据式（3.34），可得

$$S_T = \sum_{i=1}^{a}\sum_{j=1}^{n_i}(X_{ij} - \overline{X})^2 = \sum_{i=1}^{a}\sum_{j=1}^{n_i}[(X_{ij} - \overline{X_{i\cdot}}) + (\overline{X_{i\cdot}} - \overline{X})]^2$$

$$= \sum_{i=1}^{a}\sum_{j=1}^{n_i}(X_{ij} - \overline{X_{i\cdot}})^2 + 2\sum_{i=1}^{a}\sum_{j=1}^{n_i}(X_{ij} - X_{i\cdot})(\overline{X_{i\cdot}} - \overline{X}) + \sum_{i=1}^{a}\sum_{j=1}^{n_i}(\overline{X_{i\cdot}} - \overline{X})^2$$

由于

$$\sum_{j=1}^{n_i}(X_{ij} - \overline{X_{i\cdot}}) = \sum_{j=1}^{n_i} X_{ij} - n_i \overline{X_{i\cdot}} = n_i \overline{X_{i\cdot}} - n_i \overline{X_{i\cdot}} = 0$$

因此，

$$S_T = \sum_{i=1}^{a}\sum_{j=1}^{n_i}(X_{ij} - \overline{X_{i\cdot}})^2 + \sum_{i=1}^{a}\sum_{j=1}^{n_i}(\overline{X_{i\cdot}} - \overline{X})^2$$

从而 S_T 可以分解成

$$S_T = S_E + S_A \tag{3.37}$$

其中，

$$S_E = \sum_{i=1}^{a}\sum_{j=1}^{n_i}(X_{ij} - \overline{X_{i\cdot}})^2$$

$$S_A = \sum_{i=1}^{a}\sum_{j=1}^{n_i}(\overline{X_{i\cdot}} - \overline{X})^2 = \sum_{i=1}^{a} n_i (\overline{X_{i\cdot}} - \overline{X})^2 \tag{3.38}$$

由此可知，S_E 反映了随机误差所造成的数据变异，为误差平方和（或组内平方和）。

如果因素 A 的效应是显著的，这些效应引起的数据变异必然反映到 $(\overline{X_{i\cdot}} - \overline{X})$ 中，所以 S_A 包含了因素 A 在各个水平下的不同作用在数据中引起的波动，S_A 为因素 A 的效应平方和（或组间平方和）。

基于方差分析的基本思想，对于式（3.32）中的原假设，拒绝域可以由 $S_A/S_E > C$ 的形式确定。

由 $\dfrac{n-1}{\sigma^2}S^2 \sim \chi^2(n-1)$，得 $\dfrac{S_T}{\sigma^2} \sim \chi^2(n-1)$，令 $S_i = \dfrac{1}{n_i-1}\sum_{j=1}^{n_i}(X_{ij} - \overline{X_{i\cdot}})^2$，则 $\dfrac{1}{\sigma^2}\sum_{j=1}^{n_i}(X_{ij} - \overline{X_{i\cdot}})^2 \sim \chi^2(n_i - 1)$。

由 χ^2 分布的可加性

$$\frac{S_E}{\sigma^2} \sim \chi^2\left(\sum_{i=1}^{a}(n_i - 1)\right) \sim \chi^2(n-a), \quad \frac{S_A}{\sigma^2} \sim \chi^2(a-1)$$

所以，

$$F_A = \frac{\dfrac{S_A}{\sigma^2(a-1)}}{\dfrac{S_E}{\sigma^2(n-a)}} = \frac{\dfrac{S_A}{a-1}}{\dfrac{S_E}{n-a}} = \frac{\mathrm{MS}_A}{\mathrm{MS}_E} \sim F(a-1, n-a) \tag{3.39}$$

其中，$\mathrm{MS}_A = \dfrac{S_A}{a-1}$，$\mathrm{MS}_E = \dfrac{S_E}{n-a}$。

对 $0 < \alpha \ll 1$，拒绝域为：$F > F_\alpha(a-1, n-a)$。

又由

$$E\left(\frac{S_E}{\sigma^2}\right) = E[\chi^2(n-a)] = n-a, \quad E\left(\frac{S_E}{n-a}\right) = \sigma^2$$

得方差 σ^2 的估计量为

$$\widehat{\sigma^2} = \frac{S_E}{n-a}$$

例 3.1 设有三台机器 $A_i, i=1,2,3$ 生产规格相同的铝合金薄板，现从中各任取 5 块，测得厚度值分别为

$$A_1: 2.36, 2.38, 2.48, 2.45, 2.43, \quad x_{1\cdot} = 12.1$$
$$A_2: 2.57, 2.53, 2.55, 2.54, 2.61, \quad x_{2\cdot} = 12.8$$
$$A_3: 2.58, 2.64, 2.59, 2.67, 2.62, \quad x_{3\cdot} = 13.1$$

各测量值同方差正态分布，分析不同机器对加工薄板有无显著差异。

解：$H_0: \mu_1 = \mu_2 = \mu_3$，$H_1: \mu_i \neq \mu_j$，$i \neq j$，$i,j = 1,2,3$

第一步：

$$n = 15, \quad a = 3, \quad n_i = 5, \quad x_{总} = 38$$

第二步：

$$S_T = \sum_{i=1}^{a}\sum_{j=1}^{n_i}(X_{ij}-\overline{X})^2 = \sum_{i=1}^{3}\sum_{j=1}^{5}X_{ij}^2 - \frac{1}{n}X_{总}^2$$

$$= 2.36^2 + 2.38^2 + \cdots + 2.62^2 - \frac{1}{15} \times 38^2$$

$$= 0.1245$$

第三步：

$$S_A = \sum_{i=1}^{a}\sum_{j=1}^{n_i}(\overline{X_{i\cdot}}-\overline{X})^2 = \sum_{i=1}^{3}\frac{1}{n_i}X_{i\cdot}^2 - \frac{1}{n}X_{总}^2$$

$$= \frac{1}{5}(12.1^2 + 12.8^2 + 13.1^2) - \frac{1}{15} \times 38^2$$

$$= 0.1053$$

第四步：

$$S_E = S_T - S_A = 0.0192$$

第五步：

对 $\alpha = 0.05$，查表得 $F_\alpha(a-1, n-a) = F_{0.05}(2,12) = 3.89$。

$$F = \frac{\text{MS}_A}{\text{MS}_E} = \frac{0.1053/2}{0.0192/12} = 32.89 > 3.89$$

拒绝 H_0，加工有显著差异，$\widehat{\sigma^2} = \dfrac{S_E}{n-a} = \dfrac{0.0192}{12} = 0.0016$。

二、无交互作用的双因素方差分析

双因素方差分析的基本原理是对影响指标的多个因素在各水平下的试验数据，首先检查其组间平方和，若组间平方和大，说明该因素在各水平下对产品指标影响显著，即该因素较重要；其次要考虑组内平方和或误差平方和 S_E，由于平方和相互独立且服从 χ^2 分布，由均方除以自由度得到 F 值，再利用 F 检验判断其影响的方法称为方差分析。对显著性水平 $0 < \alpha \ll 1$，查表得 F_α，计算 F 值。一般若 F 值是 F_α 的 1~5 倍，则该因素有一定的显著性，若是 5~10 倍，则显著性明显，10 倍以上为高度显著，分别用 *, **, *** 表示。

设总体 $X \sim N(\mu, \sigma^2)$，μ 是考查的指标，影响指标的因素有两个，分别是 A, B，每个因素有若干水平，$A_1, A_2, \cdots, A_a$，$B_1, B_2, \cdots, B_b$，对每个组合 (A_i, B_j) 做一次试验，$i = 1, 2, \cdots, a$，$j = 1, 2, \cdots, b$，其样本 $X_{ij} \sim N(\mu_{ij}, \sigma^2)$，或 $X_{ij} = \mu_{ij} + \varepsilon_{ij}$，$\varepsilon_{ij} \sim N(0, \sigma^2)$。假设试验结果如表 3.3 所示。

表 3.3　假设试验结果

因素	B_1	B_2	…	B_b
A_1	X_{11}	X_{12}	…	X_{1b}
A_2	X_{21}	X_{22}	…	X_{2b}
⋮	⋮	⋮		⋮
A_a	X_{a1}	X_{a2}	…	X_{ab}

$$\begin{cases} X_{ij} = \mu_{ij} + \varepsilon_{ij} \\ \varepsilon_{ij} \sim N(0,\sigma^2), \text{且相互独立} \\ i=1,2,\cdots,a;\ j=1,2,\cdots,b \end{cases} \quad (3.40)$$

式（3.40）中，μ_{ij} 和 σ^2 均未知。假设因素间不存在交互作用，则可将式（3.40）转化为

$$\begin{cases} X_{ij} = \mu + \alpha_i + \beta_j + \varepsilon_{ij} \\ \varepsilon_{ij} \sim N(0,\sigma^2), \text{且相互独立} \\ \sum_{i=1}^{a}\alpha_i = 0 \\ \sum_{j=1}^{b}\beta_j = 0 \\ i=1,2,\cdots,a;\ j=1,2,\cdots,b \end{cases} \quad (3.41)$$

因此对模型所要做的假设检验为

$$\begin{cases} H_{01}: \alpha_1 = \alpha_2 = \cdots = \alpha_a = 0 \\ H_{11}: \alpha_1, \alpha_2, \cdots, \alpha_a \text{不全为零} \end{cases} \quad (3.42)$$

$$\begin{cases} H_{02}: \beta_1 = \beta_2 = \cdots = \beta_b = 0 \\ H_{22}: \beta_1, \beta_2, \cdots, \beta_b \text{不全为零} \end{cases} \quad (3.43)$$

其中，$\mu = \frac{1}{ab}\sum_{i=1}^{a}\sum_{j=1}^{b}\mu_{ij}$ 为总体的平均值，$\mu_i = \frac{1}{b}\sum_{j=1}^{b}\mu_{ij}, \mu_j = \frac{1}{a}\sum_{i=1}^{a}\mu_{ij}, i=1,2,\cdots,a,\ j=1,2,\cdots,b$，分别为因素 A 第 i 个水平，因素 B 的第 j 个水平的均值，$\mu_{ij} = \mu + \alpha_i + \beta_j + \varepsilon_{ij}, \varepsilon_{ij} \sim N(0,\sigma^2)$，$\alpha_i$ 表示 A 因素第 i 个水平的效应，$\alpha_i = \mu_i - \mu, \sum_{i=1}^{a}\alpha_i = \sum_{i=1}^{a}\mu_i - a\mu = \frac{1}{b}\sum_{i=1}^{a}\sum_{j=1}^{b}\mu_{ij} - a\mu = a\mu - a\mu = 0$。$\beta_j$ 表示 B 因素第 j 个水平的效应，$\beta_j = \mu_j - \mu, \sum_{j=1}^{b}\beta_j = \sum_{j=1}^{b}\mu_j - b\mu = b\mu - b\mu = 0$。

对实验数据或样本值 $X_{ij} \sim N(\mu_{ij}, \sigma^2)$，令 $X_{总} = \sum_{i=1}^{a}\sum_{j=1}^{b}X_{ij}$ 表示所有样本值的和，$\overline{X} = \frac{1}{ab}X_{总}$ 表示所有样本的均值，$X_{i\cdot} = \sum_{j=1}^{b}X_{ij}$ 表示按行累加，$\overline{X_{i\cdot}} = \frac{1}{b}\sum_{j=1}^{b}X_{ij} = \frac{1}{b}X_{i\cdot}$ 表示第 i 个水平下的样本均值，$X_{\cdot j} = \sum_{i=1}^{a}X_{ij}$ 表示按列累加，$\overline{X_{\cdot j}} = \frac{1}{a}\sum_{i=1}^{a}X_{ij} = \frac{1}{a}X_{\cdot j}$ 表示第 j 个水平下的样本均值。

因此，记 S_T 为总偏差平方和，即有

$$S_T = \sum_{i=1}^{a}\sum_{j=1}^{b}(X_{ij} - \overline{X})^2 \quad (3.44)$$

则 $S_T = \sum_{i=1}^{a}\sum_{j=1}^{b}(X_{ij}-\overline{X})X_{ij} - \overline{X}\sum_{i=1}^{a}\sum_{j=1}^{b}(X_{ij}-\overline{X}) = \sum_{i=1}^{a}\sum_{j=1}^{b}X_{ij}^2 - \frac{1}{ab}X_{总}^2$，且 $\frac{S_T}{\sigma^2} \sim \chi^2(ab-1)$。

记 S_A 为因素 A 的组间离差平方和，即有

$$S_A = \sum_{i=1}^{a}\sum_{j=1}^{b}(\overline{X_{i\cdot}} - \overline{X})^2 \tag{3.45}$$

则 $S_A = \sum_{i=1}^{a}\sum_{j=1}^{b}(\overline{X_{i\cdot}} - \overline{X})\overline{X_{i\cdot}} - \overline{X}\sum_{i=1}^{a}\sum_{j=1}^{b}(\overline{X_{i\cdot}} - \overline{X}) = \sum_{i=1}^{a}\frac{1}{b}X_{i\cdot}^2 - \frac{1}{ab}X_{总}^2$，且 $\frac{S_A}{\sigma^2} \sim \chi^2(a-1)$。

记 S_B 为因素 B 的组间离差平方和，即有

$$S_B = \sum_{i=1}^{a}\sum_{j=1}^{b}(\overline{X_{\cdot j}} - \overline{X})^2 \tag{3.46}$$

则 $S_B = \sum_{i=1}^{a}\sum_{j=1}^{b}(\overline{X_{\cdot j}} - \overline{X})\overline{X_{\cdot j}} - \overline{X}\sum_{i=1}^{a}\sum_{j=1}^{b}(\overline{X_{\cdot j}} - \overline{X}) = \sum_{j=1}^{b}\frac{1}{a}X_{\cdot j}^2 - \frac{1}{ab}X_{总}^2$，且 $\frac{S_B}{\sigma^2} \sim \chi^2(b-1)$。

记 S_E 为误差平方和，即有

$$S_E = \sum_{i=1}^{a}\sum_{j=1}^{b}(X_{ij} - \overline{X_{i\cdot}} - \overline{X_{\cdot j}} + \overline{X})^2 = S_T - S_A - S_B \tag{3.47}$$

则 $S_E = S_T - S_A - S_B$，且 $\frac{S_E}{\sigma^2} \sim \chi^2((a-1)(b-1))$。那么

$$\mathrm{MS}_A = \frac{S_A}{a-1},\quad \mathrm{MS}_B = \frac{S_B}{b-1},\quad \mathrm{MS}_E = \frac{S_E}{(a-1)(b-1)}$$

$$F_A = \frac{\mathrm{MS}_A}{\mathrm{MS}_E} \sim F(a-1,(a-1)(b-1))$$

$$F_B = \frac{\mathrm{MS}_B}{\mathrm{MS}_E} \sim F(b-1,(a-1)(b-1))$$

在显著性水平 α 下，H_{01} 的拒绝域为

$$F_A > F_\alpha(a-1,(a-1)(b-1))$$

在显著性水平 α 下，H_{02} 的拒绝域为

$$F_B > F_\alpha(b-1,(a-1)(b-1))$$

例 3.2 设四名工人操作机器 A_1, A_2, A_3 各一天，其日产量如表 3.4 所示，问不同机器或不同工人对日产量是否有显著影响（$\alpha = 0.05$）？

表 3.4 某日产量数据

机器	工人			
	B_1	B_2	B_3	B_4
A_1	50	47	47	53
A_2	53	54	57	58
A_3	52	42	41	48

解：由题意知 $a = 3$，$b = 4$，按公式计算得

$$T_{1\cdot} = 197,\ T_{2\cdot} = 222,\ T_{3\cdot} = 183$$

$$T_{\cdot 1} = 155,\ T_{\cdot 2} = 143,\ T_{\cdot 3} = 145,\ T_{\cdot 4} = 159$$

$$T = 602, \sum_{i=1}^{3}\sum_{j=1}^{4}X_{ij}^2 = 30\,518$$

$$S_T = \sum_{i=1}^{3}\sum_{j=1}^{4}x_{ij}^2 - \frac{T^2}{12} = 317.67, \quad S_A = \frac{1}{4}\sum_{i=1}^{3}T_{i\cdot}^2 - \frac{T^2}{12} = 195.17, \quad S_B = \frac{1}{3}\sum_{j=1}^{4}T_{\cdot j}^2 - \frac{T^2}{12} = 59.67$$

$$S_E = S_T - S_A - S_B = 62.83$$

$$F_A = \frac{\frac{195.17}{2}}{\frac{62.83}{6}} = 9.32, \quad F_B = \frac{\frac{59.67}{3}}{\frac{62.83}{6}} = 1.90$$

当 $\alpha = 0.05$ 时，查表得

$$F_\alpha(a-1,(a-1)(b-1)) = F_{0.05}(2,6) = 5.14, \quad F_\alpha(b-1,(a-1)(b-1)) = F_{0.05}(3,6) = 4.76$$

列出方差分析表，见表 3.5。

表 3.5　方差分析表（一）

方差来源	平方和	自由度	F 值	F 的临界值
因素 A	$S_A = 195.17$	2	$F_A = 9.32$	$F_{0.05}(2,6) = 5.14$
因素 B	$S_B = 59.67$	3	$F_B = 1.90$	$F_{0.05}(3,6) = 4.76$
误差	$S_E = 62.83$	6		
总和	$S_T = 317.67$	11		

由表 3.5 可知，$F_A > F_{0.05}(2,6)$，$F_B < F_{0.05}(3,6)$，说明机器的差异对日产量有显著影响，工人差异对日产量无显著影响。

三、有交互作用的双因素方差分析

设总体 $X \sim N(\mu,\sigma^2)$，μ 是考查的指标，影响指标的因素有两个，分别是 A,B，每个因素有若干水平，$A_1, A_2, \cdots, A_a$，$B_1, B_2, \cdots, B_b$，对每个组合 (A_i, B_j) 做 $n \geq 2$ 次试验，$i = 1, 2, \cdots, a$，$j = 1, 2, \cdots, b$，考查交互作用 $A \times B$ 其样本 $X_{ijk} \sim N(\mu_{ijk}, \sigma^2)$，或 $X_{ijk} = \mu_{ijk} + \varepsilon_{ijk}$，$\varepsilon_{ijk} \sim N(0,\sigma^2)$，试验数据有 abn 个。设 $X_{总} = \sum_{i=1}^{a}\sum_{j=1}^{b}\sum_{k=1}^{n}X_{ijk}$ 表示所有样本值的和，$\overline{X} = \frac{1}{abn}X_{总}$ 表示所有样本的均值，$\overline{X_{ij\cdot}} = \frac{1}{n}X_{ij\cdot}$，$i = 1, 2, \cdots, a$，$j = 1, 2, \cdots, b$，$X_{i\cdot\cdot} = \sum_{j=1}^{b}\sum_{k=1}^{n}X_{ijk}$，$\overline{X_{i\cdot\cdot}} = \frac{1}{bn}X_{i\cdot\cdot}$，$i = 1, 2, \cdots, a$，$X_{\cdot j\cdot} = \sum_{i=1}^{a}\sum_{k=1}^{n}X_{ijk}$，类似地，可以得到

$$\begin{cases} X_{ijk} = \mu_{ij} + \varepsilon_{ijk} \\ \varepsilon_{ijk} \sim N(0,\sigma^2), \text{且相互独立} \\ i = 1, 2, \cdots, a; \ j = 1, 2, \cdots, b; \ k = 1, 2, \cdots, n \end{cases} \quad (3.48)$$

其中，μ_{ij} 和 σ^2 是未知参数。并记

$$\begin{cases} \mu = \dfrac{1}{ab}\sum_{i=1}^{a}\sum_{j=1}^{b}\mu_{ij} \\ \mu_{i.} = \dfrac{1}{b}\sum_{j=1}^{b}\mu_{ij} \\ \mu_{.j} = \dfrac{1}{a}\sum_{i=1}^{a}\mu_{ij} \end{cases} \quad (3.49)$$

其中，μ 表示总平均；$\mu_{i.}$ 表示因素 A 的第 i 个水平的平均；$\mu_{.j}$ 表示因素 B 的第 j 个水平的平均；α_i 与 β_j 分别表示因素 A 和 B 的第 i 和 j 个水平的效应。那么可以记

$$\gamma_{ij} = \mu_{ij} - \alpha_i - \beta_j - \mu, \quad i=1,2,\cdots,a;\ j=1,2,\cdots,b \quad (3.50)$$

称 γ_{ij} 为 A_i 和 B_j 的交互效应。因而总有

$$\mu_{ij} = \gamma_{ij} + \alpha_i + \beta_j + \mu, \quad i=1,2,\cdots,a;\ j=1,2,\cdots,b$$

因此式（3.48）等价于

$$\begin{cases} X_{ijk} = \gamma_{ij} + \alpha_i + \beta_j + \mu + \varepsilon_{ijk} \\ \varepsilon_{ijk} \sim N(0,\sigma^2),\text{且相互独立} \\ \sum_{i=1}^{a}\alpha_i = 0 \\ \sum_{j=1}^{b}\beta_j = 0 \\ \sum_{i=1}^{a}\gamma_{ij} = 0 \\ \sum_{j=1}^{b}\gamma_{ij} = 0 \\ i=1,2,\cdots,a;\ j=1,2,\cdots,b;\ k=1,2,\cdots,n \end{cases} \quad (3.51)$$

式（3.51）中 $\gamma_{ij}, \alpha_i, \beta_j, \mu, \sigma^2$ 都是未知参数。

对此模型需要检验以下假设：

$$\begin{cases} H_{01}: \alpha_1 = \alpha_2 = \cdots = \alpha_a = 0 \\ H_{11}: \alpha_1, \alpha_2, \cdots, \alpha_a \text{不全为零} \end{cases} \quad (3.52)$$

$$\begin{cases} H_{02}: \beta_1 = \beta_2 = \cdots = \beta_b = 0 \\ H_{12}: \beta_1, \beta_2, \cdots, \beta_b \text{不全为零} \end{cases} \quad (3.53)$$

$$\begin{cases} H_{03}: \gamma_{11} = \gamma_{12} = \cdots = \gamma_{ab} = 0 \\ H_{13}: \gamma_{11}, \gamma_{12}, \cdots, \gamma_{ab} \text{不全为零} \end{cases} \quad (3.54)$$

因此，记 S_T 为总偏差平方和，即有

$$S_T = \sum_{i=1}^{a}\sum_{j=1}^{b}\sum_{k=1}^{n}(X_{ijk} - \overline{X})^2 \quad (3.55)$$

则 $S_T = \sum_{i=1}^{a}\sum_{j=1}^{b}\sum_{k=1}^{n}(X_{ijk}-\overline{X})X_{ijk} = \sum_{i=1}^{a}\sum_{j=1}^{b}\sum_{k=1}^{n}X_{ijk}^2 - \frac{1}{abn}X_{总}^2$，且 $\frac{S_T}{\sigma^2} \sim \chi^2(abn-1)$。

记 S_A 为因素 A 的组间离差平方和，即有

$$S_A = \sum_{i=1}^{a}\sum_{j=1}^{b}\sum_{k=1}^{n}(\overline{X_{i\cdot\cdot}}-\overline{X})^2 \tag{3.56}$$

则 $S_A = \sum_{i=1}^{a}\sum_{j=1}^{b}\sum_{k=1}^{n}(\overline{X_{i\cdot\cdot}}-\overline{X})\overline{X_{i\cdot\cdot}} = \sum_{i=1}^{a}\frac{1}{bn}X_{i\cdot\cdot}^2 - \frac{1}{abn}X_{总}^2$，且 $\frac{S_A}{\sigma^2} \sim \chi^2(a-1)$。

记 S_B 为因素 B 的组间离差平方和，即有

$$S_B = \sum_{i=1}^{a}\sum_{j=1}^{b}\sum_{k=1}^{n}(\overline{X_{\cdot j\cdot}}-\overline{X})^2 \tag{3.57}$$

则 $S_B = \sum_{i=1}^{a}\sum_{j=1}^{b}\sum_{k=1}^{n}(\overline{X_{\cdot j\cdot}}-\overline{X})\overline{X_{\cdot j\cdot}} = \sum_{j=1}^{b}\frac{1}{an}X_{\cdot j\cdot}^2 - \frac{1}{abn}X_{总}^2$，且 $\frac{S_B}{\sigma^2} \sim \chi^2(b-1)$。

记 $S_{A\times B}$ 为因素 A 和因素 B 的交互效应平方和，即有

$$S_{A\times B} = n\sum_{i=1}^{a}\sum_{j=1}^{b}(\overline{X_{ij\cdot}}-\overline{X_{i\cdot\cdot}}-\overline{X_{\cdot j\cdot}}+\overline{X})^2 = \frac{1}{n}\sum_{i=1}^{a}\sum_{j=1}^{b}X_{ij\cdot}^2 - \frac{X_{总}^2}{abn} - S_A - S_B \tag{3.58}$$

且 $\frac{S_{A\times B}}{\sigma^2} \sim \chi^2((a-1)(b-1))$。

记 S_E 为误差平方和，即有

$$S_E = S_T - S_A - S_B - S_{A\times B} \tag{3.59}$$

且 $\frac{S_E}{\sigma^2} \sim \chi^2(ab(n-1))$。

那么，

$$\text{MS}_A = \frac{S_A}{a-1}, \quad \text{MS}_B = \frac{S_B}{b-1}, \quad \text{MS}_{A\times B} = \frac{S_{A\times B}}{(a-1)(b-1)}, \quad \text{MS}_E = \frac{S_E}{ab(n-1)}$$

$$F_A = \frac{\text{MS}_A}{\text{MS}_E} \sim F(a-1, ab(n-1))$$

$$F_B = \frac{\text{MS}_B}{\text{MS}_E} \sim F(b-1, ab(n-1))$$

$$F_{A\times B} = \frac{\text{MS}_{A\times B}}{\text{MS}_E} \sim F((a-1)(b-1), ab(n-1))$$

在显著性水平 α 下，H_{01} 的拒绝域为

$$F_A > F_\alpha(a-1, ab(n-1)) \tag{3.60}$$

在显著性水平 α 下，H_{02} 的拒绝域为

$$F_B > F_\alpha(b-1, ab(n-1)) \tag{3.61}$$

在显著性水平 α 下，H_{03} 的拒绝域为

$$F_{A\times B} > F_\alpha((a-1)(b-1), ab(n-1)) \tag{3.62}$$

例 3.3 某种火箭使用 4 种燃料、3 种推进器进行射程实验。在每种燃料与每种推进器的组合下火箭各发射两次，射程数据见表 3.6。

表 3.6　火箭的射程数据

燃料 A	推进器 B			
	B_1	B_2	B_3	T_i
A_1	58.2, 52.6	56.2, 41.2	65.3, 60.8	334.3
A_2	49.1, 42.8	54.1, 50.5	51.6, 48.4	296.5
A_3	60.1, 58.3	70.9, 73.2	39.2, 40.7	342.4
A_4	75.8, 71.5	58.2, 51.0	48.7, 41.4	346.6
T_j	468.4	455.3	396.1	1319.8

试在水平 $\alpha = 0.05$ 下，检验不同燃料（因素 A）、不同推进器（因素 B）下射程是否有显著差异？交互作用是否显著？

解：利用式（3.55）到式（3.62），可得方差分析表 3.7。

表 3.7　方差分析表（二）

方差来源	平方和	自由度	均方	F 比
因素 A	261.675 0	3	87.225	4.42
因素 B	370.980 8	2	185.490	9.39
交互作用 $A \times B$	1 768.692 5	6	294.782	14.90
误差	236.950 0	12	19.746	
总和	2 638.298 3	23		

查 F 分布表，可得

$$F_{0.05}(3,12) = 3.49, \quad F_{0.05}(2,12) = 3.89, \quad F_{0.05}(6,12) = 3.00$$

因此有

$$F_{0.05}(3,12) = 3.49 < 4.42, \quad F_{0.05}(2,12) = 3.89 < 9.39$$

故在水平 $\alpha = 0.05$ 下，拒绝 H_{01} 和 H_{02}，即可认为燃料和推进器两个因素对射程的影响是显著的；同时也可以得出，H_{03} 应当被拒绝，故交互作用是显著的。

第三节　时间序列分析

时间序列预测法是将预测对象的历史数据按照时间顺序排列成为时间序列，然后分析它随时间的变化趋势，外推预测对象的未来值。这样，就把影响预测对象变化的一切因素由"时间"综合起来描述了。时间序列分析预测可分为确定性时间序列预测法和随机性时间序列预测法。

一、时间序列

在商业数据分析中，经常会遇到一系列随时间变化的经济指标值。例如历年的国内生产总值或固定资产投资额、企业销售收入或利润等。这些指标值随着时间变化而变化，有的具有上涨或下跌的趋势，有的具有周期性的特点。

时间序列是指某一统计指标数值按时间先后顺序排列而形成的数列。时间序列一般用 $y_1, y_2, \cdots, y_t, \cdots$ 表示，t 为时间。

在经济和商业统计中，编制和分析时间序列具有重要的作用。

（1）它为分析研究经济现象的发展速度、发展趋势及变化规律提供基本统计数据。

（2）通过计算分析指标，研究经济现象的变化方向、速度及结果。

（3）将不同的时间序列进行分析研究，可以揭示现象之间的联系程度及动态演变关系。

（4）建立数学模型，揭示现象的变化规律并对未来进行预测。

二、时间序列发展趋势

时间序列的发展趋势按性质不同分成四大类：长期趋势、季节变动、循环变动和不规则变动。

1. 长期趋势

长期趋势是指由于某种根本性因素的影响，时间序列在较长时间内朝着一定的方向持续上升、下降或稳定的发展趋势。它反映预测对象在长期内的变动趋势。如由于科学技术在农业中的应用，从一个较长时期看，粮食亩产量是持续增加的。我国的国民经济的发展，随着时间的变化呈现增长的趋势。

2. 季节变动

季节变动是指由于受自然条件和社会条件的影响，时间序列在一年内随着季节的转变而引起的周期性变动。经济现象的季节变动是季节性的固有规律作用于经济活动的结果。例如，农作物的生长受季节影响，从而导致一些农产品的销售和农产品加工工业的季节变动，这是自然方面的季节变动的表现。另外，也有人为的季节变动，如春节、中秋节等节日期间，某些食品的需求量剧增，这就是人为季节变动的表现。

季节变动的周期性比较稳定，一般是以一年为周期变动。当然也有不到一年的周期变动，如银行的活期储蓄，发工资前少，发工资后多，在每月具有周期性。

3. 循环变动

循环变动一般是指周期不固定的波动变化，有时是以数年为周期变动，有时是以几个月为周期变化，并且每次周期一般不相同。循环变动与长期趋势不同，它不是朝单一方向持续发展，而是涨落相间的波浪式起伏变动。与季节变动也不同，它的波动时间较长，变动周期长短不一，短则在一年以上，长则数年、数十年，上次出现以后，下次何时出现，难以预料。

4. 不规则变动

不规则变动是指由各种偶然性因素引起的无周期变动。不规则变动又可分突然变动和随机变动。突然变动是指诸如战争、自然灾害、地震、意外事故、方针、政策等的改变所引起的变动;随机变动是指由大量的随机因素所产生的影响。不规则变动不易掌握,很难预测。

三、时间序列的组合形式

时间序列由长期趋势、季节变动、循环变动和不规则变动四类因素组成。四类因素的组合形式,常见的有以下几种类型。

1. 加法型

$$y_t = T_t + S_t + C_t + I_t$$

2. 乘法型

$$y_t = T_t \cdot S_t \cdot C_t \cdot I_t$$

3. 混合型

$$y_t = T_t \cdot S_t + C_t + I_t$$
$$y_t = S_t + T_t \cdot C_t \cdot I_t$$

其中,y_t 表示时间序列的全变动;T_t 表示长期趋势;S_t 表示季节变动;C_t 表示循环变动;I_t 表示不规则变动。

对于一个具体的时间序列,应根据所掌握的资料、时间序列及研究的目的来确定选择哪种组合形式,然后进行时间序列的预测。

下面介绍长期趋势的平滑预测法。

(一)移动平均法

移动平均法是根据时间序列数据、逐项推移,依次计算包含一定项数的时序平均数,以反映长期趋势的方法。当时间序列的数值由于受周期变动和不规则变动的影响,起伏较大,不易显示出发展趋势时,可用移动平均法消除这些因素的影响,然后再分析、预测序列的长期趋势。

移动平均法有简单移动平均法、加权移动平均法、趋势移动平均法等。下面介绍简单移动平均法。

设时间序列为:$y_1, y_2, \cdots, y_t, \cdots$;简单移动平均法公式为

$$M_t = \frac{y_t + y_{t-1} + \cdots + y_{t-N+1}}{N}, \quad t \geq N \tag{3.63}$$

其中,M_t 表示 t 期移动平均数;N 表示移动平均的项数。式(3.63)表明当 t 向前移动一个时期,就增加一个新数据,去掉一个远期数据,得到一个新的平均数。由于它不断地"吐故纳新",逐期向前移动,所以称为移动平均法。

由式（3.63）可知

$$M_{t-1} = \frac{y_{t-1} + y_{t-2} + \cdots + y_{t-N}}{N}$$

因此

$$M_t = \frac{y_t}{N} + \frac{y_{t-1} + \cdots + y_{t-N+1} + y_{t-N}}{N} - \frac{y_{t-N}}{N}$$

$$M_t = M_{t-1} + \frac{y_t - y_{t-N}}{N} \tag{3.64}$$

这是它的递推公式。当 N 较大时，利用递推公式可以大大减少计算量。

由于移动平均可以平滑数据，消除周期变动和不规则变动的影响，使长期趋势显示出来，因而可以用于预测。

预测公式为

$$\bar{y}_{t+1} = M_t \tag{3.65}$$

即以第 t 期移动平均数作为第 $t+1$ 期的预测值。

例 3.4 A 商店 2008～2019 年实现利润如表 3.8 所示。试用简单移动平均法预测下一年利润。

解：分别取 $N=3$ 和 $N=4$，按预测公式

$$\bar{y}_{t+1} = \frac{y_t + y_{t-1} + y_{t-2}}{3}$$

和

$$\bar{y}_{t+1} = \frac{y_t + y_{t-1} + y_{t-2} + y_{t-3}}{4}$$

计算 3 年和 4 年移动平均预测值。其结果列于表 3.8 中。

表 3.8　A 商店 2008～2019 年利润及移动平均预测值表　　单位：万元

年份	利润	3 年移动平均预测值 预测值	3 年移动平均预测值 相对误差	4 年移动平均预测值 预测值	4 年移动平均预测值 相对误差
2008	120.87				
2009	125.58				
2010	131.66				
2011	130.42	126.04	3.36%		
2012	130.38	129.22	0.89%	127.13	2.49%
2013	135.54	130.82	3.48%	129.51	4.45%
2014	144.25	132.11	8.41%	132	8.49%
2015	147.82	136.72	7.51%	135.15	8.57%
2016	148.57	142.54	4.06%	139.50	6.11%
2017	148.61	146.88	1.16%	144.05	3.07%
2018	149.76	148.33	0.95%	147.31	1.63%
2019	154.56	148.98	3.61%	148.69	3.8%
		150.98		150.38	

实际销售量的随机波动较大，经过移动平均法计算后，随机波动显著减少，即消除

了随机干扰，而且求取平均值所用的时间步长越长，即 N 越大，修匀的程度也越大，波动也越小。但是，在这种情况下，对实际销售量真实的变化趋势反应也越迟钝。反之，如果 N 取得越小，对销售量真实变化趋势反应越灵敏，但修匀性越差，容易把随机干扰作为趋势反映出来。因此，N 的选择甚为重要，N 应取多大，应该根据具体情况做出抉择。当 N 等于周期变动的周期时，则可消除周期变化的影响。

实用中，一个有效的方法是取几个 N 值进行试算，比较它们的预测误差，从中选择最优的。

如在例 3.4 中，要确定利润的预测，究竟应取 $N=3$ 合适，还是 $N=4$ 合适，可通过计算这两个预测公式的均方误差 MSE，选取使均方误差较小的那个 N。

当 $N=3$ 时

$$S = \frac{1}{9}\sum_{t=4}^{12}(y_t - \bar{y}_t)^2 = \frac{385.84}{9} = 42.87$$

当 $N=4$ 时

$$S = \frac{1}{8}\sum_{t=5}^{12}(y_t - \bar{y}_t)^2 = \frac{501.16}{8} = 62.64$$

计算结果表明：当 $N=3$ 时，S 较小，因此选取 $N=3$。预测下年利润为 150.98 万元。

简单移动平均法只适合做近期预测，即只能对后续相邻的项进行预测。如例 3.4 中，只能对 2020 年的利润进行预测，而不能对 2021 年的利润进行预测。在预测时，还必须是在预测目标的发展趋势变化不大的情况下进行。如果目标的发展趋势存在其他巨大的变化，采用简单移动平均法就会产生较大的预测偏差和滞后。

（二）指数平滑法

移动平均法存在两个不足之处。一是存储数据量较大，二是对最近的 N 期数据等权看待，而对 $t-T$ 期以前的数据则完全不考虑。这往往不符合实际情况。指数平滑法有效地克服了这两个缺点。它既不需要存储很多历史数据，又考虑了各期数据的重要性，而且使用了全部历史资料。因此它是移动平均法的改进和发展，应用极为广泛。

指数平滑法根据平滑次数的不同，又分为一次指数平滑法、二次指数平滑法和三次指数平滑法等，分别介绍如下。

1. 一次指数平滑法

设时间序列为 $y_1, y_2, \cdots, y_t$，由式（3.64）知移动平均数的递推公式为

$$M_t = M_{t-1} + \frac{y_t - y_{t-N}}{N}$$

以 M_{t-1} 作为 y_{t-N} 的最佳估计，则有

$$M_t = M_{t-1} + \frac{y_t - M_{t-1}}{N} = \frac{y_t}{N} + \left(1 - \frac{1}{N}\right)M_{t-1}$$

令 $\alpha = \frac{1}{N}$，以 S_t 代替 M_t，即得一次指数平滑公式为

$$S_t^{(1)} = \alpha y_t + (1-\alpha)S_{t-1}^{(1)} \tag{3.66}$$

其中，$S_t^{(1)}$ 表示一次指数平滑值；α 表示加权系数，且 $0<\alpha<1$。

为进一步理解指数平滑的实质，把式（3.66）依次展开，有

$$\begin{aligned}S_t^{(1)} &= \alpha y_t + (1-\alpha)\left[\alpha y_{t-1} + (1-\alpha)S_{t-2}^{(1)}\right] = \alpha y_t + \alpha(1-\alpha)y_{t-1} + (1-\alpha)^2 S_{t-2}^{(1)}\cdots \\ &= \alpha y_t + \alpha(1-\alpha)y_{t-1} + \alpha(1-\alpha)^2 y_{t-2} + \cdots + (1-\alpha)^t S_0^{(1)} \\ &= \alpha\sum_{j=0}^{t-1}(1-\alpha)^j y_{t-j} + (1-\alpha)^t S_0^{(1)}\end{aligned} \tag{3.67}$$

由于 $0<\alpha<1$，当 t 趋向于无穷大时，$(1-\alpha)^t$ 趋向于零，于是式（3.67）变为

$$S_t^{(1)} = \alpha\sum_{j=0}^{\infty}(1-\alpha)^j y_{t-j} \tag{3.68}$$

由此可见 $S_t^{(1)}$ 实际上为 $y_t, y_{t-1}, \cdots, y_{t-j}, \cdots$ 的加权平均。加权系数分别是 α，$\alpha(1-\alpha)$，$\alpha(1-\alpha)^2$，$\cdots$，按几何级数衰减，越近的数据，权数越大，越远的数据，权数越小，且权数之和为 1。由于加权系数符合指数规律，又具有平滑数据的功能，故称为指数平滑。

以这种平滑值进行预测，就是一次指数平滑法。预测模型为

$$\overline{y}_{t+1} = S_t^{(1)}$$

即

$$\overline{y}_{t+1} = \alpha y_t + (1-\alpha)\overline{y}_t \tag{3.69}$$

也就是以第 t 期指数平滑值作为 $t+1$ 期预测值。

由式（3.69）可以看出，只要知道上一期的实际值和指数平滑值，则可用 α 和 $1-\alpha$ 加权求和，得出当期的指数平滑值。由此可见，利用指数平滑法不需要很多的时间序列数据，而且不需要确定几个权重，只要寻找一个 α 值即可。下面我们介绍权重和初始值的选择。

1）加权系数的选择

在进行指数平滑时，加权系数的选择是很重要的。由式（3.69）可以看出，α 的大小规定了在新预测值中新数据和原预测值所占的比重。α 值越大，新数据所占的比重就越大，原预测值所占的比重就越小，反之亦然。若把式（3.69）改写为

$$\overline{y}_{t+1} = \overline{y}_t + \alpha(y_t - \overline{y}_t) \tag{3.70}$$

则从式（3.70）可看出，新预测值是根据预测误差对原预测值进行修正而得到的。α 的大小则体现了修正的幅度，α 值越大，修正幅度越大；α 值越小，修正幅度也越小。

因此，α 值既代表预测模型对时间序列数据变化的反应速度，同时又决定了预测模型修匀误差的能力。

若选取 $\alpha=0$，则 $\overline{y}_{t+1} = \overline{y}_t$，即下期预测值就等于本期预测值，在预测过程中不考虑任何新信息；若选取 $\alpha=1$，则 $\overline{y}_{t+1} = y_t$，即下期预测值就等于本期观测值，完全不相信过去的信息。这两种极端情况很难做出正确的预测。因此，α 值应根据时间序列的具体性质在 0 至 1 之间选择。

具体如何选择可遵循下列原则。

（1）如果时间序列波动不大，比较平稳，则 α 应取小一点，如 0.1~0.3，以减少修正幅度，使预测模型能包含较长时间序列的信息。

（2）如果时间序列具有迅速且明显的变动倾向，则 α 应取大一点，如 0.6～0.8，使预测模型灵敏度高一些，以便迅速跟上数据的变化。

在实际使用时，类似于移动平均法，可以多选取几个 α 值进行试算，看哪个预测误差较小，就采用哪个 α 值作为权重。

2）初始值的确定

用一次指数平滑法进行预测，除了选择合适的 α 外，还要确定初始值 $S_0^{(1)}$。初始值是由预测者估计或指定的。当时间序列的数据较多，比如在 20 个以上时，初始值对以后的预测值影响很小，可选用第一期数据为初始值。如果时间序列的数据较少，在 20 个以下时，初始值对以后的预测值影响很大，这时，就必须认真研究如何正确确定初始值。一般以最初几期实际值的平均值作为初始值。

例 3.5 B 商店 2007～2019 年实现利润如表 3.9 所示，试用指数平滑法，预测 2020 年该商店利润。

解：分别取 $\alpha = 0.2, 0.5$ 和 0.8 进行计算，初始值 $S_0^{(1)} = \dfrac{y_1 + y_2}{2} = 219.1$。

按预测模型

$$\bar{y}_{t+1} = \alpha y_t + (1-\alpha)\bar{y}_t$$

$$\bar{y}_1 = S_0^{(1)} = 219.1$$

计算各期预测值，列于表 3.9 中。

表 3.9　B 商店利润及指数平滑预测值计算表　　　　　　单位：万元

年份	利润 y_t	预测值 $\hat{y}_t$ $\alpha=0.2$	预测值 $\hat{y}_t$ $\alpha=0.5$	预测值 $\hat{y}_t$ $\alpha=0.8$
2007	227.7	219.1	219.1	219.1
2008	210.5	220.8	223.4	226.0
2009	208.6	218.8	217.0	213.6
2010	224.8	216.7	212.8	209.6
2011	228.9	218.3	218.8	221.8
2012	236.7	220.5	223.8	227.5
2013	232.4	223.7	230.3	234.9
2014	243.6	225.4	231.3	232.9
2015	238.4	229.1	237.5	241.5
2016	251.2	230.9	237.9	239.0
2017	242.9	235.0	244.6	248.8
2018	248.6	236.6	243.7	244.1
2019	246.3	239.0	246.2	247.7
		240.4	246.2	246.6

从表 3.9 可以看出，$\alpha = 0.2, 0.5$ 和 0.8 时，预测值是很不相同的。究竟 α 取何值为好，可通过计算它们的均方误差 S，选取使 S 较小的那个 α 值。

当 $\alpha = 0.2$ 时，

$$S^2 = \frac{1}{12}\sum_{t=1}^{12}(y_t - \overline{y}_t)^2 = 151.2$$

当 $\alpha = 0.5$ 时,
$$S^2 = 83.9$$

当 $\alpha = 0.8$ 时,
$$S^2 = 80.6$$

计算结果表明：$\alpha = 0.8$ 时，S 较小，故选取 $\alpha = 0.8$，预测 2020 年该商店的利润为 $\hat{y}_{2020} = 246.6$（万元）。

2. 二次指数平滑法

一次指数平滑法虽然克服了移动平均法的两个缺点，但当时间序列变动呈现直线趋势时，用一次指数平滑法进行预测，仍存在明显的滞后偏差，需要加以修正。修正的方法是作二次指数平滑，利用滞后偏差的规律建立直线趋势模型。这就是二次指数平滑法。其计算公式为

$$S_t^{(1)} = \alpha y_t + (1-\alpha)S_{t-1}^{(1)}, \quad S_t^{(2)} = \alpha S_t^{(1)} + (1-\alpha)S_{t-1}^{(2)} \tag{3.71}$$

其中，$S_t^{(1)}$ 表示一次指数平滑值；$S_t^{(2)}$ 表示二次指数的平滑值。当时间序列 $\{y_t\}$，从某时期开始具有直线趋势时，类似趋势移动平均法，可用直线趋势模型进行预测。

$$\hat{y}_{t+T} = a_t + b_t T, \quad T = 1, 2, \cdots \tag{3.72}$$

$$\begin{cases} a_t = 2S_t^{(1)} - S_t^{(2)} \\ b_t = \dfrac{\alpha}{1-\alpha}\left(S_t^{(1)} - S_t^{(2)}\right) \end{cases} \tag{3.73}$$

下面，我们用矩量分析方法来证明式（3.73）

由式（3.68）可知

$$S_t^{(1)} = \alpha\sum_{j=0}^{\infty}(1-\alpha)^j y_{t-j}$$

同理:

$$S_t^{(2)} = \alpha S_t^{(1)} + (1-\alpha)S_{t-1}^{(2)} = \alpha\sum_{j=0}^{\infty}(1-\alpha)^j S_{t-j}^{(1)}$$

而

$$S_{t-j}^{(1)} = \alpha y_{t-j} + (1-\alpha)S_{t-j-1}^{(1)} = \alpha\sum_{t=0}^{\infty}(1-\alpha)^t y_{t-j-i}$$

所以

$$E\left(S_t^{(1)}\right) = \alpha\sum_{j=0}^{\infty}(1-\alpha)^j E(y_{t-j}) = \alpha\sum_{j=0}^{\infty}(1-\alpha)^j(a_t - b_t \cdot j) = a_t - \frac{1-\alpha}{\alpha}b_t$$

其中，

$$\alpha\sum_{j=0}^{\infty}(1-\alpha)^j = 1, \quad \alpha\sum_{j=0}^{\infty}(1-\alpha)^j j = \frac{1-\alpha}{\alpha}$$

$$E\left(S_{t-j}^{(1)}\right) = \alpha\sum_{i=0}^{\infty}(1-\alpha)^i E(y_{t-j-i}) = \alpha\sum_{i=0}^{\infty}(1-\alpha)^i \left[a_t - b_t(j+i)\right]$$

$$= a_t - b_t j - \frac{1-\alpha}{\alpha}b_t$$

$$E\left(S_t^{(2)}\right) = \alpha\sum_{j=0}^{\infty}(1-\alpha)^j E\left(S_{t-j}^{(1)}\right) = \alpha\sum_{j=0}^{\infty}(1-\alpha)^j \left(a_t - b_t j - \frac{1-\alpha}{\alpha}b_t\right)$$

$$= \alpha\sum_{j=0}^{\infty}(1-\alpha)^j \left(a_t - b_t j - \frac{1-\alpha}{\alpha}b_t\right) = a_t - \frac{2(1-\alpha)}{\alpha}b_t$$

因为随机变量的数学期望是随机变量的最佳估计值，所以，可取 $S_t^{(1)}$、$S_t^{(2)}$ 代替 $E\left(S_t^{(1)}\right)$、$E\left(S_t^{(2)}\right)$，从而有

$$\begin{cases} S_t^{(1)} = \alpha y_{(t)} + (1-\alpha)S_{t-1}^{(1)} \\ S_t^{(2)} = \alpha S_t^{(1)} + (1-\alpha)S_{t-1}^{(2)} \end{cases}$$

由此可得解

$$\begin{cases} a_t = 2S_t^{(1)} - S_t^{(2)} \\ b_t = \dfrac{\alpha}{1-\alpha}\left(S_t^{(1)} - S_t^{(2)}\right) \end{cases}$$

例 3.6 以我国 2003～2019 年国内生产总值资料为例（表 3.10 按当年价格计算）。试用二次指数平滑法预测 2020 年和 2021 年的国内生产总值。

解：取 $\alpha = 0.3$，初始值 $S_0^{(1)}$ 和 $S_0^{(2)}$ 都取序列前两项的均值，即 $S_0^{(1)} = 11\,077.95$，$S_0^{(2)} = 10\,946.47$。计算 $S_t^{(1)}$、$S_t^{(2)}$，列于表 3.10。

表 3.10 我国国内生产总值及一、二次指数平滑值计算表   单位：亿元

年份	国内生产总值	一次平滑值	二次平滑值
2003	137 422.0	149 631.100 00	151 462.465 00
2004	161 840.2	153 293.830 00	152 011.874 50
2005	187 318.9	163 501.351 00	155 458.717 45
2006	219 438.5	180 282.495 70	162 905.850 93
2007	270 092.3	207 225.436 99	176 201.726 74
2008	319 244.6	240 831.185 89	195 590.564 49
2009	348 517.7	273 137.140 13	218 854.537 18
2010	412 119.3	314 831.788 09	247 647.712 45
2011	487 940.2	366 764.311 66	283 382.692 21
2012	538 580.0	418 309.018 16	323 860.590 00
2013	592 963.2	470 705.272 71	367 913.994 81
2014	643 563.1	522 562.620 90	414 308.582 64
2015	688 858.2	572 451.294 63	461 751.396 24
2016	746 395.1	624 634.436 24	510 616.308 24
2017	832 035.9	686 854.875 37	563 487.878 38
2018	919 281.1	756 582.742 76	621 416.337 69
2019	990 865.1	826 867.449 93	683 051.671 36

由表 3.10 得到 $S_{17}^{(1)} = 826\,867.449\,93$，$S_{17}^{(2)} = 683\,051.671\,36$。

由式（3.73），可得 $t = 17$ 时

$$a_{17} = 2S_{17}^{(1)} - S_{17}^{(2)} = 2 \times 826\,867.449\,93 - 683\,051.671\,36 = 970\,683.23$$

$$b_{17} = \frac{0.3}{1-0.3}\left(S_{17}^{(1)} - S_{17}^{(2)}\right) = \frac{0.3}{0.7}(826\,867.449\,93 - 683\,051.671\,36) = 61\,635.33$$

于是，得 $t = 17$ 时直线趋势方程为

$$\bar{y}_{17+T} = 970\,683.23 + 61\,635.33T$$

预测 2020 年和 2021 年的国内生产总值为（亿元）

$$\bar{y}_{2020} = \bar{y}_{18} = \bar{y}_{17+1} = 970\,683.23 + 61\,635.33 = 1\,032\,318.56$$

$$\bar{y}_{2021} = \bar{y}_{19} = \bar{y}_{17+2} = 970\,683.23 + 61\,635.33 \times 2 = 1\,093\,953.9$$

受国际经济形势影响以及新冠疫情影响，2020 年和 2021 年实际 GDP 可能有所偏差。这需要根据实际情况进行进一步的分析。

3. 三次指数平滑法

当时间序列的变动表现为二次曲线趋势时，则需要用三次指数平滑法。三次指数平滑是在二次指数平滑的基础上，再进行一次平滑，其计算公式为

$$S_t^{(1)} = \alpha y_t + (1-\alpha)S_{t-1}^{(1)}, \quad S_t^{(2)} = \alpha S_t^{(1)} + (1-\alpha)S_{t-1}^{(2)}, \quad S_t^{(3)} = \alpha S_t^{(2)} + (1-\alpha)S_{t-1}^{(3)} \quad (3.74)$$

其中，$S_t^{(3)}$ 表示三次指数平滑值。

三次指数平滑法的预测模型为

$$\hat{y}_{t+T} = a_t + b_t T + c_t T^2 \quad (3.75)$$

其中，

$$\begin{cases} a_t = 3S_t^{(1)} - 3S_t^{(2)} + S_t^{(3)} \\ b_t = \dfrac{\alpha}{2(1-\alpha)^2}\left[(6-5\alpha)S_t^{(1)} - 2(5-4\alpha)S_t^{(2)} + (4-3\alpha)S_t^{(3)}\right] \\ c_t = \dfrac{\alpha^2}{2(1-\alpha)^2}\left[S_t^{(1)} - 2S_t^{(2)} + S_t^{(3)}\right] \end{cases} \quad (3.76)$$

例 3.7 全国 2007～2019 年全社会固定资产投资总额如表 3.11 所示，试预测 2020 年和 2021 年全社会固定资产投资总额。

表 3.11 全国全社会固定资产投资总额及一、二、三次指数平滑值计算表 单位：亿元

年份	投资总额 y_t	一次平滑值	二次平滑值	三次平滑值
2007	137 324	6 063.867	6 063.867	6 063.867
2008	172 828	5 923.057	6 021.624	6 051.194
2009	224 599	6 570.17	6 186.187	6 091.692
2010	278 122	8 520.809	6 886.574	6 330.156
2011	311 485	11 077.2	8 143.761	6 874.238
2012	374 695	13 759.83	9 828.581	7 760.541
2013	446 294	16 505.93	11 831.79	8 981.914
2014	512 021	19 036.48	13 993.19	10 485.3

续表

年份	投资总额 y_t	一次平滑值	二次平滑值	三次平滑值
2015	562 000	21 847.4	16 349.45	12 244.54
2016	606 466	24 249.59	18 719.49	14 187.03
2017	641 238	26 850.02	21 158.65	16 278.52
2018	645 675	29 959.06	23 798.78	18 534.59
2019	560 874	34 021.32	26 865.54	21 033.88

解：从图 3.1 可以看出，投资总额呈二次曲线上升，可用三次指数平滑法进行预测。

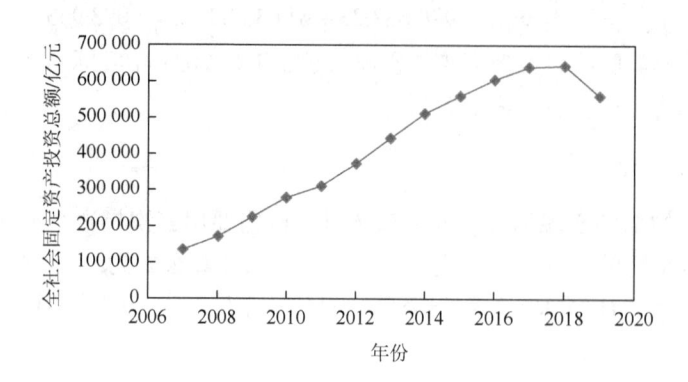

图 3.1 投资预测曲线

取 $\alpha = 0.3$，初始值为

$$S_0^{(1)} = S_0^{(2)} = S_0^{(3)} = \frac{y_1 + y_2 + y_3}{3} = 178\,250.333$$

计算 $S_t^{(1)}$，$S_t^{(2)}$，$S_t^{(3)}$ 列于表 3.11 中。得到

$$S_{13}^{(1)} = 565\,977.545, \quad S_{13}^{(2)} = 500\,010.023, \quad S_{13}^{(3)} = 417\,605.814$$

由式（3.76），可得到当 $t = 13$ 时

$$a_{13} = 3 \times 565\,977.545 - 3 \times 500\,010.023 + 417\,605.814 = 615\,508.38$$

$$b_{13} = \frac{0.3}{2 \times 0.7^2}(4.5 \times 565\,977.545 - 7.6 \times 500\,010.023 + 3.9 \times 417\,605.814) = 114\,944.53$$

$$c_{13} = \frac{0.3^2}{2 \times 0.7^2}(565\,977.545 - 2 \times 500\,010.023 + 417\,605.814) = -1509.49$$

于是，得 $t = 13$ 时预测模型为

$$\bar{y}_{13+T} = 615\,508.38 + 114\,944.53T - 1509.49T^2$$

预测 2020 年和 2021 年的全社会固定资产投资总额为（亿元）

$$\bar{y}_{2020} = \bar{y}_{14} = \bar{y}_{13+1} = 728\,943.42$$

$$\bar{y}_{2021} = \bar{y}_{15} = \bar{y}_{13+2} = 839\,359.48$$

由于国家随着经济形势变化对固定资产投资采取了一定的调控政策，这些预测值存在一些偏差，宜作适当的修正，以消除政策因素的影响。

第四节　灰色预测模型

信息不完全、不准确是不确定性系统的基本特征。灰色系统理论以部分信息已知、信息未知的小数据、贫信息不确定性系统为研究对象，主要通过对部分已知信息的生成、开发，提取有价值的信息，实现对系统运行行为、演化规律的正确描述，并进而实现对其未来变化的定量预测。GM 系列模型是灰色预测理论的基本模型，尤其是邓聚龙教授提出的均值 GM(1, 1)模型，应用十分广泛。本节基于 GM(1, 1)模型的原始形式和均值形式及其求解的两种不同路径——差分方程求解、微分方程求解，给出 GM(1, 1)模型四种基本形式的定义，包括均值 GM(1, 1)模型、原始差分 GM(1, 1)模型、均值差分 GM(1, 1)模型和离散GM(1, 1)模型。

定义 3.1　设序列 $X^{(0)} = \left(x^{(0)}(1), x^{(0)}(2), \cdots, x^{(0)}(n)\right)$，其中 $x^{(0)}(k) \geqslant 0$，$k = 1, 2, \cdots, n$；$X^{(1)}$ 为 $X^{(0)}$ 的 1-AGO（accumulation generation operator，累加生成算式）序列：

$$X^{(1)} = \left(x^{(1)}(1), x^{(1)}(2), \cdots, x^{(1)}(n)\right) \tag{3.77}$$

其中，$x^{(1)}(k) = \sum_{i=1}^{k} x^{(0)}(i)$，$k = 1, 2, \cdots, n$；称

$$x^{(0)}(k) + ax^{(1)}(k) = b \tag{3.78}$$

为 GM(1, 1)模型的原始形式。

GM(1, 1)模型的原始形式实质上是一个差分方程。

式（3.78）中的参数向量 $\hat{a} = [a, b]^\mathrm{T}$ 可以运用最小二乘法估计式（3.79）确定。

$$\hat{a} = (B^\mathrm{T} B)^{-1} B^\mathrm{T} Y \tag{3.79}$$

其中，Y, B 分别为

$$Y = \begin{bmatrix} x^{(0)}(2) \\ x^{(0)}(3) \\ \vdots \\ x^{(0)}(n) \end{bmatrix}, \quad B = \begin{bmatrix} -x^{(1)}(2) & 1 \\ -x^{(1)}(3) & 1 \\ \vdots & \vdots \\ -x^{(1)}(n) & 1 \end{bmatrix} \tag{3.80}$$

定义 3.2　基于 GM(1, 1)模型的原始形式和式（3.79）估计模型参数，直接以原始差分方程（3.78）的解作为时间响应式所得模型称为 GM(1, 1)模型的原始差分形式，简称原始差分 GM(1, 1)模型（original difference grey model，ODGM）。

定义 3.3　设 $X^{(0)}, X^{(1)}$ 如定义 3.1 所示，$z^{(1)}(k) = \frac{1}{2}\left(x^{(1)}(k) + x^{(1)}(k-1)\right)$，称

$$x^{(0)}(k) + az^{(1)}(k) = b \tag{3.81}$$

为 GM(1, 1)模型的均值形式。

GM(1, 1)模型的均值形式实质上也是一个差分方程。

式（3.81）中的参数向量 $\hat{a} = [a, b]^\mathrm{T}$ 同样可以运用式（3.79）进行估计，需要注意的是

其中矩阵 B 中的元素与式（3.80）不同。

$$B = \begin{bmatrix} -z^{(1)}(2) & 1 \\ -z^{(1)}(3) & 1 \\ \vdots & \vdots \\ -z^{(1)}(n) & 1 \end{bmatrix} \quad (3.82)$$

定义 3.4 称

$$\frac{dx^{(1)}}{dt} + ax^{(1)} = b \quad (3.83)$$

为 GM(1, 1)模型均值形式 $x^{(0)}(k) + az^{(1)}(k) = b$ 的白化微分方程，也叫影子方程。

定义 3.5 将式（3.80）中的矩阵 B 更换为式（3.82），按照最小二乘法估计式（3.79）中的参数向量 $\hat{a} = [a, b]^T$，借助白化微分方程式（3.83）的解构造 GM(1, 1)时间响应式的差分、微分混合模型称为 GM(1, 1)模型的均值混合形式，简称均值 GM(1, 1)模型（even grey model，EGM）。

定义 3.6 称均值 GM(1, 1)模型中的参数 $-a$ 为发展系数，b 为灰色作用量。

发展系数 $-a$ 反映了 $\hat{x}^{(1)}$ 及 $\hat{x}^{(0)}$ 的发展态势。

均值 GM(1, 1)模型是邓聚龙教授首次提出的灰色预测模型，也是目前影响最大、应用最为广泛的形式，人们提到 GM(1, 1)模型往往指的就是 EGM。

定义 3.7 基于 GM(1, 1)模型的均值形式估计模型参数，直接以均值差分方程（3.81）的解作为时间响应式所得模型称为 GM(1, 1)模型的均值差分形式，简称均值差分 GM(1, 1)模型（even difference grey model，EDGM）。

定义 3.8 称

$$x^{(1)}(k+1) = \beta_1 x^{(1)}(k) + \beta_2 \quad (3.84)$$

为 GM(1, 1)模型的离散形式，简称离散 GM(1, 1)模型（discrete grey model，DGM）。

式（3.84）中的参数向量 $\hat{\beta} = [\beta_1, \beta_2]^T$ 估计式与式（3.79）类似，其中

$$Y = \begin{bmatrix} x^{(1)}(2) \\ x^{(1)}(3) \\ \vdots \\ x^{(1)}(n) \end{bmatrix}, \quad B = \begin{bmatrix} x^{(1)}(1) & 1 \\ x^{(1)}(2) & 1 \\ \vdots & \vdots \\ x^{(1)}(n-1) & 1 \end{bmatrix}$$

GM(1, 1)模型仅利用系统行为数据序列建立预测模型，属于较为简洁实用的单序列建模方法。在时间序列数据情形中，只涉及有规律的时间变量；在横向序列数据情形中，只涉及有规律的对象序号变量，而不涉及其他解释变量，是应用相对简便同时又能够挖掘出有实际价值的发展变化信息的建模方法，因而应用非常广泛。

事实上，基于 GM(1, 1)模型的原始形式和均值形式，分别按照差分方程和微分方程两种不同路径求解，还有一个与原始微分模型对应的可能形式，但实际数据模拟结果表明，原始微分 GM(1, 1)模型误差较大，因此不作为 GM(1, 1)模型的一个基本形式向读者推荐。

定理 3.1 均值 GM(1, 1)模型的时间响应式为

$$\hat{x}^{(1)}(k) = \left(\hat{x}^{(0)}(1) - \frac{b}{a}\right)e^{-a(k-1)} + \frac{b}{a}, \quad k=1,2,\cdots,n \tag{3.85}$$

证：白化微分方程 $\dfrac{dx^{(1)}}{dt} + ax^{(1)} = b$ 的解为

$$x^{(1)}(t) = Ce^{-at} + \frac{b}{a} \tag{3.86}$$

当 $t=1$ 时，取 $x^{(1)}(1) = x^{(0)}(1)$，代入式（3.86）可得 $C = \left[x^{(0)}(1) - \dfrac{b}{a}\right]e^{a}$，将 C 代回式（3.86）即得

$$\hat{x}^{(1)}(k) = \left(x^{(0)}(1) - \frac{b}{a}\right)e^{-a(t-1)} + \frac{b}{a} \tag{3.87}$$

式（3.85）为式（3.87）的离散形式。证毕。

进一步求出式（3.85）的累减还原式：

$$\hat{x}^{(0)}(k) = \alpha^{(1)}\hat{x}^{(1)}(k) = \hat{x}^{(1)}(k) - \hat{x}^{(1)}(k-1), \quad k=1,2,\cdots,n$$

可得对应 $X^{(0)}$ 的时间响应式为

$$\hat{x}^{(0)}(k) = (1-e^{a})\left(x^{(0)}(1) - \frac{b}{a}\right)e^{-a(k-1)}, \quad k=1,2,\cdots,n \tag{3.88}$$

定理 3.2 离散 GM(1, 1) 模型式（3.84）的时间响应式为

$$\hat{x}^{(1)}(k) = \left[x^{(0)}(1) - \frac{\beta_2}{1-\beta_1}\right]\beta_1^k + \frac{\beta_2}{1-\beta_1} \tag{3.89}$$

证：形如

$$x^{(1)}(k+1) = Ax^{(1)}(k) + B \tag{3.90}$$

的差分方程的通解为

$$x^{(1)}(k) = CA^k + \frac{B}{1-A} \tag{3.91}$$

其中，C 为任意常数，可根据给定的初始条件确定。

式（3.84）是与式（3.91）形式完全相同的差分方程，$A = \beta_1, B = \beta_2$，因此有

$$x^{(1)}(k) = C\beta_1^k + \frac{\beta_2}{1-\beta_1} \tag{3.92}$$

当 $k=0$ 时，取 $x^{(1)}(0) = x^{(0)}(1)$，代入式（3.92）可得 $C = \left[x^{(0)}(1) - \dfrac{\beta_2}{1-\beta_1}\right]$，将 C 代回式（3.92）即得式（3.89）。

进一步求出式（3.89）的累减还原式：

$$\hat{x}^{(0)}(k) = \alpha^{(1)}\hat{x}^{(1)}(k) = \hat{x}^{(1)}(k) - \hat{x}^{(1)}(k-1), \quad k=1,2,\cdots,n$$

可得对应 $X^{(0)}$ 的时间响应式：

$$\hat{x}^{(0)}(k) = (\beta_1 - 1)\left[x^{(0)}(1) - \frac{\beta_2}{1-\beta_1}\right]\beta_1^{k-1} \tag{3.93}$$

定理 3.3 原始差分 GM(1, 1) 模型的时间响应式为

$$\hat{x}^{(1)}(k) = \left(x^{(0)}(1) - \frac{b}{a}\right)\left(\frac{1}{1+a}\right)^k + \frac{b}{a} \quad (3.94)$$

证：由 GM(1, 1)模型的原始形式（3.78）可得

$$x^{(1)}(k+1) - x^{(1)}(k) + ax^{(1)}(k+1) = b$$

移项整理得

$$x^{(1)}(k+1) = \frac{1}{1+a}x^{(1)}(k) + \frac{b}{1+a}$$

对照差分方程（3.90），将 $A = \frac{1}{1+a}, B = \frac{b}{1+a}$ 代入式（3.91）即可得到

$$x^{(1)}(k) = C\left(\frac{1}{1+a}\right)^k + \frac{b}{a} \quad (3.95)$$

当 $k = 0$ 时，取 $x^{(1)}(0) = x^{(0)}(1)$，代入式(3.95)可得 $C = \left[x^{(0)}(1) - \frac{b}{a}\right]$，将 C 代回式(3.95)即得式（3.94）。

进一步求出式（3.94）的累减还原式：

$$\hat{x}^{(0)}(k) = \alpha^{(1)}\hat{x}^{(1)}(k) = \hat{x}^{(1)}(k) - \hat{x}^{(1)}(k-1), \quad k = 1, 2, \cdots, n$$

可得对应 $X^{(0)}$ 的时间响应式：

$$\hat{x}^{(0)}(k) = \left(x^{(0)}(1) - \frac{b}{a}\right)\left(\frac{1}{1+a}\right)^k + \frac{b}{a} - \left[\left(x^{(0)}(1) - \frac{b}{a}\right)\left(\frac{1}{1+a}\right)^{k-1} + \frac{b}{a}\right]$$

即

$$\hat{x}^{(0)}(k) = (-a)\left(x^{(0)}(1) - \frac{b}{a}\right)\left(\frac{1}{1+a}\right)^k \quad (3.96)$$

定理 3.4 均值差分 GM(1, 1)模型的时间响应式为

$$x^{(1)}(k) = \left(x^{(0)}(1) - \frac{b}{a}\right)\left(\frac{1-0.5a}{1+0.5a}\right)^k + \frac{b}{a} \quad (3.97)$$

证：由 GM(1, 1)模型的均值形式（3.81）可得

$$x^{(1)}(k+1) - x^{(1)}(k) + a\frac{x^{(1)}(k+1) + x^{(1)}(k)}{2} = b$$

移项整理得

$$x^{(1)}(k+1) = \frac{1-0.5a}{1+0.5a}x^{(1)}(k) + \frac{b}{1+0.5a}$$

对照差分方程（3.90），将 $A = \frac{1-0.5a}{1+0.5a}, B = \frac{b}{1+0.5a}$ 代入式（3.91）即可得到

$$x^{(1)}(k) = C\left(\frac{2-a}{2+a}\right)^k + \frac{b}{a} \quad (3.98)$$

当 $k = 0$ 时，取 $x^{(1)}(0) = x^{(0)}(1)$，代入式(3.98)可得 $C = \left[x^{(0)}(1) - \frac{b}{a}\right]$，将 C 代回式(3.98)即得式（3.97）。

进一步求出式（3.97）的累减还原式：

$$\hat{x}^{(0)}(k) = \alpha^{(1)}\hat{x}^{(1)}(k) = \hat{x}^{(1)}(k) - \hat{x}^{(1)}(k-1), \quad k=1,2,\cdots,n$$

可得对应 $X^{(0)}$ 的时间响应式：

$$\hat{x}^{(0)}(k) = \left(x^{(0)}(1) - \frac{b}{a}\right)\left(\frac{1-0.5a}{1+0.5a}\right)^k + \frac{b}{a} - \left[\left(x^{(0)}(1) - \frac{b}{a}\right)\left(\frac{1-0.5a}{1+0.5a}\right)^{k-1} + \frac{b}{a}\right]$$

即

$$\hat{x}^{(0)}(k) = \left(\frac{-a}{1-0.5a}\right)\left(x^{(0)}(1) - \frac{b}{a}\right)\left(\frac{1-0.5a}{1+0.5a}\right)^k \tag{3.99}$$

引理 3.1 当 $-a \to 0^+$ 时，$\frac{1-0.5a}{1+0.5a} \approx e^{-a}$。

证：e^{-a} 和 $\frac{1-0.5a}{1+0.5a}$ 的麦克劳林展开式分别为

$$e^{-a} = 1 - a + \frac{a^2}{2!} - \frac{a^3}{3!} + \cdots + (-1)^n \frac{a^n}{n!} + o(a^n)$$

$$\frac{1-0.5a}{1+0.5a} = 1 - a + \frac{a^2}{2} - \frac{a^3}{2^2} + \cdots + (-1)^{n+1}\frac{a^{n+1}}{2^n} + o(a^{n+1})$$

精确到 a^3 项，有 $\Delta = e^{-a} - \frac{1-0.5a}{1+0.5a} = -\frac{a^3}{6} + \frac{a^3}{4} = \frac{a^3}{12}$，故当 $-a \to 0^+$ 时，$\frac{1-0.5a}{1+0.5a} \approx e^{-a}$。

定理 3.5 当 $-a \to 0^+$ 时，均值 GM(1, 1)模型与离散 GM(1, 1)模型等价。

证：由 GM(1, 1)模型的均值形式（3.81）

$$x^{(1)}(k+1) = \frac{1-0.5a}{1+0.5a}x^{(1)}(k) + \frac{b}{1+0.5a}$$

对照离散形式（3.84）可得，$\beta_1 = \frac{1-0.5a}{1+0.5a}, \beta_2 = \frac{b}{1+0.5a}$，从而有

$$a = \frac{2(1-\beta_1)}{1+\beta_1}, \quad b = \frac{2\beta_2}{1+\beta_1}, \quad \frac{b}{a} = \frac{\beta_2}{1-\beta_1} \tag{3.100}$$

将式 $\frac{b}{a} = \frac{\beta_2}{1-\beta_1}$ 代入式（3.85）可得

$$\hat{x}^{(1)}(k) = (x^{(0)}(1) - \frac{\beta_2}{1-\beta_1})e^{-a(k-1)} + \frac{\beta_2}{1-\beta_1}, \quad k=1,2,\cdots,n \tag{3.101}$$

由引理 3.1 可知，当 $-a \to 0^+$ 时，均值 GM(1, 1)模型与离散 GM(1, 1)模型等价。

类似地，可以证明，当 $-a \to 0^+$ 时，本节给出的 GM(1, 1)模型的四种基本形式：均值 GM(1, 1)模型、原始差分 GM(1, 1)模型、均值差分 GM(1, 1)模型和离散 GM(1, 1)模型两两相互等价，只是不同形式之间的近似程度有所区别。这种区别导致不同形式的 GM(1, 1)模型适用于不同的情形，也为人们在实际建模过程中提供了多种可能的选择。

例 3.8 2008～2015 年中国跨境电商进出口交易总额数据如表 3.12 所示，预测 2016～2020 年中国跨境电商进出口交易总额。

表 3.12 2008~2015 年中国跨境电商进出口交易总额

年份	2008	2009	2010	2011	2012	2013	2014	2015
交易总额/万亿元	0.8	0.9	1.2	1.6	2	2.7	3.75	4.8

资料来源：亿邦动力网

解：使用灰色系统中的 GM(1, 1)模型进行预测。

计算过程：
① 原始序列的初始化
初始化后的序列：0.8, 0.9, 1.2, 1.6, 2, 2.7, 3.75, 4.8
② 原始序列的 1-AGO
1-AGO 序列：0.80, 1.70, 2.90, 4.50, 6.50, 9.20, 12.95, 17.75
③ 1-AGO 的紧邻均值生成
紧邻均值生成序列：1.25, 2.30, 3.70, 5.50, 7.85, 11.08, 15.35
④ 发展系数和灰色作用量的计算
$a = -0.28$ $b = 0.54$
⑤ 模拟值的计算
0.80, 0.88, 1.17, 1.54, 2.04, 2.70, 3.58, 4.73
⑥ 计算残差平方和
残差平方和 = 0.04

最后结果：$a = -0.28$；$b = 0.54$；残差平方和 = 0.04；平均相对误差 = 2.43%。

$a = -0.28$，且接近于 0，说明该问题采用 GM(1, 1)模型的方法是适合的，数据检验表明平均相对误差为 2.43%，拟合精度较高。

2008~2015 年数据为测试集，用于计算参数，2016~2020 年数据为验证集，用于验证测试效果。2016~2020 年中国跨境电商进出口交易总额 GM(1, 1)模型预测情况见表 3.13。

表 3.13 GM(1, 1)模型预测的 2016~2020 年中国跨境电商进出口交易总额

年份	2016	2017	2018	2019	2020
预测交易总额/万亿元	6.26	8.28	10.96	14.50	19.19

本 章 习 题

1. 已知下列数据组（表1）

表1 变量数据表

x	8.2	8.3	8.6	9.0	9.4	9.4	12.2	16.7
y	76.4	77.9	80.2	86.0	85.2	88.2	116.2	129.0

（1）建立一元线性回归模型；
（2）计算相关系数 R，取显著性水平 $\alpha = 0.05$，对回归模型进行显著性检验；
（3）计算估计标准误差 S_y。

2. 已知下列一组数据（表2）：

表 2　变量数据

	1	2	3	4	5	6
X	400	530	750	900	1130	1200
Y	278	414	557	689	740	851

根据上述统计数据，试
（1）建立一元线性回归模型；
（2）对回归模型进行显著性检验（取 $\alpha = 0.05$）。

3. 表3给出了三类菌型和接种后存活天数的基本信息，请对其进行单因素方差分析。

表 3　三类菌型及其接种后存活天数

菌型	接种后存活天数
A_1	2　4　3　2　4　7　7　2　5　4
A_2	5　6　8　5　10　7　12　6　6
A_3	7　11　6　6　7　9　5　10　6　3　10

4. 某个实验室对老鼠进行药物实验，注射后有死亡和存活两种情况，会不会与性别有关？样本数据如表4所示（a 代表雄性老鼠；b 代表雌性老鼠；0 代表死亡；1 代表存活），请对数据进行方差分析。

表 4　实验数据表

序号	组别	观察时间/分钟	生存结局
1	a	5	1
2	a	7	0
3	a	13	1
4	a	13	1
5	a	23	1
6	a	30	1
7	a	30	0
8	a	38	1
9	a	42	1
10	a	42	1
11	a	45	1
12	b	1	1
13	b	3	1

续表

序号	组别	观察时间/分钟	生存结局
14	b	3	1
15	b	7	1
16	b	10	1
17	b	15	1
18	b	15	1
19	b	23	1
20	b	30	1

5. 某公司 2020 年 1 月至 12 月销售额统计资料如表 5 所示,用移动平均法预测 2021 年 1 月的销售额。

表 5 销售数据　　　　　　　　　单位:万元

月份	1	2	3	4	5	6	7	8	9	10	11	12
销售额	33	34	37	34	41	44	50	46	47	52	45	55

6. 某公司 A 产品的月度产值数据如表 6 所示,用指数平滑法预测其产值。

表 6 产品月度产值表　　　　　　　　　单位:万件

月份	1	2	3	4	5	6	7	8
产值	15.4	14.8	14.2	15.1	14.5	15.4	15.7	15.1

7. 二氧化碳(CO_2)排放趋势是国家环境保护的重点之一,表 7 给出了 A 公司 2017 年至 2023 年的二氧化碳排放量,请用灰色预测模型进行建模,预测 2024 年和 2025 年的二氧化碳排放量。

表 7 A 公司 2017 年至 2023 年二氧化碳排放量

年份	2017	2018	2019	2020	2021	2022	2023
排放量/吨	5359.7	5881.0	6275.6	6337.9	6618.3	7095.3	8420.1

8. 用灰色预测模型给出以下数据(表 8)预测建模的过程与结果。

表 8 原始数据表

序号	1	2	3	4	5	6
数值	23.1	23.5	35.3	54.3	82.1	125.8

9. 某葡萄酒企业有化验员 3 人,负责葡萄酒酒精度检验。每人要对 10 个(B1 到

B10）贮酒罐进行随机抽样检验，检验结果如表9所示，用双因素方差分析方法分析三名化验员的化验技术有无差异，并检验每罐葡萄酒的酒精度有无差异。

表9　葡萄酒酒精度检验结果表

化验员	贮酒罐编号									
	B1	B2	B3	B4	B5	B6	B7	B8	B9	B10
A1	11.71	10.81	12.39	12.56	10.64	13.26	13.34	12.67	11.27	12.68
A2	11.78	10.70	12.50	12.35	10.32	12.93	13.81	12.48	11.60	12.65
A3	11.61	10.75	12.40	12.41	10.72	13.10	13.58	12.88	11.46	12.94

10. 某湖水在不同季节氯化物含量测定值如表10所示。用双因素方差分析确定不同季节氯化物含量有无差别，若有差别，进行32个水平的两两比较。

表10　某湖水不同季节氯化物含量　　　　单位：mg/L

春	夏	秋	冬
22.6	19.1	18.9	19.0
22.8	22.8	13.6	16.9
21.0	24.5	17.2	17.6
16.9	18.0	15.1	14.8
20.0	15.2	16.6	13.1
21.9	18.4	14.2	16.9
21.5	20.1	16.7	16.2
21.2	21.2	19.6	14.8

第四章

数据挖掘与机器学习

本章要点：
（1）数据挖掘的基本概念和原理。
（2）机器学习的基本概念、原理、分类。
（3）机器学习的典型算法。

学习要求：

理解数据挖掘的概念，掌握数据挖掘与机器学习的关系；理解机器学习的基本分类，并了解其应用；了解机器学习的主要模型评估方法；掌握回归、分类、神经网络、深度学习等典型的机器学习算法。

第一节 数据挖掘基本概念

一、数据挖掘定义

（一）技术视角

数据挖掘就是从大量、不完全、有噪声、模糊、随机的实际应用数据中，提取隐含在其中、人们事先不知道的但潜在有用信息和知识的过程。这个定义包括以下几层含义：数据源必须是真实的、大量的、含噪声的；发现的是用户感兴趣的知识；发现的知识要可接受、可理解、可运用；并不要求发现放之四海皆准的知识，仅支持特定地发现问题。

（二）商业视角

数据挖掘是一种新的商业信息处理技术，其主要特点是对商业数据库中的大量业务数据进行抽取、转换、分析和其他模型化处理，辅助商业决策。

简而言之，数据挖掘是一类深层次的数据分析方法。数据分析本身已经有很多年的历史，只不过在过去，数据搜集和分析的目的是用于科学研究，另外，由于计算能力的限制，对大规模数据进行分析的复杂方法受到很大限制。现在，由于各行业业务自动化的实现，商业领域产生了大量的业务数据。分析这些数据也不再是单纯为了研究的需要，更主要是为商业决策提供真正有价值的信息。但企业面临的一个共同问题是：企业数据量非常大，而其中真正有价值的信息却很少，因此从大量的数据中经过深层分析，获得有利于商业运作、提高竞争力的信息，就像从矿石中淘金一样，数据挖掘也因此而得名。

因此，数据挖掘可以描述为：按照企业既定业务目标，对大量的企业数据进行探索和分析，揭示隐藏的、未知的或验证已知的规律，并进一步将其模型化的、先进的、有效的方法。

二、数据挖掘流程

数据挖掘的流程通过六个步骤进行：明确目标、数据搜集、数据清洗、模型构建、模型评估、应用部署。

1. 明确目标

在实施数据挖掘之前，首先需要明确数据挖掘的目标，即通过挖掘解决什么样的问题。比如在餐饮行业如何调整午餐或晚餐的当班人数，以及为下一餐准备多少食材比较合理。如果解决了这个问题，那么对于餐厅来说既可以降低人工成本，又可以避免食材的浪费。

2. 数据搜集

当明确目标或需要解决的问题后，下一步就是准备数据。准备的数据的数量和质量会影响到问题解决办法选择和解决效果，这一步称为数据搜集过程。数据搜集过程尤为重要，其决定了后期工作进展的顺利程度和挖掘质量。

3. 数据清洗

通过数据搜集得到的相关数据必须保证"干净"，因为数据的质量高低将影响最终结果的准确性。如果数据质量达不到要求，通常会有以下几个方面影响数据的质量，即缺失值、异常值、数据的不一致性、量纲的影响、维度灾难，往往需要进行数据清洗。

据不完全统计，建模前的数据准备往往占整个数据挖掘流程80%左右的时间。

4. 模型构建

在数据保证"干净"的前提下，需要考虑采用什么样的模型进行建模。传统的机器学习算法包括分类模型（逻辑回归、k 近邻、决策树等）、回归模型（线性回归、支持向量回归、岭回归等）等，以及目前流行的深度学习模型。

5. 模型评估

到此阶段，已经完成了数据挖掘流程中的绝大部分工作，并且通过数据分析得到解决问题的多个方案（模型），接下来要做的就是从这些模型中挑选出最佳模型，主要目的就是让所选择的最佳模型能够更好地反映数据的真实性以及数据中隐含的内在规律。例如，对于预测或分类模型，如果在数训练集中的表现很好，在测试集中表现一般，那说明该模型存在过拟合现象。

6. 应用部署

在实际应用中，模型构建和评估工作完成，并不代表整个数据挖掘的结束，还需要在生产系统中进行应用的部署。尽管模型的构建和评估是数据挖掘工程师所擅长的，但是这些挖掘出来的模式或规律最终是给真正的业务方或客户提供辅助决策服务的，故需要将这些模式部署到生产系统中。

三、数据挖掘功能

数据挖掘的目标是从数据库中发现隐含的、有意义的知识。数据挖掘通过预测未来趋势及行为，做出前瞻性的、基于知识的决策，主要有以下五类功能。

1. 自动预测趋势和行为

数据挖掘自动在大型数据（仓）库中寻找预测性信息，以往需要进行大量手工分析的问题如今可以迅速直接地从数据本身得出结论。一个典型的例子是市场预测问题，企业可以基于外部环境、企业目前所处的市场状况等内外部因素，自动做出下一步的市场预测。

2. 关联分析

数据及其所代表的特征的相关性是数据（仓）库中存在的一类重要的、可被发现的知识。若两个或多个变量的取值之间存在某种规律性，就称为关联。关联可分为简单关联、时序关联、因果关联。关联分析的目的是找出数据（仓）库中隐藏的关联关系。由于事先并不知道数据（仓）库中存在的、确定的关联函数，因此数据挖掘的关联分析生成的规则具有可信度。

3. 聚类

数据库（仓）中的记录可被划分为一系列有意义的子集，即聚类。聚类增强了人们对客观现实的认识，是概念描述和偏差分析的先决条件。聚类技术主要包括传统的模式识别方法和数学分类学。20世纪80年代初，米哈尔斯基（Mchalski）提出了概念聚类技术及其要点，即在划分对象时不仅要考虑对象之间的距离，还要求划分出的类具有某种内涵描述，从而避免了传统技术的某些片面性。

4. 概念描述

概念描述就是对某类对象的内涵进行描述,并概括这类对象的有关特征。概念描述分为特征性描述和区别性描述,前者描述该类对象的共同特征,后者描述不同类对象之间的区别。

5. 异常检测

数据(仓)库中的数据常有一些异常记录,从数据(仓)库中找出这些异常很有意义。异常包括很多潜在的知识,如分类中的反常实例、不满足规则的特例、观测结果与模型预测值的偏差、量值随时间的变化等。异常检测的基本方法是,寻找观测结果与参照值之间有意义的差别。一个典型的案例是信用卡欺诈或银行内部操作风险检测问题。

四、数据挖掘与机器学习的关系

从图 4.1 看,机器学习是数据挖掘的一部分。数据挖掘的数据来自企业真实问题,利用统计分析方法、机器学习方法来解决企业实际问题。数据挖掘的很多算法都来自机器学习,并在实际应用中进行优化。机器学习是解决数据挖掘问题的重要方法,其基本思想都是利用大量的训练数据学习得到分类或者回归问题的决策函数,然后对未知样本进行决策。

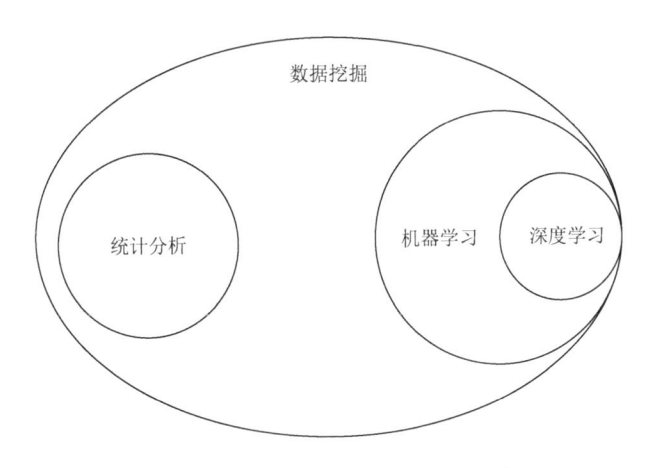

图 4.1 数据挖掘与机器学习的关系

数据挖掘相对于机器学习而言是一个更加偏向应用的领域。数据挖掘的最终目的是从数据中挖掘出想要的信息。数据挖掘建立在强有力的知识体系之上,使用了大量的机器学习算法,以及诸如数据仓库、OLAP 等应用工程技术。而机器学习则是以统计学为支撑的一门偏理论的学科。

综上,机器学习是一门偏理论的学科,其目的是让计算机通过不断学习找到接近目标函数的假设。而数据挖掘则是使用了包括机器学习算法在内的众多知识的一门应用学科，它使用一系列处理方法挖掘数据背后的信息。

随着大数据和人工智能的发展，以及企业数字化与智能化转型的开展，一些以深度学习为代表的智能机器学习方法在商业决策中越来越普及，发挥着越来越重要的作用。比如在网络金融中的自动判断客户信用和房贷、网约车的自动化调度、智能工厂的高级计划排程与仓库自动导引车取货等，背后都有机器学习模型发挥着作用。

第二节　机器学习基本概念

一、机器学习定义

机器学习是一门多领域交叉学科，研究计算机怎样模拟或实现人类的学习行为，以获取新的知识或技能，重新组织已有的知识结构使之不断改善自身的性能。它的应用已遍及人工智能的各个分支，如专家系统、自动推理、自然语言理解、模式识别、计算机视觉、智能机器人等领域。2022年以来，OpenAI公司的ChatGPT、Meta公司的Llama 2、谷歌公司的Bard以及华为公司的盘古系统等，通过复杂的机器学习模型自动学习互联网上海量数据，推进人工智能辅助人类生活工作迈向新的高度。

对机器学习的学术性的定义：如果一个计算机系统在完成某一类任务T的性能P能够随着经验E而改进，则称该系统在从经验E中学习，并将此系统称为一个学习系统。

从学习或学习系统的定义可以看出，要想描述一个完整的学习系统，首先必须明确其三个关键组成要素：①任务T；②性能指标P；③经验来源E。具体如图4.2所示。

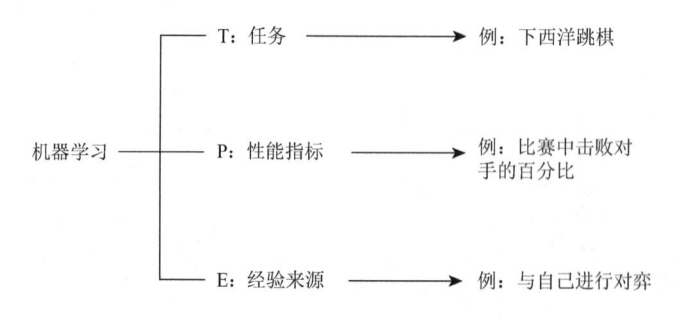

图4.2　机器学习的三个关键要素

以下西洋跳棋的TD-Gammon学习系统为例，其三个关键要素具体如下。
（1）任务（T）：下西洋跳棋。
（2）性能指标（P）：比赛中击败对手的百分比。
（3）经验来源（E）：与自己进行对弈。

机器学习主要的理论基础涉及概率论、数理统计、数值逼近、最优化理论、计算复杂理论等，核心要素是数据、算法和模型。

二、机器学习应用

机器学习和模式识别、统计学习、数据挖掘、计算机视觉、语音识别和自然语言处理等领域都有着密切的联系。通过机器学习对大数据进行智能分析，正在改变人们的生活方式和思维方式。这里以网络购物为例，说明机器学习是如何应用于我们的实际生活中，如图 4.3 所示。

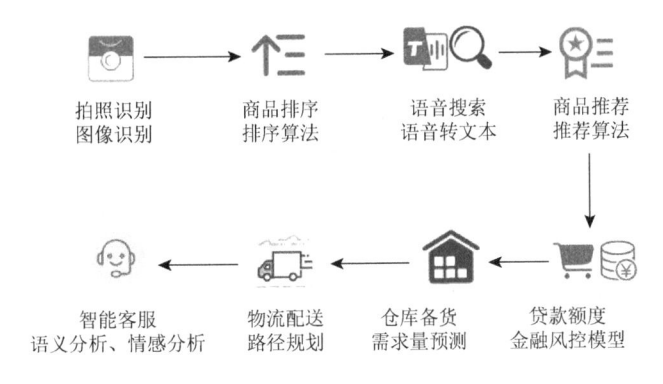

图 4.3　机器学习应用举例

这里面涉及了很多智能算法，包括模型的训练和预测、语义分析、情感分析、图像识别技术以及语音识别技术。

通过场景切分，可以把机器学习的高频场景划分如下。

（1）聚类场景：人群划分和产品种类划分等。

（2）分类场景：广告投放预测和网站用户点击预测等。

（3）回归场景：降雨量预测、商品购买量预测和股票成交额预测等。

（4）文本分析场景：新闻的标签提取、文本自动分类和文本关键信息抽取等。

（5）关系图算法：社交网站（social network site，SNS）网络关系挖掘和金融风险控制等。

（6）模式识别：语音识别、图像识别和手写字识别等。

可以预见，未来随着数据的积累、算法和计算能力的提高，机器学习会在金融、医疗、教育、安全等各个领域有更深层次的应用。

三、机器学习模型评估

除了上一章讲的模型评估指标，还有如下常用的模型评估指标。

（一）均方误差、均方根误差、平均绝对百分比误差

均方误差（mean square error，MSE）：

$$\text{MSE} = \frac{1}{n}\sum_{i=1}^{n}(y_{\text{pred}} - y_i)^2 \tag{4.1}$$

其中，y_{pred} 为预测值；y_i 为实际值。

均方根误差（root mean square error，RMSE）：

$$\text{RMSE} = \sqrt{\text{MSE}} \tag{4.2}$$

均方误差和均方根误差都会受到异常值的影响，从而影响最终的模型评估。

平均绝对百分比误差（mean absolute percentage error，MAPE）：

$$\text{MAPE} = \sum_{i=1}^{n}\left|\frac{y_{\text{pred}} - y_i}{y_i}\right| \cdot \frac{100}{n} \tag{4.3}$$

平均绝对百分比误差提高了异常值影响的鲁棒性，相当于把每个点的误差进行了归一化处理，降低了个别异常值对绝对误差的影响。

（二）ROC 曲线

ROC 曲线是 receiver operating characteristic curve 的简称，中文名为"受试者操作特征曲线"。ROC 曲线是一条真阳率比假阳率的曲线，横坐标为 FPR 值（false positive rate，假阳率，即真正的负例被错误分类成正例的情况），纵坐标为 TPR 值（true positive rate，真阳率，即真正的正例被正确分类成正例的情况）。将样本按照预测的概率值从大到小排序，然后选取每个样本值的概率作为阈值，计算出该阈值下的 TPR 和 FPR，画出曲线。一般希望 TPR 大、FPR 小，对应在图上就是曲线尽量往左上角贴近。FPR 和 TPR 的计算方法分别为

$$\text{FPR} = \frac{\text{FP}}{N} \tag{4.4}$$

$$\text{TPR} = \frac{\text{TP}}{P} \tag{4.5}$$

其中，P 表示真实的正样本数量；N 表示真实的负样本数量；TP 表示 P 个正样本中被分类器预测为正样本的个数；FP 表示 N 个负样本中被预测为正样本的个数。

如图 4.4 所示，AUC（area under the curve，曲线下面积）为 ROC 曲线下面的面积。AUC 值越大，模型就越好。如果一个分类器是完美的，则 AUC 值为 1；如果一个分类器总是做随机猜测，则 AUC 值为 0.5。

四、监督学习概述

（一）机器学习分类

如图 4.5 所示，机器学习按照是否需要监督可以分为：监督学习、无监督学习、半监督学习和强化学习。监督学习主要包括回归算法和分类算法，无监督学习主要包括聚类、降维和推荐算法。

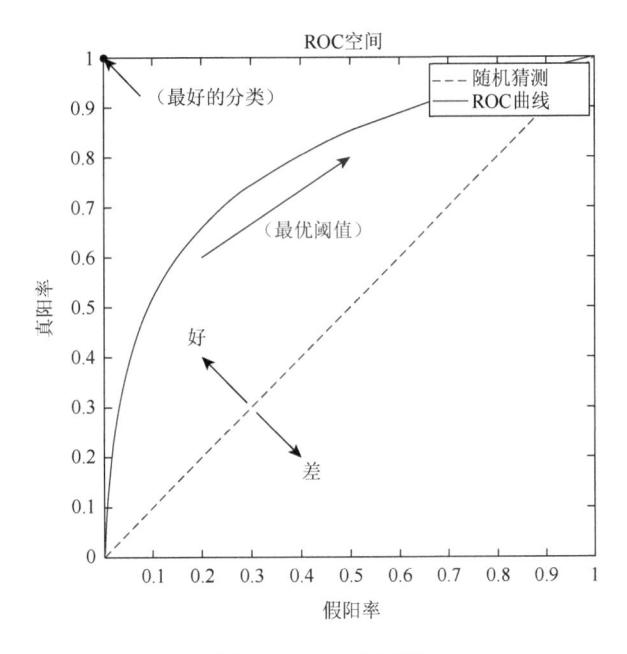

图 4.4　ROC 曲线图

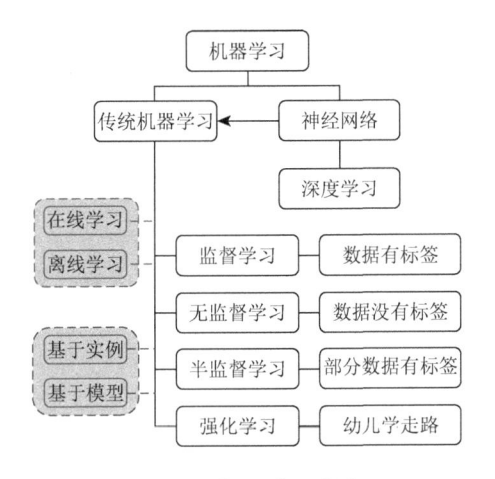

图 4.5　机器学习分类

（二）监督学习定义及流程

在监督学习下，每组训练数据都有一个标识值或结果值，如客户流失对应 1，不流失对应 0。在建立预测模型的时候，监督学习建立一个学习过程，将预测的结果与训练数据的实际结果进行比较，不断地调整预测模型，直到模型的预测结果达到一个预期的正确率。

如图 4.6 所示，监督学习的流程大致分为四个步骤：首先选择一个适合目标任务的数学模型，再把一部分已知的"问题和答案"（训练集）给机器去学习，然后机器总结出了自己的"方法论"，最后人类把"新的问题"（测试集）给机器，让它去解答。因此，监督学习需要有明确的目标。

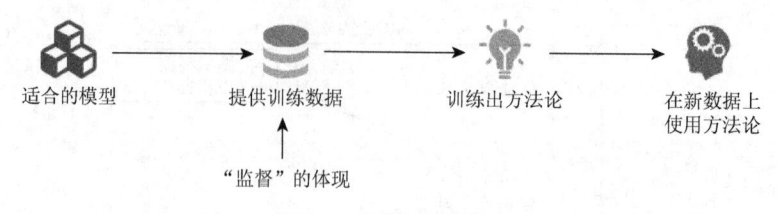

图 4.6　监督学习流程

监督学习的两个主要类型是回归和分类。回归和分类的区别在于输出变量的类型，定量输出称为回归，或者说是连续变量预测；定性输出称为分类，或者说是离散变量预测。

（三）监督学习典型算法

1. 分类

1）朴素贝叶斯
2）决策树
◆ C4.5 算法
◆ 分类与回归树
3）支持向量机
4）逻辑回归

2. 回归

1）普通线性回归
2）岭回归
3）最小绝对收缩和选择算式回归（least absolute shrinkage and selection operator regression，LASSO 回归）
4）主成分回归
5）逐步回归
6）多项式回归

3. 分类 + 回归

1）k 近邻
2）Ada Boost
3）神经网络

五、无监督学习概述

（一）监督学习与无监督学习比较

在无监督学习中，数据并不被特别标识，学习模型是为了推断出数据的一些内在结构。下面通过跟监督学习的对比来理解无监督学习，具体如表 4.1 所示。

表 4.1 监督学习与无监督学习比较

不同点	监督学习	无监督学习
学习目标	目标明确	目标不明确
训练数据	带标签	不带标签
效果评估	容易评估	较难评估

（1）监督学习是一种目的明确的训练方式，知道得到的是什么；无监督学习则是没有明确目的的训练方式，无法提前知道结果是什么。

（2）监督学习需要给数据打标签；而无监督学习不需要给数据打标签。

（3）监督学习由于目标明确，所以可以衡量效果；而无监督学习几乎无法量化效果如何。

无监督学习是一种机器学习的训练方式，它本质上是一个统计手段，是一种在没有标签的数据里发现潜在的一些结构的训练方式。

（二）无监督学习应用场景举例

为了方便读者理解，我们举例部分无监督学习的典型应用场景，如图 4.7 所示：发现异常数据、细分用户以及推荐系统。

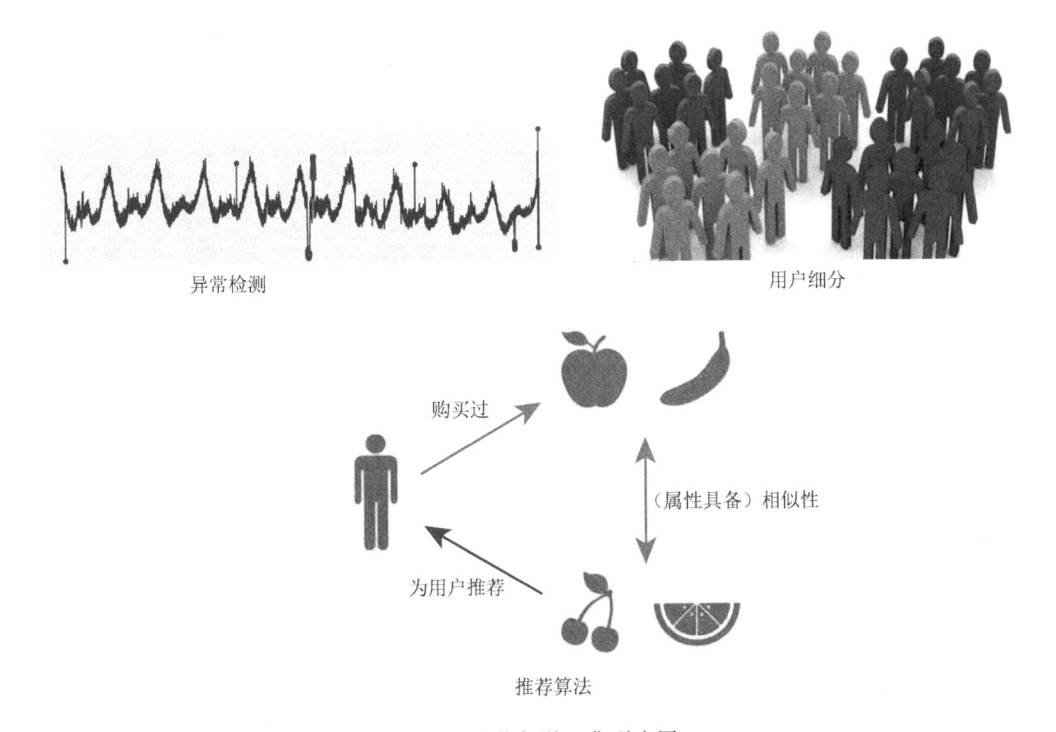

图 4.7 无监督学习典型应用

1. 发现异常数据

违法行为往往涉及"洗钱"行为，这些洗钱行为跟普通用户的行为是不一样的，到底哪里不一样？

如果人为去分析是一件成本很高、很复杂的事情，可以通过洗钱行为的特征对用户进行分类，找到那些行为异常的用户，然后再深入分析他们的行为到底哪里不一样，是否属于违法洗钱的范畴。

通过无监督学习可以快速地把行为进行分类，虽然不知道这些分类意味着什么，但是通过分类，可以筛选出异常的用户，更有针对性地对异常行为进行深入分析。

2. 细分用户

细分用户对于广告营销很有意义，不仅可以基于性别、年龄、地理位置等维度对用户进行细分，还可以基于行为对用户进行分类。基于细分用户的结果进行广告投放更有针对性，效果也会更好。

3. 推荐系统

"啤酒+尿不湿"的故事就是根据用户的购买行为来推荐相关商品的一个例子。在淘宝、天猫、京东上购物时，系统会根据用户的浏览行为推荐一些相关的商品，有些商品就是通过无监督学习对用户进行聚类，进而推荐出来的。系统会发现一些购买行为相似的用户，推荐这类用户"喜欢"的商品。

（三）无监督学习典型算法

1. 聚类

1）k 均值聚类

2）层次聚类

3）密度聚类

2. 降维

1）主成分分析

2）奇异值分解

3）t-分布领域嵌入式算法

3. 关联规则学习

1）Apriori 算法

2）Eclat 算法

4. 图链接分析

PageRank 算法

第三节 一元线性回归机器学习

线性回归属于机器学习中较为简单和基础的算法，但却蕴含着机器学习重要的基本思想。许多功能强大的非线性模型可在线性模型的基础上通过引入层级结构或高维映射获得。机器学习所用的回归模型包括一元线性回归、多元线性回归、逻辑回归等，本节着重介绍一元线性回归机器学习模型的基本原理。

一、模型描述

$$y = \hat{a} + \hat{b}x + \varepsilon \tag{4.6}$$

其中，x 表示解释变量，又称自变量，确定性变量；y 表示被解释变量，又称因变量，随机性变量；$\hat{a}, \hat{b}$ 表示回归系数；ε 表示误差项，即除了自变量以外的其他可能影响因变量的因素，是不可测的。为了进行回归分析，通常假定 $\varepsilon \sim N(0,\sigma^2)$，即假定 ε 是零均值 $\left[E(\varepsilon)=0\right]$、同方差 $\left[D(\varepsilon)=\sigma^2\right]$、相互独立且服从正态分布 $\left[\mathrm{Cov}(\varepsilon_i,\varepsilon_j)=0\right]$ 的。

在实际中，通常由于很难把变量的全部取值收集齐全，总体回归方程中的参数 $\hat{a}, \hat{b}$ 是不可能直接观测计算而得，是有待估计的未知参数。为此，需要根据样本数据来估计 $\hat{a}, \hat{b}$。若能通过适当的方法，找到两个样本统计量 a,b 分别作为参数的估计量，那么用 a,b 分别替代总体回归方程中的参数，则得到估计的回归方程，也称样本回归方程。其形式如下：

$$\hat{y} = a + bx \tag{4.7}$$

其中，$\hat{y}$ 表示与自变量 x 取值相对应的因变量 y 均值的估计；a,b 分别表示总体回归方程参数的估计量，a 是样本回归方程的常数项，也就是样本回归直线在 Y 轴上的截距，表示除自变量 x 以外的其他因素对因变量 y 的平均影响量；b 是样本回归系数，也即样本回归直线的斜率，表示自变量 x 每增加一个单位时因变量 y 的平均增加量。

使用一元线性回归模型具备以下条件。
（1）只有一个自变量和因变量。
（2）自变量、因变量为连续型变量。
（3）自变量和因变量满足线性关系（可以根据散点图判断）。
（4）残差正态性，即因变量的观测值 y 与利用回归模型求出的预测值 $\hat{y}$ 之间的差值满足正态分布。

二、代价函数

代价函数又称损失函数，用于确定回归方程的参数 α, β，使该回归方程可以更好地拟合数据。一元线性回归的代价函数通常采用最小二乘法以及极大似然估计。

（一）最小二乘法

最小二乘法是最为常用的参数估计法。通过使得误差平方和达到极小值的目标得到估计参数 a,b。假设真实值为 y，预测值为 $h_\theta(x)$，则误差平方和为 $(y-h_\theta(x))^2$，我们需要找到合适的参数，使得误差平方和最小：

$$J(\theta_0,\theta_1) = \frac{1}{2m}\sum_{i=1}^{m}(y_i - h_\theta(x_i))^2 \tag{4.8}$$

对于为什么要在前面除以 $2m$，是因为求的是误差平方和，求导之后会多一个 $2m$，多除以一个 $2m$ 可以用来抵消求导后的系数。

（二）极大似然估计

最小二乘法从扰动项 ε 的最小值入手，而极大似然估计从扰动项 ε 的概率分布入手。极大似然估计是利用总体的分布密度（连续变量）或概率分布（离散变量）的表达式以及样本提供的信息，建立求解未知参数估计量的方法。这种方法将能够使用的样本视为从总体中被抽中的概率最大的样本，所以这些样本的联合分布密度或联合概率分布为最大值时，模型的估计值最准确。

因变量 y 的分布为一个联合密度函数，在假设 $\varepsilon \sim N(0,\sigma^2)$ 时，y_i 服从正态分布，即 $y_i \sim N(a+bx_i,\sigma^2)$，则 $y_1,y_2,\cdots,y_n$ 的似然函数为

$$L(a,b,\sigma^2) = \prod_{i=1}^{n} f_i(y_i) = (2\pi\sigma^2)^{-\frac{n}{2}} \exp\left\{-\frac{1}{2\sigma^2}\sum_{i=1}^{n}(y_i-a-b_i)^2\right\} \tag{4.9}$$

将 $L(a,b,\sigma^2)$ 取对数：

$$\ln(L) = -\frac{n}{2}\ln(2\pi\sigma^2) - \frac{1}{2\sigma^2}\sum_{i=1}^{n}(y_i-a-b_i)^2 \tag{4.10}$$

要最大化 L，可转变为 $\sum_{i=1}^{n}(y_i-a-b_i)^2$ 最小化，即回到了最小二乘法回归的求解步骤。

三、梯度下降

在机器学习算法求代价函数最小化的过程中经常使用梯度下降法。梯度是一个向量，对于一个多元函数 f 而言，在点 $P(x,y)$ 的梯度是在点 $P(x,y)$ 处大最快的方向，即以 f 在 P 上的偏导数为分量的向量。以二元函数 $f(x,y)$ 为例，向量 $\left\{\frac{\partial f}{\partial x},\frac{\partial f}{\partial y}\right\}\bigg|(x_0,y_0) = f_x(x_0,y_0)\vec{i} + f_y(x_0,y_0)\vec{j}$ 就是函数 $f(x,y)$ 在点 $P(x_0,y_0)$ 处的梯度，记作 $\mathrm{grad}f(x,y)$ 或者 $\nabla f(x,y)$。

对于梯度下降，可以形象地理解为一个人下山的过程，其基本思路是选择这个人所在位置高度下降最快的方向走。在下山的过程中，最开始选定的方向并不总是高度下降

最快的地方,因此每次都选定一段距离,每走一段距离之后,就重新确定当前位置的高度下降最快的地方。这样,每次下山的方向都可以近似看作每个距离段内高度下降最快的地方。将这个思想引入线性回归的代价函数优化中,就是如何快速找到参数矩阵 θ 使得代价函数 $J(\theta)$ 最小。如果把代价函数 $J(\theta)$ 看作一座山,那求解参数矩阵 θ 的过程就是人走到山底的过程。给在下山的例子中每一段路的距离取名叫学习率(learning rate,也称步长,用 α 表示),把一次下山走一段距离叫作一次迭代。

梯度下降算法的过程如下:
(1)确定参数的初始值,计算代价函数的偏导数。
(2)将参数代入偏导数计算出梯度。若梯度为0,结束;否则转到(3)步。
(3)用步长乘以梯度,并对参数进行更新。
(4)重复(2)步、(3)步。

对于一元线性回归,代价函数为

$$J(\theta_0, \theta_1) = \frac{1}{2m} \sum_{i=1}^{m} (y_i - h_\theta(x_i))^2$$

代价函数的偏导数是

$$\frac{\partial J(\theta_0, \theta_1)}{\theta_i} = \frac{1}{m} \sum_{j=1}^{m} \left(h_\theta(x^{(j)}) - y^{(j)} \right) x_i^{(j)} = \frac{1}{m} \sum_{j=1}^{m} \left(\sum_{i=0}^{n} \theta_i x_i^{(j)} - y^{(j)} \right) x_i^{(j)}, \quad i = 0, 1 \quad (4.11)$$

每次更新参数的操作为

$$\theta_i' = \theta_i - \alpha \frac{\partial J(\theta)}{\theta_i} = \theta_i - \alpha \frac{1}{m} \sum_{j=1}^{m} \left(h_\theta(x^{(j)}) - y^{(j)} \right) x_i^{(j)}, \quad i = 0, 1 \quad (4.12)$$

在梯度下降中,如果样本的某些维度取值范围并不合理,比如房价预测系统中将房价的单位采用万亿元/米^2,这样每一个样本值的房价会非常小,以至于在图形表示时,几乎是一条水平线,不同的拟合直线所计算出的代价函数之间的差值非常小。所以,有必要进行特征缩放,通常采用标准化的方式来进行特征缩放,即

$$x_i = \frac{x_i - \overline{x}_i}{\sigma_i} \quad (4.13)$$

其中,$\overline{x}_i$ 表示均值;σ_i 表示标准差。特征缩放以后,可以加快收敛速度。

梯度下降方法有批量梯度下降法(batch gradient descent,BGD)、随机梯度下降法(stochastic gradient descent,SGD)和小批量梯度下降法(mini-batch gradient descent,MBGD)等。它们之间的区别在于更新参数的方式不同,即分别采用全体样本、随机样本或部分样本。

四、过拟合与欠拟合

运用机器学习进行数据分析时,需要注意过拟合和欠拟合的问题。过拟合是指一个

假设在训练数据上能够获得比其他假设更好的拟合,但是在测试数据集上却不能很好地拟合数据,此时这个假设出现了过拟合的现象(模型过于复杂)。欠拟合是指一个假设在训练数据上不能获得更好的拟合,在测试数据集上也不能很好地拟合数据,此时认为这个假设出现了欠拟合的现象(模型过于简单)。

下面结合图4.8,分析造成过拟合和欠拟合的原因及解决办法。

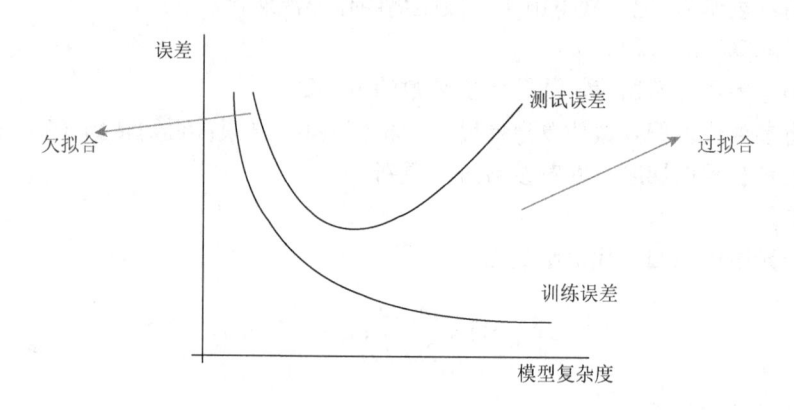

图4.8 过拟合和欠拟合

(一)过拟合原因以及解决办法

1. 原因

原始特征过多,存在一些嘈杂特征,模型尝试去兼顾各个测试数据点,造成模型过于复杂。

2. 解决办法

(1)重新清洗数据。导致过拟合的一个原因也有可能是数据达不到分析的要求。如果是因为这个原因导致过拟合,就需要重新清洗数据。

(2)增加数据的训练量。用于训练的数据量太小也会导致过拟合,即训练数据占总数据的比例过小。

(3)正则化。如果数据提供的特征影响模型复杂度或者这个特征的数据点异常较多,就需要采用正则化尽量减少这个特征的影响(甚至删除某个特征的影响)。正则化分为L2正则化和L1正则化。

L1正则化:将参数的绝对值之和加入到代价函数中,如LASSO回归。回归的代价函数变为

$$J(\omega) = \min \frac{1}{2m} \sum_{i=1}^{n}(h_w(x^{(i)}) - y^{(i)})^2 + \lambda \sum_{j=1}^{2}|w_j| \quad (4.14)$$

L2正则化:将参数的平方和加入到代价函数中,如岭回归。回归的代价函数变为

$$J(\omega) = \min \frac{1}{2m} \sum_{i=1}^{n} (h_w(x^{(i)}) - y^{(i)})^2 + \lambda \sum_{j=1}^{2} w_j^2 \qquad (4.15)$$

（4）减少特征维度，防止维数灾难。随着维度的增加，样本将变得越来越稀疏，在这种情况下，也更容易找到一个超平面将目标分开。然而过多的特征会导致过拟合现象，对新数据缺乏泛化能力。常见的降维方法有主成分分析法与奇异值分解法。

（二）欠拟合原因以及解决办法

1. 原因

学习到的数据的特征过少。

2. 解决方法

（1）添加其他特征项。有时候模型出现欠拟合是特征项不够导致的，需要进一步分析数据，添加带有更多的信息的特征。

（2）添加多项式特征。这个在机器学习算法里面用得很普遍，例如将线性模型通过添加二次项或者三次项使模型泛化能力更强。

第四节 分类机器学习

分类是一种有监督的机器学习。在分类机器学习的目标数据中有哪些类别是已知的，分类过程需要做的就是把每一条记录归到对应的类别之中。例如，判断邮件是否为垃圾邮件，判断在线交易是否存在潜在风险，判断肿瘤是良性还是恶性等。常用的分类算法包括：决策树分类法、朴素的贝叶斯分类算法、支持向量机、神经网络法、k近邻法、模糊分类法等。

一、假设陈述

对于分类问题，如果希望分类器输出的值在[0, 1]区间，那么需要将假设函数设置成新的形式（Sigmoid 函数/Logistic 函数）。当 z 值无限大的时候，输出值逼近于1，当 z 值无限小的时候，输出值逼近 0，这样输出值一定在 0 至 1 之间。

$$h_\theta(x) = \frac{1}{1+e^{-z}} = \frac{1}{1+e^{-\theta^T x}} \qquad (4.16)$$

对于假设函数的输出，可以用如下方程解释：

$$P(y=0|x;\theta) = 1 - P(y=1|x;\theta) \qquad (4.17)$$

当假设函数输出某个数字,就把这个数字当作输入值为 x 时,$y=1$ 的概率估计。例如,我们规定 0 不是垃圾邮件,1 是垃圾邮件。在使用假设函数输出值为 0.7 时,则表示该邮件为垃圾邮件($y=1$)的概率为 70%。

二、决策边界

决策边界是假设函数 $h_\theta(x)$ 的属性,而不是数据集的特征。比如在选择 Sigmoid 函数的时候,函数的性质内在决定了边界特征。决策界限可以帮助理解分类假设函数在计算什么,进一步理解这个假设函数何时会将 y 预测为 1,何时会将 y 预测为 0。

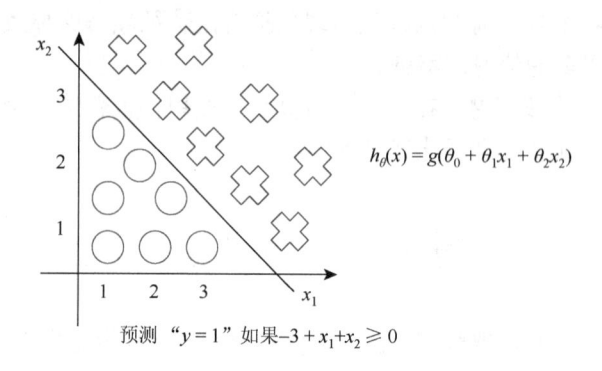

可以假设 $h_\theta(x) \geq 0.5$ 时,预测结果 $y=1$,此时 $\theta^T x \geq 0$;否则为 0。假设 $\theta^T x = -3 + x_1 + x_2$,则决策边界是 $x_1 + x_2 = 3$ 这条直线。如图 4.9 中,✖表示正样本,圆圈表示负样本。

图 4.9 决策边界

通过改变训练集的形式可以得到更加复杂的决策边界。例如,可以在逻辑回归里添加额外的高阶多项式(x_1^2, x_2^2)来添加额外特征,假设函数为 $h_\theta(x) = g\left(\theta_0 + \theta_1 x_1 + \theta_2 x_2 + \theta_3 x_1^2 + \theta_4 x_2^2\right)$,假设 $\theta^T x = -1 + x_1^2 + x_2^2$,则决策边界是一个圆方程:$x_1^2 + x_2^2 = 1$。

三、分类的代价函数

假设仍用线性回归的代价函数来解决分类问题,将会得到一个非凸函数,从而导致梯度下降难以落在全局最小值。所以这里重新定义了适用于逻辑回归的代价函数:

$$\text{Cost}(h_\theta(x), y) = \begin{cases} -\log(h_\theta(x)), & y=1 \\ -\log(1-h_\theta(x)), & y=0 \end{cases} \tag{4.18}$$

如果假设函数输出值为 1,那么对于 $y=1$ 的情况来说,代价函数值就是 0,我们不需要做任何事来使这个事情成立,因为它已经不需要代价了;但如果假设函数的输出无限接近于 0,这时代价函数的值就趋近于无穷大,要用无穷大的代价来让这个事件成立。如果假设函数输出值为 0，相当于我们的假设函数说 $y=1$ 的概率等于 0，然而如果 y（实际值）最终等于 1，这就是说模型告诉一个错误的预测结果，可用一个无穷大的代价值惩罚这个学习算法（趋于无穷）。假设函数输出为 1 的时候的代价函数的惩罚原理同上，预测为 0，实际为 1，就用一个非常大的代价值惩罚这个算法，目的是让它趋于 1（正确值）。

四、分类的代价函数简化与梯度下降

对于分类问题，为了避免把代价函数分成 $y=1$ 或 $y=0$ 两种情况来写，可将 Cost 函数的两个式子合并成一个等式。

对于式（4.18）形式的代价函数可以写成如下形式：

$$\mathrm{Cost}(h_\theta(x),y) = -y\log(h_\theta(x)) - (1-y)\log(1-h_\theta(x)) \tag{4.19}$$

将 Cost 函数代入代价函数：

$$J(\theta) = -\frac{1}{m}\left[\sum_{i=1}^{m} y(i)\log h_\theta(x^{(i)}) + (1-y^{(i)})\log(1-h_\theta(x^{(i)}))\right] \tag{4.20}$$

为了得到代价函数的最小值 $\min_\theta J(\theta)$，进行梯度下降：

$$\theta'_j = \theta_j - \alpha\sum_{i=1}^{m}\left(h_\theta(x^{(i)}) - y^{(i)}\right)x_j^{(i)} \tag{4.21}$$

这个形式虽然和线性回归的梯度下降一样，但是 $h_\theta(x)$ 代表的是

$$h_\theta(x) = \frac{1}{1+\mathrm{e}^{-\theta^\mathrm{T} x}}$$

五、多元分类

如果目标对象的类别多于两类，就属于多元分类问题，如邮件的类别有工作、朋友、家庭、兴趣四类，天气有晴天、多云、雨天、雪天四类等。对于多类别分类问题，可以将数据集分成两两一组，用训练集多次训练。

如图 4.10 所示，有三个类别分别对应 $y=1, y=2, y=3$，可以将这个训练集转化成三个独立的二元分类问题。先从类别 1 开始，创建一个新的伪训练集。其中类别 2、类别 3 负类都设置为 0，类别 1 三角形设置为正类，接着训练一个标准的逻辑回归分类器，得到一个判定边界。接着对类别 2、类别 3 进行同样的处理，拟合出三个逻辑回归分类器（三个线性决策边界函数来区分正负类别）。最后：$h_\theta^{(i)}(x) = P(y=i|x;\theta)(i=1,2,3)$ 拟合分类器尝试估计给定 x,θ 参数时候 $y=i$ 的概率，每个分类器都对其中的一种情况进行训练。

一对多（一对其余）

类别1: △
类别2: □
类别3: ×
$h_\theta^{(i)}(x) = P(y=i|x;\theta)(i=1,2,3)$

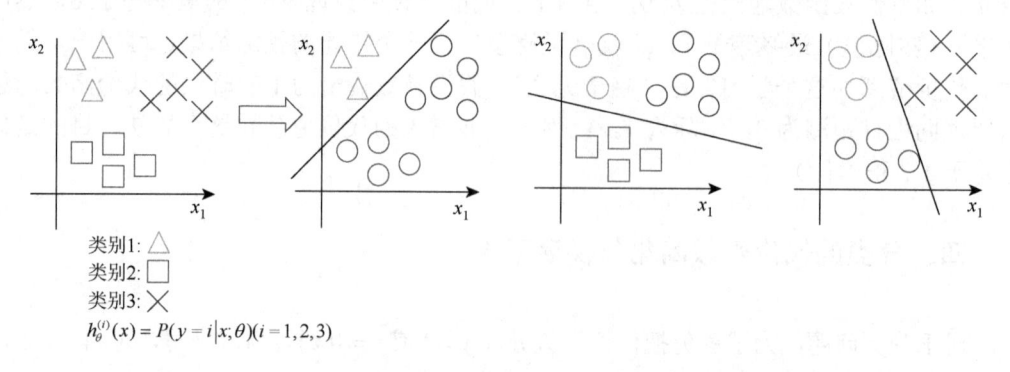

图 4.10　多元分类示例图

在三个分类器中运行输入 x，然后选择 $h_\theta^{(i)}(x)$ 最大的类别（因为求的是这个类别的概率，所以越大越好），即三个分类器中可信度最高、效果最好的分类器。无论类别 i 值是多少，都能得到一个最高的概率值，也就是预测 y 值。

第五节　神经网络与深度学习

当前人工智能领域发展迅速，特别是以神经网络、深度学习为代表的模型和方法在图像、视频、语音、文本等多个应用领域取得了重要进展。

一、神经元与大脑学习原理

神经网络的构建理念是受到生物（人或其他动物）神经网络功能的运作启发而产生的，图 4.11 展示了人类神经元的结构。

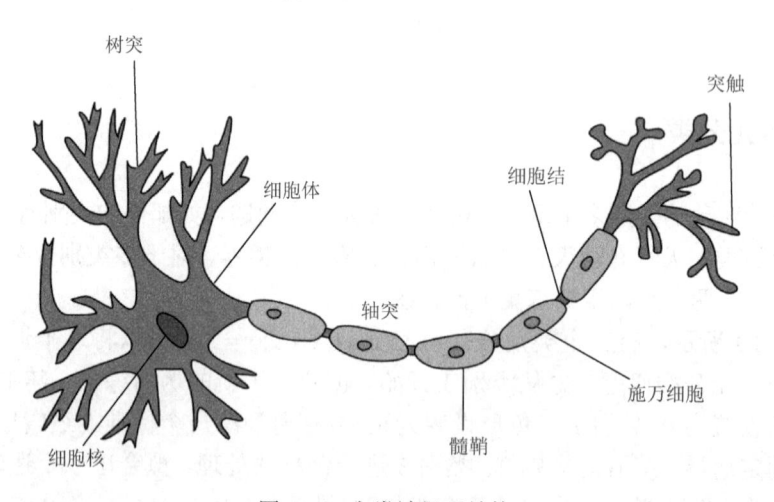

图 4.11　人类神经元结构

神经元的工作，是将其他神经元的信号（输入信号）通过树突传递到细胞体（也就是神经元本体）中，细胞体把从其他多个神经元传递进来的输入信号进行合并加工，然后再通过轴突前端的突触传递给别的神经元。神经元借助突触的结合而形成网络。

1943 年，麦卡洛克（McCulloch）和皮茨（Pitts）将神经元的工作过程抽象为图 4.12 所示的简单模型，这就是"M-P 神经元模型"。

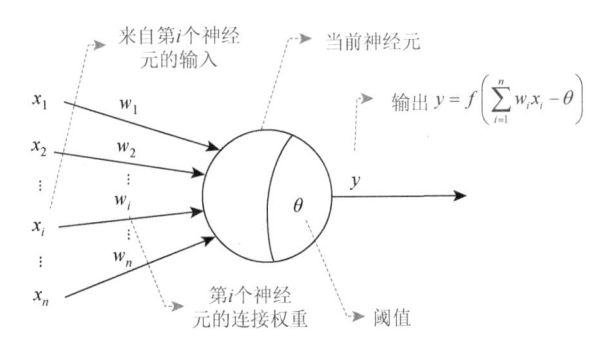

图 4.12 神经元工作过程（M-P 神经元模型）

在这个模型中，神经元接收到来自 n 个其他神经元传递过来的输入信号，这些输入信号通过带权重（weights）的连接进行传递，神经元接收到的总输入值将与神经元的阈值进行比较，然后通过"激活函数"（activation function）处理以产生神经元的输出。神经元在信号之和超过阈值时激活，不超过阈值时不激活。

理想中的激活函数是图 4.13（a）所示的阶跃函数，它将输入值映射为输出值"0"或"1"，显然"1"对应于神经元兴奋，"0"对应于神经元抑制。阶跃函数具有不连续、不光滑等性质，因此实际常用 Sigmoid 函数作为激活函数。典型的 Sigmoid 函数如图 4.13（b）所示，它把在较大范围内变化的输入值挤压到（0，1）输出值范围内，因此有时也称为"挤压函数"（squashing function）。Sigmoid 函数的优点在于输出范围有限，数据在传递的过程中不容易发散，并且其输出范围为（0，1），可以在输出层表示概率值。Sigmoid 函数的导数是非零的，很容易计算。Sigmoid 函数的主要缺点是梯度下降明显，且两头过于平坦，容易出现梯度消失的情况，输出的值域不对称。

$$\text{sgn}(x) = \begin{cases} 1, & x \geq 0 \\ 0, & x < 0 \end{cases}$$

（a）阶跃函数

$$\text{Sigmoid}(x) = \frac{1}{1+e^{-x}}$$

（b）Sigmoid 函数

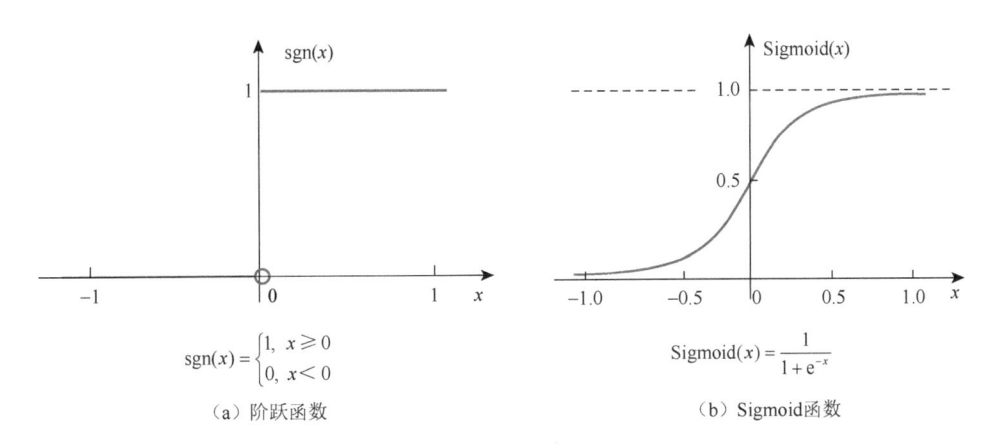

图 4.13 典型的神经元激活函数

把许多个这样的神经元按照一定的层次结构连接起来,就得到了神经网络。

二、神经网络模型

神经网络的训练目的是希望能够学习到一个模型,实现输出一个期望的目标值。神经网络的学习方式是在外界输入样本的刺激下不断改变网络的连接权值。神经网络一般可以分成三个层次:输入层、隐含层和输出层。

感知器是一种结构简单的前馈神经网络,也称为感知机,它主要用于求解分类问题。一个感知器可以接收 n 个输入 $x=(x_1,x_2,\cdots,x_n)$,对应 n 个权值 $w=(w_1,w_2,\cdots,w_n)$,此外还有一个偏置项阈值,就是图 4.14 中的 b,神经元将所有输入参数与对应权值进行加权求和,得到的结果经过激活函数变换后输出,计算公式为:$y=f(x\cdot w+b)$。感知器的结构如图 4.14 所示。

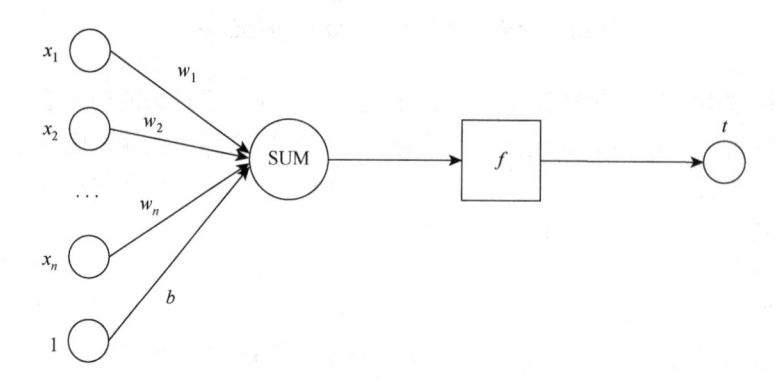

图 4.14 感知器结构

(一)激活函数

除了图 4.13 所示的激活函数,可以用 tanh 函数、ReLU 函数,如图 4.15 所示。激活函数通常具有非线性、可微性、单调性、计算简单、归一化等性质。

tanh函数:
$$f(x)=\frac{1-e^{-2x}}{1+e^{-2x}}$$

ReLU函数:
$$f(x)=\max(x,0)$$

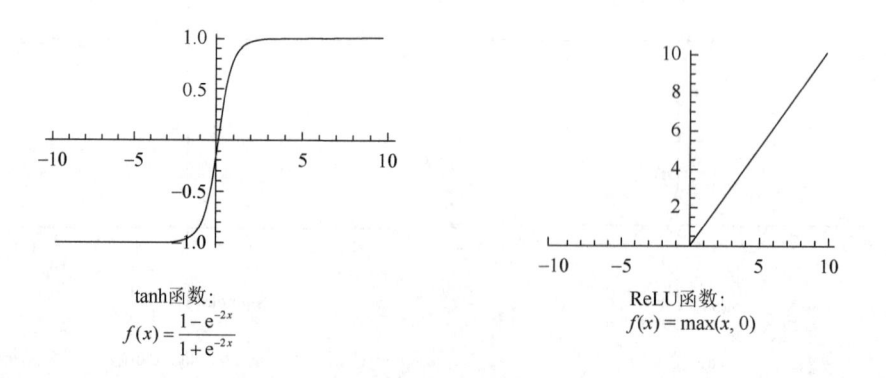

图 4.15 神经网络常用的激活函数

tanh 函数将数据映射到[–1, 1]，解决了 Sigmoid 函数输出值域不对称问题。另外，它是完全可微分和反对称的，对称中心在原点。缺点是它的输出值域两头依旧过于平坦，梯度消失问题仍然存在。

ReLU 函数是目前神经网络里常用的激活函数，ReLU 函数的线性特点使其收敛速度比 Sigmoid、tanh 函数更快，而且没有梯度饱和的情况出现，计算更加高效。相比于 Sigmoid、tanh 函数，只需要一个阈值就可以得到激活值，不需要对输入进行归一化来防止达到饱和。

（二）代价函数

代价函数用于评价模型对样本的拟合度。预测结果与实际值越接近，说明模型的拟合能力越强，对应代价函数的结果就越小；反之，代价函数的结果越大。代价函数比较大时，对应的梯度下降比较快。合适的代价函数能够确保深度学习模型更好地收敛，常见的代价函数有 Softmax 损失、欧式损失、Sigmoid 交叉时损失、三元组损失（Triplet Loss）、对比损失（Contrastive Loss）等。

Softmax 函数的好处是可以使分类问题的预测结果更加明显，不同类别之间的差距更大。在实际应用中，特别是在 TensorFlow 中推荐采用交叉熵与 Softmax 结合作为代价函数，可以避免数值不稳定的情况。

对于某些候选属性，可以单独将一些预测值取出或者赋予不同大小的参数，或者合并多个代价函数，实现多目标训练任务。

（三）学习率

学习率控制每次更新参数的幅度，过高和过低的学习率都可能对模型结果带来不良影响，合适的学习率可以加快模型的训练速度。

常见学习率调整方法有基于经验的手动调整、固定学习率、动量法动态调整、随机梯度下降、Adam 自动调整。

三、神经网络多元分类

逻辑回归可以解决二元分类问题。遇到多元分类的情况，尤其特征多的情况下，运算量大，如果等价成多个二元分类问题，处理起来的复杂程度也会加大。

随着变量即数据集的维度增加，会导致"维数灾难"。神经网络的一个优势就是可以解决维度灾难问题，实现多元分类。当我们有不止两个种类时（也就是 $y = 1, 2, \cdots$），比如以下这种情况，如果我们要训练一个神经网络算法来识别行人（pedestrian）、汽车（car）、摩托车（motorcycle）和卡车（truck），那么在输出层我们应该有 4 个值，如图 4.16 所示。例如，第一个值为 1 用于预测行人，第二个值为 1 用于判断是汽车，第三个值为 1 用于判断是摩托车，第四个值为 1 用于判断是卡车。

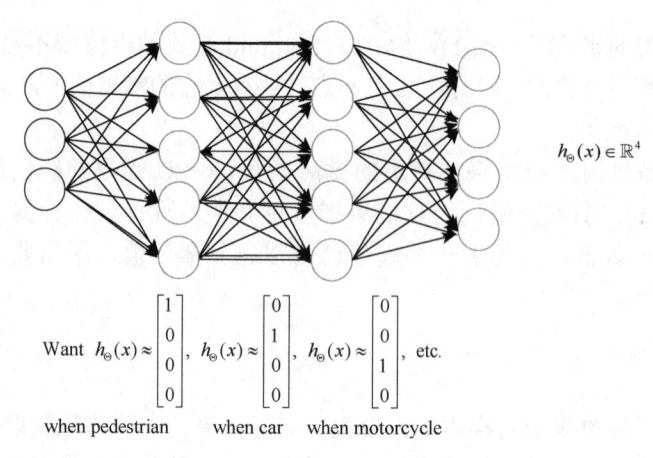

图 4.16 神经网络解决四分类问题示例

假设我们的输入向量 x 有三个维度，两个中间层，输出层 4 个神经元分别用来表示 4 类，也就是每一个数据在输出层都会出现 $[a\,b\,c\,d]^T$，且 a,b,c,d 中仅有一个为 1，表示当前类。该神经网络的可能结构示例见图 4.16。

所以只要判断输出的结果到底是哪一种就可以进行分类了，以上就是神经网络解决多分类的思路。

四、BP 神经网络

反向传播神经网络（backpropagation neural network，以下简称 BP 神经网络）是一种与最优化方法（如梯度下降法）结合使用的，用来训练人工神经网络的常见方法。BP 神经网络的核心思想是由后层误差推导前层误差，一层一层地反传，最终获得各层的误差估计，从而得到参数的权重值。由于权值参数的运算量过大，一般采用梯度下降法来实现。

（一）模型定义

BP 神经网络可以用于解决非线性问题，具有高度自学习和自适应的能力以及容错能力，在处理噪声数据时具有较强的鲁棒性，因此被广泛地用于解决预测问题。BP 神经网络是一种按误差逆传播算法训练的多层前馈网络，BP 神经网络的一般结构图如图 4.17 所示。

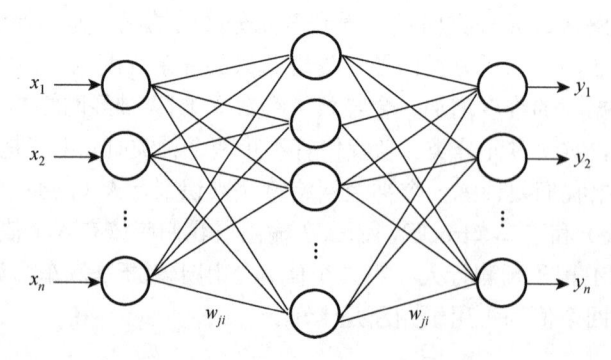

图 4.17 BP 神经网络拓扑结构图

（二）训练过程

BP 神经网络的训练分为前向传播和反向传播两个过程。它的工作机理为通过输出值与实际值之间的训练误差和设定误差的出入，反向调整网络权值和阈值，使误差函数沿负梯度方向下降到达设定的误差范围之内，从而逼近期望输出，即"信息正向传播，误差反向传播"。

假设输入节点有 n 个，输出节点只有一个，如图 4.18 所示。

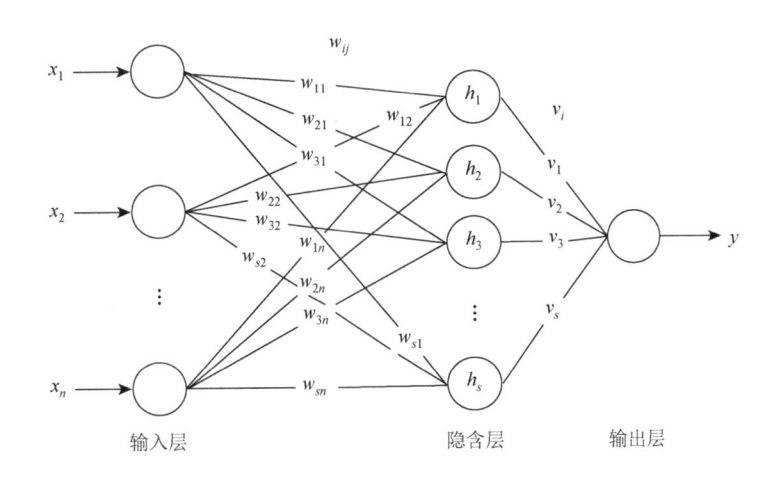

图 4.18 BP 神经网络样例图

1. 初始化设置

对各个阈值（θ_i）和连接权值（w_{ij}, v_i）设置相应的随机值。

运用 $s = \sqrt{m+n} + h$ 计算隐含层节点数。其中 s 为隐含层节点数，m 为输入层节点数，n 为输出层节点数，h 为[1, 10]区间的正整数。

对样本数据进行归一化，假设 x_{ij} 为第 i 个样本第 j 个属性的值，则归一化后的 x'_{ij} 为

$$x'_{ij} = \frac{x_{ij} - \min}{\max - \min} \tag{4.22}$$

其中，min 表示第 j 个属性的最小值；max 表示第 j 个属性的最大值。

确定传递函数，隐含层和输出层都需要传递函数。一般有三种：logsig 函数、tansig 函数和线性传递函数 purelin。在下面的前向传播中，以 tansig 函数和 purelin 函数为输入和输出的传递函数为例。

2. 前向传播

计算第 i 个隐藏节点 h_i 神经元的输入值：

$$\text{input}_i = \sum_{j=1}^{n} w_{ij} x_j - \theta_i, \quad i = 1, 2, \cdots, s \tag{4.23}$$

其中，w_{ij} 表示第 i 个隐含层神经元与第 j 个输入层神经元的连接权值；θ_i 表示第 i 个隐含层神经元的阈值；s 表示隐含层神经元的个数。

将 input_i 代入 tansig 传递函数得出 h_i 神经元的输出值 output_i：

$$\text{output}_i = \text{tansig}(\text{input}_i) = \frac{2}{1+e^{-2 \cdot \text{input}_i}} - 1 \tag{4.24}$$

利用 output_i 即可计算出样本 k 输出层节点的值 y_k：

$$OT_k = \sum_{i=1}^{s} v_i \text{output}_i, \quad i=1,2,\cdots,s \tag{4.25}$$

$$y_k = \text{purelin}(OT_k) = OT_k \tag{4.26}$$

其中，v_i 表示第 i 个隐含层神经元与输出层神经元的连接权值。

如果有 p 个样本，若第 k 个样本实际值为 target_k，则可以计算出训练误差：

$$E_{\text{total}} = \sum_{k=1}^{p} \frac{1}{2} \text{target}_k - y_k^2 \tag{4.27}$$

3. 后向传播

后向传播过程就是沿着误差函数 E_{total} 负梯度方向对阈值（θ_i）和连接权值（w_{ij}，v_i）不断调整的过程。

首先求出总误差与各个连接权值之间的偏导数：$\dfrac{\partial E_{\text{total}}}{\partial w_{ij}(v_i)}$。

根据偏导数，使用梯度下降的方法更新连接权值：

$$w_{ij}(v_i)^+ = w_{ij}(v_i) - \eta \frac{\partial E_{\text{total}}}{\partial w_{ij}(v_i)} \tag{4.28}$$

其中，η 表示学习率。

阈值（θ_i）的更新类似。

至此完成了一次迭代，更新参数后，再进行前向传播和后向传播，直到误差函数沿负梯度方向下降到设定的误差范围之内，从而逼近期望输出。

综上所述，BP 神经网络训练过程的基本步骤可以归纳如下。

（1）初始化网络权值和神经元的阈值，一般通过随机的方式进行初始化。

（2）前向传播：计算隐含层神经元和输出层神经元的输出。

（3）后向传播：根据目标函数公式修正权值 w_{ij}。

上述过程反复迭代，通过代价函数和成本函数对前向传播结果进行判定，并通过后向传播过程对权重参数进行修正，起到监督学习的作用，一直到满足终止条件为止。

五、深度学习

深度学习（deep learning）是一种利用复杂结构的多个处理层来实现对数据进行高层

次抽象的算法，是机器学习的一个重要分支。传统的 BP 神经网络算法仅有几层网络，需要手工指定特征且易出现局部最优问题，而深度学习引入了概率生成模型，可自动地从训练集提取特征，解决了手工指定特征考虑不周的问题。

（一）基本思想

深度学习的基本思想是通过构建深度神经网络（deep neural network，DNN），利用人工神经元及其连接的学习机制，对数据进行分层表达和学习。具体来说，深度学习包含以下几个关键步骤。

（1）堆叠多个层：深度学习模型通常由多层的神经网络组成，每个层都会接收来自上层的输出作为输入，然后产生自己的输出。这种结构允许网络从原始输入数据中提取并表达越来越复杂和抽象的特征。

（2）非线性变换：深度学习通过非线性的激活函数（如 ReLU）和非线性转换，进一步增强网络的表征能力，从而能够在更高层次上进行特征的学习和区分。

（3）减少人为干预：与传统的机器学习方法相比，深度学习减少了人工设计的特征工程环节，转而依靠网络自身通过反向传播等方式自动学习特征。这种自学习特性提高了模型的泛化能力和适应性。

（4）端到端的学习：深度学习强调的是端到端的完整学习过程，即将原始输入直接映射为高层次的语义表示或预测结果，而不是依赖于中间的离散特征提取阶段。

（5）初始化参数的自适应调整：在训练过程中，可以使用在上层训练好的参数作为下层初始化的参数，这样可以加速训练过程并提高训练效果。

（二）深度学习与神经网络

深度学习的概念源于人工神经网络的研究。含多个隐含层的多层感知器就是一种深度学习结构。深度学习通过组合低层特征形成更加抽象的高层表示属性类别或特征，以发现数据的分布式特征表示。深度学习可以解决神经网络普遍存在的过拟合、训练速度慢等问题。

计算机视觉是深度学习实现商业应用的领域，使用神经网络模仿人类视觉功能，包括人脸识别与人脸检测以及相关人脸方面的应用。自然语言处理也是深度学习的一个重要应用方向，它研究能实现人与计算机之间用自然语言进行有效通信的各种理论和方法。

（三）训练过程

1988 年，Hinton 提出了在非监督数据上建立多层神经网络的一个有效方法，简单地说，分为两步，一是每次训练一层网络，二是调优，使原始表示 x 向上生成的高级表示 r 和该高级表示 r 向下生成的 x' 尽可能一致。具体方法如下。

（1）首先逐层构建单层神经元，这样每次都是训练一个单层网络。

(2)当所有层训练完后,Hinton 使用 wake-sleep 算法进行调优。

wake 阶段:认知过程,通过外界的特征和向上的权重(认知权重)产生每一层的抽象表示(节点状态),并且使用梯度下降修改层间的下行权重(生成权重)。也就是"如果现实跟我想象的不一样,改变我的权重使得我想象的东西就是这样的"。

sleep 阶段:生成过程,通过顶层表示(醒时学得的概念)和向下权重,生成底层的状态,同时修改层间向上的权重。也就是"如果梦中的景象不是我脑中的相应概念,改变我的认知权重使得这种景象在我看来就是这个概念"。

深度学习训练过程具体如下。

(1)使用自下上升非监督学习(就是从底层开始,一层一层地往顶层训练)。采用无标定数据(有标定数据也可)分层训练各层参数,这一步可以看作一个无监督训练过程,可以看作特征学习的过程,是和传统神经网络区别最大的部分。具体地,先用无标定数据训练第一层,训练时先学习第一层的参数(这一层可以看作得到一个使得输出和输入差别最小的三层神经网络的隐含层),模型容量的限制以及稀疏性约束,使得得到的模型能够学习到数据本身的结构,从而得到比输入更具有表示能力的特征;在学习得到第 $n-1$ 层后,将 $n-1$ 层的输出作为第 n 层的输入,训练第 n 层,由此分别得到各层的参数。

(2)自顶向下的监督学习(就是通过带标签的数据去训练,误差自顶向下传输,对网络进行微调)。基于第一步得到的各层参数进一步微调整个多层模型的参数,这一步是一个有监督训练过程;第一步类似神经网络的随机初始化初值过程,由于深度学习的第一步不是随机初始化,而是通过学习输入数据的结构得到的,因而这个初值更接近全局最优,从而能够取得更好的效果。深度学习效果好很大程度上归功于第一步的特征学习过程。

（四）深度学习的典型算法

1. 卷积神经网络

卷积神经网络(convolutional neural network,CNN)又叫卷积网络(convolutional network),是一种专门用来处理具有类似网格结构的数据的神经网络。卷积神经网络一词中的卷积是一种特殊的线性运算。卷积神经网络是指那些至少在网络的一层中使用卷积运算来代替一般的矩阵乘法的神经网络。典型应用场景包括图像识别、语音识别等。典型结构如图 4.19 所示。

2. 循环神经网络

循环神经网络(recurrent neural network,RNN)是一类具有短期记忆能力的神经网络,适合用于处理视频、语音、文本等与时序相关的问题。在循环神经网络中,神经元不但可以接收其他神经元的信息,还可以接收自身的信息,形成具有环路的网络结构。循环神经网络的参数学习可以通过随时间反向传播算法来学习,即按照时间的逆序把误差一步步往前传递。而当输入序列比较长时,会产生梯度爆炸或梯度消失问题,这也叫作长期依赖问题。为了解决这个问题,引入门控机制来改进循环神经网络,也就是长短期记忆网络和门控循环单元。典型结构如图4.20所示。

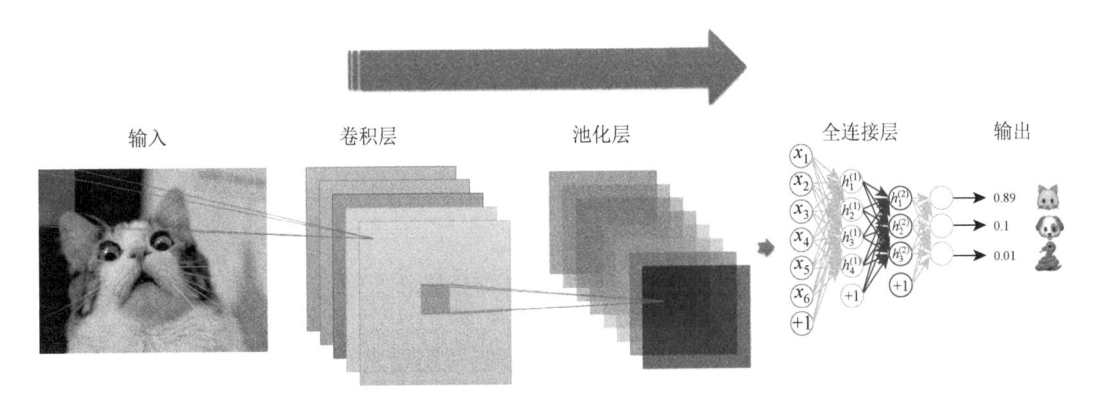

图4.19 卷积神经网络结构图

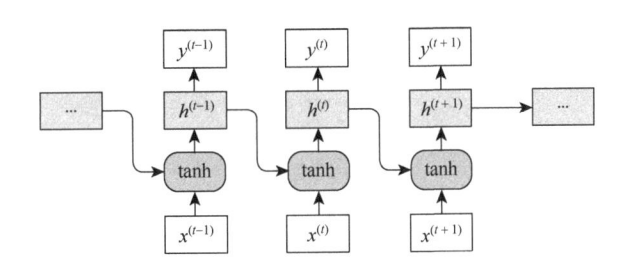

图4.20 循环神经网络结构图

3. 生成对抗网络

生成对抗网络(generative adversarial networks,GANs)是蒙特利尔大学的Goodfellow等于2014年提出的一种生成模型。GANs中包含了两个模型,一个是生成模型GG,另一个是判别模型DD,下面通过一个生成图片的例子来解释两个模型的作用。

(1)生成模型GG:不断学习训练集中真实数据的概率分布,目标是将输入的随机噪声转化为可以以假乱真的图片(生成的图片与训练集中的图片越相似越好)。

(2)判别模型DD:判断一个图片是否真实的图片,目标是将生成模型GG产生的"假"图片与训练集中的"真"图片分辨开。

GANs的实现方法是让DD和GG进行博弈,训练过程中通过相互竞争让这两个模型同时得到增强。判别模型DD的存在,使得GG在没有大量先验知识以及先验分布的前提下也能很好地去学习逼近真实数据,并最终让模型生成的数据达到以假乱真的效果(即DD无法区分GG生成的图片与真实图片,从而GG和DD达到某种纳什均衡)。生成对抗网络的典型结构如图4.21所示。

深度学习多隐含层堆叠、每层对上一层的输出进行处理的机制,可看作对输入信号进行逐层加工,从而把初始的、与输出目标之间联系不太密切的输入表示,转化成与

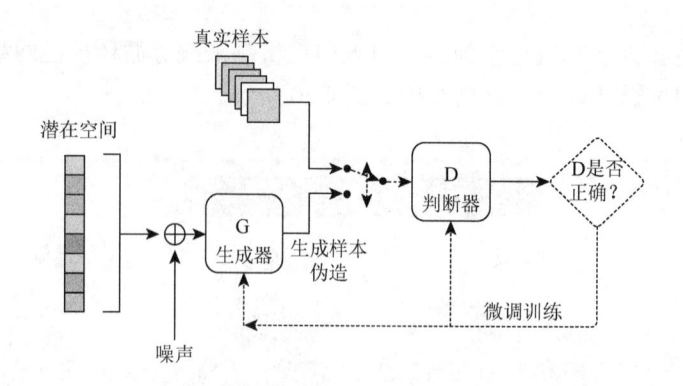

图 4.21 生成对抗网络结构图

输出目标联系更密切的表示，使得原来仅基于最后一层输出映射难以完成的任务成为可能。换言之，通过多层处理，逐渐将初始的"低层"特征表示转化为"高层"特征表示后，用"简单模型"即可完成复杂的分类等学习任务。由此可将深度学习理解为进行"特征学习"或"表示学习"（representation learning）。

第六节 机器学习典型算法

一、监督学习典型算法

（一）分类决策树算法 C4.5

C4.5 是一种分类决策树算法，它是决策树算法 ID3 的改进算法。决策树构造方法其实就是每次选择一个好的特征以及分裂点作为当前节点的分类条件。

C4.5 相比于 ID3 改进的地方主要有以下三方面。

（1）用信息增益率选择属性。ID3 选择属性用的是子树的信息增益，C4.5 用的是信息增益率。

（2）在树构造过程中进行剪枝。

（3）能对非离散数据和不完整数据进行处理。

（二）朴素贝叶斯分类

朴素贝叶斯（naive bayesian，NB）模型源于古典数学理论，具有稳定的分类效率。同时，NB 模型所需估计的参数较少，对缺失数据不太敏感，算法也比较简单。

理论上，NB 模型与其他分类方法相比具有最小的误差率，但实际上并非总是如此，这是因为 NB 模型假设属性之间相互独立，这个假设在实际应用中往往是不成立的，这给 NB 模型的正确分类带来了一定影响。在属性个数比较多或者属性之间相关性较大时，NB 模型的分类效率不如决策树模型。而在属性相关性较小时，NB 模型的性能较好。

（三）支持向量机

支持向量机（support vector machine）是一种二分类模型，它是定义在特征空间上的间隔最大的线性分类器。支持向量机在处理高维数据时具有一定的优势。令训练集合为 $D=\{(x_1,y_1),(x_2,y_2),\cdots,(x_n,y_n)\}$，其中 $x_i=(x_{i1},x_{i2},\cdots,x_{ir})$ 是一个 r 维的输入向量，属于实数空间 $X \subseteq R^r$，y_i 是它的类标记并且 $y_i \in \{1,-1\}$，1 表示正类，-1 表示负类。为了构造一个分类器，支持向量机寻找一个函数：

$$f(x)=\langle w \cdot x \rangle + b \tag{4.29}$$

如果 $f(x_i) \geq 0$，那么 x_i 被赋予正类（1），否则被赋予负类（-1）。$w=(w_1,w_2,\cdots,w_r) \in R^r$ 为权重向量，$b \in R$ 为偏置，$\langle w \cdot x \rangle$ 表示 w 和 x 的点积（欧式内积），式（4.29）可以表示为

$$f(x_1,x_2,\cdots,x_r)=w_1x_1+w_2x_2+\cdots+w_rx_r+b \tag{4.30}$$

支持向量机是在寻找一个超平面：

$$\langle w \cdot x \rangle + b = 0 \tag{4.31}$$

这个超平面能够区分正类和负类的样例，被称为决策边界（decision boundary）或者决策面（decision surface）。支持向量机通过最大化正例和负例之间的边距确定超平面。

（四）k 近邻分类算法

k 近邻分类算法，是一种常用的机器学习算法。该方法的思路是：如果一个样本在特征空间中的 k 个最相似（即特征空间中最邻近）的样本中的大多数属于某一个类别，则该样本也属于这个类别。k 近邻分类算法不仅可以用于分类，还可以用于回归。通过找出一个样本的 k 个最近邻居，将这些邻居的属性的平均值赋给该样本，就可以得到该样本的属性。

该算法在分类时主要的不足是，当样本不平衡时，如一个类的样本容量很大，而其他类样本容量很小时，有可能导致当输入一个新样本时，该样本的 k 个邻居中大容量类的样本占多数。可以采用根据距离赋不同权值的方法来改进，距离小的邻居权值大。该方法的另一个不足之处是计算量较大，因为对每一个待分类的文本都要计算它到全体已知样本的距离，以得到它的 k 个最近邻点。目前常用的解决方法是事先对已知样本点进行剪辑，事先去除对分类作用不大的样本。

该算法比较适用于样本容量比较大时的自动分类，而样本容量较小时采用这种算法比较容易产生误分。

（五）分类与回归树算法

分类与回归树算法（classification and regression tree）是分类数据挖掘算法的一种，最早由 Breman 等（1984）提出并已在统计学领域普遍应用。该算法包括两个关键的部分：第一个是递归划分自变量空间；第二个是用验证数据进行剪枝。

用变量 y 表示因变量（分类变量），用 $x_1,x_2,\cdots,x_p$ 表示自变量。通过递归的方式把关

于变量 x 的 p 维空间划分为不重叠的矩形。这个划分是以递归方式完成的。首先,一个自变量被选择,比如 x_i 的一个值 s_i,比方说选择 s_i 把 p 维空间为两部分:一部分是 p 维的超矩形,其中包含的点都满足 $x_i \leqslant s_i$,另一部分 p 维超矩形(下文超矩形简写为矩形)包含所有的点满足 $x_i > s_i$。接着,这两部分中的一个部分通过选择一个变量和该变量的划分值以相似的方式被划分。这导致了三个矩形区域。随着这个过程的持续,我们得到的矩形越来越小。这个想法是把整个 x 空间划分为矩形,其中的每个小矩形都尽可能是同构的或"纯"的。"纯"的意思是矩形所包含的点都属于同一类。

该模型使用二叉树将预测空间递归划分为若干子集,y 在这些子集的分布是连续均匀的。树中的叶节点对应着划分的不同区域,划分是由与每个内部节点相关的分枝规则确定的。通过从树根向叶节点移动,一个预测样本被赋予一个唯一的叶节点,y 在该节点上的条件分布也被确定。

剪枝是决策树停止分枝的方法之一,分为预先剪枝和后剪枝两种。预先剪枝是在树的生长过程中设定一个指标,当达到该指标时就停止生长。预先剪枝容易产生"视界局限",就是一旦停止分枝,使得节点 N 成为叶节点,就断绝了其后继节点进行"好"的分枝操作。后剪枝中树首先充分生长,直到叶节点都有最小的不纯度值为止,因而可以克服"视界局限"。然后对所有相邻的成对叶节点考虑是否消去它们,如果消去能引起不纯度增长,那么执行消去操作,并令它们的公共父节点成为新的叶节点。后剪枝技术的优点是克服了"视界局限"效应,而且无须保留部分样本用于交叉验证,所以可以充分利用全部训练集的信息。但后剪枝的计算量比预先剪枝方法大得多,适用于小样本的情况。

(六)Ada Boost 迭代算法

Ada Boost 迭代算法的核心思想是针对同一个训练集训练不同的分类器(弱分类器),然后把这些弱分类器集合起来,构成一个更强的最终分类器(强分类器)。其算法本身是通过改变数据分布来实现的,它根据每次训练集之中每个样本的分类是否正确,以及上次的总体分类的正确率来确定每个样本的权值。将修改过权值的新数据集送给下层分类器进行训练,最后将每次训练得到的分类器融合起来,作为最后的决策分类器。

Ada Boost 迭代算法其实是一个简单的弱分类算法提升过程,这个过程通过不断的训练提高对数据的分类能力。整个过程如下所示。

(1)先通过对 N 个训练样本的学习得到第一个弱分类器。

(2)将分错的样本和其他的新数据一起构成一个新的 N 个的训练样本,通过对这个样本的学习得到第二个弱分类器。

(3)在每一轮迭代中,加入一个新的弱分类器,直到达到某个预定的足够小的错误率或达到预先指定的最大迭代次数才确定最终的分类器。

(4)最终经过提升的强分类器,即某个数据被分为哪一类要通过多数表决。

对于 Ada Boost 算法,存在两个问题:①如何调整训练集,使得在训练集上训练的弱分类器得以进行；②如何将训练得到的各个弱分类器联合起来形成强分类器。

针对以上两个问题，解决的办法是：①使用加权后选取的训练数据代替随机选取的训练样本，这样将训练的焦点集中在比较难分的训练数据样本上；②将弱分类器联合起来，使用加权的投票机制代替平均投票机制。让分类效果好的弱分类器具有较大的权重，而分类效果差的分类器具有较小的权重。

二、无监督学习典型算法

（一）k 均值聚类

k 均值聚类算法（k-means clustering algorithm）是一个聚类算法，把 n 个分类对象根据它们的属性分为 k 类（$k<n$）。它与处理混合正态分布的最大期望算法相似，因为它们都试图找到数据中的自然聚类中心。它假设对象属性来自空间向量，并且目标是使各个群组内部的均方误差总和最小。

从算法的表现上来说，它并不保证一定得到全局最优解，最终解的质量很大程度上取决于初始化的分组。该算法的速度很快，因此常用的一种方法是多次运行 k 均值聚类算法，选择最优解。

该算法的缺点是，分组的数目 k 是一个输入参数，不合适的 k 可能返回较差的结果。另外，该算法还假设均方误差是计算群组分散度的最佳参数。

（二）Apriori 算法

Apriori 算法是一种挖掘布尔关联规则频繁项集的算法，核心是基于两阶段频集思想的递推算法。该关联规则在分类上属于单维、单层、布尔关联规则。在这里，所有支持度大于最小支持度的项集称为频繁项集，简称频集。

Apriori 算法所使用的前置统计量包括：

（1）最大规则物件数：规则中物件组所包含的最大物件数量。

（2）最小支援：规则中物件或是物件组必须符合的最低案例数。

（3）最小信心水准：计算规则所必须符合的最低信心水准门槛。

该算法的基本思想是：首先找出所有的频集，这些频集出现的频繁性至少和预定义的最小支持度一样；其次由频集产生强关联规则，这些规则必须满足最小支持度和最小可信度；最后使用第 1 步找到的频集产生期望的规则，产生只包含集合的项的所有规则，其中每一条规则的右部只有一项。一旦这些规则被生成，那么只有那些大于用户给定的最小可信度的规则才被留下来。为了生成所有频集，可以使用递推方法。

可能产生大量的候选集，以及可能需要重复扫描数据库，是 Apriori 算法的两大缺点。

（三）Page Rank 算法

Page Rank 是 Google 算法的重要内容，2001 年 9 月被授予美国专利，专利人是 Google 创始人之一拉里·佩奇（Larry Page）。

Page Rank 算法根据网站的外部链接和内部链接的数量和质量衡量网站的价值。Page Rank 算法的思想是每个到页面的链接都是对该页面的一次投票，被链接得越多，就意味着被其他网站投票越多。这就是"链接流行度"——衡量多少人愿意将他们的网站和你的网站建立链接。

假设一个由 4 个网页组成的群体：A, B, C 和 D。如果所有页面都只链接至 A，那么 PR(A) = PR(B) + PR(C) + PR(D)。假设 B 链接到 A 和 C，C 只链接到 A，并且 D 链接到全部其他的 3 个页面。每个页面总共只有一票，B 给 A 和 C 每个页面半票。以同样的逻辑，D 投出的票只有三分之一算到了 A 的 PageRank 上，即 $PR(A) = \frac{PR(B)}{2} + \frac{PR(C)}{1} + \frac{PR(D)}{3}$。

因此，对于页面 A，它的 PR 值为

$$PR(A) = (1-d) + d\left(\frac{PR(T_1)}{C(T_1)} + \cdots + \frac{PR(T_n)}{C(T_n)}\right) \tag{4.32}$$

其中，PR(A) 表示页面 A 的 PR 值；$PR(T_i)$ 表示页面 T_i 的 PR 值，在这里，页面 T_i 表示指向 A 的所有页面中的某个页面；$C(T_i)$ 表示页面 T_i 的出度，也就是 T_i 指向其他页面的边的个数；d 表示阻尼系数，其意义是在任意时刻，用户到达某页面后并继续向后浏览的概率。

本 章 习 题

1. 请简述数据挖掘的定义、流程。
2. 分别从监督学习和无监督学习中找一类算法的实例应用进行举例说明。
3. 支持向量机有哪些优缺点？
4. 试述真阳率（TPR）、假阳率（FPR）与查准率（P）、查全率（R）之间的联系。
5. 试述错误率与 ROC 曲线的联系。
6. 请阐述一元线性回归模型具有哪些使用条件。
7. 试述梯度下降法的算法详细过程。
8. 过拟合问题产生的原因有哪些以及解决过拟合的办法有哪些？
9. 请简述 Sigmoid 函数、tanh 函数、ReLU 函数这三种激活函数的优缺点。
10. 请阐述 C4.5 的基本概念，以及其相比于 ID3 改进的地方。

第五章

文本挖掘与情感分析

本章要点：
(1) 文本挖掘的基本原理。
(2) 文本挖掘的过程和工具。
(3) 文本情感分析的常用方法与基本流程。

学习要求：

理解文本挖掘的概念；理解文本挖掘的不同应用场景，并了解文本挖掘的过程及其中涉及的主要任务；理解文本情感分析的概念与应用；了解文本情感分析的常用方法与基本流程。

第一节 文本挖掘概述

一、什么是文本挖掘

"知识就是力量"，知识来源于数据和信息。美林公司（Merrill Lynch）和高德纳公司（Gartner）联合进行的一项调查表明，85%的企业数据是以无序的方式收集储存的。同时，这些杂乱无章的数据每18个月增长一倍。在现实世界中，可获取的大部分信息是以文本形式存储在文本数据库中的，由各种数据源的大量文档组成，如新闻文档、研究论文、书籍、数字图书馆、电子邮件和Web页面。若企业能够高效且有效地挖掘文本数据背后的资源，就能够做出更好的决策。

（一）文本挖掘的定义

文本挖掘（text mining）由Feldman和Dagan（1995）首次提出，是指从非结构化的文本文档中发现、抽取、提炼出用户感兴趣的、重要的模式或知识的半自动化处理过程，它可被看作数据挖掘或数据库知识发现的延伸。

Kodratoff（1999）对文本挖掘的定义是从大型文本数据集中获取事先未知的、正确的、潜在有用的并最终可理解的知识的过程，同时运用这些知识更好地组织信息以便将来参考。

借鉴 Quek（1997）对 Web 挖掘的定义，给出文本挖掘的定义：文本挖掘是指从大量文本的集合 C 中发现隐含的模式 P。如果将 C 看作输入，将 P 看作输出，那么文本挖掘的过程就是从输入到输出的一个映射 $\mathcal{F}: C \rightarrow P$。

（二）文本挖掘的特点

（1）文本挖掘处理的是大规模的文本集合，而不是一个或少量的自然语言文本。由于文本数据的特点，文本挖掘算法的复杂度在时间和空间上是多项式的，并且应具有很强的鲁棒性。

（2）文本挖掘发现的知识是隐藏在大量文本中的，是新的、以前未知的。抽取的知识是具有潜在价值的，是直接可用的，或者是某个特定用户感兴趣的，或者对于解答某个特定问题是有用的。

（3）文本挖掘处理那些本来就模糊而且非结构化的文本数据。从技术上说，文本挖掘是个多学科交叉的研究课题，包括数据挖掘、机器学习、统计学、自然语言处理、信息检索、信息抽取、可视化技术、数据库技术等。

文本挖掘致力于从文本数据中发现新的事实和知识，在文本的"大山"中探测并采掘有价值的"金矿"。文本挖掘最大的价值来自潜藏于电子形式中的大量文本数据。利用文本挖掘技术处理企业大量的文本数据，将给企业带来巨大的商业价值。另外人们对文本挖掘感兴趣的原因还在于：人们有时候并不知道他们到底要找什么，而挖掘能够从数据库中抽取出许多有用的信息。同时，由于文本信息的飞速增长，文本挖掘已经成为信息管理、数据分析领域的研究热点。当前研究和应用热点大语言模型是一种更复杂、更智能的文本挖掘。

二、文本挖掘与其他领域挖掘的关系

（一）文本挖掘与数据挖掘

数据挖掘（data mining）技术是当前数据技术发展的重要领域，文本挖掘是从数据挖掘发展而来，是数据挖掘的一个分支。任何信息都可以看作一类数据，因此其定义与数据挖掘的定义相类似。数据挖掘是从有结构的数据库中鉴别出有效的、新颖的、可能有用的并最终可理解的模式。在这个有结构的数据库中，分类的、顺序的或者连续型变量构建起记录，数据在这些记录下进行组织。文本挖掘与数据挖掘的共同之处在于：它们都试图从大量的信息中抽取模式。

文本挖掘其独特之处主要表现在：文本挖掘所依据的文档本身是半结构化或非结构化的，无确定形式并且缺乏机器可理解的语义，如 Word、PDF、文本文档摘录、XML 文件等；而数据挖掘的对象以数据库中的结构化数据为主，并利用关系表等存储结构来发现知识。文本挖掘跟语言环境、生活环境都相关，数据挖掘偏重基础理论研究的模型挖掘。

文本挖掘由两个主要的步骤组成：首先把文本数据转化为结构化的数据，然后运用数据挖掘技术和工具从结构化数据中提取相关信息和知识。

（二）文本挖掘与信息检索

信息检索的目的是帮助用户寻找满足他们需求的信息，用户用一组关键词来表达检索意图，系统返回给用户一组包含这些关键词的文档。在信息检索中没有"产生"新的信息，而文本挖掘的目的是从文本数据中发现和产生新的知识。它将文本集合看作知识库，而不是简单地看作多个文本的集合。它检查文本集合中的每一个文本，抽取文本信息，然后提出关于新知识的假设，并验证它。

文本挖掘提供给用户的是以某种形式（可视化图表、子句等）表示的关系、模式、规则、趋势等知识，而不是文档本身。这些知识通常没有包含在任何一个单独的文档中，而是隐藏在多个文本中的、新的、以前不为人所知的、也是用户事先无法预料的知识。

文本挖掘与信息检索也是有联系的，在文本挖掘中往往通过检索工具来收集文本数据，而文本挖掘技术可以提高检索工具的效率，如文本聚类技术可以改善索引数据库、术语关联的产生可以帮助实现查询扩展等。

（三）文本挖掘与信息抽取

信息抽取的研究目标是从文本中抽取出一些特定的、令人感兴趣的信息，一般来说，抽取出来的信息被填充到一个预先定义好的带有若干个属性槽的模板中。信息抽取过程中抽取出的信息往往是文本中的片段，没有产生新的信息。另外信息抽取之前必须由用户预先定义好模板，用户的信息需求是明确的。通常，信息抽取针对的是一组类似文本，这样才能保证信息抽取的效率。而文本挖掘是从大规模的文本集合（可能由各种形式的异质文本组成）中发现新的、用户事先未知的知识。

信息抽取是文本挖掘的重要步骤，在进行挖掘（发现知识）之前，可以从文本数据中抽取出结构化的文本信息。

（四）文本挖掘与自然语言处理

自然语言处理是文本挖掘中的一个重要组成部分，是人工智能和计算语言学的一个分支。自然语言处理研究"理解"人类语言问题，将人类语言描述（如文本文档）转化为计算机程序更容易处理的、更加形式化（以数字和符号数据的形式）的表示。自然语言处理的目标是超越文法驱动的文本处理（通常称为"单词计数"），考虑语法、语义约束和上下文，真正理解和处理自然语言。

从本质上来讲，自然语言处理是文本挖掘的基础，做好自然语言处理能够更有效地设计出文本挖掘的应用算法。自然语言处理顾名思义更侧重于语言学，涉及词汇、语义、语法等方面的知识；而文本挖掘更侧重于技术手段，包括算法时间复杂性、算法空间复杂性、基于网络的应用、数据的存储等方面的内容。

三、文本挖掘的应用

文本挖掘中最重要、最基本的应用是实现文本的分类和聚类。文本挖掘在信息检索、文档分类、新闻话题检测、关联推理等方面有着广泛的应用。

（一）信息检索

搜索引擎的搜索算法的优劣对搜索结果的准确性和时效性有很大的影响。互联网中的内容有很多是以文本形式存在的，如新闻网站中的新闻内容、贴吧论坛中用户发表的内容、博客微博中用户发表的内容，以及互联网上大量的论文文献等。怎样对这些文本数据进行检索也是一个很重要的研究领域。基于文本挖掘技术的信息检索，不同于传统的根据文本的题目或论文的关键字进行检索，它是基于文本内容的检索，可以从海量的文本中提取更全面且更有价值的信息，还可从文本内容中提取出更多隐含的信息，这有助于提高检索的性能和效率。

（二）文档分类

互联网中具有海量的、日益增加的文档数据。如何对这些文档进行分类也是文本挖掘技术重要的应用之一。文档分类的应用包括：文章分类、邮件分类等。

文章分类一般是多标签分类，将不同领域的文章分到不同的类别，以方便用户查找和使用。邮件分类一般是二元分类，由于现在邮件使用广泛，用户会收到很多没用的广告邮件，对邮件进行分类可以将用户不想收到的垃圾邮件滤除掉，从而提高效率和使用友好性。除了垃圾邮件分类，也可以在对电子邮件进行文本挖掘以后，确定由哪个部门、哪个人来处理这些电子邮件，并且可以根据电子邮件的内容进行相关统计。

文档分类是许多组织中十分烦琐而又非常重要的工作，文本挖掘可以帮助组织对成千上万的文档实现有效的管理。

（三）新闻话题检测

互联网和移动互联网下的新媒体发展迅速，人们了解新闻热点的方式在很大程度上已经从传统的报纸杂志转向网上报道。人们在互联网上可以方便、快捷地发表自己的看法和评论。文本挖掘技术可以分析处理评论、检测热点信息、了解最近的舆论导向，并对危险言论及时给予纠正和处理，维护社会稳定。

（四）关联推理

在数据挖掘中，关联推理是通过对数据之间的关系的挖掘得到表面上不相关的数据之间潜在的关联，或者对现有数据的分析得到数据在未来时间的发展趋势，然后进行预测。文本挖掘中的关联推理是通过文本内容的挖掘，从而对文本中事物存在的潜在关系进行推理。

例如，在计算机的故障修复中，遇到问题时去网上寻找解决方法，通过对这些网上文本进行分析处理得到故障的解决方法；在生物医学领域，文本挖掘可以通过对医学文献的处理分析，得出不同疾病间的联系以及疾病病症与基因之间的联系等，为医学检测与治疗提供重要的资料参考和辅助决策。

第二节 文本挖掘过程

文本挖掘的过程如图 5.1 所示，开始是文本源，最终结果是用户获得的知识模式，以及可视化的知识。收集的文本源可能包含文本文档、XML 文件、电子邮件、网页等。除了可用的文本数据外，音频数据也能通过语音识别算法被转录，成为文本数据源的一部分。

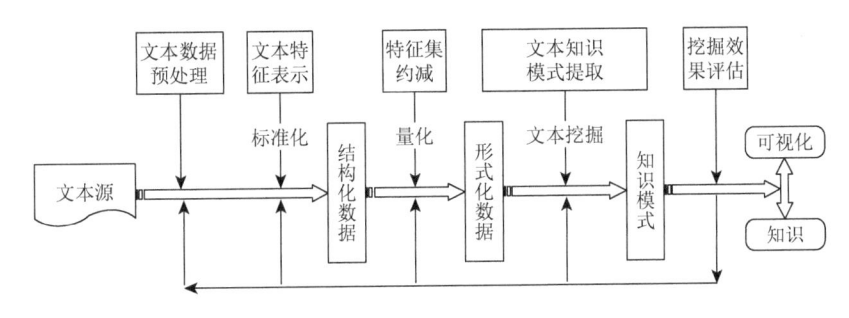

图 5.1 文本挖掘过程示意图

文本挖掘一般经过文本数据预处理、文本特征表示、特征集约减、文本知识模式提取、挖掘效果评估五个阶段。在完成文本数据搜集之后，即可按照上述五个阶段开始挖掘任务。

一、文本数据预处理

与传统的数据库中的结构化数据相比，文档具有有限的结构，或者根本就没有结构，即使有些具有一定的结构，也还是着重于排版格式，而非文档的内容，且没有统一的结构，因此需要对这些文本数据进行预处理。此外文档内容是使用自然语言描述，计算机难以直接处理其语义。

文本预处理是文本挖掘过程中至关重要的一步，它直接影响到分类、聚类、关联规则等后期文本挖掘的效果。其中文本过滤、文本分词、去除停用词是较为常规的操作，也是文本预处理的核心内容。

（一）文本过滤

文本信息除了纯文字，还包括图片、视频、网页的 URL（uniform resource locator，统一资源定位符）链接、标点符号、数字和英文字母等非文字信息，类似"http:www.******.com""（）＿＋，./＜＞？$"等。这些非文字信息通常没有实际含义，因而在文本挖掘过程没有作用，反而还会产生干扰，比如链接等字符会影响文本分词的准确性等。因此，需要采用正则表达式匹配等方式，过滤掉这些无用干扰信息，精简文本，从而提高待挖掘文本的质量。

★ 文本过滤——删除非中文、特殊符号等

- 从因特网上抓取的文本中大多夹杂着图片链接、视频链接等，社交文本还有"@、#"等特殊符号，这些符号在文本中起着辅助功能，但在特定的文本挖掘任务，如情感分析研究中没有实际意义。若不进行处理，可能会增加运算复杂度，甚至会影响情感分析准确度。
- 一般处理方法：编写正则表达式匹配http链接等，将匹配到的字符串替换为空字符串。

| @我的好友九寨沟的湖别有景致，五彩斑斓，令人流连忘返。只有亲临其境，才能感受这种美妙！ | —删除非中文、特殊符号等→ | 九寨沟的湖别有景致，五彩斑斓，令人 流连忘返。只有亲临其境，才能感受这种美妙！ |

（二）文本分词

1. 中文分词技术

中文语句是由具有文本意义的实词和辅助构成句子语法的虚词组成的。中文分词就是上述过程的逆过程，是文本挖掘和自然语言处理的重要基础和关键技术之一。在英文表达中，有空格作为单词间的天然分隔符；而在中文表达中，除了明确地以逗号或句号来分割语句表达之外，并不存在明确意义上的词之间的分隔符，"词"和"词组"边界模糊，因而中文分词技术和英文分词技术存在明显差异，且相较于英文分词技术而言，中文分词技术具有更大的难度和更高的挑战性。

★ 分词

- 常用中文分词系统有：Lucence的中文分词、庖丁分词、北理工NLPIR[①]汉语分词、结巴分词、哈工大LTP[②]。

| 九寨沟的湖别有景致，五彩斑斓，令人流连忘返。只有亲临其境，才能感受这种美妙！ | —分词处理→ | 九寨沟 的 湖别 有 景致，五彩斑斓，令人 流连忘返。只有 亲临其境，才能 感受 这种 美妙！ |

在所有与自然语言处理相关的研究领域中，中文分词都是信息获取后的第一步工作。随着计算机技术的飞速发展，中文分词技术也有了长足的进步，目前主流的文本分词算法主要由三大类组成：基于统计、基于词库、基于理解的分词技术。

---

① natural language processing & information retrieval，自然语言处理与信息检索。
② lexicalized tree parsing，词汇树分析。

基于统计的分词算法是统计相邻字在大规模语料库中共现的概率，并计算它们的互信息值（mutual information，MI），如果 MI 值超过预设阈值时，可认为该相邻的字能组成词的可能性非常高。

基于词库的分词算法是将需要分析的语句与已有词库进行逐条扫描匹配。如果能找到相同的词条，那么可以切分匹配出的词。按照扫描方向划分，有正向匹配和逆向匹配两类；按照词语具有的汉字个数不同又细分为最大匹配和最小匹配两种。两种分类方式通过排列组合可得四种匹配算法，而较为常见的是正向最大匹配法和逆向最小匹配法。

基于理解的分词算法是通过程序模拟人脑对句子的识别和理解，属于人工智能与专家系统领域范畴。基于理解的分析，需要储备大量的语言知识和信息。

这三种分词算法具有不同的特点和适用场景，在实际应用环境中应该根据实际需求选用对应的分词算法。由于汉语言本身的复杂性，很难确切地说某种分词算法是最好的，也很难通过单一的一种算法正确地、彻底地分词。一个成熟的中文分词系统通常融合了多种算法才达到较好的效果。

2. 分词常用的工具

简单的英文分词不需要任何工具，通过空格和标点符号就可以分词了，而进一步的英文分词，可使用 NLTK（natural language toolkit，自然语言处理工具包）。对于中文分词，目前常用的中文分词系统有：中国科学院的中文分词系统 ICTCLAS[①]、哈工大分词系统 LTP、Lucene 的中文分词系统、庖丁分词、结巴分词（Jieba）等。

3. 中文分词的难点

尽管当前这些中文分词系统已经相当成熟，但仍无法完全解决中文分词过程中存在的歧义和未登录词识别难题。

歧义是指针对同一句话，按不同的理解，分词的结果可能出现多种情况。歧义可以通过上下文环境或者增加语义、语用知识等方法来处理，也存在部分真歧义的情况难以解决。解决歧义已是一大难点，但更难的是如何选择最优方式处理歧义、如何判断已正确地解决了歧义问题。虽然英文也存在歧义问题，但是情况较少，而且不影响单词切分，但中文由于其语法、使用习惯等因素，歧义情况较多。

未登录词，即指那些未被收录于字典中的词，如中外人名、地名、简称、网络新词等，无论是哪种未登录词都很难处理。同时，未登录词数量庞大，又无相应的识别规范，且随着社会的快速发展和变迁，其数量逐年增加，识别的难度也随之增加。如何识别未登录词也是目前中文分词系统的一个重要研究方向。

在实际的中文分词过程中，我们往往需要构建自定义分词词典，以尽可能减少上述问题带来的不准确分词。

---

① Institute of Computing Technology，Chinese lexical analysis system，计算机研究所汉语词法分析系统。

（三）去除停用词

停用词（stop words）是指对情感分类没有实际作用却又频繁出现的无用词，比如英文的"I""am""this"，中文的"你""我""那么"之类的高频词，以及其他如"吗""呢""于""也""会"之类的虚词。因此，在分词处理之后，需要进一步通过比对停用词表来去除这些无用词，以达到降低特征空间维度、减少分类运算复杂度的目的。

停用词表最早是由语言学专家通过其语言学知识主观判断得到的，目前也有通过机器学习的方法自动构建停用词表。尽管目前已有较为成熟的通用中文停用词表，但是若直接应用在特定领域上，可能会给后续自然语言理解和分析带来负面影响。

因而，在实际处理的过程中，通常采取在已有的中文停用词表的基础上，进一步对其扩充和完善。目前，已存在不少中文停用词词库，如哈工大停用词词库、百度停用词词库"。

◆ 去除停用词

- 不同的语料库应根据相应的语料文本特征设置不同的停用词表。在网络文本中，某些符号在文本挖掘的特定任务，比如文本情感分析中起着重要作用，应避免将其加入停用词表。

| 九寨沟 的 湖 别 有 景致，五彩斑斓，令人流连忘返。只有 亲临其境，才能 感受 这种 美妙！ | —去除停用词→ | 九寨沟 湖 别 有 景致 五彩斑斓 令人 流连忘返 亲临其境 才能 感受 美妙 |

二、文本特征表示

文本特征指的是有关文本的元数据，分为描述性特征，如文本的名称、日期、大小、类型等，以及语义性特征，如文本的作者、机构、标题、内容等。

文本特征表示的任务就是在文本分词等预处理的基础上，将文本信息转化为结构化形式。不同的文本挖掘任务可以采用不同的文本特征表示模型，目前，较常用的文本表示模型主要有：向量空间模型（vector space model）、潜在主题模型（latent topic model）、词向量表示模型（Word2Vec）。

（一）向量空间模型

向量空间模型，又称"词袋"（bag of words）模型，于1975年由Salton、Wong和Yang提出的，其主要的思想是：将每一个文本（document）表示为向量空间的一个向量（vector），向量空间中的每一个维度对应一个不同的特征项/词条（term），而每一个维的数值就是对应的特征项在文本中的权重（weight），即给定一个文本集合 $D=\{d_1,d_2,\cdots,d_n\}$，文本 d_i 可以表示为 $V_{d_i}=((t_1,w_1),(t_2,w_2),\cdots,(t_m,w_m))$，其中 $t_j(j=1,2,\cdots,m)$ 为文本 d_i 中的特征项，w_j 为 t_j 的权重，因而也作 $V_{d_i}=(w_{j1},w_{j2},\cdots,w_{jm})$，如图5.2所示。

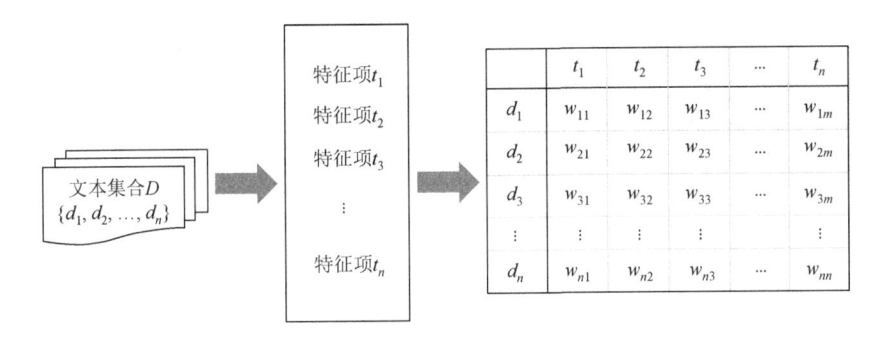

图 5.2 向量空间模型构造过程图

基于匹配模型是最简单的确定特征项权重的方式，即，若该特征项出现在文档中，则权重值设为 1，若不出现，权重值设为 0。此法虽简单易行，但有着明显的缺点：出现次数悬殊的词语却拥有相同的权重。于是，有关研究人员提出了一种基于词频统计的模型，直接统计词在文本中出现的次数叫作绝对词频，词频经过归一化之后叫作相对词频，即把统计后的频数归一化处理后的值作为该特征项的权重值。目前基于词频统计的模型主要运用 TF-IDF（term frequency-inverse document frequency，词频-逆向文档频率）等方法来确定特征项的权重值。

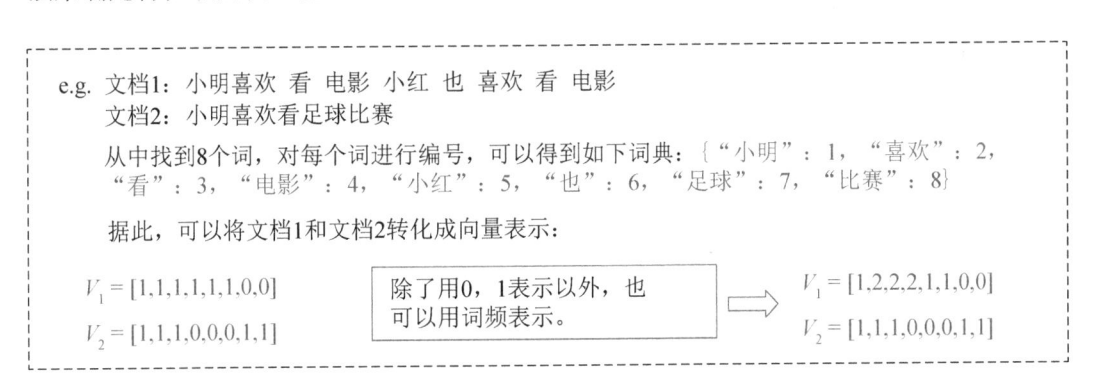

e.g. 文档1：小明 喜欢 看 电影 小红 也 喜欢 看 电影
文档2：小明喜欢看足球比赛

从中找到8个词，对每个词进行编号，可以得到如下词典：{"小明"：1，"喜欢"：2，"看"：3，"电影"：4，"小红"：5，"也"：6，"足球"：7，"比赛"：8}

据此，可以将文档1和文档2转化成向量表示：

$V_1 = [1,1,1,1,1,1,0,0]$

$V_2 = [1,1,1,0,0,0,1,1]$

除了用0，1表示以外，也可以用词频表示。

$V_1 = [1,2,2,2,1,1,0,0]$

$V_2 = [1,1,1,0,0,0,1,1]$

向量空间模型表示方法简单，易于处理，是目前较为常用的文本表示模型之一。但是，用向量空间模型表示文档时，文本特征向量的维数往往达到数十万维，即使经过去除停用词表中的停用词以及应用 ZIPF 法则[①]删除低频词，仍会有数万维的特征。而且针对短文本的表示，由于短文本数据多是零散的、高噪声的和碎片化的信息，而向量空间模型的表示忽略特征项出现的顺序以及语法和句法，不保留语义信息，从而使得特征维度稀疏，带来维数灾难。

（二）潜在主题模型

为了解决空间向量模型的维数灾难和语义缺失的问题，研究者们提出了潜在主题模

[①] ZIPF 法则，也称齐夫定律，指在自然语言的语料库里，一个单词出现的频率与它在频率表里的排名成反比。

型。其主要思想是：将文本，尤其是社交类短文本，看成多种主题的混合分布，通过分析文本特征项的主题分布概率，用低维度的"文档-主题"和"主题-词"的向量空间表示来代替原来的高维稀疏的"文档-词"的表示。常见的潜在主题模型主要有潜在语义分析模型、概率潜在语义分析模型和潜在狄利克雷分布模型三种。

1. 潜在语义分析模型

潜在语义分析模型和传统向量空间模型一样使用向量来表示词和文档，并通过向量间的关系（如夹角）来判断词及文档间的关系；不同的是，潜在语义分析模型将词和文档映射到潜在语义空间，从而去除了原始向量空间中的一些"噪声"，提高了信息检索的精确率。潜在语义分析模型的基本思想就是把高维的文档降到低维空间，那个空间被称为潜在语义空间。这个映射必须是严格线性的而且是基于"词项-文档"矩阵的奇异值分解。

在向量空间模型中，文档被表示成由特征词出现概率组成的多维向量，这种方法的好处是可以将查询和文档转化成同一空间下的向量计算相似度，也可以给不同词项赋予不同的权重，广泛应用在文本检索、分类、聚类问题中。然而，向量空间模型无法处理一词多义和一义多词问题，例如同义词也分别被表示成独立的一维，计算向量的余弦相似度时会低估用户期望的相似度；而某个词项有多个词义时，始终对应同一维度，因此，计算的结果会高估用户期望的相似度。

潜在语义分析模型中的潜在语义分析，是要找出词在文档和查询中真正的含义，也就是潜在语义，从而解决上节所描述的问题。具体说来就是对一个大型的文档集合使用一个合理的维度建模，并将词和文档都表示到该空间，比如有2000个文档，包含7000个索引词，潜在语义分析模型使用一个维度为100的向量空间将文档和词表示到该空间，进而在该空间进行信息检索。而将文档表示到此空间的过程就是奇异值分解和降维过程。

基于奇异值分解，可以构造一个原始向量矩阵的低秩逼近矩阵，具体的做法是将"词项-文档"矩阵做奇异值分解，如图5.3所示。

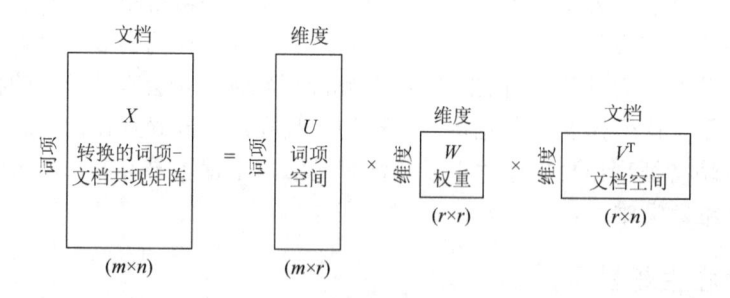

图5.3 矩阵奇异值分解示意图

潜在语义分析模型的核心就是通过奇异值分解的方式降维，选取前几个比较大的奇异值所对应的特征向量，以去除文档中的"噪声"，也就是无关信息（比如词的误用或不相关的词偶尔出现在一起），语义结构逐渐呈现。相比传统向量空间，潜在语义空间的维度更小，语义关系更明确。但存在的缺陷是忽略了词的出现顺序，无法解决一词多义的问题。

2. 概率潜在语义分析模型

托马斯·霍夫曼（Thomas Hofmann）于 1998 年根据似然原理定义了生成模型并由此提出了概率潜在语义分析模型（probabilistic latent semantic analysis，PLSA）。PLSA 是一种利用概率生成模型对文本集合进行话题分析的无监督方法。模型最大的特点是用隐变量表示话题，整个模型表示文本生成话题，话题生成单词，从而得到单词-文本共线数据的过程。

在 PLSA 模型里面，话题其实是一种单词上的概率分布，每一个话题都代表着一个不同的单词上的概率分布，而每个文档又可以看成话题上的概率分布。每篇文档就是通过这样一个两层的概率分布生成的，这也正是 PLSA 提出的生成模型的核心思想。

PLSA 通过下面这个式子对 d 和 w 的联合分布进行了建模：

$$P(w,d) = \sum_z P(z)P(d|z)P(w|z) = P(d)\sum_z P(z|d)P(w|z) \tag{5.1}$$

该模型中的 z 是需要事先给定的一个超参数。需要注意的是，上面这个式子里面给出了 $P(w,d)$ 的两种表达方式，在前一个式子里，d 和 w 都是在给定 z 的前提下通过条件概率生成出来的，它们的生成方式是相似的，因此是"对称"的。在后一个式子里，首先给定 d，然后根据 $P(z|d)$ 生成可能的话题 z，然后再根据 $P(w|z)$ 生成可能的单词 w，由于在这个式子里面单词和文档的生成并不相似，所以是"非对称"的。

图 5.4 给出了 PLSA 模型中非对称形式的盘子表示法（plate notation）。其中 d 表示一篇文档，z 表示由文档生成的一个话题，w 表示由话题生成的一个单词。在这个模型中，d 和 w 是已经观测到的变量，而 z 是未知的变量（代表潜在的话题）。

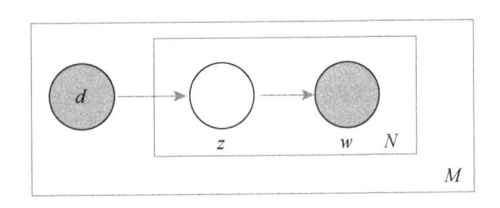

图 5.4 PLSA 模型定义的文档生成过程示意图

PLSA 模型存在两个缺陷：第一，对于一个新的文档而言，我们无法得知它对应的 $P(d)$ 究竟是什么，因此尽管 PLSA 模型在给定的文档上是一个生成模型，它却无法生成新的未知的文档；第二，随着文档数量的增加，$P(z|d)$ 的参数也会随之线性增加，这就容易导致模型的过拟合问题。

3. 潜在狄利克雷分布模型

潜在狄利克雷分布模型则在概率潜在语义分析模型的基础上通过设置两个参数

α 和 β 分别为"文档-主题"分布和"主题-词"分布增加狄利克雷先验分布，如图 5.5 所示。

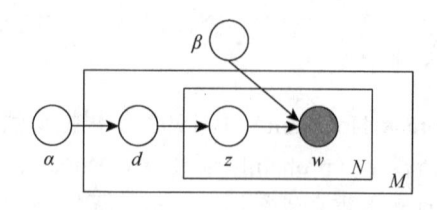

图 5.5　潜在狄利克雷分布模型定义的文档生成过程示意图

从图 5.5 可知潜在狄利克雷分布模型的联合概率为

$$p(d,z,w|\alpha,\beta) = p(d|\alpha)\prod_{n=1}^{N} p(z_n|d) p(w_n|z_n,\beta) \tag{5.2}$$

潜在狄利克雷分布模型比概率潜在语义分析模型更具有鲁棒性，同样能够有效解决同义词和一词多义的问题，潜在狄利克雷分布模型的建模比潜在语义分析模型和概率潜在语义分析模型更为复杂。

潜在主题模型有效地解决了向量空间模型的维数灾难和语义缺失的问题。这类模型巧妙地扩展了特征项的语义信息，降低了短文本特征矩阵的稀疏性，也降低了噪声干扰。但是其缺点是构建过程复杂、花费时间长。

（三）词向量表示模型

词向量表示模型是一种文本的深度学习表示模型，其目的是将文本的语义融入表达中，并将文本表示为低维稠密的向量。词向量模型的理论基础是 Harris 在 1954 年提出的分布式假说，即上下文相似的词，其语义也相似。1957 年，Firth 进一步对 Harris 提出的分布式假说做了明确阐述，即词的语义由其上下文决定。2013 年，Google 正式开源 Word2Vec，其利用深度学习的思想，通过神经网络算法来训练语言模型，通常每个词的维度 N 设定为 50 或 100。Word2Vec 可以在获取语境信息的同时压缩数据规模。

Word2Vec 实际上是两种方法：连续词袋模型（continuous bag of words，CBOW）和连续跳字模型（Skip-Gram）。CBOW 是根据上下文来预测当前词语的概率，如图 5.6 所示；而 Skip-Gram 是根据当前词语来预测上下文的概率，如图 5.7 所示。

这两种方法都利用神经网络作为分类算法，最初，每个单词都是一个随机 N 维向量（例如，一个词可以表示成 N 维向量[0.792, −0.177, −0.107, 0.109, 0.542, ⋯]，其中每个维度用一个实数值表示）。经过训练之后，该算法利用 CBOW 或者 Skip-Gram 方法获得了每个单词的最优向量。

与潜在主题模型相比，Word2Vec 利用了词的上下文，语义信息更加丰富，能够对短文本有更好的语义表征效果，如图 5.8 所示。但在实际应用过程中，词向量的训练会受到语料、模型、参数的影响。

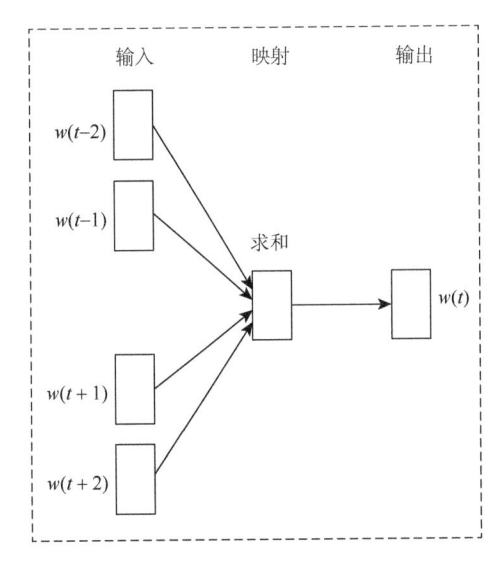

图 5.6 CBOW 的训练过程示意图

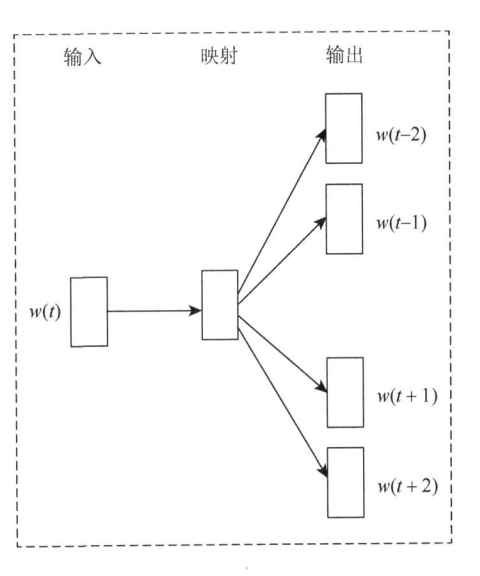

图 5.7 Skip-Gram 的训练过程示意图

图 5.8 基于深度学习的文本最优向量表示的结构

三、特征集约减

特征集约减的目的有三个：①为了提高程序效率，提高运行速度；②数万维的特征对文本分类的意义是不同的，一些通用的、普遍存在的特征对分类的贡献小，在某个特定的类中出现的比重大、而在其他类中出现比重小的特征对文本的贡献大；③防止模型过拟合。对每一类，去除对分类贡献小的特征，筛选出反映该类的特征集合。

一个有效的特征集具备以下两个特点：①完全性，确实体现目标文档的内容；②区分性，能将目标文档同其他文档区分开来。

通常，特征子集的提取是通过构造一个特征评估函数，对特征集中的每个特征进行评估，每个特征获得一个评估分数，然后对所有的特征按照评估值的大小进行排序，选取预定数目的最佳特征作为特征子集。文本特征选择中的评估函数是从信息论中延伸出来的，用于给各个特征词条打分，很好地反映了词条与各类之间的相关程度。常用的评估函数有文档频率、信息增益、互信息、基于卡方统计、期望交叉熵、文本证据权等。

本书介绍最常用的三种方法。

1. 文档频率

文档频率（document frequency，DF）是指在整个文档集合中，含有特征项 T 的文档出现的频率。主要思想是：先统计包含指定特征项的文档数量，再计算该文档数量占训练集中全部文档的比重。将特征项的 DF(T) 值与预设的阈值进行比较，若 DF(T) 值小于阈值，则特征项 T 将被剔除；通过这种方法 DF 较大的特征项将被优先取样。DF 适用于规模大但要求不高的分类任务。

2. 信息增益

在特征筛选的过程中，计算信息增益值是衡量特征项重要程度的方法之一，它反映了特征项在文档中出现与否，以及对文本分类的影响。某个特征项 T 的信息增益值越大，说明它对文本分类的贡献就越大，就应选择此特征项 T 作为文本分类的特征。信息增益（information gain，IG）的计算公式如下：

$$\mathrm{IG}(T) = H(C) - H(C|T) \tag{5.3}$$

$$H(C) = -\sum_{i=1}^{n} P(C_i) \log_2 P(C_i) \tag{5.4}$$

$$H(C|T) = -P(T)\sum_{i=1}^{n} P(C_i|T) \log_2 P(C_i|T) - P(\bar{T})\sum_{i=1}^{n} P(C_i|\bar{T}) \log_2 P(C_i|\bar{T}) \tag{5.5}$$

其中，$H(C)$ 表示信息熵；$H(C|T)$ 表示信息条件熵；n 表示类别的个数；C_i 表示第 i 个文本类别；T 表示文本中的一个特征项；$P(C_i)$ 表示类别为 C_i 的文本概率；$P(T)$ 表示使用了特征项 T 的文本概率；$P(\bar{T})$ 表示没有使用特征项 T 的文本概率；$P(C_i|T)$ 和 $P(C_i|\bar{T})$ 分别表示使用特征项 T 前后的条件下文本属于类别 C_i 的概率。

3. 互信息

互信息法的主要思想是：如果特征项 T 在类别 C 的文本中使用概率高，而在非 C 类文本中使用概率低，那么特征项 T 与类别 C 的文本的互信息值较大，应该提取特征项 T 作为文本分类的特征依据，即根据特征项 T 与类别 C 的共线概率来衡量二者的相关性。因而，特征项 T 和任意类别 C_i 的 MI 计算公式如下：

$$\mathrm{MI}(T,C_i) = \log \frac{P(T|C_i)}{P(T)} = \log \frac{P(T,C_i)}{P(T) \times P(C_i)} \tag{5.6}$$

其中，$P(T|C_i)$ 是条件概率，表示在文本类别为 C_i 的前提条件下，使用特征项 T 的文本概率；$P(T,C_i)$ 是联合概率，表示使用了特征项 T 且类别为 C_i 的文本概率；$\mathrm{MI}(T,C_i)$ 表示特征项 T 和类别 C_i 的互信息，当该值大于 0 时，说明特征项 T 和类别 C_i 成正相关，即包含特征项 T 的文本可能属于类别 C_i，反之，当该值小于 0，说明特征项 T 和类别 C_i 负相关，即包含特征项 T 的文本可能不属于类别 C_i。

四、文本知识模式提取

文本经过特征表示与特征约减，就可以利用机器学习方法来实现面向特定应用目的的知识模式的提取，通常是进行文本分类和文本聚类等。

（一）文本分类

文本分类是指根据带有类别的样例文本集合，找出一个分类函数或分类模型（分类器），根据该函数或模型可以把其他文本映射到一个已有类别中，从而实现文本的自动分类。这样，用户不但能够方便地浏览文档，而且通过分类限制搜索范围使得文档的查找更为容易。

文本分类系统的任务是：在给定的分类体系下，根据文本的内容，自动地确定文本关联的类。从数学角度来看，文本分类是一个映射的过程，它将未标明类别的文本映射到已有的类别中，该映射可以是一对一映射，也可以是一对多的映射，因为通常一篇文本可以同多个类别相关联。

文本分类是一类有监督的机器学习问题，一般分为训练和分类两个阶段，具体过程如下。

训练阶段：

（1）获取训练文本集 $D = \{d_1, d_2, \cdots, d_i, \cdots, d_n\}$。训练文本集由一组经过预处理的文本特征向量组成，每个训练文本有一个类别标记 c_i，类别集合 $C = \{c_1, c_2, \cdots, c_i, \cdots, c_n\}$ 事先确定。

分类阶段：

（2）选择分类方法并训练分类模型。文本分类方法有统计方法、机器学习方法、神经网络方法等。统计训练集 D 中所有文档的特征向量 $V(d_i)$，确定代表 C 中的每个类别的特征向量 $V(c_j)$。

（3）用训练好的分类模型对其他待分类文本进行分类：计算测试文档集合$T = \{t_1, t_2, \cdots, t_k, \cdots, t_m\}$的特征向量$V(t_k)$与每个$V(c_j)$之间的相似度。

（4）根据分类结果评估分类模型：选取相似度最大的一个类别作为t_k的类别。

（二）文本聚类

文本聚类是指将文档集合分成若干个簇，要求同一簇内文档的内容相似度尽可能大，而不同簇间的相似度尽可能小，从而发现整个文档集合的整体分布。它与文本分类的不同之处在于，聚类没有预先定义好的主题类别，因此文本聚类是一类无监督的机器学习问题。

有许多不同的方法可以用来实现文本聚类。以下是一些常见的文本聚类方法。

k均值聚类：是一种常用的聚类算法，它将文本数据划分为k个簇，每个簇由其内部的文本样本相似性定义。k均值聚类通过最小化每个簇内文本与该簇内部中心的平方距离来进行聚类。

层次聚类（hierarchical clustering）：这种方法构建一个层次结构，通过逐步合并或分割簇来形成树状结构。层次聚类可以是凝聚的（自下而上）或分裂的（自上而下）。

基于密度的噪声应用空间聚类（density-based spatial clustering of applications with noise，DBSCAN）：是一种基于密度的聚类算法，可以识别任意形状的簇，并能够识别噪声点。它将文本数据划分为高密度区域和低密度区域。

谱聚类（spectral clustering）：基于文本数据的图表示，通过分析数据的谱结构来进行聚类。它在处理非凸形状的簇时表现较好。

均值漂移（mean shift）：是一种基于密度的非参数聚类算法，通过寻找概率密度函数的局部最大值来找到聚类中心。它在不需要预先指定簇数的情况下进行聚类。

近邻传播（affinity propagation）：是一种基于消息传递的聚类算法，通过模拟数据点之间的"消息传递"来找到聚类中心。它自动确定簇的数量。

用于识别聚类结构的排序点（ordering points to identify the clustering structure，OPTICS）：与DBSCAN类似，OPTICS是一种基于密度的聚类方法，但它不需要预先设定密度阈值，并可以识别不同密度的簇。

隐含狄利克雷分布（latent Dirichlet allocation，LDA）：是一种概率模型，主要用于主题建模。虽然它通常用于文档主题建模，但也可以用于文本聚类，将文本分配给不同的主题。

自编码器（autoencoder）：这是一种基于神经网络的无监督学习方法，可以用于学习文本数据的紧凑表示，从而进行聚类。

这些方法在不同的情境和数据集中表现出不同的性能，选择合适的方法通常依赖于具体的应用需求和数据特征。在实际应用中，可能需要尝试多种算法，以找到最适合特定任务的聚类方法。

以层次聚类算法为例，文本聚类的处理过程如下。

对于给定的文档集合$D = \{d_1, d_2, \cdots, d_i, \cdots, d_n\}$，层次聚类算法的具体过程如下。

(1)将文档集合 D 中的每个文档 d_i 看作一个具有单个成员的簇 $c_i = \{d_i\}$，这些簇构成了 D 的一个聚类 $C = \{c_1, c_2, \cdots, c_i, \cdots, c_n\}$；计算 C 中每对簇 (c_i, c_j) 之间的相似度 $\text{sim}(c_i, c_j)$。

(2)选取具有最大相似度的簇对 $\text{argmax}(c_i, c_j)$，其中 $c_i, c_j \in C$，并将 c_i 和 c_j 合并为一个新的簇 $c_k = c_i \cup c_j$，从而构成了 D 的一个新的聚类 $C' = \{c_1, c_2, \cdots, c_k, \cdots, c_{n-1}\}$。

(3)重复上述步骤，直至剩下一个簇为止。

层次聚类算法能生成层次化的嵌套簇，而且准确度较高。但是，由于在每次合并时，都需要全局地计算簇之间的相似度，所以，运行速度较慢，不适于大量文档的集合。

平面划分法与层次聚类的区别在于，它将文本集合水平地分割为若干个簇，而不是生成层次化的嵌套，对于给定的文档集合 $D = \{d_1, d_2, \cdots, d_n\}$，平面划分法的具体过程如下。

(1)确定要生成簇的数目 k。

(2)按照某种原则生成 k 个群集中心作为群集的种子 $S = \{s_1, s_2, \cdots, s_n\}$。

(3)对 D 中的每个文档 d_i，依次计算它与各个种子 s_j 的相似度 $\text{sim}(d_i, s_j)$。

(4)选取具有最大相似度的种子 $\underset{c_i, c_j \in C}{\text{argmax}}\,\text{sim}(d_k, s_j)$，并将 d_i 划归到以 s_j 为群集中心的簇 c_j，从而构成了 D 的一个新的群集 $C = \{c_1, c_2, \cdots, c_k\}$。

(5)重复上述步骤，以得到最为稳定的群集结果。

五、挖掘效果评估

（一）评估方法

在分类器的性能评估阶段，交叉验证（cross validation）是最常用的有效方法。其主要思想是将原始数据分成两部分，一部分作为训练集（training set），另一部分作为测试集（test set）。其中，训练集用于训练模型，测试集则用于测试模型，以评估分类模型的性能。交叉验证常用的方法为 k 折交叉验证和留一法。

1. k 折交叉验证

k 折交叉验证是指把原始数据分成 k 组。其中 k–1 组作为训练集训练出一个模型，然后剩下的一组用作测试集验证模型。上述过程重复 k 次，最终利用这 k 个模型的平均正确率来衡量模型的正确率。通常，$k = 5$ 或 10。

2. 留一法

留一法，首先将原始数据分为 n 组（n 为原始数据的总个数），因而每组仅包含一项数据，这样每次就只选择了一项作为验证数据，其余 n–1 组数据均用于训练。重复这个步骤直到原始数据中的每一项都被当作一次验证数据。留一法，实际上是一种特殊的 k 折交叉验证。

（二）评价指标

对不同模型的精度进行评价和比较，是模型设计的最后阶段，目前普遍使用的标准评价指标为：正确率、精确率、召回率和 F1 值。

对于一个二值分类问题，分类目标只有两类，正例（positive）和负例（negative），但是实际中分类时，会出现四种情况，如表 5.1 所示的混淆矩阵。

表 5.1 二值分类混淆矩阵

		预测类别		
		正例	负例	总计
实际类别	正例	TP	FN	P（实际为正例）
	负例	FP	TN	N（实际为负例）
	总计	P'（预测为正例）	N'（预测为负例）	$P+N$

TP（true positive）是指实际为正例，且被分类模型预测为正例的样本数；FP（false positive）是指实际为负例，但被分类模型预测为正例的样本数；FN（false negative）是指实际为正例，但被分类模型预测为负例的样本数；TN（true negative）是指实际为负例，且被分类模型预测为负例的样本数。根据上述混淆矩阵可以计算如下评价指标。

1. 正确率

正确率是被正确预测的样本数除以所有的样本数，通常来说，正确率越高，分类器越好。

$$\text{Accuracy} = \frac{TP+TN}{P+N} \tag{5.7}$$

2. 精确率

精确率是以预测结果为导向，用于表示预测结果为正例的样本中，预测正确的比重，因此，需要考虑到两种情况，一是预测结果为正例，且样本实际也为正例（TP），另一种是预测结果为正例，但样本实际却为负例（FP）的情况。

$$\text{Precision} = \frac{TP}{TP+FP} \tag{5.8}$$

3. 召回率

召回率是以原始样本为导向，用于表示原始样本中的正例被正确预测为正的比重，因而，同样有两种情形需要考虑，一是实际样本为正例，预测结果也为正例（TP），另一种是实际样本为正例，结果却被误预测为负例（FN）的情况。

$$\text{Recall} = \frac{TP}{TP+FN} \tag{5.9}$$

4. F1 值

F1 值（F1-score）是精确率和召回率的调和平均值，更接近于 Precision、Recall 两个数较小的那个。

$$F1\text{-score} = \frac{2 \times \text{Precision} \times \text{Recall}}{\text{Precision} + \text{Recall}} \tag{5.10}$$

第三节 文本挖掘工具

目前市面上较为主流的商业文本挖掘工具，针对其不同点的简要分析比较见表 5.2。

表 5.2 十款商业文本挖掘工具简介

工具名称	提供商	工具简介	试用期
Intelligent Miner for Text	IBM	挖掘结果展现能力较强，系统具有可扩展性，但是缺乏统计方法，限制了其本身的数据挖掘能力。在连接除 DB2 以外的数据库时，需要安装中间件。图形界面不友好且操作复杂。适合专业人员	60 天，过后使用需要购买
Text Miner	SAS	算法齐全。360 度数据视图展示。提出 SEMMA[①]Sample explore modify model Assess 方法论。用户界面灵活良好，但是操作复杂，分析结果难以理解，适合专业人员	租赁式
Text Mining	IBM SPSS	提出 CRISP-DM[②]方法论。图形界面非常友好，易于操作。支持脚本功能，应用领域广泛而且维护和升级成本较低。但是缺少最新的统计方法，而且分析结果与其他软件的交互性较弱	免费使用
Intelligent Data Operation Layer（智能数据操作层）Server	Autonomy	基于贝叶斯概率论和香农信息论。工具性能较高，支持 SOA[③]，提供完全可配置的监控。但是系统的维护与管理缺乏相应的图形化应用界面，且工作过程中没有相关报告输出	购买使用
Darwin	Oracle	通过 ODBC[④]访问数据，提供 wizard 引导用户构建模型。可扩展性较高，模型能作为 C、C++和 Java 代码导出并集成于其他应用，用户界面友好，但是工具的适用面窄，市场份额较小；数据展示需要额外的工具，交互性较差	免费使用
SQL Server	Microsoft	基于 OLAP[⑤]，利用数据源系统对数据进行清洗、转换和加载。挖掘功能集成于 SQL Server 系列产品中，易于使用。但是由于算法不足，解决问题有限，只适合小型业务	180 天
Theme Scape	Cartia	同样是以专利文档为基础数据，通过标准的文本挖掘流程，生成强大的主题（词汇）地形图。拥有高级神经网络技术和统计分组技术。系统响应速度较快，分析结果交互性强	网站提供演示版本
方正智思	北大方正研究院	支持二次开发，具有良好的可扩展性。框架设计灵活，功能模型相对独立	免费使用
TRS 文本挖掘软件	北京拓尔思（TRS）信息技术有限公司	基于统计原理的自动分类和基于语义规则的规则分类、自动过滤、政治常识校对以及标准的文本挖掘技术。系统性能较高，文本分析速度快	免费使用

---

① SEMMA 是抽样（sample）、探索（explore）、修订（modify）、建模（model）和评估（assess）的英文首字母缩写。
② CRISP-DM（cross-industry standard process for datamining），即跨行业数据挖掘标准流程方法论。
③ service-oriented architecture，面向服务的架构。
④ open database connectivity，开放数据库互联。
⑤ online analytical processing，联机分析处理。

目前开源文本挖掘较多，但大部分工具由于其固定的算法只适用于特定的场景，应用范围较窄，与其相关的文献资料极少，以下仅对五款较具有普适性的主流开源工具进行简要概述，如表 5.3 所示。

表 5.3　五款开源文本挖掘工具的简介

工具名称	工具开发者	开发语言	工具 URL
Weka	新西兰怀卡托大学	C/C++	http://www.cs.waikato.ac.nz/ml/weka/index.html
Gate	谢菲尔德大学自然语言处理研究小组	Java	http://gate.ac.uk/
Orange	斯洛文尼亚卢布尔雅那大学计算机与信息科学学院人工智能实验室	C++	http://orangedatamining.com/download/#windows
OpenNLP	Apache	Java	http://incubator.apache.org/opennlp/
LIBSVM	台湾大学林智仁团队	JAVA、MATLAB、C#、Ruby、Python、R、Perl 等	http://www.csie.ntu.edu.tw/~cjlin/libsvm/

大部分商业文本挖掘工具都对多语言、多格式的数据提供了良好的支持，而且数据的前期处理功能都比较完善，支持结构化、半结构化和完全非结构化数据的分析处理。开源文本挖掘工具一般会有自己固有的格式要求，国外开源文本挖掘工具对中文的支持欠佳，而且大部分的开源工具仍然停留在只支持结构化和半结构化数据的阶段。商业文本挖掘工具的分类、回归、聚类和关联规则算法普遍都较开源文本挖掘工具齐全，包含了目前主流的算法，只是每个工具在算法的具体实现上存在差异。

第四节　文本情感分析

一、文本情感分析的概述

情感分析是一种特殊的文本分类。文本情感分析研究始于 20 世纪 90 年代，也称为观点分析或意见挖掘，是指利用文本挖掘技术和自然语言处理技术，对自然语言文字中表达的观点、喜好以及与感受和态度等相关的信息进行识别、抽取、分析和分类的过程。

文本情感分析工作就是通过分类、聚类等手段，挖掘巨大的文本数据源中蕴含的观点和情感信息。在早期的互联网中，网民多在 BBS 的不同板块主题下发表内容或者留言。而如今，社交媒体、在线评论和个人博客/微博的兴起、流行与广泛应用，开启了人类个性化表达的新时代，人们可以"随时、随地、随性"表达对突发新闻、公共事件或产品服务的观点和情感。因而，文本情感分析工作具有非常重要的现实意义：通过情感分析的机制，商家可以很方便地了解客户对商品和服务的满意程度。

此外，通过对社交媒体上的文字进行情感分析，可以得到社会舆论对社会上热点事件的态度，政府的政策制定者可以通过分析社交网站上的对热点社会事件的评论，来对已有的政策进行调整，也为制定新政策提供重要参考。通过监测论坛上的极端主义者的言论，也可以预防严重犯罪的发生。而在预测选举方面，也可以通过情感分析的机制收集信息并进行预测。

二、文本情感分析的分类

常用的有以下三种分类，如图 5.9 所示。

```
                          ┌─ 词语级
              按照处理文本的粒度 ┼─ 句子级
              │                └─ 篇章级
              │
              │                ┌─ 基于产品评论的情感分析
文本情感分析的分类 ┼ 按照处理文本的类别 ┤
              │                └─ 基于新闻热点事件评论的情感分析
              │
              │                ┌─ 情感抽取                      ┌─ 主客观分类（主观/客观）
              └ 按照研究的任务类型 ┼─ [情感分类] ──────────→    ┼─ 极性分类（积极/消极/中立）
                               └─ 情感检索                      └─ 细粒度分类（4类或7类）
```

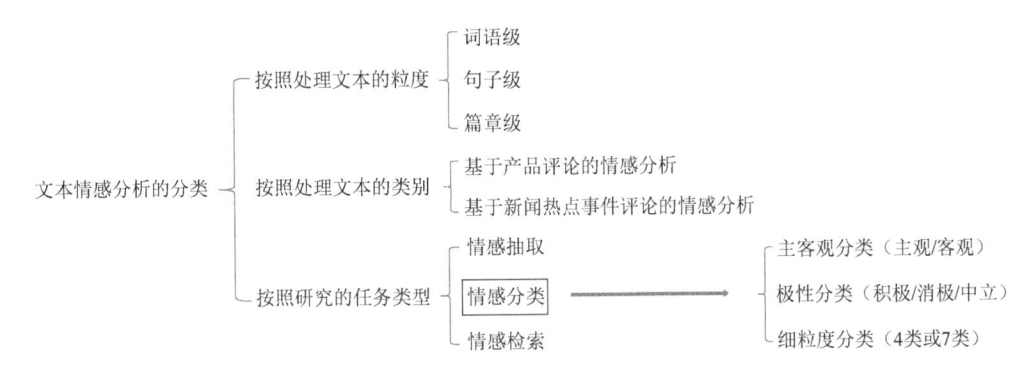

图 5.9 文本情感分析的不同分类结构图

1. 按照处理文本的粒度划分

根据处理文本的粒度，文本情感分析分为词语级、句子级、篇章级三级研究层次。词语级的情感分析主要针对词或短语进行情感极性或倾向性判别，但该过程往往忽略了上下文语境，导致难以处理一词多义的情景。句子级的情感分析研究是将句子作为独立的情感分析对象，其主要任务是首先辨别句子的主客观性，其次对主观句进行情感极性判断，有时甚至也需要与情感抽取任务相结合。篇章级的情感分析研究则是指提炼出整篇文档所表达的情感基调，通常会将情感分为积极、消极或中立。

2. 按照处理文本的类别划分

根据处理文本的类别划分，文本情感分析又可分为基于产品评论的情感分析和基于新闻热点事件评论的情感分析。产品评论的情感分析大都是语句级别的，由于评论的主题通常为一款产品的名称，评论的持有者即使用产品的用户，因此，针对产品评论的情感分析任务重点是提取产品的特征以及相对应的情感描述词。

3. 按照研究的任务类型划分

根据研究的任务类型划分，文本情感分析可分为情感抽取、情感分类和情感检索三类递进的工作。情感抽取任务是后二者工作的基础，主要是识别词或词组的情感角色，包括：识别情感的表达者，识别被评价对象，识别情感描述词等。按客观程度分，主要有以下两种情感分类任务：一种是主客观文本的二元分类；另一种是主观文本的情感分类，包括最常见的极性分类（积极/消极/中立）以及更细致的多元分类（喜、怒、哀、乐等）。情感检索任务则是指首先查询出带有情感信息的海量文本，其次根据主题相关度和情感倾向性对查询结果进行排序，使得最终的查询所得的文本既表现出指定的情感倾向，又符合与主题相关这一要求。

三、文本情感分析的应用

现在自然语言理解中的文本情感分析技术在信息检索、社交网络、舆情监控、推荐系统中有着广泛的应用。下面以商品评论分析、网络舆情分析和信息预测为例进行介绍。

1. 商品评论分析

这是目前情感分析技术使用最频繁的一个应用。现在电子商务发展迅速，越来越多的民众喜欢在网上进行购物，商品评论的文本数量正在迅速增加，这里面蕴含着大量有商业价值的用户偏好信息。对商品评论信息进行挖掘与分析，可以让潜在消费者了解其他消费者对某种商品的态度倾向分布；可以让生产商或销售商了解消费者对其商品和服务的反馈信息，从而改进产品，改善服务，赢得竞争优势。

2. 网络舆情分析

舆情分析主要是分析民众对热点事件或新闻事件的看法。现在最具代表性的舆情平台就是博客、微博。由于用户更多地参与到信息生产中，越来越多的具有个人观点性的内容出现在博客、论坛等网络媒体上。这些在线表述的内容对于了解民众对新闻人物和新闻事件的总体评价，掌握当前的舆情信息，特别是热点事件的舆情信息有着重要作用。

3. 信息预测

随着互联网的蓬勃发展，网络信息对人们生活的影响已经越来越不容忽视。某一个新兴事件的发生或者网络上对某个事件的"热议"都在很大程度上影响着人们的思维和行动。如在国外，总统或议员大选的时候，很多参选者希望通过汇总选民的网络言论来预测自己是否能够获选。因此，信息预测变得非常必要。情感分析技术可以帮助用户通过对互联网上的新闻、帖子等信息源进行分析，预测某一事件的未来状况。

四、文本情感分类的常用方法

文本情感分析是一种特殊的文本分类。文本情感分析的流程如图5.10所示。

目前，文本情感分析主要有基于情感词典的分类、基于机器学习的分类和基于深度学习的分类。

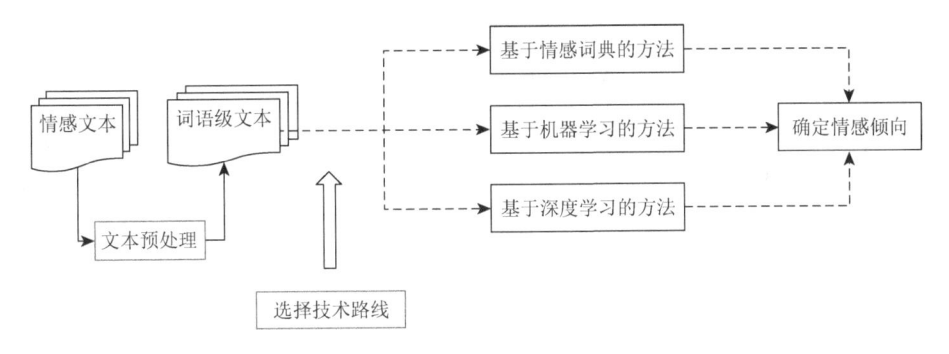

图 5.10 文本情感分析的流程示意图

（一）基于情感词典的情感分析方法

基于情感词典的文本情感分析研究流程示意图见图 5.11。先是利用已有语义词典资源构建领域词典，对待分析文本进行文本处理抽取情感词，最基本的就是通过比对情感文本中所包含的正向情感词、负向情感词，标记正、负整数值作为词语级情感值，根据词语级情感倾向计算句子级或篇章级文本的情感加权值，并通过阈值判断最终的情感倾向。

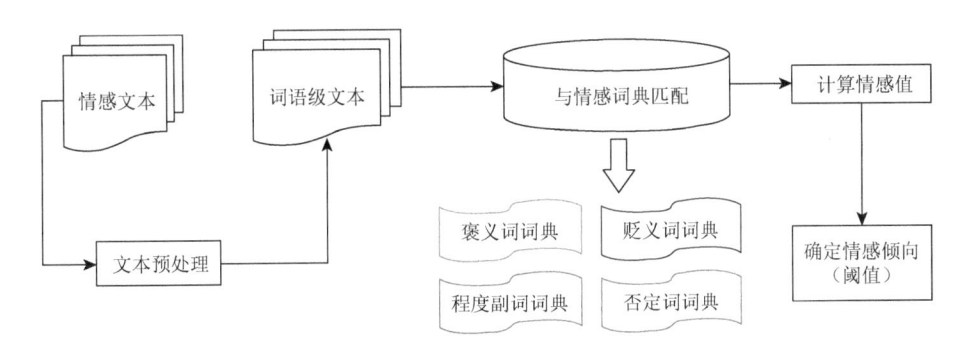

图 5.11 基于情感词典的文本情感分析研究流程示意图

> ✦ 规定情感词匹配与情感值计算规则：
> · 如果匹配词是正面情感词（如"好"），情感倾向值为 +1。
> · 如果匹配词是负面情感词（如"差"），情感倾向值为 -1。
> · 如果匹配词是情感词，且该词之前有否定词（如"不"），那么该词语的情感倾向取反[即×(-1)]。
> · 如果匹配词是情感词，且该词之前有程度副词（如"非常"），那么该词语的情感倾向值乘以不同程度权重值（比如非常：×4）。
>
> 这个相机拍照效果<u>不</u>好，整体性能<u>非常</u>差。 ⟹ 情感倾向值为 -1×1 + 4×(-1) = -5（消极）

该方法需要规模较大且质量较高的情感词典，最终情感分类效果取决于情感词典的完善性。复杂的情况还要考虑一些特殊的词性规则、句法结构对情感判断的影响，如程度副词修饰、否定句、递进句、转折句等。

（二）基于机器学习的情感分析方法

基于机器学习的文本情感分析研究流程见图 5.12，是利用人工标注情感倾向性的文本作为训练集，提取文本情感特征，采用结构化的方式表示，通过机器学习的方法构造情感分类器，待分类的文本通过分类器进行倾向性分类。基于机器学习的方法关键在于情感特征选择、特征权重量化、分类模型。

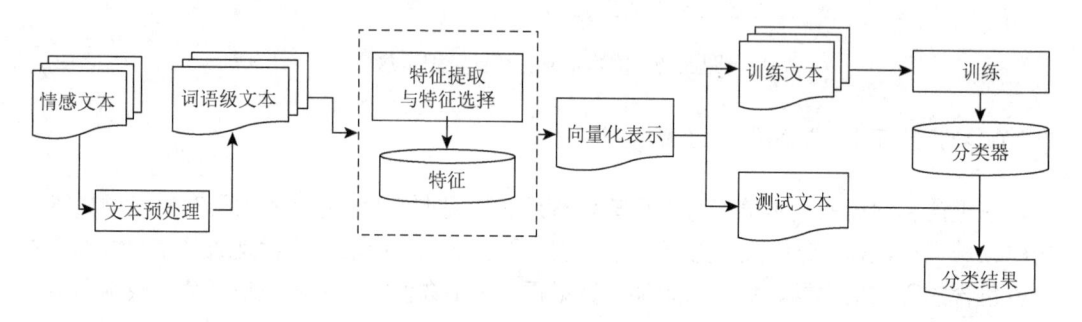

图 5.12 基于机器学习的文本情感分析研究流程示意图

常用的情感分类特征包括情感词、词性、句法结构、否定表达模板、连接、语义话题等。而特征选择主要有基于信息增益、基于卡方统计、基于文档频率等方法。特征权重量化方式包括：布尔权重、词频、反文档频率（IDF）、词频-反文档频率、熵权重等。常用的分类器模型包括：朴素贝叶斯、支持向量机、k 近邻、最大熵、人工神经网络等。

Pang 等（2002）对比了朴素贝叶斯、最大熵和支持向量机这三种机器学习算法对电影评论的分类效果，结果发现支持向量机的分类效果最好，并且对不同的输入特征，正确率在 81%～83%。谢丽星等（2012）提出了基于支持向量机的层次结构的多策略情感分析方法，分析过程分为两步：首先选取与主题无关的特征训练支持向量机模型，其次选取与主题相关的特征训练支持向量机模型，用于进一步提高情感分类的效果。

以上两类情感分析方法各有所长，其优缺点总结见表 5.4，在实际的应用过程中，可根据对分析结果精度的要求进行具体选择。

表 5.4 基于词典和基于机器学习的方法的优缺点

	基于词典的方法	基于机器学习的方法
关键	词典的构建，规则和阈值的确定	特征的选择与量化，分类模型的选择
优点	方法简单，便于词语级别的情感分析；不需要人工标记原始样本数据	方法扩展性好，研究结果显示基于机器学习的情感分析结果正确率高
缺点	结果依赖于情感词典的规模和质量；对不同领域的语料分析时，需要不断更新扩充词典	结果依赖训练数据集的规模和质量；有监督机器学习依赖于人工标注的质量，标注成本高，且可能存在样本倾斜问题

(三) 基于深度学习的情感分析方法

基于深度学习的方法是近几年兴起的一类方法，该类方法通过词语分布式向量表示复合得到句子或段落的分布式向量表示，然后将句子或段落的分布式向量表示应用于文本情感分析中。

深度学习所使用的神经网络特别适合文本处理。它能够很好地在自然语言文本中识别高维度结构，适合用在含有噪声，并且有着难以理解的结构和不断变化的属性的文本数据中。随着卷积神经网络在计算机视觉领域的成功应用，将改进后的卷积神经网络用于文本情感分析任务，也取得了不错的分类性能。

Kim（2014）提出的用于文本情感分析的卷积神经网络模型为四层网络结构：①输入层（input layer），该网络模型的输入为按照文本中词语的顺序排列的词向量，这些词向量可以随机赋值也可以通过大量无标注语料预先训练得到；②卷积层（convolutional layer），通过多个卷积过滤器来发现输入文本中相邻多个词之间的局部特征；③池化层（pooling layer），该层用来得到卷积层中最重要的特征，并且保证对于不同长度的输入文本能够有相同长度的特征输出；④分类层（classify layer），该层为全连接的 Softmax 层，其输出为输入文本在各个类别标签上的概率分布。

五、人工智能生成内容

（一）自然语言处理

自然语言处理是一门涉及计算机科学、人工智能和语言学的交叉学科领域。它的目标是使计算机能够理解、处理和生成人类自然语言，使计算机能够像人类一样与自然语言进行交互。

自然语言处理涉及处理和分析以自然语言（如英语、中文等）形式表达的文本数据。这些文本数据可以是书籍、文章、对话、社交媒体上的帖子、新闻报道等。自然语言处理的应用范围非常广泛，包括但不限于以下几个方面。

（1）文本分类和情感分析：将文本数据分为不同的类别，如垃圾邮件过滤、情感分析等。

（2）机器翻译：将一种语言的文本翻译成另一种语言。

（3）信息检索：根据用户的查询，从大量文本数据中检索相关信息，如搜索引擎。

（4）语音识别：将说话者的语音转换成文本形式。

（5）问答系统：回答用户提出的问题，提供准确的答案。

（6）文本摘要：将长篇文章或文档自动压缩成简洁的摘要。

（7）语义分析：理解文本中的语义关系和含义。

（8）机器人和智能助手：实现智能对话和语音交互的机器人和智能助手。

自然语言处理是一项具有挑战性的任务，因为自然语言具有多义性、模糊性和语法结构复杂等特点。近年来，随着深度学习和大数据技术的发展，自然语言处理取得了显著的进展，尤其是引入了大型语言模型，如 GPT[①]和 BERT[②]，它们在自然语言处理任务上取得了令人瞩目的成果。

（二）大语言模型

大语言模型（large language model）是一类强大的自然语言处理模型，它们采用深度神经网络来学习大规模文本数据中的语言规则和语义信息。这些模型通常是基于预训练的方式得到的，即在大量的无监督文本数据上进行预训练，然后在具体的任务上进行微调或者直接应用。

1. 大语言模型的特点

大规模：这类模型通常需要使用大规模的文本数据进行预训练。预训练阶段的数据规模越大，模型所学习到的语言知识就越丰富。

预训练-微调：大语言模型采用两阶段学习方式，首先，在大规模文本数据上进行预训练，以获取通用的语言知识，然后，在具体任务上进行微调，针对特定任务进行优化，使得模型能够更好地适应具体任务。

自注意力机制：大语言模型常常采用 Transformer 架构，其中自注意力机制是关键组成部分。自注意力机制使得模型能够自动捕捉输入文本中的长距离依赖关系，从而更好地理解上下文信息。

生成能力：大语言模型在生成文本方面具有很强的能力。它们可以自动生成连贯、合理的文本，包括文章、对话、问题回答等。

2. 大语言模型的应用

会话式聊天机器人：大语言模型可以用于构建智能的会话式聊天机器人，能够与用户进行自然、流畅的对话。

语言翻译：这类模型可以用于翻译任务，将一种语言的文本转换成另一种语言，帮助用户跨越语言障碍，进行跨语言交流。

文本摘要：大语言模型可以用于生成文本摘要，将长篇文章自动压缩成简洁的摘要，方便用户快速了解内容要点。

问答系统：这类模型在问答系统中应用广泛，可以回答用户提出的问题，提供准确的答案。

内容生成：大语言模型可用于生成各种文本内容，如文章、故事、新闻等，对内容创作有很大的帮助。

值得注意的是，虽然大语言模型在自然语言处理任务中表现出色，但其庞大的规模和高计算成本使得它们对计算资源要求较高。

[①] generative pre-trained Transformer，生成式预训练 Transformer 模型。
[②] bidirectional encoder representation from Transformers，基于 Transformer 的双向编码。

（三）ChatGPT

ChatGPT 是 OpenAI 公司开发的一个基于自然语言处理的模型，它是一种强大的自然语言生成模型。

1. ChatGPT 的原理

ChatGPT 是一个预训练的深度神经网络模型，是使用无监督学习方法在大规模语料库上进行预训练而得到的。预训练是指在大量文本数据上通过自我学习获取模型的语言知识。在预训练过程中，GPT 学习了丰富的语言规则、语法结构和词汇语义。

GPT 采用了 Transformer 架构，它引入了自注意力机制来处理输入序列中的依赖关系，从而使得模型可以更好地捕捉长距离的语义联系。

2. ChatGPT 的应用

会话式聊天机器人：ChatGPT 可以用于构建智能的会话式聊天机器人，能够与用户进行自然、流畅的对话。它可以应用于客户服务、智能助手等领域，提供实时的问题解答和用户支持。

语言翻译：ChatGPT 可以用于翻译任务，将一种语言的文本转换成另一种语言，帮助用户跨越语言障碍，进行跨语言交流。

内容生成：ChatGPT 可以用于生成文本内容，比如自动生成文章、故事、新闻摘要等。这在一些内容创作场景中非常有用。

语言理解与生成：ChatGPT 还可以用于语言理解和生成任务，如问答系统、文本摘要、语义搜索等。

情感分析：ChatGPT 可以用于情感分析，判断文本中蕴含的情感倾向，这在社交媒体监控、舆情分析等方面具有重要价值。

总的来说，ChatGPT 是一种极具潜力的自然语言处理模型，它的强大的语言生成和理解能力使其在各种应用场景中都有广泛的应用前景。

（四）人工智能生成内容

人工智能生成内容是指利用人工智能技术和算法，让计算机能够自动产生各种形式的文本、图像、音频等内容，而不需要人类的直接干预。这种生成是基于大量的训练数据和先进的深度学习模型，使计算机能够从数据中学习并模拟人类创造内容的过程。

以下是人工智能生成内容的几个常见应用。

文本生成：人工智能可以自动生成各种类型的文本，包括文章、新闻、对话、诗歌、小说等。大型语言模型如 GPT 和 BERT 在文本生成方面具有出色的表现，能够生成连贯、富有逻辑的语言文本。

图像生成：人工智能可以根据给定的描述或概念，生成相应的图像。生成对抗网络是常用的图像生成方法，它可以生成逼真的图像。

音乐生成：人工智能在音乐创作方面也有广泛的应用。它可以自动作曲，生成音乐片段，甚至可以根据情感和风格生成音乐。

视频生成：人工智能可以生成视频内容，包括图像序列、视频剪辑等。这在视频生成、视频增强等领域有应用价值。

语音合成：人工智能可以生成自然流畅的语音，使得计算机可以通过语音与用户进行交互。

虽然人工智能生成内容在许多领域都取得了令人瞩目的进展，但是目前这些生成模型仍然存在一些挑战，如生成内容的质量和多样性、避免生成内容的偏见等。因此，在应用这些技术时需要慎重考虑，并对生成的内容进行必要的筛选和审查，以确保生成的内容符合伦理和社会准则。

本章习题

1. 文本挖掘的概念及其在商业大数据领域的应用举例。
2. 文本挖掘的数据预处理有几种方法，分别适用于什么场景。
3. 汇丰银行（中国）有限公司（简称汇丰中国）看好中国的财富管理行业发展前景，从汇丰集团以及汇丰中国近期动作来看：2021年2月，汇丰集团宣布未来5年投资35亿美元，用于拓展服务团队、提升数字化服务能力和开发新产品，以加快亚洲财富管理及个人银行的业务增长，致力成为亚洲领先的财富管理机构；2022年5月，汇丰中国正式推出财富管理业务发展新策略，启动以提升本地市场服务能力为核心的全新私人银行业务模式，并重新定位"卓越理财"服务，更好地协助富裕和高净值家庭把握中国和全球市场的长期增长机遇；2023年4月，汇丰集团在中国市场正式启动"大财富管理矩阵"策略，这是外资金融机构首次加入大财富管理赛道。

选择一个文本挖掘工具，对上述这一段文本进行分词、去除停用词并做词频分析。

4. 简述挖掘效果评估的四个指标及其应用场景。
5. 列举主要的文本挖掘工具，并阐述其优缺点。
6. 简述文本情感分析的作用、方法和分类。

第六章

数据可视化

本章要点：
（1）数据可视化的用途。
（2）数据可视化的主要类型。
（3）数据可视化的常用方法。

学习要求：
了解数据可视化的概念和用途；掌握数据可视化的主要类型，学会在商业大数据分析过程中和分析结果展现时熟练地运用数据可视化方法。

第一节 数据可视化概述

一、数据可视化简介

数据可视化是利用电子表格、计算机图形学和图像处理技术，将数据转换成表格、图形、动画或图像进行展示，并进行交互处理。通过可视化，可以将不可见或直观显示的数据转换为可感知的表格、图形、符号、颜色、纹理等，增强数据的识别效率，传递有效信息。数据可视化将数据分析技术与艺术进行结合，借助表格或图形化的手段清晰有效地表达信息，辅助数据分析。一方面，数据赋予可视化以价值；另一方面，可视化增加了数据的灵活性。两者相辅相成，帮助数据分析师从信息中提取知识，从知识中收获价值。

Excel是常用的，也是入门级的数据可视化工具，是快速分析数据、简单可视化的理想工具，能够生成常用的表格和图形。可视化工具还有Tableau、Polymaps、Weka、帆软报表等。Tableau是一款企业级的数据可视化工具，可以轻松创建表格、图形和地图，可以连接数据库，呈现动态的数据变化。Polymaps是结合地图数据的可视化工具，可以创建地图风格可视化图形。Weka是一个能根据属性分类和集群大量数据的工具，能生成一些简单的图表。帆软是我国专业从事报表软件产品研发的公司，也提供了一些有力的可视化工具。

在大数据和数据科学发展背景下,数据可视化不仅仅是传统的图表,可视化本身就是数据分析的一部分,可以在动态交互式界面的支持下进行分析推理。这个过程远比传统图表意义大得多。

数据可视化历史悠久。著名的护士南丁格尔(Nightingale)运用螺旋图表形象直观地揭示了战争中士兵死亡的原因,是可视化的经典案例。在 19 世纪 50 年代的克里米亚战争期间,士兵的死亡率很高并且在不断上升。南丁格尔的医疗专业知识和医护实践经验让她发现,士兵死亡大部分源于恶劣的医疗条件。南丁格尔利用精美的数据可视化工具——极地图,揭示出大多数死亡实际上是由糟糕的医疗措施造成的。通过极地图可视化工具人们能够一目了然地看出问题的背后另有原因。

这项研究是英国皇家专门调查委员会对克里米亚战争中士兵死亡原因调查的一部分。南丁格尔与维多利亚时代的统计学先驱威廉·法尔(William Farr)一起工作,后者并不支持采用可视化的想法,但南丁格尔坚持自己的意见并积极推广这一现在非常著名的可视化形式。

二、数据可视化基本概念

数据可视化技术涉及以下几个基本概念。
(1)数据空间:是由 n 维属性和 m 个元素组成的数据集所构成的多维信息空间。
(2)数据开发:是指利用一定的算法和工具对数据进行定量的推演和计算。
(3)数据分析:是指对多维数据进行切片、切块、旋转等动作剖析数据,从而能多角度多侧面观察数据。
(4)数据可视化:是指将大型数据集中的数据以图形图像形式表示,并利用数据分析和开发工具发现其中未知信息的处理过程。

数据可视化的定义方法有以下两种。
(1)在狭义上,数据可视化与科学可视化、信息可视化、可视分析学一起,是可视化理论的重要组成部分,特指用来处理统计图形、抽象的地理信息或概念模型的空间数据。
(2)在广义上,数据可视化是科学可视化、信息可视化、可视分析学等可视学理论的泛称,其处理对象可以扩展至任何类型的数据。

可见,在狭义上,数据可视化是与科学可视化、信息可视化和可视分析学平行的概念,而在广义上数据可视化可以包含这三类可视化技术。本书主要采用数据可视化的广义定义。

1. 科学可视化

科学可视化(scientific visualization)是可视化领域最早出现的,也是最为成熟的一个研究领域。美国计算机科学家布鲁斯·麦考梅克在其 1987 年关于科学可视化的定义之中,首次阐述了科学可视化的目标和范围:"利用计算机图形学来创建视觉图像,帮助人们理解科学技术概念或结果的那些错综复杂而又往往规模庞大的数字表现形式。"

科学可视化主要关注三维现象的可视化,如建筑学、气象学、医学或生物学方面的各种系统。科学可视化的规范化、标准化程度较高，不同设计者对同一个数据的可视化方法和结果应基本相同。

科学可视化本身并不是最终目的，而是许多科学技术工作的一个构成要素。这些工作之中通常会包括对于科学技术数据和模型的解释、操作与处理。科学工作者对数据加以可视化，旨在寻找其中的种种模式、特点、关系以及异常情况；换句话说，也就是为了更好地理解数据。因此，应当把可视化看作是任务驱动型，而不是数据驱动型。

2. 信息可视化

与科学可视化相比，信息可视化（information visualization）更关注抽象且应用层次的可视化问题，一般具有具体问题导向性。信息可视化的个性化程度较高，不同设计者对同一个信息的可视化方法和结果可能不一样。信息可视化旨在研究大规模非数值型信息资源的视觉呈现。

信息可视化利用图形图像方面的技术与方法，帮助人们理解和分析数据。与科学可视化相比，信息可视化则侧重于抽象数据集，如非结构化文本或者高维空间当中的点。

根据可视化对象的不同，信息可视化可归为如下多个方向。

（1）时空数据可视化，即采用多维变量数据的可视化技术实现地理信息的可视化和时变数据的可视化等。

（2）数据库及数据仓库的可视化，即采用关系、视图、树、网络等结构可视化传统数据库、数据仓库、NoSQL 数据库、面向对象数据库存储的数据。

（3）文本信息的可视化，即采用标签云、新闻地图、文献指纹等方法可视化文本库。

（4）多媒体或富媒体数据的可视化，即采用与动画、视频、音频等相结合且支持一定交互的富媒体手段达到可视化数据的目的。

3. 可视分析学

可视分析学（visual analytics）是一门以可视交互为基础，综合运用图形学、数据挖掘和人机交互等多个学科领域的知识，并以人机协同方式完成可视化任务为主要目的的一种分析推理性学科。

就目标和技术方法而言，可视分析学与信息可视化之间存在着一些重叠。不过，大体上来说，这三个领域之间存在着如下区别。

（1）科学可视化处理的是那些具有天然几何结构的数据（比如，磁共振成像数据、气流）。

（2）信息可视化处理的是抽象数据结构，如树状结构或图形。

（3）可视分析学尤其关注的是意会和推理。

三、数据可视化的原则

数据可视化旨在借助图形化手段，清晰有效地传达与沟通信息。但是，这并不意味着数据可视化为了实现其功能用途而令人感到枯燥乏味，或者是为了看上去绚丽多彩而显得极端复杂。数据可视化的根本是有助于发现数据中隐藏的有价值的信息或知识，通过直观地传达关键的特征，从而实现对于相当稀疏而又复杂的数据集的深入洞察。

2001年，爱德华 R. 塔夫特在《数字资料的图像展示》一书中，提出了"数据-墨水比率"（data-ink ratio）。数据-墨水比率是数据墨水占整个图表墨水量的比例。低数据-墨水比率是图表中不能将数据蕴涵的意义传递给读者所使用的、没有用处的墨水，如图6.1所示；与此相对，高数据-墨水比率是可视化时将数据蕴涵的意义传递给读者所必需的墨水，如图6.2所示。

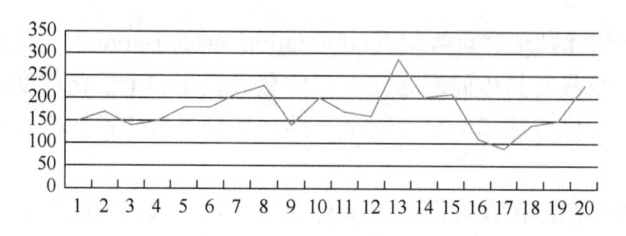

图 6.1 低数据-墨水比率图

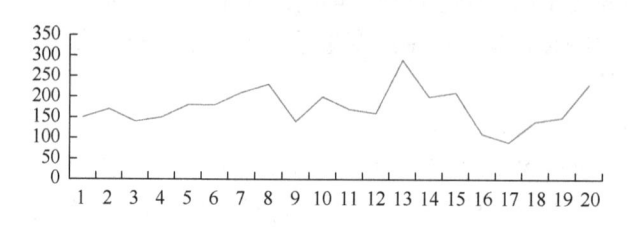

图 6.2 高数据-墨水比率图

数据-墨水比率本质上说明了绘制有效图表的基本要求是，以向用户传递信息为目的，不要浪费无意义的墨水，图标越简洁越好。

四、数据可视化的作用

数字可视化在许多领域中都具有重要作用，它可以将数据以图形的形式呈现出来，帮助人们更好地理解和分析数据。以下是数字可视化的一些主要作用。

（1）数据理解与分析。数字可视化可以将复杂的数据转化为图表、图形、热图等形式，使人们更容易理解数据的趋势、模式和关联。通过视觉化的方式，更迅速地发现数据中的规律和异常。

（2）决策支持。可视化可以帮助决策者更准确地了解问题的本质，从而做出更明智的决策。通过图表和图形，决策者可以更直观地比较选项、预测结果并权衡利弊。

（3）故事讲述。数字可视化可以将数据转化为故事性的表达方式，有助于向观众传达信息。通过逐步展示数据的变化，可以更生动地讲述一个过程或事件。

（4）沟通与共享。可视化能够将复杂的数据概念以易于理解的方式传达给他人。这对于在团队中共享发现、向非专业人士解释结果或在演示中使用都非常有用。

（5）趋势和预测。通过将历史数据转化为趋势图，更好地理解数据的演变过程。这也有助于预测未来的趋势，从而做出相应的计划。

（6）发现隐藏信息。可视化可以揭示数据中的隐藏模式、关联和趋势。有时候，这些信息可能在原始数据中不易察觉，但通过图表和图形可以更清楚地呈现出来。

（7）市场洞察。在市场营销领域，数字可视化可以帮助企业洞察消费者行为、市场趋势和竞争态势，从而指导营销策略的制定。

总之，数字可视化是一种强大的工具，可以帮助人们更好地理解数据、做出决策，并从中发现有价值的信息。

第二节 数据可视化的实现过程和方法体系

一、实现过程

数据可视化流程主要涉及问题提出及抽象、数据采集、数据处理及变换、可视化映射及用户感知等方面。

一般的数据可视化流程可以分为以下几个步骤。

（1）提出问题。首先明确研究的问题，了解需求所在。

（2）获取数据。根据实际需要采集数据，选取具有实际分析意义的数据。

（3）对采集到的数据进行处理、清洗、整合。这一过程对数据的质量提出了要求，包括数据的完整性、正确性等。对海量数据而言，未经处理的原始数据中包括了大量的低信息价值或低质量数据，需要进行清洗和整理。

（4）数据分析。对整理的数据可以进行简单的描述性分析，提取常见的数据统计特征，如均值、标准差、偏度、峰度、分位数等。进一步，利用数据挖掘、机器学习等方法模型进一步分析，得到有价值的信息或知识。

（5）可视化展现。针对不同维度、不同类型的数据，根据使用目的选择适当的图表类型、可视化方法，用可视化工具将结果进行可视化展现，准确表达信息，清晰阅读，然后可以修改图上的文字字体、颜色，添加图例等元素，使得图标更美观，达到更好的视觉效果。

二、方法体系

从方法体系看，数据可视化的常用方法可以分为三个不同层次，如图6.3所示。

1. 方法论基础

方法论基础主要是指"视觉编码方法论"。"视觉编码方法论"为其他数据可视化方法提供了方法学基础，奠定了数据可视化方法体系的理论基础。

数据可视化的本质是视觉编码。视觉编码决定了数据可视化与其他数据处理方法的根本区别。视觉编码描述的是将数据映射到最终可视化结果上的过程。采用可视化编码生成的图形应符合目标用户的视觉感知特征，能够准确刻画被可视化数据的某一（些）特征。

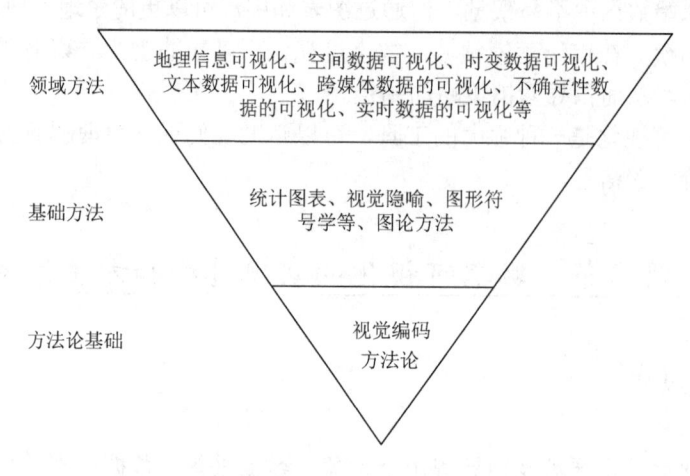

图 6.3 数据可视化的方法体系

如图 6.4 所示，从视觉编码的实现方法看，视觉编码涉及两个不同维度，即采用图形元素和视觉通道可分别描述可视化数据的质和量的特征。

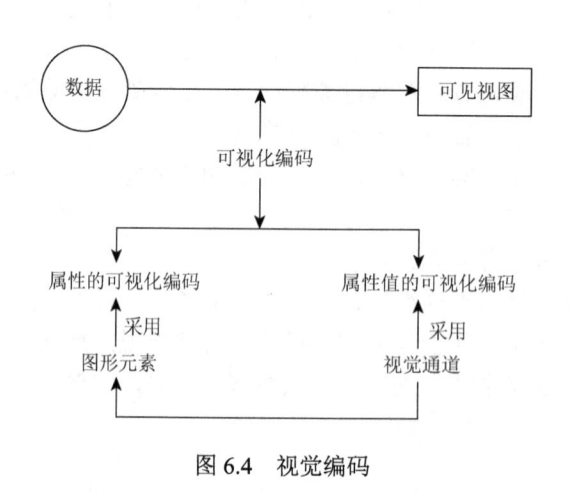

图 6.4 视觉编码

（1）图形元素：通常为几何图形元素，如点、线、面、体等，主要用来刻画数据的性质，决定数据所属的类型。

（2）视觉通道：通常为图形元素的视觉属性，如位置、长度、面积、形状、方向、色调、亮度和饱和度等。视觉通道进一步刻画了图形元素，使同一个类型（性质）的不同数据有了不同的可视化效果。

因此，在数据可视化过程中，应根据目标用户的视觉感知特征及原始数据中所需要展现的属性，选择恰当的图形元素及其视觉通道。

2. 基础方法

此类方法建立在数据可视化的底层方法论——"视觉编码方法论"的基础上，但其应用不局限于特定领域，可以为不同应用领域提供共性方法。在可视化领域常用的共性方法有统计图表、图论方法、视觉隐喻和图形符号学等。

统计图表是数据可视化最为常用的方法之一，主要用于可视化数据的某一（些）统计特征。常见的统计图表有很多，如直方图、折线图、饼状图、雷达图、散点图等。

近年来，图论方法在数据可视化，尤其是社会网络类数据的可视化中得到广泛应用，其主要原因在于图论的计算机处理方式，可以用邻接矩阵（adjacency matrix）、关联矩阵（incidence matrix）、距离矩阵（distance matrix）等方式进行数据的计算机表示，从而支持很多图论相关的复杂算法，便于处理社会关系类数据。当采用图论和矩阵论方法对社会网络数据进行预处理之后，不仅可以采用网络分析的特定方法进行关系分析（如距离分析、密度分析、桥分析、中心性分析、子群分析以及位置与角色分析），还较好地实现了原始数据、处理过程及计算结果的可视化目的。值得一提的是，以图论为基础的社会网络数据的可视化工作表现出了较强的专业化发展趋势，并已积累了独特的算法、技术和工具。社会网络分析软件，如 UCINET、Pajek、NetMiner、Structure、StOCNET、NetDraw、ClipFinder 等一般支持原始数据及其处理结果的可视化。

3. 领域方法

此类方法建立在上述可视化基础方法上，其应用往往仅限于特定领域或任务范围。与基础方法不同的是，领域方法虽不具备跨领域/任务性，但在所属领域内其可视化的信度和效度往往高于基础方法的直接应用。常见的领域方法有地理信息可视化、空间数据可视化、时变数据可视化、文本数据可视化、跨媒体数据的可视化、不确定性数据的可视化、实时数据的可视化等。

第三节 数据可视化工具

商务数据可视化处理，普遍使用的是表格和图。17 世纪著名的法国数据家笛卡儿，发明了直角坐标系。18 世纪晚期，威廉·普莱费尔发明了柱状图、折线图、饼状图等。近年来，计算机技术、多媒体和网络技术的发展，使得生成动态的、具有交互功能的可视化图表或动画成为可能，极大地促进了数据可视化的功能化、美观化和清晰化。可视化工具可以提供多样的数据展现形式，多样的图形渲染形式，丰富的人机交互方式，支持商业逻辑的动态脚本引擎等。

一、表格

一般地说，图形能够更直观地传递更丰富的信息，但是在某些场合下，表格可能更加合适。以下情况适于选择表格形式。

(1) 需要保留具体的数据资料。
(2) 需要进行不同值间的精确比较而不仅仅是相关性的分析。
(3) 数据的计量单位不同或者量级不同。

如某公司的销售收入如表 6.1 所示。如果需要了解具体的数据值，就需要采用表格的形式。

表 6.1　某公司 2012~2019 年销售收入

年份	2012	2013	2014	2015	2016	2017	2018	2019
销售收入/万元	31 649	38 760	51 321	61 330	68 518	83 101	103 874	117 253

在设计一个有效表格时，尽量遵循数据-墨水比率，以避免表格中出现不必要的墨水。尽量避免在表体中使用竖线，表体中的横线也尽量减少使用，主要用于区分表的标题和表格中的数据，和用于区分表格中的数据与汇总部分。在大型表格中，竖线或阴影对区分行和列十分有用。

如表 6.2 的三线表适合于这样的原则。在这个表格中，网格线仅用于区分开标题、数据。

表 6.2　网络剧综合情感得分

网络剧	积极情感得分	消极情感得分	中性情感得分
《你好，安怡》	23 779	−5 365	1 724
《锦心似玉》	19 440	−5 254	2 294
《玲珑》	17 113	−5 609	2 682
《暗恋·橘生淮南 2021》	34 282	−5 236	1 254
《我就是这般女子》	19 440	−5 254	2 294
《有翡》	40 099	−5 390	2 494
《黑白禁区》	25 157	−10 003	3 494
《小风暴之时间的玫瑰》	50 601	−5 307	1 020
《今夕何夕》	18 307	−4 069	2 511
《庆余年》	28 714	−6 208	2 271

对于表格中的数值型数据，最好每一列数据都是右对齐，即每列中最后一个数字位数对齐。这样便于发现数量级的差别。如果想保留小数，所有数值的小数位数都应该保持一致。同样地，只有在比较数值需要用到小数时，才使用小数。如果小数对于比较没有意义，就没有必要使用小数。对于较大的数值，通常将数量计量单位保留成万、亿等。

对于表格中的文本型数据，最好采用左对齐的方式。这样便于进行文本的阅读。如果文字长度相近，也可以采用居中对齐的方式。

二、交叉表

在反映两个变量的取值时,可以使用交叉表的表格形式。交叉表也可以用于两个变量数据的汇总。交叉表是一种常用的分类汇总表格。

交叉表被广泛用于调查研究、商业智能、工程和科学研究中,帮助用户发现变量之间的相互作用。

例如以某区 300 家餐馆为样本,进行餐饮评论的数据分析,包括餐馆的食物质量等级、饭菜价格、平均等待时间,表 6.3 是前 10 家餐馆的数据。

表 6.3　前 10 家餐馆资料

餐馆	食物质量等级	饭菜价格/元	平均等待时间/分钟
1	好	18	5
2	很好	22	6
3	好	28	1
4	特好	38	74
5	很好	33	6
6	好	28	5
7	很好	19	11
8	很好	11	9
9	很好	23	13
10	好	13	1

如果需要分析食物质量等级和饭菜价格两个变量,可利用 Excel 的数据透视表功能编制交叉表,如表 6.4 所示。

表 6.4　300 家餐馆数据的食物质量等级和饭菜价格对应餐馆数目交叉表

食物质量等级	饭菜价格				总计/家
	10~19 元	20~29 元	30~39 元	40~49 元	
好	42	40	2	0	84
很好	34	64	46	6	150
特好	2	14	28	22	66
总计	78	118	76	28	300

在表 6.4 中,通过统计,可以发现:①有 64 家餐馆食物质量等级很好,且饭菜价格在 20~29 元。②只有 2 家餐馆食物质量等级为"特好",且饭菜价格在 10~19 元。③总

体上，饭菜价格越高，食物质量等级越高。比如在 40~49 元价格区间，22 家食物质量等级为"特好"，6 家食物质量等级为"很好"，0 家食物质量等级为"好"。

在交叉表中，也可以在底部和右端观察到食物质量等级和饭菜价格对应餐馆的合计数。从表的右侧可以看出，食物质量等级为"好"的餐馆有 84 家，为"很好"的餐馆有 150 家，为"特好"的餐馆有 66 家。从表的底部一行，在价格区间 20~29 元的餐馆数目最多，为 118 家。在表格的右下角代表总共的餐馆数目为 300 家。

需要说明的是，也可以利用 Excel 的数据透视表创建频数分布，以及显示其他的一些统计量。比如表 6.5 为根据 300 家餐馆数据生成的餐馆数目的百分比分布，表 6.6 为不同食物质量等级和饭菜价格区间的餐馆对应的平均等待时间的交叉表。

表 6.5 300 家餐馆数据的食物质量等级和饭菜价格对应餐馆数百分比交叉表

食物质量等级	价格				总计
	10~19 元	20~29 元	30~39 元	40~49 元	
好	14.00%	13.33%	0.67%	0.00%	28.00%
很好	11.33%	21.33%	15.33%	2.00%	50.00%
特好	0.67%	4.67%	9.33%	7.33%	22.00%
总计	26.00%	39.33%	25.33%	9.33%	100.00%

表 6.6 300 家餐馆数据的食物质量等级和饭菜价格对应餐馆平均等待时间交叉表

食物质量等级	平均等待时间				总计/分钟
	10~19 分钟	20~29 分钟	30~39 分钟	40~49 分钟	
好	2.6	2.5	0.5	0.0	2.5
很好	12.6	12.6	12.0	10.0	12.3
特好	25.5	29.1	34.0	32.3	32.1
总计	7.6	11.1	19.8	27.5	13.9

三、散点图

散点图是反映两个数量变量关系的一种统计图形。用两组数据构成多个坐标点，考察坐标点的分布，判断两变量之间是否存在某种关联或总结坐标点的分布模式。散点图将序列显示为一组点。值由点在图表中的位置表示。散点图通常用于比较跨类别的聚合数据。

对于处理值的分布和数据点的分簇，散点图都很理想（图 6.5）。如果数据集中包含非常多的点（如几千个点），散点图有助于从整体了解变量相关性或异常值的情况。在点状图中显示多个序列看上去非常混乱，这种情况下，应避免使用点状图，而应考虑使用折线图。

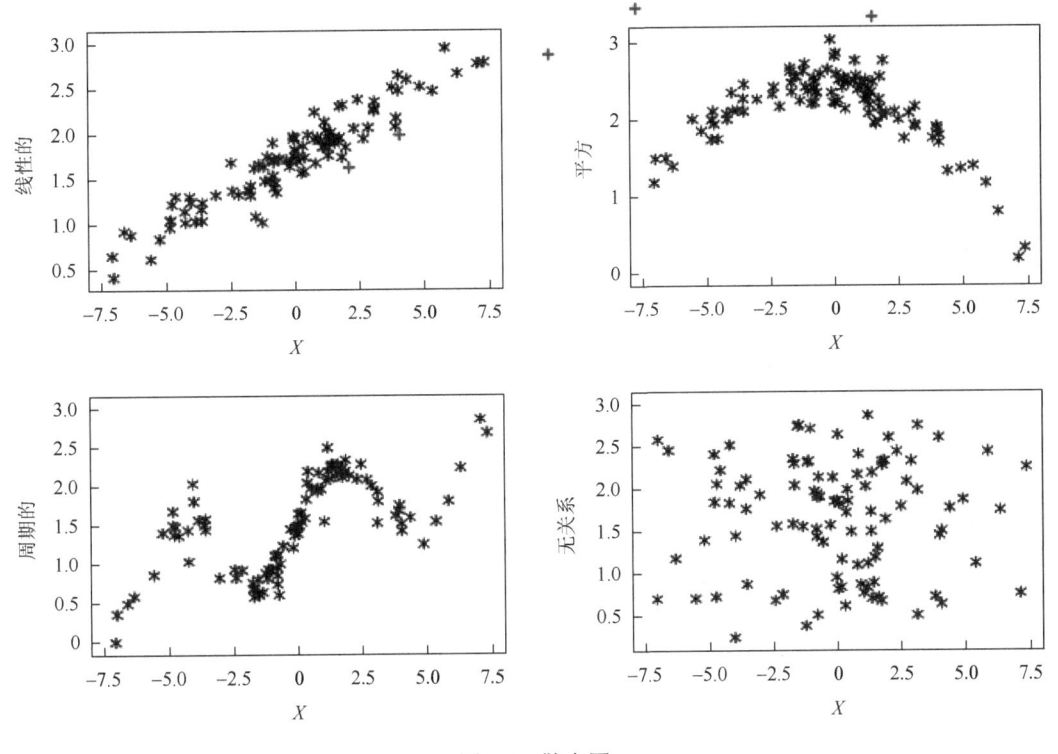

图 6.5 散点图

散点图具有如下用处。

(1) 变量之间是否存在数量关联趋势。

(2) 如果存在关联趋势，是线性还是曲线的？

(3) 如果有某一个点或者某几个点偏离大多数点，也就是异常值，通过散点图可以直观地发现，从而可以进一步分析这些异常值是否可能在建模分析中对总体产生很大影响。

在回归分析中，数据点在直角坐标系平面上的分布图，散点图表示因变量随自变量而变化的大致趋势，据此可以选择合适的函数对数据点进行拟合。

当欲同时考察多个变量间的相关关系时，若一一绘制它们间的简单散点图，十分麻烦，此时可利用散点图矩阵来同时绘制各自变量间的散点图，这样可以快速发现多个变量间的主要相关性，这一点在进行多元线性回归时显得尤为重要。

四、折线图

折线图和散点图相似，只不过用折线将图中的散点连接起来。折线图可以显示随时间（根据常用比例设置）而变化的连续数据，如图 6.6 所示，适用于显示在相等时间间隔下数据的趋势。

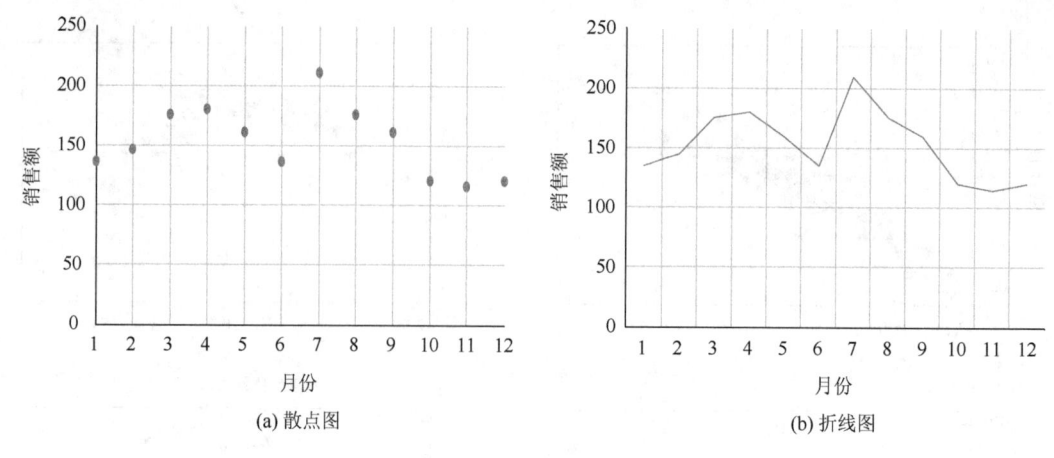

图 6.6　散点图和折线图

五、条形图和柱状图

条形图是用宽度相同的条形的高度或长短来表示数据多少的图形，如图 6.7 所示。条形图可以横置或纵置，纵置时也称为柱状图，如图 6.8 所示。此外，条形图有简单条形图、复式条形图等形式。

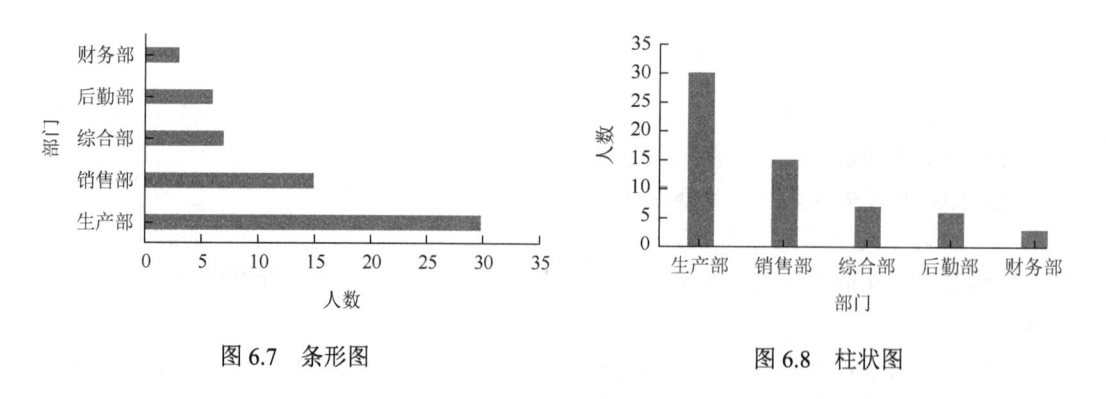

图 6.7　条形图　　　　图 6.8　柱状图

六、直方图

直方图又称质量分布图，是一种统计报告图，由一系列高度不等的纵向条纹或线段表示数据分布的情况，如图 6.9 所示。一般用横轴表示数据类型，纵轴表示分布情况。

直方图是数值数据分布的精确图形表示。

为了构建直方图，第一步是将值的范围分段，即将整个值的范围分成一系列间隔，然后计算每个间隔中有多少值。这些值通常被指定为连续的、不重叠的变量间隔。间隔必须相邻，并且通常是（但不是必需的）相等的大小。直方图也可以被归一化以显示"相对"频率。

正常型是指过程处于稳定的图形，它的形状是中间高、两边低，左右近似对称。近似是指直方图多少有点参差不齐，主要看整体形状。

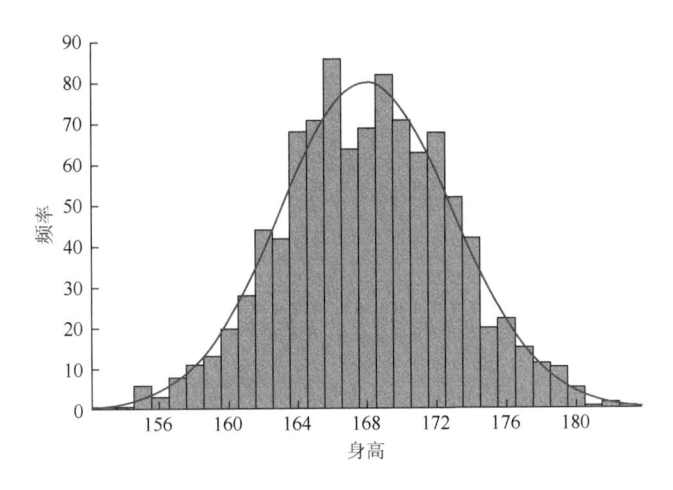

图 6.9 正态分布频数直方图

异常型直方图种类则比较多。如果是异常型，还要进一步判断它属于哪类异常型，以便分析原因、加以处理。如图 6.10 所示的异常型直方图，可以看出不服从正态分布。

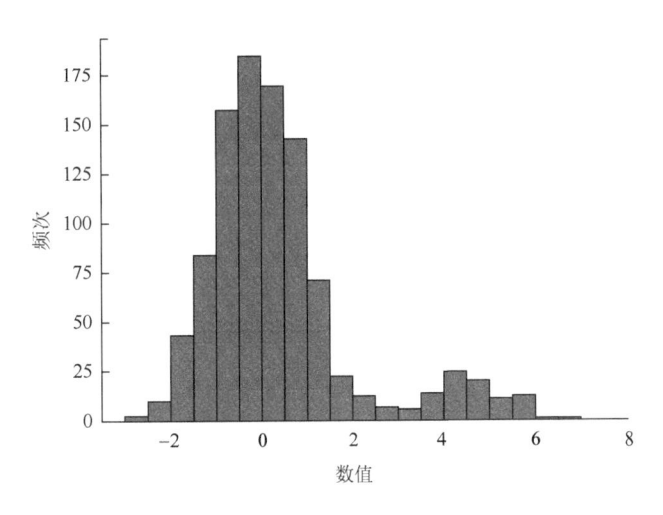

图 6.10 异常型直方图

七、饼状图

饼状图主要表示整体与部分之间的关系，一般用于以二维或三维格式显示每一数值相对于总数值的大小，如图 6.11 所示。需要注意的是，饼状图显示一个数据系列中各项的大小与各项总和的比例；显示的是各数据之间的相对比例关系，而不是其绝对值。

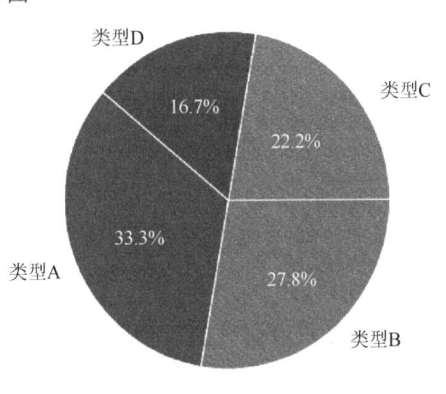

图 6.11 四种类型饼状比例示意图

八、雷达图

雷达图又可称为戴布拉图、蜘蛛网图，主要用于报表数据的可视化，如图 6.12 所示。雷达图是以从同一点开始的轴上表示的三个或更多个定量变量的二维图表的形式显示多变量数据的图形方法。

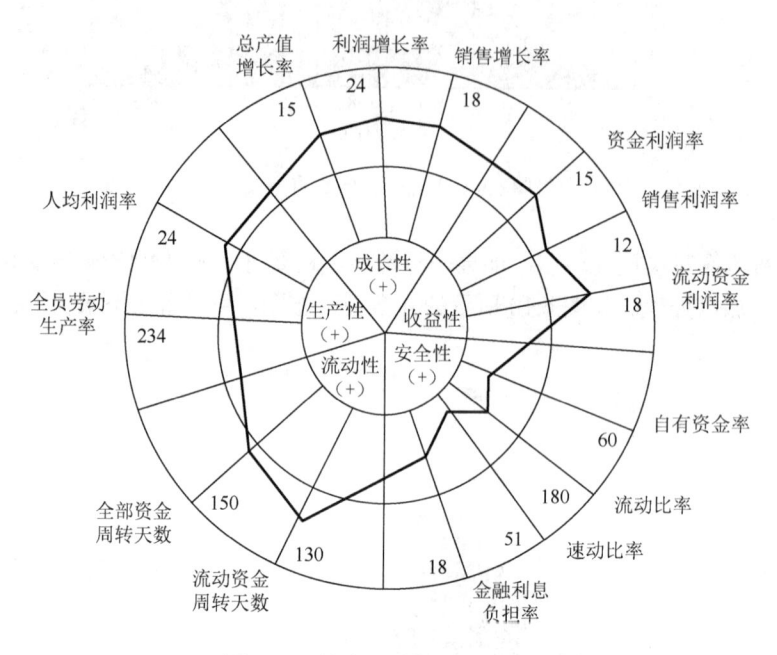

图 6.12 某公司财务状况雷达图

九、热力图

热力图是对数据进行展示的一种平面图，通过使用不同深度的颜色表现数值大小的差别，如图 6.13 所示。在和地理位置相关的热力图中，热力图以特殊高亮的形式显示访客热衷的页面区域和访客所在的地理区域的图示。它可以直观反映出热点分布、区域聚集等数据信息。在大数据时代，随着数据的完善以及可视化工具软件的助力，热力图成为比较常用的显示方式。

十、气泡图

气泡图是在一个二维图形中，通过气泡大小直观显示三个变量的可视化图形。正因如此，可以把气泡图看成 3D 图的理想替代品（图 6.14）。

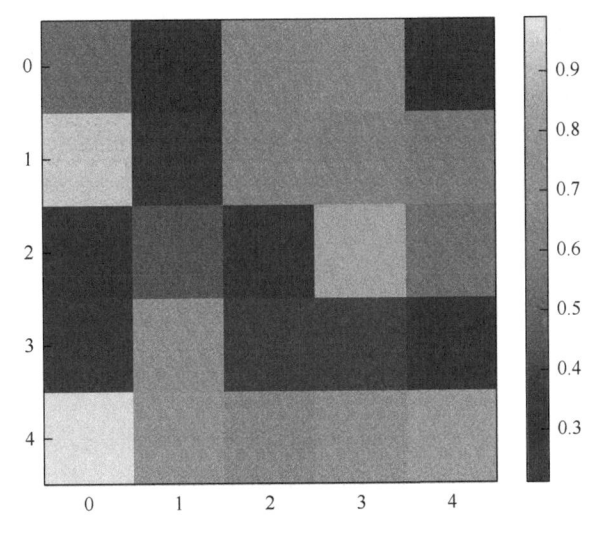

图 6.13　热力图

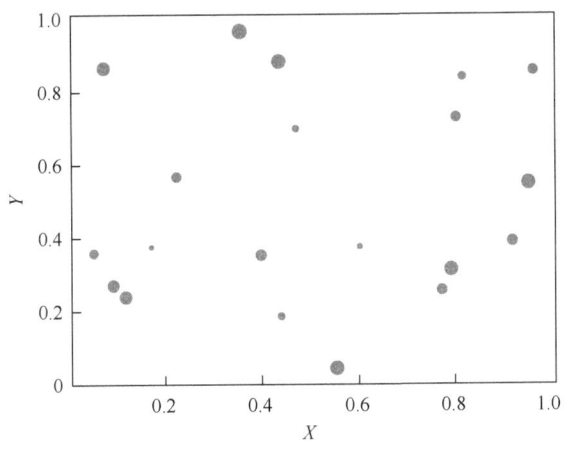

图 6.14　气泡图

本 章 习 题

1. 表 1 是 4 个国家 2005～2010 年的国内生产总值（单位：美元）。请改进表的可读性。

表 1　4 个国家 2005～2010 年的国内生产总值　　　　　　　　　　单位：美元

国家	2005 年	2006 年	2007 年	2008 年	2009 年	2010 年
阿尔巴尼亚	7 385 937 423	8 105 580 293	9 650 128 750	11 592 303 225	10 781 921 975	10 569 204 154
阿根廷	169 725 491 092	198 012 474 920	241 037 555 761	301 259 040 110	285 070 994 754	339 604 450 702
澳大利亚	704 453 444 387	758 320 889 024	916 931 817 944	982 991 358 955	934 168 969 952	1 178 776 680 167
比利时	335 571 307 765	355 372 712 266	408 482 592 257	451 663 134 614	421 433 351 959	416 534 140 346

2. 表 2 是 X 公司向大型企业销售阀门的月收入资料。请根据表中资料，绘制出折线图。

表2 X 公司向大型企业销售阀门资料信息

月份	收入/元	月份	收入/元	月份	收入/元
1	1 458 690	5	1 868 501	9	1 542 872
2	1 235 769	6	1 928 512	10	1 485 234
3	1 432 980	7	1 345 002	11	1 396 000
4	1 785 052	8	1 452 861	12	1 472 351

3. 《企业家》杂志对连锁企业进行排名，排名主要依据增长率、分店数、固定资产和财务稳定性，以下资料是 12 家连锁店的分店数。请根据表 3 中资料，创建数据透视表，并做简要分析。

表3 各连锁店分店数

连锁店	分店数/家	连锁店	分店数/家	连锁店	分店数/家
X1	1 864	X5	2 130	X9	34 987
X2	3 182	X6	1 877	X10	1 668
X3	32 805	X7	2 155	X11	12 394
X4	37 496	X8	1 572	X12	1 910

4. 变量 x、y 的 20 个成对观察资料如表 4 所示。要求：（1）根据上述资料绘制散点图；（2）对散点图拟合趋势线，并谈一谈变量之间存在什么样的关系。

表4 20个成对观察资料

编号	x	y	编号	x	y
1	−22	22	11	−37	48
2	−33	49	12	34	−29
3	2	8	13	9	−18
4	29	−16	14	−33	31
5	−13	10	15	20	−16
6	21	−28	16	−3	14
7	−13	27	17	−15	18
8	−23	35	18	12	17
9	14	−5	19	−20	−11
10	3	−3	20	−7	−22

5. 表 5 是某保险公司排名前六的保险销售人员的定期销售数据。要求：（1）根据表中资料，绘制柱状图；（2）根据表中资料，绘制饼状图；（3）对柱状图和饼状图进行比较，并给出你的结论。

表 5　保险销售人员的定期销售数据

人员编号	销售数据
1	24
2	41
3	19
4	23
5	53
6	39

6. 某户外装备公司西北地区区域经理做了一项调查，以了解该地区 6 家门店经理工作时间的分配情况，得到了如下的汇总资料（表 6）。要求：（1）根据给定的资料，绘制堆叠条形图；（2）根据给定的资料，绘制簇状条形图；（3）根据给定的资料，绘制多维条形图。

表 6　6 家门店经理工作时间分配情况

门店	参加会议	准备报告	接待客户	自由支配
X1	32%	17%	37%	14%
X2	52%	11%	24%	13%
X3	18%	11%	52%	19%
X4	21%	6%	43%	30%
X5	12%	14%	64%	10%
X6	17%	12%	54%	17%

7. 某公司采用投资组合方法管理研发项目，旨在使项目的期望回报和风险水平保持平衡。表 7 是 6 个研发项目的期望回报率、风险水平（评估数值在 1 到 10 之间，1 代表风险最低，10 代表风险最高）、需要投入的资金资料。要求：根据给定的资料，绘制气泡图，并谈谈你的认识。

表 7　研发项目的基本信息

项目编号	期望回报率	风险水平	投入资金/百万元
1	12.6%	6.8	6.4
2	14.8%	6.2	45.8
3	9.2%	4.2	9.2
4	6.1%	6.2	17.2
5	21.4%	8.2	34.2
6	7.5%	3.2	14.8

8. 表 8 是 6 家网络开发公司的月收入资料。要求：（1）利用 Excel，绘制每个公司月收入走势图；（2）分析在过去 6 个月里，哪些公司月收入下降，哪些公司月收入持续上升，哪些公司月收入存在波动。

表 8 网络开发公司的月收入资料

公司名称	月收入/元					
	1月	2月	3月	4月	5月	6月
X1	8 995	9 285	11 555	9 530	11 230	13 600
X2	18 250	16 870	19 580	17 260	18 290	16 250
X3	8 480	7 650	7 023	6 540	5 700	4 930
X4	28 325	27 580	23 450	22 500	20 800	19 800
X5	4 580	6 420	6 780	7 520	8 370	10 100
X6	17 500	16 850	20 185	18 950	17 520	18 580

第七章

商业决策分析

本章要点:
(1) 决策分析的基本概念和原则。
(2) 决策分析模型的类型与适用范围。
(3) 决策分析模型的使用方法。

学习要求:

了解商业数据决策的基本分析方法;掌握确定型决策分析、不确定型决策分析、风险型决策分析、灰色决策等方法的使用领域和决策过程。

第一节 决策分析概述

一、决策分析的概念和分类

在我国及世界上许多国家的历史上,都涌现出许多杰出的政治家、思想家、军事家等,他们有着许多著名的决策范例,并且留下了许多涉及决策思想的著作。如田忌赛马、巧借东风等决策事例,《孙子兵法》《资治通鉴》《史记》以及古希腊许多哲学家的著作等都记载了人类在政治、经济、军事等领域的各种决策活动,其决策思想和决策方法至今对人们仍有一定的启发与指导性。

近代以来,由于世界政治、经济、军事和科学技术等领域发生了巨大变化,科学技术和生产的突飞猛进及社会的复杂化、竞争的日趋激烈迫切要求决策向科学化的方向发展,正是这种客观的需求吸引了大批的管理学者和其他学科的科学家去探索决策活动的规律性,研究科学决策的理论与方法,决策问题得到充分的重视和深入研究。其中较为突出的就是 20 世纪 50 年代美国著名的经济与管理学家赫伯特 A. 西蒙(Herbert A. Simon)提出的现代决策理论,他指出"管理就是决策",突出了决策在现代管理中的核心地位。

狭义决策就是做出决定,仅限于人们从不同的行动方案中做出最佳选择,即通常意义上所说的拍板。广义决策是为了实现某一目标,在占有一定信息和经验的基础上,根据主客观条件的可能性，提出各种可行方案，采用一定的科学方法和手段，进行比较、分析和评价，按照决策准则，从中筛选出最满意的方案，并根据方案实施的反馈情况对方案进行修整控制，直至目标实现的整个系统过程。

依据不同的标准，几种常见的决策分类如下。

（1）按决策目标的影响程度不同，可分为战略决策、策略决策和执行决策。战略决策具有全局性、方向性和原则性特征，涉及与企业生存和发展有关的全局性、长远性问题，如一个企业的厂址选择、产品开发方向、原料供应地的选择等。策略决策是为了实现既定战略而进行的计划、组织、指挥与控制的决策，具有局部性、阶段性特征，是以完成战略决策所规定的目的而进行的决策，如企业生产工艺和设备的选择、工艺路线的布置、产品规格的选择等。执行决策是根据策略决策的要求对执行行为方案的选择，如日常生产调度的决策，产品合格标准的选择等。

（2）按决策过程的连续性分类，可将决策分为单项决策和序贯决策或称序列决策。单项决策亦称静态决策，它所解决的是某个时点或某段时期的决策，它所要求的行动方案只有一个。例如，要计划某种产品的年产量，则决策只有一个。序列决策亦称动态决策，它是指一系列在时间上有先后顺序的决策，这些决策相互关联，前项决策直接影响后一项决策。决策者关注的不是其中某一项决策的效益，而是这一系列决策的整体合理性。如企业计划要在五年内实现市场份额达到 90%的目标，则它一般会将总目标细化成每一年应达到的具体目标，并制定相应的行动措施，根据前一年目标的实现情况对计划做出调整，直至总目标实现。

（3）根据决策目标的多寡，决策分为单目标决策与多目标决策。单目标决策是就单一问题所进行的决策，常常只考虑某个主要的或者关键的决策目标。这种决策目标单一，制定和实施较为容易，但多数带有片面性。如企业单纯地追求自身经济利益的最大化或者个人一味地追求高收入等，而这些现象通常并不是社会所提倡的。社会所提倡的是企业在追求经济利益最大化的同时还应考虑社会效益等指标，个人在追求其收入最大化的同时不能忽视其职业道德等因素。多目标决策是解决多项问题所进行的相对复杂的决策，通常考虑多个主要目标或者因素。一般地，重大问题的决策涉及因素较多、内容结构复杂、目标相对分散，这样的决策称为多属性决策，最优方案的确定过程比较困难。如消费者总是希望其购买的商品既"物美"又"价廉"，企业总是既希望以较高的价格销售更多的商品或者降低库存费用而又期望能保证生产的及时供应等，这些都是多目标决策问题。从中我们可以看出这些决策所要求实现的目标大多是相互矛盾、相互牵制的。在这种情况下，就需要决策者全面考虑各个目标之间的综合平衡，以求做出总体最优决策。实际中，多目标决策比单目标决策更具有实用价值，单目标决策向多目标决策的发展是决策发展的趋势。

（4）根据自然状态的可控程度，可将决策问题分为确定型、不确定型和风险型三种。确定型决策是指自然状态完全确定，做出的选择结果也是确定的。决策者对这类决策的自然状态掌握充分的、完全的信息，所以在开始之前就能确定属于该类决策的某一具体决策的结果。由于这种决策的自然状态只有一种，则各种被选方案只有一种结果，只要通过比较各方案的结果，即可挑选出最佳方案。例如，某企业想把库存材料生产成产品，那么只要计算一下现有的材料数及每件产品所需要的材料数,就可以确定能生产的产品的数量。风险型决策是指不能完全确定未来出现何种自然状态,但可以预测各种自然状态发生的概率。不确定型决策是指不仅无法确定未来出现哪种自然状态,而且无法估计各种自然状态的概率。确定型决策分析的模型主要运用运筹学等理论方法,本章后续章节重点放在不确定型决策和风险型决策方面。

(5) 根据决策问题涉及决策人数的多少,又可将决策问题分为单决策者决策和群决策问题。网络技术的推广应用、决策科学化和民主化的要求使得群决策的应用日益广泛。单决策者决策是决策者为满足个人的目的或动机而以个人身份做出的决策。它与决策者自身的价值判断、意见、感觉等因素有着密切的关系。如个人的职业选择、生活方式的选择等都是个人决策问题。群决策是与某个组织或群体的目标直接相关的决策,它与个人的目的没有直接关系。群决策可以由组织成员个人做出,但其是为了组织而非个人,因此,其价值判断应客观化和理性化。如组织的某领导受组织的委托进行决策时就不能以他个人的好恶来考虑问题,而是要从本组织乃至整个国家的利益出发进行价值判断。

(6) 根据决策问题的重复性程度不同,决策可分为程序性决策和非程序性决策。程序性决策又称例行决策、常规决策,一般是为了解决那些经常重复出现、性质非常相近的例行性问题,可按程序化的步骤和常规性的方法处理。它解决的是经常出现的问题,对于这类问题,人们已经有了处理经验,或者已经制定了一套处理程序和规则,可以按常规的办法解决,即我们通常所说的"照章办事"。企业中存在着大量的程序化决策问题,如某种产品的配料、生产操作流程、常见的故障排除以及日常的财务处理方式等。非程序性决策通常处理的是那些偶然发生、无先例可循、非常规性的问题,决策者难以照章行事,需要有一定创造性思维做出应变的决策。它所解决的是一些不经常出现的新颖的、复杂的、没有常规处理办法的决策问题,而这些问题往往又是非常重要的。企业的战略决策问题多属于这类问题,如新技术的应用、新产品的开发、新市场的进入等。由于没有规定的处理办法,解决这类问题主要依靠决策者自身的经验、智慧、判断和创造力等。

(7) 按决策问题的量化程度,可以将决策分为定性决策和定量决策。定性决策是指决策问题的诸因素不能用确切的数量表示,只能进行定性分析的决策。如组织机构的设置与调整、产品质量的测定、环境污染对人体健康的影响等属于定性决策问题。由于这类问题不能量化成数学模型,通常只能进行定性分析,所以解决这类问题主要依靠决策者自身的素质,如逻辑思维能力和判断推理能力等。定量决策是指决策问题能量化成数学模型并可进行定量分析的决策,如计划年产量、成本预算、资源配置等均属于这种决策。由于能进行定量分析,所以这种决策比较容易找出最优方案。一般的决策分析都介于两者之间,即定性中有定量,定量中有定性,两者在决策分析中所占的比重会随着决策问题量化程度的不同而不同。

此外,按决策对象的性质可将决策划分为政治决策、经济决策、军事决策、文化教育决策等。政治决策包括国家法律法规的制定、政府机构的设置等重大决策;经济决策包括国民经济发展战略的确定、产业结构的调整等;军事决策包括国防战略目标的确定、军事武器的研制等决策;文化教育决策包括文艺教育方针的制定、科研方向的确定等。

二、决策分析基本原则

怎样才能正确地进行决策呢?这是每个人、每个组织都普遍关心的问题。一般来说,决策者要做出正确的决策,除了其自身具有的经验、智慧和才能外,还必须掌握决策分析的理论与方法,遵循正确的决策原则并根据问题的性质应用合理的决策程序。正确的决策需要遵循如下基本原则。

1. 信息准全原则

准确、完备的信息是决策的基础。任何决策都要从收集、分析信息入手。决策者具有的有关决策对象规律性的知识和具体的情况、数据,是决策的前提和必要条件。决策者首先应具有与决策对象相关的科学知识,如从事某商品销售的零售商懂得价值规律和供求规律后,就会选择销售那些供不应求的商品以及合理确定所售商品的销售价格。其次,决策者还应了解有关决策对象本身的信息及决策对象所处外部环境的信息。零售商只有掌握了商品的市场销售情况、消费者偏好等外部因素才能在基本规律的指导下做出销售哪些商品的决策。同时,为了促进对其所销售的商品宣传,还应详细了解其所售商品的性能、规格、功用等特点。此外,还应根据商品销售的反馈情况及时调整销售策略以应对不断变化的市场。可见,科学的决策需要大量信息,决策者必须具备收集处理信息以及挑选重要信息的能力,并对决策环境保持高度的警惕性和敏感性,以及时地掌握充足而可靠的信息,为正确决策提供有力的保障。

2. 效益原则

效益包括两层意思,其一是指决策所要取得的效益。决策的最终目的是合理地组织人、财、物等资源以取得最佳的效益,只有成本耗费少、经济效益高、社会效益好的方案,才是值得追求的方案。其二是指决策过程本身的效益。决策者在进行决策时,应尽量减少决策的时间,保证决策方案实施的及时性;同时,降低决策的费用,提高决策过程的经济性。

3. 系统原则

决策应坚持系统原则,坚持局部效果服从整体效果、当前利益与长远利益相结合,谋求决策目标与内部条件及外部环境之间的动态平衡,使决策从整体上最优或令人满意。就决策系统内部而言,决策主体必须紧密配合,协调决策对象内部各个要素之间的关系及各决策环节之间的关系,统筹规划,以满足系统优化为目标,强调系统的完整与平衡。就决策系统与外部环境的关系而言,决策主体必须使自己的决策目标与其所从属的更大的系统的要求、目标或规划相适应以达到两者相互促进、共同发展的动态平衡,如企业的发展目标应符合社会的发展方向,有利于国家与社会的整体利益和公共利益。

4. 科学原则

决策应运用科学的决策理论，采用科学的决策方法和先进的决策手段。决策问题的日益复杂化使我们仅凭自己的经验、直觉和智慧做决策变得越来越困难。通过决策科学，我们可以掌握各种决策的一般原理、方法及基本规律以达到提高决策质量的目的。必须善于运用各学科的知识，尤其是运用运筹学、计算技术、概率统计等方面的知识做出定量决策，并善于采用来自数学与自然科学的技术与方法选择方案，如模拟、最优化、决策论、博弈论等，以提高决策的科学性。

5. 可行原则

决策方案必须是可行的，实施方案才能达到预期的效果。决策是可行的必须有客观条件作保证，而不是单凭主观愿望。为此，决策应充分考虑到人才、资金、设备、原料、技术等方面的限制。决策方案在技术、经济、社会等方面均应是可行的，这样的决策才有现实意义。

6. 选优原则

决策总是在一定的条件下寻求优化的目标及达到优化目标的行动方案。决策者应根据一定的价值准则对决策目标和方案进行权衡和判断以选出最优决策方案。但由于环境的不断变化及客观世界的复杂性，许多决策问题只能以定性分析或定性分析与定量分析相结合的方法确定决策方案，这样的方案可能只是"满意"的方案而非经济上的"最优"方案。

7. 行动原则

在选定最优或满意方案之后，还必须通过制定策略、确定职能、配备人员、组织作业、安排日程等一系列具体的实施细则，把方案落实到具体的行动规划上，并付诸实施。落实不到行动上的决策是毫无价值的，只有把方案付诸实施才能检验决策的有效性及方案的可行性，必要时对原有方案做出适当的调整，才能实现决策目标。

8. 反馈原则

由于影响决策的诸因素是复杂多变的，而决策时又往往难以预料到一切可能的变化情况。因此，在决策实施的过程中难免会出现一些意想不到的问题。为了不断地完善决策，始终保持决策目标的动态平衡，并最终真正地解决决策问题，达到决策目标，就必须根据决策执行过程中反馈回来的信息对决策进行补充、修改和调整，甚至必要时做出各种应变对策。所以，在决策执行中的信息反馈是非常必要的。如果决策付诸实施，但对执行情况既不检查也不汇报，那么决策就很难达到预期的效果。

9. 民主原则

在当今社会，一项重大决策涉及的领域之广，所包含的不确定性因素之多，结构形态之复杂，使得传统的权威个人决策体制逐渐被淘汰，取而代之的是一个充分发挥集体智慧、重视智囊和信息作用的现代化的民主决策体制。现代化的民主决策体制包括四个系统：①信息系统。它收集、储存、处理和传递信息，为智囊系统和决策系统提供综合的、及时可靠的信息，为正确决策奠定坚实的基础。②智囊系统。它是一种由不同专家组成的专门为决策服务的参谋咨询机构，它以大量可靠的信息为依据，充分利用经验和科学知识，制订、分析、论证和评估方案。③决策系统。它对智囊系统提供的各种备选方案进行综合评价、对比择优、做出决断。④执行反馈系统。它协调方案的贯彻执行，并对方案的实施情况进行监督，将出现的问题及时反馈给以上各系统，再由各系统同心合力地对方案做出修正，不断地完善决策，并最终实现决策目标。这几个系统之间互不干涉但又密切配合的关系为及时地做出正确的决策并顺利地执行决策提供了可靠的保障。在这种新型的民主决策体制下，所做出的决策是集体智慧的结晶，是科学的，因而也是符合实际的。因此，决策时应坚持民主原则实行民主决策，充分调动各系统、各类人员的积极性、主动性和创造性，以求高效率、高效益地解决决策问题，实现决策目标。

三、决策分析的基本步骤

决策分析是一个系统的过程，它是由科学的决策步骤组成的。科学的决策步骤的整体为科学的决策过程。科学的决策步骤又称决策程序，它反映了决策分析过程的客观规律，使决策过程更结构化、系统化和合理化，为进行科学决策提供了重要保证。由于决策问题的性质不同，决策的具体步骤会有所差别。但是，一般来说，一个合理科学的决策过程必须包括以下五个步骤：①问题分析；②确定目标；③拟订方案；④选择方案；⑤实施方案等。这五个步骤及相互间的关系如图 7.1 所示。

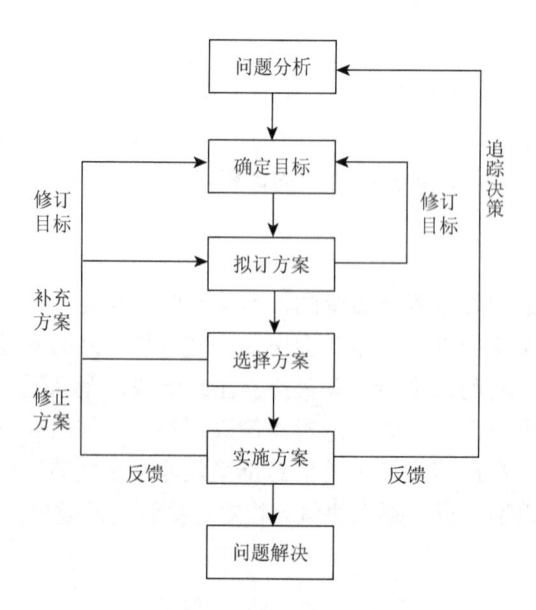

图 7.1 决策分析过程的一般步骤

决策分析的五个基本步骤是各种决策都不可缺少的。如果不发现问题、分析问题就无从决策；如果不确定明确的决策目标，拟订方案就缺乏依据；只有通过拟订多个可行的备择方案把决策建立在"多方案选择"的基础之上，通过不同方案的对比，才能选出满意的方案；只有把决策方案付诸实施，才能检验决策的执行结果，实现决策目标，这样的决策才有价值。值得注意的是，这些步骤的划分只是大致的。也就是说，一般说来，发现、分析问题先于确定目标，确定目标先于拟订方案，拟订方案先于选择方案，选择方案又先于实施方案。但在实际决策中，这些步骤的顺序要复杂得多。首先，复杂决策问题的决策步骤往往存在多次反复，形成循环。如决策目标确定之后进入拟订方案阶段，在拟订方案阶段可能发现原定目标太高，找不到实现原目标的合适方案，于是不得不返回确定目标步骤重新修订目标。有时甚至在决策执行中还要返回来明确目标或修订方案。其次，每个决策步骤往往又是一个复杂的决策过程。因为每一个步骤都会派生出若干小问题，而这些小问题的解决往往也相当于一个决策过程。于是就出现了大过程套小过程的复杂局面。同时，还应该注意的是，上述五个步骤的划分，只是一种很粗的划分，为的是适合于各种类型决策的共性。对于每类具体的决策问题，为了适应它的特殊性，还应该有更具体的步骤划分，才能使决策有条不紊地进行。下面，仅就决策分析的五个基本步骤作简单的说明。

1. 问题分析

问题的存在是决策分析的前提，所有的决策分析都是为了解决特定的问题而进行的。这里所说的问题是指决策对象的现实状态与期望状态之间存在的需要缩小或排除的差距。

在通常情况下，发现问题有以下两种途径：①在被动情况下出现的问题，这是一种人们事先没有预料到而客观事物本身发展暴露出的迫使人们加以承认的问题；②人们对现实状态主动检查进而发现的其与期望状态之间存在的差距，这是一种主动地发现问题的情况，也是通常意义上我们所提倡的"发现问题"。爱因斯坦曾说过"提出一个问题往往比解决一个问题更重要"，"因为解决一个问题也许仅是一个数学上或实验上的技能而已，而提出新的问题、新的可能性，从新的角度去看旧的问题，却需要有创造性的想象力，而且标志着科学的真正进步"。积极地去发现、提出问题，可以使决策者以及决策者所在的团队摆脱被动，并不断地开辟出新的发展道路或途径。

在发现问题后，应准确而具体地界定问题的性质，问题出现的时间、地点以及问题的范围与程度。准确地界定问题是分析问题的有效工具，它可以避免漫无边际地对所有资料或情况的盲目寻求，而是把与问题有关的重要资料组织起来，显露出原因的线索，并且提供一项对任何可能的原因进行检验的标准。但是，界定问题的诸方面只是为分析问题的原因提供线索，并不能从根本上解决问题。为了从根本上解决问题，还必须根据已经界定的问题，设定问题的可能原因，并根据实际掌握的或进一步收集的事实资料对假设的可能原因进行验证，以便查清问题的真相，抓住问题的本质去解决问题。

在这个步骤中，应注意以下几个问题：①主动地去寻找和发现问题；②全力抓住并解决主要问题但又不能忽视次要问题；③运用辩证逻辑思维灵活、全面地分析和把握问题，避免片面性；④在原因分析中切忌凭个人好恶来选择资料或事实，以免得出符合个人意愿却不符合客观事实的结论。

2. 确定目标

目标是在一定的环境和条件下，决策系统所期望达到的状态。它是拟订方案、评估方案和选择方案的基准，也是衡量问题是否得以解决的指示器。首先，只有先明确了目标，方案的拟订才有了依据。其次，目标决定着方案的选择。对方案的评估标准，主要是看其能否达到目标。被选择的方案往往是最大限度地实现目标的方案，方案被证实或证伪也是以目标是否得以实现为依据的。可见，目标贯穿了决策过程的各个环节，在决策分析中具有至关重要的作用。因此，目标的重要性也就决定了确定目标是决策过程的重要阶段。

确定目标本身也是一个完整的决策过程，其一般步骤如图 7.2 所示。首先，问题原因的发现是确定目标的重要途径。由于问题是由一定的原因导致的，要解决问题就要消除导致问题的原因，因此，可以把问题原因消除后决策系统可能达到的状态作为目标设想。但是决策目标的设立并不完全来自问题的发现和分析，如下级单位将上级主管部门指派的任务确定或具体化为自己的目标、决策者不满足于现状而提出的更高的目标等。其次，从上级组织的要求、社会的利益、主观条件是否具备、客观条件是否允许等方面对提出的目标设想进行分析评价，根据评价结果确定具体可达的目标。最后，还要区分目标的主次，确定其实现的优先顺序。

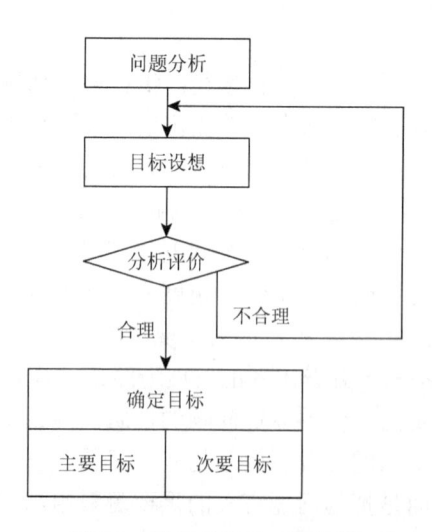

图 7.2 确定目标的一般步骤

要正确地确定目标，通常应注意以下几点。

(1) 目标的针对性。目标是拟订和选择方案的依据，是衡量问题是否得以解决的标准。所以，目标不能泛泛提出，必须针对所要解决的特定问题的关键症结提出目标。

(2) 目标的需要和可能。决策分析的系统原则决定了决策目标的提出不仅是决策者或决策者所在组织的需要,而且还要与上级的要求相一致,符合社会的需要。但是,不是需要的目标都有可能实现,决策者必须考虑是否有条件实现目标。没有条件实现的目标即使需要也只是空想而已。因此,要确定合理的决策目标,必须把目标的需要和可能正确地结合起来。

(3) 目标必须具体明确。目标作为一个判断行动方案优劣的标准,必须具体明确。一个具体明确的目标通常具备以下特点:①目标的表述必须具体明确,即一个目标只能有一种理解。②目标尽可能数量化。有些目标本身就是数量指标,如生产成本、销售额、利润等;而有些目标不是数量指标,但可以采用间接测定法,如产品质量可以用合格率、废品率等数量指标来表示。

(4) 目标的约束条件。确定目标时,必须同时规定它的约束条件,如各类资源条件,时间限制,制度、法律、政策的限制性规定等。约束条件说明得越清楚,决策的有效性和实现目标的可能性就越大。只有在满足约束条件的情况下达到目标的决策才算是真正成功的决策。

(5) 目标体系。目标不仅有层次之分,还有主次之分。在多层次目标体系中,既有上一级目标,又有下一级目标,这些目标之间的关系是:①下一级目标必须服从上一级目标,不能与上级目标相抵触、相矛盾;②不同级别的目标应分级落实,协调执行。同时,还应注意的是,同层次上的目标也有主要目标和次要目标之分。主要目标是必须达成的目标,对于这类目标应明确约束条件,如将产品的产量作为决策目标,应限定其最低产出量,并明确为实现目标所耗费资源的最高投入量等;次要目标是希望达成的目标,对于这类目标不必建立绝对的限制,只要表示出相对的需要就可以了。

3. 拟订方案

拟订方案就是寻找解决问题、实现目标的方法和途径。决策者应在客观环境及自身条件的允许下,根据决策目标及收集整理的相关信息,尽可能地拟订出多个可行的备选方案。

为了做好拟订方案的工作,应注意以下几点:①保证备选方案的可行性,避免拟订、分析、评价不可行的方案,这样可以降低决策的成本,减少决策的时间,提高决策的效率;②要勇于创新,大胆探索,充分利用智囊系统及群众的力量,集思广益,善于倾听不同的意见,大胆地提出和采纳解决问题的新思路、新见解、新方法,拟订尽可能多的备选方案,增加选择最有价值的方案的可能性。

拟订方案的过程大致可以分为以下几个步骤:①寻找方案,在这个阶段应大胆创新,通过创造性思考和丰富的想象力去探求解决问题的各种可能的方法和途径;②设计方案,对寻找的方案进一步加工,填充实施细节,以形成具有实际价值的具体的方案;③估测方案的结果,即预测各种方案在各种可能的自然状态下所产生的结果。

4. 选择方案

选择方案是决策分析过程中最为关键的一个步骤。从狭义上讲,选择方案就是做出决定,即通常意义上我们所说的"拍板";从广义上讲,选择方案还包括对方案的分析与评价。因为，只有在对各种方案进行科学而严密的分析与评价之后，方案的选择才有科学的依据，从而避免选择方案的盲目性。

分析评价方案就是根据决策目标和评价标准，对拟订的多个备择方案进行比较、分析和评价，得出备择方案的优劣顺序，从中选出几个较为满意的方案供最后抉择。这里的评价标准是衡量备择方案是否达到目标的尺度，它通常体现为一组与决策目标相一致的数量化的指标。评价标准有"最优"标准和"满意"标准之分。由于主客观条件的限制，满意标准更符合实际情况，是种较为现实的决策标准。

选择方案是根据决策准则，在对各个拟选方案进行分析评价的基础上，综合考虑各备选方案的利弊、得失，趋利避害，从中选出最优或满意方案，或某一方案的修正方案，或综合几个备选方案而得出的新的方案。对方案的选择在很大程度上取决于决策者自身的素质，如知识、能力、心理、偏好等。对于同样的决策问题，不同的决策者会因其自身能力及风险偏好的不同倾向于选择不同的决策方案，而不同方案的执行结果可能有天壤之别。因此，这一阶段要求决策者具备敏锐的洞察力、良好的分析判断能力，以确保方案最后抉择成功。

5. 实施方案

方案被选定后，决策分析过程还未结束，因为客观事物的发展变化特性及人们对客观事物认识的局限性决定了理论与实践总是存在着差距，理论的可行与否最终要经受实践的检验，决策方案也是如此。要保证方案最终可行，必须将方案付诸实施，在实践中去检验方案的真伪。

在实施方案的过程中，最重要的是要对方案的实施进行追踪控制，针对方案实施过程中出现的新情况、新问题以及确定决策目标、拟订决策方案时未曾考虑到的因素，对决策方案进行反馈修正。如果主客观条件发生了重大变化，必须对决策目标和方案做出根本性修正时，就要进行追踪控制。

对方案进行追踪控制并适时修正的目的是使决策分析过程接近实际，提高决策分析结果的科学性，增强决策方案的实用价值，以更好地指导人们的行动，避免错误决策造成的损失。

第二节 确定型决策分析

确定型决策是指在决策过程中，决策者能够准确知道每个决策选项的结果和后果，并且这些结果是确定性的，不受随机性或不确定性影响的决策情况。在确定型决策中，决策者具有充分的信息，可以清楚地评估每个选项的利弊，并选择最佳的决策方案。

一、使用情况

确定型决策通常适用于以下情况。

（1）清晰的目标和约束条件：决策者能够明确地定义决策的目标，并且了解所有约束条件，这使得他们能够计算出每个选项的确切结果。

（2）可预测的环境：决策者能够准确地预测决策所处的环境，并且环境中的因素不会发生随机变化或是确定性的。

（3）已知的信息：决策者拥有关于各种选项和结果的准确、完整的信息，能够在不做任何猜测或估计的情况下进行决策。

（4）决策过程简单：决策者能够直接比较选项之间的优劣，没有复杂的数学模型或分析涉及其中。

二、确定型商业决策案例

以下是一个新产品投放决策的案例。

假设你是一家食品公司的市场部经理，公司专门生产健康零食产品。你的团队打算开发一种全新的高蛋白能量棒，适合作为运动后的补充。你需要做出关于该产品投放市场的决策。

1. 目标

决定是否将新的高蛋白能量棒投放市场。

2. 约束条件

（1）生产成本：新产品的生产成本相对较高，比现有产品略高一些。

（2）市场需求：市场调研显示，有相当一部分目标消费者群体对高蛋白、健康零食有需求。

（3）竞争环境：市场上已存在类似的高蛋白零食产品，但并不是非常多。

3. 选择方案

（1）将新的高蛋白能量棒投放市场，针对注重健康和热爱运动的人群，以高质量和独特的配方为卖点。

（2）不投放新产品，继续专注于现有产品线的推广和发展。

确定型决策分析过程具体如下。

通过对生产成本、市场需求和竞争环境的分析，你意识到虽然新产品的生产成本较高，但市场上存在相当一部分有需求的潜在消费者。同时，竞争对手相对较少，这为产品在市场上找到合适的定位提供了机会。综合考虑公司的战略目标、市场趋势以及产品特点，你决定将新的高蛋白能量棒投放市场。你的团队制定了营销策略，包括针对注重健康和热爱运动的人群的定位、产品特点的宣传以及合理的定价策略。

在这个案例中，基于现有的信息，明确了目标和约束条件，并通过分析选择方案的利弊，做出了关于新产品投放的决定。这是一个确定型商业决策，因为决策者可以准确地评估每个选项的结果，并选择了最适合公司战略和市场需求的方案。

尽管确定型决策在一些情况下是可能的，但在现实世界中，许多决策涉及不确定性和风险。因此，在面对不完全信息、未知环境或随机性影响较大的情况下，决策者常常需要采取不确定型决策方法，如概率决策、风险分析等，以应对各种可能性和结果。

第三节　不确定型决策分析

不确定型决策是指决策者面临多种可能的自然状态，但未来自然状态出现的概率不可预知，不同状态下具有多种可选择的决策方案。由于所面临的是不确定状况，无法确定何种状态出现，决策者只能依据一定的决策准则来进行分析决策。

常用的决策准则有：乐观准则、悲观准则、折中准则、等可能性准则、后悔值准则等。对于同一个决策问题，运用不同的决策准则，得到的最优方案有所不同。

一、乐观准则

乐观准则又称最大最大准则（max max 准则），是一种趋险型决策准则。决策者对未来持乐观态度，即使面临情况不明的决策情景，也决不放弃任何一个能取得好结果的机会。

决策者确定每个方案在最佳自然状态下的收益值，选择其中最大收益值对应的方案作为最优方案。

例 7.1　某沿海城市的一位空调经销商，在夏季来临之前准备进货，必须决定进货的规模是大批量、中批量还是小批量。已知在不同天气状况下，三种进货方案的收益值见表 7.1，试问该空调经销商需采取何种进货方案。

表 7.1　进货方案收益值表　　　　　　　　　　　　　　　　单位：万元

进货方案	天气状况		
	很热	一般	不热
大批量	10	6	4
中批量	6	8	5
小批量	4	5	7

解：找出每一个方案的最好结果。

大批量：max（10, 6, 4）= 10（万元）。

中批量：max（6, 8, 5）= 8（万元）。

小批量：max（4, 5, 7）= 7（万元）。

从上面三个结果中选择最好结果 max（10, 8, 7）= 10（万元），即大批量进货，根据乐观准则，选择大批量进货为最优决策方案。

二、悲观准则

悲观准则又称最大最小准则，是一种避险型决策准则。决策者对未来持悲观态度，认为未来将出现最差的自然状态。在一些情况下，由于个人、企业或组织的财务能力有限，经验不足，承受不起巨额损失的风险，因此决策时非常谨慎。

首先，决策者确定每个方案在最差自然状态下的收益值，然后选择在最差自然状态下带来最多收益的方案。

例 7.2 试用悲观准则对例 7.1 的问题进行决策。

解：找出每一个方案的最坏结果。

大批量：min（10, 6, 4）= 4（万元）。

中批量：min（6, 8, 5）= 5（万元）。

小批量：min（4, 5, 7）= 4（万元）。

从上面三个结果中选择最好结果 max（4, 5, 4）= 5（万元），即中批量进货。根据悲观准则，选择中批量进货为最优方案。

三、折中准则

在决策过程中，最好和最差的自然状态都有可能出现，决策者对未来事物的判断不能盲目乐观，也不可盲目悲观。因此，可以根据决策者的估计和判断对最好的自然状态设一个乐观系数 α，相应的最差的自然状态就有一个悲观系数 $(1-\alpha)$。这样，α 与 $(1-\alpha)$ 就分别表示最好与最差状态下的权重，反映决策者的风险态度，或者对未来事物发展可能性的判断。决策步骤是，以各方案的最好与最差收益值为变量，计算各自的期望值，选择期望值最大者所对应的方案为最优方案。

例 7.3 设定乐观系数 $\alpha = 0.8$，试用折中准则对例 7.1 的问题进行决策。

解：以 0.8 与 0.2 分别作为各方案在最好与最差状态下的权重，计算收益期望值，大批量进货收益期望值为 $10 \times 0.8 + 4 \times 0.2 = 8.8$；中批量进货期望收益值为 $8 \times 0.8 + 5 \times 0.2 = 7.4$；小批量进货收益期望值为 $7 \times 0.8 + 4 \times 0.2 = 6.4$。从三个期望收益值中选取最大值 max（8.8, 7.4, 6.4）= 8.8（万元），对应方案是大批量进货。所以，依据折中准则，选择大批量进货为最优方案。

四、等可能性准则

因无法明确知道各种自然状态发生的概率，因此，可以认为它们有同等的可能性，每一个自然状态发生概率都是 1/状态数。在此基础上，计算各个方案的期望收益值，然后进行比较。

例 7.4 利用等可能性准则对例 7.1 的问题进行决策。

解：题中有三种可能的自然状态，依据等可能性准则，每种状态出现的概率为 1/3。

计算每个方案的收益期望值，大批量进货预期收益值为 $10 \times 1/3 + 6 \times 1/3 + 4 \times 1/3 = 20/3$；中批量进货收益期望值为 $6 \times 1/3 + 8 \times 1/3 + 5 \times 1/3 = 19/3$；小批量进货收益期望值为 $4 \times 1/3 + 5 \times 1/3 + 7 \times 1/3 = 16/3$。

选择三个收益期望值中最大值，即 max（20/3, 19/3, 16/3）= 20/3（万元），对应的方案是大批量进货。所以，根据等可能性准则，选择大批量进货为最优方案。

五、后悔值准则

由于自然状态的不确定性，在决策实施后决策者很可能会觉得：如果采取了其他方案将会有更好的收益，由此决策者所造成的损失价值，称为后悔值。根据后悔值准则，每个自然状态下的最高收益值为理想值，该状态下每个方案的收益值与理想值之差作为后悔值。决策者追求最小后悔值，决策步骤是，在各个方案中选择最大后悔值，比较各个方案的最大后悔值，从中选择最小者对应的方案为最优决策方案。

例 7.5 试用后悔值准则对例 7.1 的问题进行决策。

解：找出各状态下最大收益值，即理想值，三种状态分别为 10, 8, 7。计算各状态下每个方案的后悔值，各状态理想值减去各状态收益值，得到后悔值为 $\begin{bmatrix} 0 & 2 & 3 \\ 4 & 0 & 2 \\ 6 & 3 & 0 \end{bmatrix}$，各方案的最大后悔值分别为 3, 4, 6。找出三个方案的最大后悔值中的最小结果 min (3, 4, 6) = 3（万元），对应于大批量进货方案。所以，依据后悔值准则，大批量进货方案为最优方案。

在不确定型决策中，决策准则的使用是因人、因时、因地而异的。在现实生活中，决策者面临不确定型决策问题时，常常会试图获取有关信息，通过统计分析或主观估计来得到各种自然状态发生的概率，使不确定型决策转化为风险型决策。

第四节 风险型决策分析

风险型决策是指决策者在进行决策时，虽然无法确知未来将会出现何种自然状态，但可以了解未来可能状态的种类以及每种状态出现的可能性概率。决策者无论采取哪一种方案，都要承担一定的风险，因此称这种决策为风险型决策。在风险型决策中，一般采用期望值作为决策依据，分析过程可采用决策树方法。

一、最大收益期望值决策准则

最大收益期望值决策准则是指选择收益期望值最大的方案作为决策方案，每个方案的收益期望值为所有状态下的收益值与对应概率的乘积之和。即

$$E(A_i) = \sum_{j=1}^{n} P_j S_{ij}, \quad i = 1, 2, \cdots, m; j = 1, 2, \cdots, n \tag{7.1}$$

其中，S_{ij} 表示方案 A_i 在第 j 个状态下的收益值；P_j 表示第 j 个状态出现的概率，选择 $\max E(A_i)$ 对应的方案为最优方案。

例 7.6 一企业为生产新产品需要建立新工厂，现有两种基建方案：一是建大厂，需

投资3000万元；一是建小厂，需要投资1600万元。据估计，两种方案在未来几年内的获利数见表7.2。问该采用哪种基建方案？

表7.2 销售利润表

建厂方案	市场状态及概率	
	销售好	销售差
	0.7	0.3
建大厂	10 000	−2 000
建小厂	4 000	1 000

解：计算各个方案的收益期望值。

建大厂：(10 000−3000)×0.7 + (−2000−3000)×0.3 = 3400（万元）。

建小厂：(4000−1600)×0.7 + (1000−1600)×0.3 = 1500（万元）。

选择两个期望值中较大者对应的方案为决策方案，即选择建大厂的决策方案。

二、最小机会损失期望值决策准则

最小机会损失期望值决策准则是指决策目标的指标为损失值时，选择损失期望值最小的方案作为决策方案。损失值计算与前面提过的后悔值相似，为每个方案在各状态下的收益值与该状态下最好收益值的差。

例7.7 试用最小机会损失期望值决策准则对例7.6进行决策分析。

解：各状态下每个方案的损失期望值见表7.3。

表7.3 各状态下每个方案的损失期望值表

建厂方案	市场状态及概率	
	销售好	销售差
	0.7	0.3
建大厂	0	4400
建小厂	4600	0

计算每个方案的损失期望值。

建大厂：0×0.7 + 4400×0.3 = 1320（万元）。

建小厂：4600×0.7 + 0×0.3 = 3220（万元）。

选择损失期望值最小者对应的方案为决策方案，即应采用建大厂的基建方案。

三、期望水平决策方法

在期望水平决策方法中，决策者会考虑不同可能性的发生，并对这些可能性的结果进行评估和权衡，以选择最适合的决策方案。

例 7.8 一位冰棒销售者以每支 0.7 元购进，每支 1 元卖出，如果卖不出去，就会融化从而遭受损失，情况见表 7.4，该冰棒销售者期望每天盈利 60 元，那么最优行动是什么？

表 7.4 销售情况数据表

卖出	可能性	买进 0 a_0	100 a_1	200 a_2	300 a_3	400 a_4	500 a_5
0	0.01	0	−70	−140	−210	−280	−350
100	0.05	0	30	−40	−110	−90	−250
200	0.10	0	30	60	−10	−80	−150
300	0.30	0	30	60	90	20	−50
400	0.30	0	30	60	90	120	50
500	0.24	0	30	60	90	120	150

解：从表 7.4 中可以看出，买进 200 支冰棒以上的方案才可能获得盈利 60 元，各方案中，买进 200, 300, 400, 500 支冰棒的获利在 60 元及以上的可能性分别为 0.94（0.1 + 0.3 + 0.3 + 0.24）、0.84（0.3 + 0.3 + 0.24）、0.54（0.3 + 0.24）、0.24（0.24），由此，各方案中，买进 200 支获利 60 元的可能性最大。

四、决策树分析方法

决策树分析方法是风险决策最常用的一种方法，它将决策问题按从属关系分为几个等级，用决策树形象地表示出来。通过决策树能统观整个决策的过程，从而能对决策方案进行全面的计算、分析和比较。决策树一般由五个部分组成。

（1）决策点：在图中以方框表示，决策者必须在决策点处进行最优方案的选择。从决策点引出方案分枝，在各方案分枝上标明方案内容及其期望收益值，各个方案之间的差别一目了然。

（2）状态点：在图中以圆圈表示，位于方案分枝的末端。由状态点引出状态分枝，在状态分枝上标明状态内容及其出现的概率。

（3）结果点：在图中以三角表示，是状态分枝的末梢，表示某方案在该状态下的收益值。

（4）方案分枝：由决策点引出的分枝，即为方案分枝，在方案分枝上标明方案，有几个方案就引出几个方案分枝。

（5）状态分枝：由状态点引出的分枝，即为状态分枝，在状态分枝上标明状态及其可能发生的概率，有几个状态就引出几个状态分枝。

决策树一般从左至右逐步画出，标出原始数据后，再从右至左计算出各节点的期望收益值，并标在相应的节点上，进而对决策点上的各个方案进行比较，依据期望值决策准则做出最终决策。用决策树法进行决策分析，可分为单阶段决策和多阶段决策两类。

1. 单阶段决策

单阶段决策指的是在决策过程中，决策者只需进行一次方案选择。

例 7.9 一外商携风险资金来某城市，欲投资于电脑业，目前有两种方案可供选择：一是直接将资金投入已有一定基础的中型企业；二是扶持刚起步的小企业。两种方案在不同经济形势下的获利情况见表 7.5。两个方案对应的投资额分别为 2000 万元、1500 万元，试决策：该采取哪种投资方案？

表 7.5 投资方案收益表

投资方案	市场状态		
	好	一般	差
	0.5	0.3	0.2
投资中型企业（A1）	5000	2500	1500
扶持小型企业（A2）	8000	0	−2500

解：绘出决策树，见图 7.3。决策节点在左边，树枝向右伸开，因为有两个备选方案，方案枝有两条；可能的自然状态有三种，所以每个状态节点后有三个状态分枝。

计算各状态点的收益值。

状态点 2：5000×0.5 + 2500×0.3 + 1500×0.2 = 3550（万元）。

状态点 3：8000×0.5 + 0×0.3 + （−2500）×0.2 = 3500（万元）。

计算各方案的收益期望值。

方案 A1：3550−2000 = 1550（万元）。

方案 A2：3500−1500 = 2000（万元）。

依据最大收益期望值准则，方案 A2 收益期望值较大，为最优方案，也就是扶持小型企业为最优决策方案。可以把方案分枝 A1 剪去。

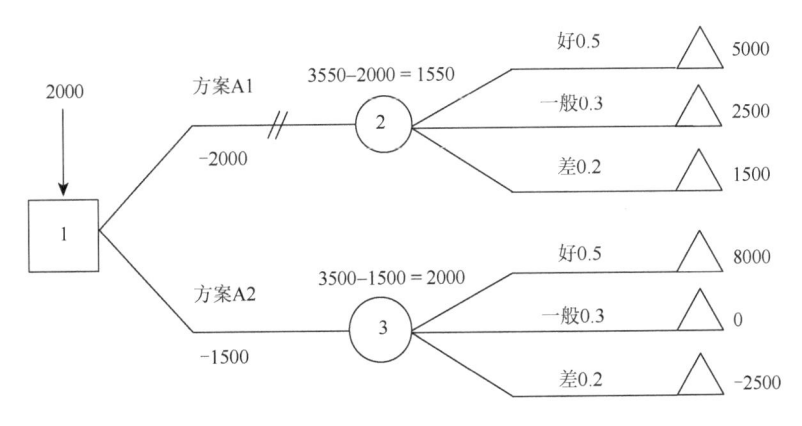

图 7.3 风险投资问题的决策树

2. 多阶段决策

很多实际决策问题，需要决策者进行多次决策，这些决策按先后次序分为几个阶段，后阶段的决策内容依赖于前阶段的决策结果及前一阶段决策后所出现的状态。在做前一次决策时,也必须考虑到后一阶段的决策情况,这类问题称为多阶段决策问题。

例 7.10 某一化工原料厂,由于某项工艺不够好,产品成本高。在价格中等水平时无利可图,在价格低落时要亏本,只有在价格高时才赢利,且赢利也不多。现企业考虑进行技术革新,取得新工艺的途径有两种,一是自行研究,成功的可能是 0.6,二是购买专利,估计成功的可能性是 0.8。不论是研究成功还是购买专利成功,生产规模都有两种考虑方案,一是产量不变,二是产量增加。若研究失败或者购买专利失败,则仍然采用原工艺进行生产,生产保持不变。根据市场预测,今后五年内产品跌价的可能性是 0.1,保持中等水平的可能性是 0.5,涨价的可能性是 0.4。现在企业需要考虑:是购买专利,还是自行研究。其决策表见表 7.6。

表 7.6 投资方案决策表　　　　　　　　　　　　　　单位:万元

价格(概率)	按原工艺生产	购买专利成功(0.8) 产量不变	购买专利成功(0.8) 增加产量	自行研究成功(0.6) 产量不变	自行研究成功(0.6) 增加产量
价格低落 Q_1 (0.1)	−1000	−2000	−3000	−2000	−3000
中等 Q_2 (0.5)	0	500	500	0	−2500
高涨 Q_3 (0.4)	1000	1500	2500	2000	6000

解:该问题的决策树见图 7.4。

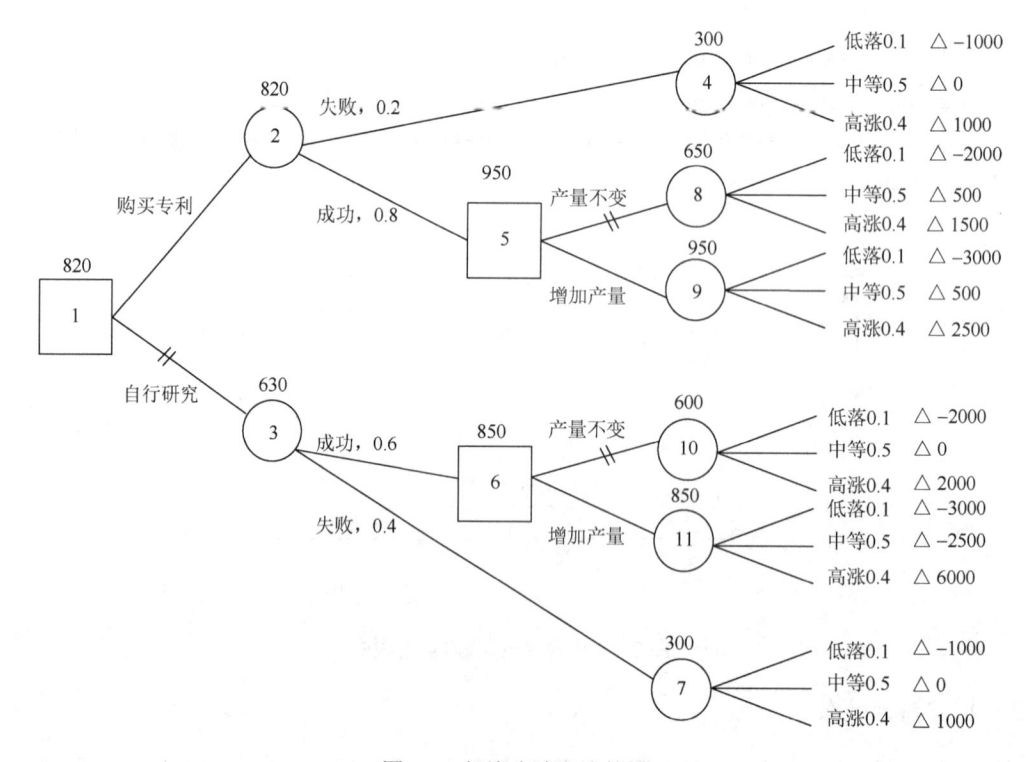

图 7.4 投资多阶段决策树

各点收益期望值为

点 4: $0.1\times(-1000)+0.5\times 0+0.4\times 1000=300$。

点 8: $0.1\times(-2000)+0.5\times 500+0.4\times 1500=650$。

点 9: $0.1\times(-3000)+0.5\times 500+0.4\times 2500=950$。

点 10: $0.1\times(-2000)+0.5\times 0+0.4\times 2000=600$。

点 11: $0.1\times(-3000)+0.5\times(-2500)+0.4\times 6000=850$。

点 7: $0.1\times(-1000)+0.5\times 0+0.4\times 1000=300$。

在决策点 5，由于增加产量方案的收益期望值为 950，产量不变方案的收益期望值为 650，由于点 9 的收益期望值大于点 8，因此在决策点 5，剪去产量不变方案分枝，点 9 的收益期望值移到点 5。

在决策点 6，由于增加产量方案的收益期望值为 850，产量不变方案的收益期望值为 600，由于点 11 的收益期望值大于点 10，因此在决策点 6，剪去产量不变方案分枝，点 11 的收益期望值移到点 6。

点 2: $0.2\times 300+0.8\times 950=820$。

点 3: $0.6\times 850+0.4\times 300=630$。

在决策点 1，由于购买专利方案的收益期望值为 820，自行研究方案的收益期望值为 630，点 2 的收益期望值大于点 3，因此在决策点 1，剪去自行研究方案分枝，点 2 的收益期望值移到点 1。

因此我们的最终决策为：企业购买专利；在成功时增加产量；失败时按原来工艺生产。

3. 贝叶斯分析方法

前文所提到的状态概率，一般是指先验概率分布。一般情况下给定准确的先验概率分布是一件很困难的事情。在这种环境下决策，决策者的风险很大。对此，常常可以通过一定的方式来减少环境的不确定性，提高状态发生概率估计的准确性。比如，产品销售若与天气情况有关，单凭决策者经验估计天晴与否具有很大的不可靠性，而如果获得了天气预报信息，则对天气情况的预测准确度会大大提高；再如，对产品市场销售量的估计，也可以通过小批量预销售来获得未来产品的销售量分布可能性。这种通过实验获得的概率一般称为后验概率，计算方法依据贝叶斯公式。

例 7.11 某海域天气变化无常。该地区有一渔业公司，每天决定是否出海捕鱼。若晴天出海，可获利 15 万元，若阴天则亏损 5 万元。根据气象资料，当前季节该海域晴天的概率 0.8，阴天概率为 0.2。为更好地掌握天气情况，公司成立了一个气象站，对相关海域进行气象预测。该气象站的预报精度如下，若某天是晴天，则预报正确率为 0.95；若某天是阴天，则预报的正确率为 0.9。若某天气象站预报为晴天，那是否应该出海；若预报是阴天，则是否应该出海？

解：设 H_1, H_2 表示气象站预报为晴、阴天两种情况；θ_1, θ_2 表示某天是晴天或阴天。气象站的预报精度可以表示为

$$\begin{cases} P\left(\dfrac{H_1}{\theta_1}\right)=0.95, & P\left(\dfrac{H_2}{\theta_1}\right)=0.05 \\ P\left(\dfrac{H_1}{\theta_2}\right)=0.1, & P\left(\dfrac{H_2}{\theta_2}\right)=0.9 \end{cases}$$

现在实际问题是需要求解 $P\left(\dfrac{\theta_1}{H_1}\right),P\left(\dfrac{\theta_1}{H_2}\right),P\left(\dfrac{\theta_2}{H_1}\right),P\left(\dfrac{\theta_2}{H_2}\right)$。

根据贝叶斯公式，容易得到：

$$P\left(\dfrac{\theta_1}{H_1}\right)=\dfrac{P\left(\dfrac{H_1}{\theta_1}\right)P(\theta_1)}{P\left(\dfrac{H_1}{\theta_1}\right)P(\theta_1)+P\left(\dfrac{H_1}{\theta_2}\right)P(\theta_2)}=\dfrac{0.95\times 0.8}{0.95\times 0.8+0.1\times 0.2}=0.9744$$

$$P\left(\dfrac{\theta_1}{H_2}\right)=\dfrac{P\left(\dfrac{H_2}{\theta_1}\right)P(\theta_1)}{P\left(\dfrac{H_2}{\theta_1}\right)P(\theta_1)+P\left(\dfrac{H_2}{\theta_2}\right)P(\theta_2)}=\dfrac{0.05\times 0.8}{0.05\times 0.8+0.9\times 0.2}=0.1818$$

$$P\left(\dfrac{\theta_2}{H_1}\right)=\dfrac{P\left(\dfrac{H_1}{\theta_2}\right)P(\theta_2)}{P\left(\dfrac{H_1}{\theta_1}\right)P(\theta_1)+P\left(\dfrac{H_1}{\theta_2}\right)P(\theta_2)}=\dfrac{0.1\times 0.2}{0.95\times 0.8+0.1\times 0.2}=0.0256$$

$$P\left(\dfrac{\theta_2}{H_2}\right)=\dfrac{P\left(\dfrac{H_2}{\theta_2}\right)P(\theta_2)}{P\left(\dfrac{H_2}{\theta_1}\right)P(\theta_1)+P\left(\dfrac{H_2}{\theta_2}\right)P(\theta_2)}=\dfrac{0.9\times 0.2}{0.05\times 0.8+0.9\times 0.2}=0.8182$$

绘制决策树，如图 7.5 所示。

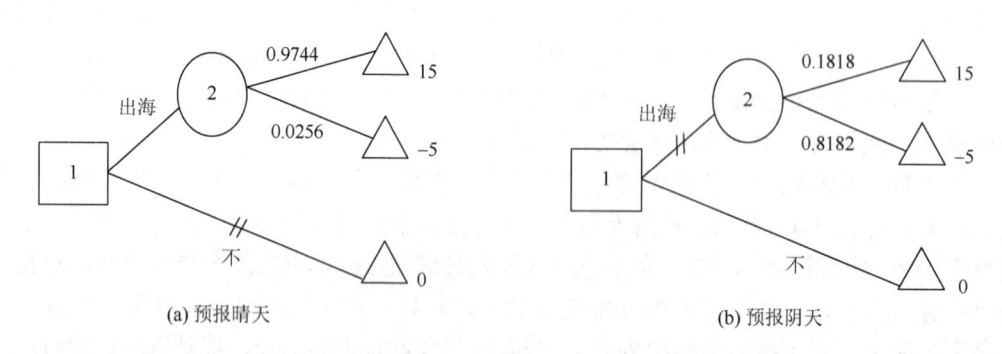

图 7.5　渔业公司的决策树

当预报为晴天时，出海捕鱼的获利期望为 $15\times 0.9744-5\times 0.0256=14.488$（万元）；不出海的获利为 0。此时最优方案为出海。

当预报为阴天时，出海捕鱼的获利期望为 $15 \times 0.1818 - 5 \times 0.8182 = -1.364$（万元），不出海的获利为 0。此时最优方案为不出海。

例 7.12 某工厂的产品每 1000 件装成一箱出售。每箱中产品的次品率有 0.01, 0.40, 0.90 三种可能，其概率分别是 0.2, 0.6, 0.2。现在的问题是：出厂前是否要对产品进行严格检验，将次品挑出。可以选择的行动方案有两个：①整箱检验，检验费为每箱 100 元；②整箱不检验，但如果顾客在使用中发现次品，每件次品除调换为合格品外还要赔偿 0.25 元损失费。为了更好地做出决定，可以先从一箱中随机抽取一件作为样本检验。然后根据这件产品是否次品再决定该箱是否要检验，抽样成本为 4.20 元。要决策的问题是：①是否抽检？②如不抽检，是否进行整箱检验？③如果抽检，应如何根据抽检结果决定行动？

解：假设 a_1 为整箱检验；a_2 为整箱不检验；$\theta_1, \theta_2, \theta_3$ 表示次品率分别为 0.01, 0.40, 0.90 的三种自然状态；S_1 表示抽取一件样品的行动；$x=1, x=0$ 为抽样是次品和合格品的两个结果。

由表 7.7 收益矩阵可得各行动方案后悔值矩阵，如表 7.8 所示。

表 7.7 收益矩阵

A	θ_1	θ_2	θ_3
	0.2	0.6	0.2
a_1	−100	−100	−100
a_2	−2.5	−100	−225

表 7.8 后悔值矩阵

A	θ_1	θ_2	θ_3
	0.2	0.6	0.2
a_1	97.5	0	0
a_2	0	0	125

抽取一件样品的抽样分布如表 7.9 所示。

表 7.9 抽样分布表

抽样	θ_1	θ_2	θ_3
$x=0$	0.99	0.6	0.1
$x=1$	0.01	0.4	0.9

绘制决策树，如图 7.6 所示。计算有关概率。

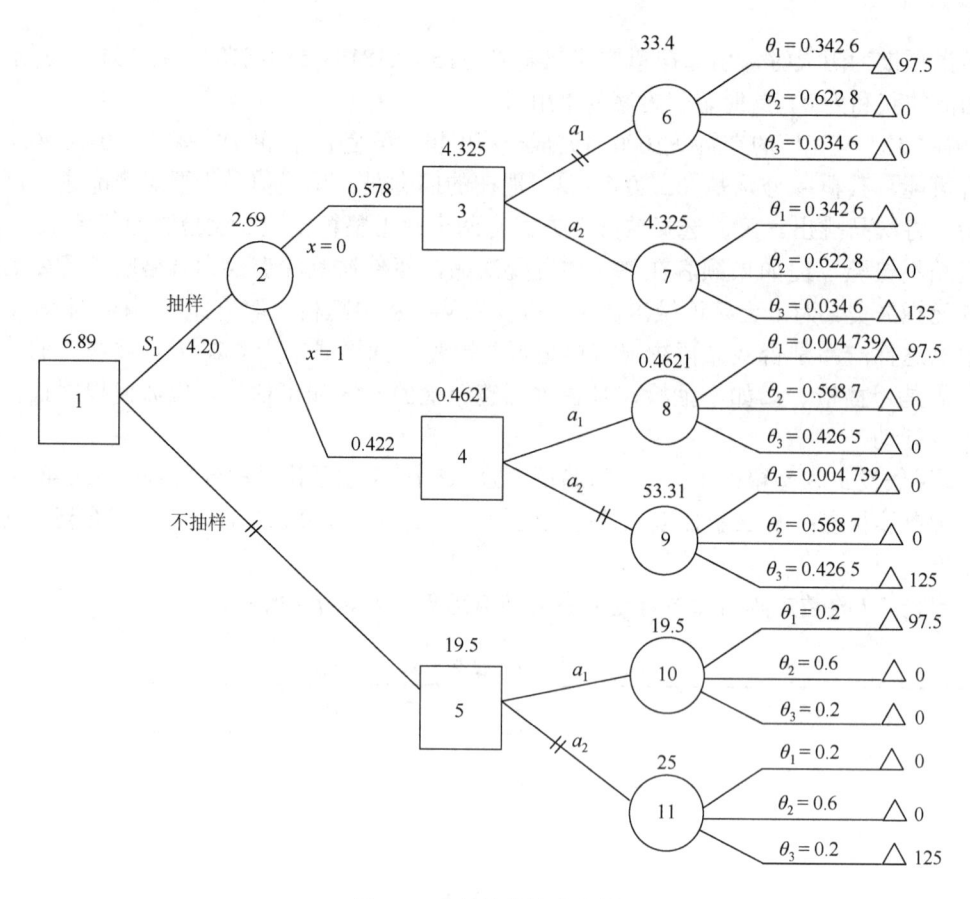

图 7.6 产品抽检的决策树

（1）抽样各有关概率。

$$P(x=0)=\sum_{i=1}^{3}P\left(x=\frac{0}{\theta_i}\right)P(\theta_i)=0.99\times 0.2+0.60\times 0.6+0.10\times 0.2=0.578$$

$$P(x=1)=\sum_{i=1}^{3}P(=1|\theta_i)P(\theta_i)=0.01\times 0.2+0.40\times 0.6+0.90\times 0.2=0.422$$

（2）求在 $x=0$ 的情况下，出现各种不同自然情况的概率。

利用贝叶斯公式，$P\left(\dfrac{\theta_1}{x}=0\right)=\dfrac{0.99\times 0.2}{0.578}=0.3426$。同理可求出，$P\left(\dfrac{\theta_2}{x}=0\right)=\dfrac{0.60\times 0.6}{0.578}=0.6228$，$P\left(\dfrac{\theta_3}{x}=0\right)=\dfrac{0.1\times 0.2}{0.578}=0.0346$。

（3）在 $x=1$ 情况下，出现各种不同自然情况的概率。

$$P\left(\frac{\theta_1}{x}=1\right)=\frac{P\left(x=\dfrac{1}{\theta_1}\right)P(\theta_1)}{P(x=1)}=\frac{0.01\times 0.2}{0.422}=0.004\,739$$

$$P\left(\frac{\theta_2}{x}=1\right)=\frac{P\left(x=\frac{1}{\theta_2}\right)P(\theta_2)}{P(x=1)}=\frac{0.40\times0.6}{0.422}=0.5687$$

$$P\left(\frac{\theta_3}{x}=1\right)=\frac{P\left(x=\frac{1}{\theta_3}\right)P(\theta_3)}{P(x=1)}=\frac{0.90\times0.2}{0.422}=0.4265$$

计算各方案点和决策点的后悔期望值如下。点 6：97.5×0.3426 = 33.4（元）。点 7：125×0.0346 = 4.325（元）。点 8：97.5×0.004739 = 0.4621（元）。点 9：125×0.4265 = 53.31（元）。点 10：97.5×0.2 = 19.5（元）。点 11：125×0.2 = 25（元）。决策结果是首先抽取 1 件产品作为样品检验，如该件合格则整箱不检验；如是次品，则整箱检验。

第五节　多属性决策方法

社会经济系统的决策问题，往往涉及多个不同属性。一般来说，多属性决策（综合评价）有两个显著特点：第一，指标间不可公度性，即属性之间没有统一量纲，难以用同一标准进行度量；第二，某些指标之间存在一定的矛盾性，某一方案提高了某个指标值，却可能降低另一指标值。因此，克服指标间不可公度的困难，协调指标间的矛盾性，是多属性综合评价要解决的主要问题。

设有 m 个备选方案 $a_i(1\leqslant i\leqslant m)$，$n$ 个决策指标 $f_j(1\leqslant j\leqslant n)$，$m$ 个方案 n 个指标构成的矩阵 $X=(x_{ij})_{m\times n}$ 称为决策矩阵。

基于 n 个指标值，如何选择最优方案？多属性决策问题主要涉及两个步骤：一是决策指标的标准化；二是基于标准化数据的方案择优方法。

一、决策指标的标准化

指标体系中指标不同的量纲，例如，产值的单位为万元，产量的单位为万吨，投资回收期的单位为年等，给综合评价带来许多困难。将不同的量纲的指标通过适当的变换，转化为无量纲的标准化指标，称为决策指标的标准化。决策指标根据指标变化方向，大致可以分为两类，即效益型（正向）指标和成本型（逆向）指标。效益型指标具有越大越优的性质，成本型指标具有越小越优的性质。

1. 向量归一化法

在决策矩阵 $X=(x_{ij})_{m\times n}$ 中，令

$$y_{ij}=\frac{x_{ij}}{\sqrt{\sum_{i=1}^{m}x_{ij}^2}},\quad 1\leqslant i\leqslant m,1\leqslant j\leqslant n \tag{7.2}$$

矩阵 $Y=(y_{ij})_{m\times n}$ 称为向量归一标准化矩阵。Y 的列向量的模等于 1，即 $\sum_{i=1}^{m}y_{ij}^2=1$。经

过归一化处理后，其指标值均满足 $0 \leqslant y_{ij} \leqslant 1$，并且正、逆向指标的方向没有发生变化，即正向指标归一化变化后，仍是正向指标，逆向指标归一化变换后，仍是逆向指标。

2. 线性比例变化法

在 $X=(x_{ij})_{m \times n}$ 中，对正向指标 f_j，取 $x_j^* = \max\limits_{1 \leqslant i \leqslant m} x_{ij} \neq 0$，则

$$y_{ij} = \frac{x_{ij}}{x_j^*}, \quad 1 \leqslant i \leqslant m, 1 \leqslant j \leqslant n \tag{7.3}$$

对于逆向指标 f_j，取 $x_j^* = \min\limits_{1 \leqslant i \leqslant m} x_{ij}$，且 $x_{ij} \neq 0$，则

$$y_{ij} = \frac{x_j^*}{x_{ij}}, \quad 1 \leqslant i \leqslant m, 1 \leqslant j \leqslant n \tag{7.4}$$

$Y=(y_{ij})_{m \times n}$ 称为线性比例标准化矩阵，经过线性比例变换后，标准化指标满足 $0 \leqslant y_{ij} \leqslant 1$，并且逆向指标可转化为正向指标，最优值为 1。

3. 极差变化法

在 $X=(x_{ij})_{m \times n}$ 中，对正向指标 f_j，取 $x_j^* = \max\limits_{1 \leqslant i \leqslant m} x_{ij}, x_j^0 = \min\limits_{1 \leqslant i \leqslant m} x_{ij}$，则

$$y_{ij} = \frac{x_{ij} - x_j^0}{x_j^* - x_j^0}, \quad 1 \leqslant i \leqslant m, 1 \leqslant j \leqslant n \tag{7.5}$$

对于逆向指标 f_j，取 $x_j^* = \min\limits_{1 \leqslant i \leqslant m} x_{ij}$，$x_j^0 = \max\limits_{1 \leqslant i \leqslant m} x_{ij}$，则

$$y_{ij} = \frac{x_j^0 - x_{ij}}{x_j^0 - x_j^*}, \quad 1 \leqslant i \leqslant m, 1 \leqslant j \leqslant n \tag{7.6}$$

矩阵 $Y=(y_{ij})_{m \times n}$ 称为极差变换标准化矩阵。经过极差变换之后，均有 $0 \leqslant y_{ij} \leqslant 1$，并且逆向指标可转化为正向指标。

4. 定性指标量化处理方法

在多属性决策指标体系中，有些指标是定性指标，只能作为定性描述，例如"可靠性""灵敏度""员工素质"等。对定性指标作量化处理，常用的方法是将这些指标依问题性质划分为若干级别，分别赋以不同的量值。一般可划分为 5 个级别，正向指标下最优值为 9 分，最劣值为 1 分，其余级别赋以适当分值。具体分值见表 7.10。

表 7.10 分值表

定性标度	很低	低	一般	高	很高
正向指标	1	3	5	7	9
逆向指标	9	7	5	3	1

例 7.13 某公司在国际市场上购买飞机，按 6 个决策指标对不同型号的飞机进行综合评价，这 6 个指标是：最大速度(f_1)、最大范围(f_2)、最大负载(f_3)、费用(f_4)、可靠

性(f_5)、灵敏度(f_6)。现有 4 种型号的飞机可供选择,具体指标值见表 7.11。写出决策矩阵,并进行标准化处理。

表 7.11 飞机型号与指标数据

机型	最大速度/马赫	最大范围/千米	最大负载/千克	费用/万元	可靠性	灵敏度
a_1	2.0	1 500	20 000	550	一般	很高
a_2	2.5	2 700	18 000	650	低	一般
a_3	1.8	2 000	21 000	450	高	高
a_4	2.2	1 800	20 000	500	一般	一般

注:1 马赫 = 340 米/秒

解:在决策指标中,f_1、f_2、f_3 是正向指标,f_4 是逆向指标,f_5、f_6 是定性指标。按照表 7.10 的分级量化值,将 f_5、f_6 作量化处理,得到决策矩阵

$$X = (x_{ij})_{4 \times 6} = \begin{bmatrix} 2.0 & 1500 & 20\,000 & 5.5 & 5 & 9 \\ 2.5 & 2700 & 18\,000 & 6.5 & 3 & 5 \\ 1.8 & 2000 & 21\,000 & 4.5 & 7 & 7 \\ 2.2 & 1800 & 20\,000 & 5.0 & 5 & 5 \end{bmatrix}$$

根据不同的方法作标准化处理(计算保留 2 位小数)。

向量归一化法,标准化矩阵为

$$Y = (y_{ij})_{4 \times 6} = \begin{bmatrix} 0.47 & 0.37 & 0.51 & 0.51 & 0.48 & 0.67 \\ 0.58 & 0.66 & 0.46 & 0.60 & 0.29 & 0.31 \\ 0.42 & 0.49 & 0.53 & 0.41 & 0.67 & 0.52 \\ 0.51 & 0.44 & 0.51 & 0.46 & 0.48 & 0.37 \end{bmatrix}$$

线性比例变换法,标准化矩阵为

$$Y = (y_{ij})_{4 \times 6} = \begin{bmatrix} 0.80 & 0.56 & 0.95 & 0.82 & 0.71 & 1.00 \\ 1.00 & 1.00 & 0.86 & 0.69 & 0.43 & 0.56 \\ 0.72 & 0.74 & 1.00 & 1.00 & 1.00 & 0.78 \\ 0.88 & 0.67 & 0.95 & 0.90 & 0.71 & 0.56 \end{bmatrix}$$

极差变换法,标准化矩阵为

$$Y = (y_{ij})_{4 \times 6} = \begin{bmatrix} 0.28 & 0 & 0.67 & 0.50 & 0.51 & 1.00 \\ 1.00 & 1.00 & 0 & 0 & 0 & 0 \\ 0 & 0.42 & 1.00 & 1.00 & 1.00 & 0.50 \\ 0.57 & 0.52 & 0.67 & 0.25 & 0.50 & 0 \end{bmatrix}$$

二、基于标准化数据的方案择优方法

1. 线性加权法

线性加权法根据实际情况,确定各决策指标的权重,再对决策矩阵进行标准化处理,

求出各方案的指标综合值,以此作为各可行方案排序的依据。应该注意的是,线性加权法对决策矩阵的标准化处理,应当使所有的指标正向化。基本步骤是:用适当的方法确定各决策指标的权重,设权重向量为 $W=(w_1,w_2,\cdots,w_n)^T$,其中,$\sum_{j=1}^{n}w_j=1$。对 $X=(x_{ij})_{m\times n}$ 作标准化处理,标准化矩阵为 $Y=(y_{ij})_{m\times n}$,标准化后的指标为正向指标。

求出各决策方案的线性加权指标值,即

$$u_i=\sum_{j=1}^{n}w_j y_{ij},\ 1\leqslant i\leqslant m \tag{7.7}$$

以 u_i 为依据,选择最大者为最优方案,即

$$u(a^*)=\max_{1\leqslant i\leqslant m}u_i=\max_{1\leqslant i\leqslant m}\sum_{j=1}^{n}w_j y_{ij} \tag{7.8}$$

例 7.14 用线性加权法对例 7.13 的购机问题进行决策。

解:设购机问题中,6 个决策指标的权重向量为 $W=(0.2,0.1,0.1,0.1,0.2,0.3)^T$。用线性比例变换法,将决策矩阵 $X=(x_{ij})_{4\times 6}$ 标准化,标准化矩阵为

$$Y=(y_{ij})_{4\times 6}=\begin{pmatrix} 0.80 & 0.56 & 0.95 & 0.82 & 0.71 & 1.00 \\ 1.00 & 1.00 & 0.86 & 0.69 & 0.43 & 0.56 \\ 0.72 & 0.74 & 1.00 & 1.00 & 1.00 & 0.78 \\ 0.88 & 0.67 & 0.95 & 0.90 & 0.71 & 0.56 \end{pmatrix}$$

计算各方案的综合指标值 $u_1=0.835$,$u_2=0.709$,$u_3=0.853$,$u_4=0.738$,因此,最优方案是 $u(a^*)=\max_{1\leqslant i\leqslant 4}u_i=u_3=u(a_3)$,即 $a^*=a_3$,购机问题各方案的排序结果是 $a_3\succ a_1\succ a_4\succ a_2$。

2. 理想解法

理想解法又称为 TOPSIS(technique for order preference by similarity to ideal solution,逼近理想解排序法),这种方法通过构造多属性问题的理想解和负理想解,并以靠近理想解和远离理想解两个基准作为评价各可行方案的依据。理想解是设想各指标属性都达到最满意的解;负理想解也是设想指标属性都达到最不满意的解。

例如,在二指标 f_1,f_2 的决策问题中,不妨设二指标均为效益型指标,指标值越大越优。该问题有 m 个可行方案 $a_i(i=1,2,\cdots,m)$,各方案的两个指标分别记为 x_{i1},x_{i2}。记 $x_1^*=\max_{1\leqslant i\leqslant m}\{x_{i1}\},x_2^*=\max_{1\leqslant i\leqslant m}\{x_{i2}\},x_1^-=\min_{1\leqslant i\leqslant m}\{x_{i1}\},x_2^-=\min_{1\leqslant i\leqslant m}\{x_{i2}\}$,则此问题的理想解为($x_1^*,x_2^*$),负理想解为($x_1^-,x_2^-$)。

确定了理想解和负理想解,还需确定一种测度方法,表示各方案目标值靠近理想解和远离理想解的程度,一般采用欧氏距离计算方法。设方案 a_i 到理想解和负理想解的距离分别为 $S_i^*=\sqrt{\sum_{j=1}^{2}(x_{ij}-x_j^*)^2}$,$S_i^-=\sqrt{\sum_{j=1}^{2}(x_{ij}-x_j^-)^2}$,方案 a_i 与理想解、负理想解的相对贴近度定义为 $C_i^*=\dfrac{S_i^-}{S_i^-+S_i^*}$,容易看出,相对贴近度满足 $0\leqslant C_i^*\leqslant 1$。当 $a_i=a^*$ 时,即方

案为理想方案时，$C_i^* = 1$；当 $a_i = a^-$ 时，即方案为负理想方案时，$C_i^* = 0$。当 $a_i \to a^*$ 时，即方案逼近理想解而远离负理想解时，$C_i^* \to 1$。因此，相对贴近度 C_i^* 是理想解排序的判据。

设 $X = (x_{ij})_{m \times n}$，指标权重向量为 $W = (w_1, w_2, \cdots, w_n)^T$，理想解法基本步骤是：用向量归一法对决策矩阵作标准化处理，得到标准化矩阵 $Y = (y_{ij})_{m \times n}$；计算加权标准化矩阵 $V = (v_{ij})_{m \times n} = (w_j y_{ij})_{m \times n}$；确定理想解和负理想解；计算各方案的相对贴近度，根据贴近度大小确定方案优劣。

例 7.15 用理想解法对例 7.13 的购机问题进行决策。

解：用向量归一化方法求得 $X = (x_{ij})_{4 \times 6}$ 的标准化矩阵；设指标权重向量为 $W = (0.2, 0.1, 0.1, 0.1, 0.2, 0.3)^T$，计算加权标准化矩阵，求得

$$V = (v_{ij})_{4 \times 6} = \begin{pmatrix} 0.0934 & 0.0366 & 0.0506 & 0.0506 & 0.0962 & 0.2012 \\ 0.1168 & 0.0659 & 0.0455 & 0.0598 & 0.0577 & 0.1118 \\ 0.0841 & 0.0488 & 0.0531 & 0.0414 & 0.1347 & 0.1565 \\ 0.1028 & 0.0439 & 0.0506 & 0.0460 & 0.0962 & 0.1118 \end{pmatrix}$$

分别确定理想解和负理想解为

$$V^* = \{0.1168, 0.0659, 0.0531, 0.0414, 0.1347, 0.2012\}$$
$$V^- = \{0.0841, 0.0366, 0.0455, 0.0598, 0.0577, 0.1118\}$$

各方案到理想解和负理想解的距离分别是

$$S_1^* = 0.0545, \quad S_2^* = 0.1197, \quad S_3^* = 0.0580, \quad S_4^* = 0.1009$$
$$S_1^- = 0.0983, \quad S_2^- = 0.0439, \quad S_3^- = 0.0920, \quad S_4^- = 0.0458$$

各方案的相对贴近度为 $C_1^* = 0.643$，$C_2^* = 0.268$，$C_3^* = 0.613$，$C_4^* = 0.312$，用理想解法各方案的排序结果是 $a_1 \succ a_3 \succ a_4 \succ a_2$。

3. 层次分析法

层次分析法（analytic hierarchy process，AHP）是 20 世纪 70 年代由美国托马斯 L. 萨蒂（Thomas L. Saaty）提出的一种定量定性相结合的评价方法，该方法力求避开复杂的数学建模方法进行复杂问题的决策，其原理是将复杂的问题逐层分解为若干元素，组成一个相互关联和具有隶属关系的层次结构模型，对各元素进行判断，以获得各元素的重要性。运用 AHP，大体上可按下面四个步骤进行。

步骤 1：分析系统中各因素间的关系，建立系统的递阶层次结构。

步骤 2：对同一层次各元素关于上一层次中某一准则的重要性进行两两比较，构造两两比较的判断矩阵。

步骤 3：由判断矩阵计算被比较元素对该准则的相对权重，并进行判断矩阵一致性检验。

步骤 4：计算各层次对于系统的总排序权重，并进行排序。最后，得到各方案对于总目标的总排序。

下面以例子说明四个步骤的实现过程。

1）递阶层次结构的建立

应用 AHP 分析决策问题时，首先要把问题条理化、层次化，构造出一个有层次的结构模型。在这个模型中，复杂问题被分解为元素的组成部分，这些元素又按其属性及关系形成若干层次，上一层次的元素作为准则对下一层次的有关元素起支配作用。这些层次可以分为三类。①最高层（目标层）：只有一个元素，一般是分析问题的预定目标或理想结果。②中间层（准则层）：包括了为实现目标所涉及的中间环节，它可以由若干个层次组成，包括所需要考虑的准则、子准则。③最底层（方案层）：包括了为实现目标可供选择的各种措施、决策方案等。

递阶层次结构的层次数与问题的复杂程度及需要分析的详尽程度有关，一般地，层次数不受限制。每一层次中各元素所支配的元素一般不要超过 9 个，这是因为支配的元素过多会给两两比较带来困难。一个好的层次结构对于解决问题是极为重要的，如果在层次划分和确定层次元素间的支配关系上举棋不定，那么应该重新分析问题，弄清元素间相互关系，以确保建立一个合理的层次结构。递阶层次结构是 AHP 中最简单也是最实用的层次结构形式。当一个复杂问题用递阶层次结构难以表示时，可以采用更复杂的扩展形式，如内部依存的递阶层次结构、反馈层次结构等。

例 7.16 知识型员工评价问题。知识型员工具有创新能力，能帮助企业在千变万化的市场环境中赢得优势。知识型员工评价可从员工的知识储备及基础、研发创新能力、团队合作能力和历史研发业绩等方面考核。某企业拟基于上述四个方面，对三位拟引进的员工进行选择评价。该问题的评价指标体系见图 7.7。

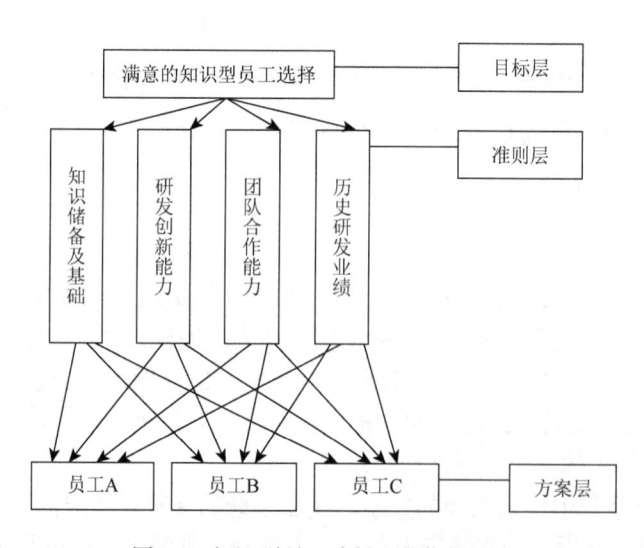

图 7.7 知识型员工选择评价指标体系

2）构造两两比较的判断矩阵

在建立递阶层次结构以后，上下层元素间的隶属关系就被确定了。下一步是要确定各层次元素的权重。对于大多数社会经济问题，特别是比较复杂的问题，元素的权重不容易直接获得，这时就需要通过适当的方法导出它们的权重，AHP 利用决策者对方案两两比较给出判断矩阵的方法导出权重。

记准则层元素 C 所支配的下一层次的元素为 $U_1, U_2, \cdots, U_n$。针对准则 C，决策者比较两个元素 U_i 和 U_j 哪一个更重要，重要程度如何，并按表 7.12 定义的比例标度对重要性程度赋值，形成判断矩阵 $A=(a_{ij})_{n\times n}$，其中 a_{ij} 就是元素 U_i 与 U_j 相对于准则 C 的重要性比例标度。

表 7.12 比例标度数值表

比例标度	含义
1	两个元素相比，具有相同的重要性
3	两个元素相比，前者比后者稍（略）重要
5	两个元素相比，前者比后者明显（较）重要
7	两个元素相比，前者比后者强烈（非常）重要
9	两个元素相比，前者比后者极端（绝对）重要
2，4，6，8	表示上述相邻判断的中间值

判断矩阵 A 具有如下性质：① $a_{ij} > 0$；② $a_{ji} = \dfrac{1}{a_{ij}}$；③ $a_{ii} = 1$，称为正互反判断矩阵。根据判断矩阵的互反性，对于一个由 n 个元素构成的判断矩阵只需给出其上（或下）三角的 $\dfrac{n(n-1)}{2}$ 个判断数据即可。

例 7.16 中，基于"知识储备及基础"指标，通过分析发现，员工 A 比员工 B 略好不足，员工 A 比员工 C 非常好有余，但是绝对好不足，认为员工 B 比员工 C 较好有余，非常好不足，则可以得到如下的判断矩阵（下三角判断矩阵的元素由互反性得到）：

$$A = \begin{array}{c} \\ \text{员工A} \\ \text{员工B} \\ \text{员工C} \end{array} \begin{array}{ccc} \text{员工A} & \text{员工B} & \text{员工C} \\ \left[\begin{array}{ccc} 1 & 2 & 8 \\ 1/2 & 1 & 6 \\ 1/8 & 1/6 & 1 \end{array}\right] \end{array}$$

3）权重向量和一致性指标

通过两两比较得到的判断矩阵 A 不一定满足判断矩阵的互反性条件，从复杂决策问题判断的本身来看，由于决策问题的复杂性，决策者判断的逻辑性可能不一致，比如，某评价者在评价时，认为员工 A 比员工 B 稍好，员工 B 比员工 C 稍好，则员工 A 应比员工 C 绝对好。若由于某种原因，评价者认为员工 A 比员工 C 稍好，则评价逻辑可能出现偏差。对此，AHP 采用一个数量标准来衡量 A 的不一致程度。设 $w = (w_1, w_2, \cdots, w_n)^T$ 是 n 阶判断矩阵排序权重向量（可根据排序权重向量 w 来决定方案的优劣），当 A 为一致性判断矩阵时，有

$$A = \begin{bmatrix} 1 & \dfrac{w_1}{w_2} & \cdots & \dfrac{w_1}{w_n} \\ \dfrac{w_2}{w_1} & 1 & \cdots & \dfrac{w_2}{w_n} \\ \vdots & \vdots & & \vdots \\ \dfrac{w_n}{w_1} & \dfrac{w_n}{w_2} & \cdots & 1 \end{bmatrix} = \begin{bmatrix} w_1 \\ w_2 \\ \vdots \\ w_n \end{bmatrix} \begin{bmatrix} \dfrac{1}{w_1} & \dfrac{1}{w_2} & \cdots & \dfrac{1}{w_n} \end{bmatrix}$$

用 $w = (w_1, w_2, \cdots, w_n)^T$ 右乘上式,得到 $Aw = nw$,表明 w 为 A 的特征向量,且特征根为 n。即对于一致的判断矩阵,排序向量 w 就是 A 的特征向量。如果 A 是一致的互反矩阵,则有以下性质:$a_{ij}a_{jk} = a_{ik}$。当 A 具有一致性时,$\lambda_{\max} = n$,将 $\lambda_{\max}$ 对应的特征向量归一化后($\sum_{i=1}^{n} w_i = 1$)记为 $w = (w_1, \cdots, w_n)^T$,w 称为权重向量,它表示 $U_1, U_2, \cdots, U_n$ 在准则层元素 C 中的权重。如果判断矩阵不具有一致性,则 $\lambda_{\max} > n$,$\lambda_{\max}$ 表示 A 的最大特征根。此时的特征向量 w 就不能真实地反映 $U_1, U_2, \cdots, U_n$ 在目标中所占比重。定义衡量不一致程度的数量指标,$CI = \dfrac{\lambda_{\max} - n}{n - 1}$。

对于具有一致性的正互反判断矩阵来说,$CI = 0$。由于客观事物的复杂性和人们认识的多样性,以及认识可能产生的片面性跟问题的因素多少、规模大小有关,仅依靠 CI 值作为 A 是否具有满意一致性的标准是不够的。为此,引进平均随机一致性指标 RI,对于 $n = 1 \sim 11$,平均随机一致性指标 RI 的取值如表 7.13 所示。

表 7.13 平均随机一致性指标 RI 的取值表

n	1	2	3	4	5	6	7	8	9	10	11
RI	0	0	0.58	0.90	1.12	1.24	1.32	1.41	1.45	1.49	1.51

定义 CR 为一致性比例,$CR = \dfrac{CI}{RI}$,当 $CR \leqslant 0.1$ 时,则称判断矩阵具有满意的一致性,否则就不具有满意一致性。

例 7.16 中判断矩阵 A,可得到其最大特征值 $\lambda_{\max} = 3.019$(特征值计算方法可采用一定的软件进行,如 MATLAB 软件中的 $[p, q] = \text{eig}(A)$ 即可得到判断矩阵 A 的特征值 p 和特征向量 q;在 Excel 中,可用 Mdeterm、Mmult 和 Minverse 等函数联合计算),$CI = \dfrac{3.019 - 3}{3 - 1} = 0.01$,一致性比例 $CR = \dfrac{0.01}{0.58} = 0.017 \leqslant 0.1$,表明该判断矩阵的一致性可以接受。此外,可以得到 $w = (0.593, 0.341, 0.066)^T$。

设研发创新能力指标下构成判断矩阵为

$$\begin{array}{c} \quad\quad\quad 员工A \quad 员工B \quad 员工C \\ \begin{array}{c} 员工A \\ 员工B \\ 员工C \end{array} \begin{bmatrix} 1 & 1/3 & 1/4 \\ 3 & 1 & 1/2 \\ 4 & 2 & 1 \end{bmatrix} \end{array}$$

在团队合作能力下三个员工构成的判断矩阵为

$$\begin{array}{c} & \text{员工A} \quad \text{员工B} \quad \text{员工C} \\ \begin{matrix}\text{员工A}\\\text{员工B}\\\text{员工C}\end{matrix} & \begin{bmatrix} 1 & 1/4 & 1/6 \\ 4 & 1 & 1/3 \\ 6 & 3 & 1 \end{bmatrix} \end{array}$$

在历史研发业绩下三个员工构成的判断矩阵为

$$\begin{array}{c} & \text{员工A} \quad \text{员工B} \quad \text{员工C} \\ \begin{matrix}\text{员工A}\\\text{员工B}\\\text{员工C}\end{matrix} & \begin{bmatrix} 1 & 1/3 & 4 \\ 1/3 & 1 & 7 \\ 1/4 & 1/7 & 1 \end{bmatrix} \end{array}$$

在四个评价指标方面,哪个指标更为重要?可以采用同样的比较方法得到四个评价指标的权重向量,设有判断矩阵:

$$\begin{array}{c} & \text{知识储备及基础} \quad \text{研发创新能力} \quad \text{团队合作能力} \quad \text{历史研发业绩} \\ \begin{matrix}\text{知识储备及基础}\\\text{研发创新能力}\\\text{团队合作能力}\\\text{历史研发业绩}\end{matrix} & \begin{bmatrix} 1 & 2 & 3 & 2 \\ \dfrac{1}{2} & 1 & 4 & \dfrac{1}{2} \\ \dfrac{1}{3} & \dfrac{1}{4} & 1 & \dfrac{1}{4} \\ \dfrac{1}{2} & 2 & 4 & 1 \end{bmatrix} \end{array}$$

基于上述指标,各方案的特征向量可总结为表 7.14(设各判断矩阵的一致性均可接受),四个评价指标的特征向量可以求得为 $w = (0.398, 0.218, 0.085, 0.299)^\mathrm{T}$。

表 7.14 评价指标特征向量表

员工	知识储备及基础	研发创新能力	团队合作能力	历史研发业绩
员工 A	0.593	0.123	0.087	0.265
员工 B	0.341	0.320	0.274	0.655
员工 C	0.066	0.557	0.639	0.080

从表 7.14 来看,在知识储备及基础方面,员工 A 最优,员工 B 和 C 次之;在研发创新能力方面,员工 C 最优,员工 B 和 A 次之;在团队合作能力方面,员工 C 最优,员工 B 和 A 次之;在历史研发业绩方面,员工 B 最优,员工 A 和 C 次之。

从上述四个指标综合来看,哪个员工最优?

4) AHP 的总排序

计算同一层次所有因素对于最高层(总目标)相对重要性的排序权值,称为层次总排序,这一过程是由高层次到低层次逐层进行的。最底层(方案层)得到的层次总排序,就是 n 个被评价方案的总排序。若上一层次 A 包含 m 个因素 $A_1, A_2, \cdots, A_m$,其层次总排序权值分别为 $a_1, a_2, \cdots, a_m$,下一层次 B 包含 n 个因素 $B_1, B_2, \cdots, B_n$,它们对于因素 A_j 的层次单排序的权值分别为 $b_{1j}, b_{2j}, \cdots, b_{nj}$（当 B_k 与 A_j 无关时，取 b_{kj} 为 0），此时 B 层次的总排序权值由表 7.15 给出。

表 7.15　B 层次的总排序权值表

层次 B	层次 A				B 层次总排序值
	A_1	A_2	$\cdots$	A_m	
	a_1	a_2	$\cdots$	a_m	
B_1	b_{11}	b_{12}	$\cdots$	b_{1m}	$\sum_{j=1}^{m} a_j b_{1j}$
$\vdots$	$\vdots$	$\vdots$		$\vdots$	$\vdots$
B_n	b_{n1}	b_{n2}	$\cdots$	b_{nm}	$\sum_{j=1}^{m} a_j b_{nj}$

如果 B 层次某些因素对于 A_j 的一致性指标（consistency index）为 CI_j，相应的平均随机一致性指标（random index）为 RI_j，则 B 层次总排序一致性比例（consistency ratio）为 $\text{CR} = \dfrac{\sum_{j=1}^{m} a_j \text{CI}_j}{\sum_{j=1}^{m} a_j \text{RI}_j}$。

AHP 最终得到方案层各决策方案相对于总目标的权重，并给出这一组合权重所依据整个递阶层次结构所有判断的总一致性指标，据此，决策者可以做出决策。

例 7.16 中，员工 A 总得分为

$$0.398 \times 0.593 + 0.218 \times 0.123 + 0.085 \times 0.087 + 0.299 \times 0.265 = 0.349$$

员工 B 的总得分为

$$0.398 \times 0.341 + 0.218 \times 0.32 + 0.085 \times 0.274 + 0.299 \times 0.655 = 0.425$$

员工 C 的总得分为

$$0.398 \times 0.066 + 0.218 \times 0.557 + 0.085 \times 0.639 + 0.299 \times 0.08 = 0.226$$

由此，可以看出，在选择满意的知识型员工的目标下，员工 B 的得分最高，员工 A 其次，员工 C 最劣。因此，从四个指标的综合来看，应该选择引进员工 B 的方案。

第六节　灰　色　决　策

一、灰色决策的基本概念

根据实际情况和预定目标来确定应采取的行动便是决策。决策的本质含义就是"做出决定"或"决定对策"。决策活动不仅是各类管理活动的重要组成部分，而且贯穿于每个人的工作、学习和生活过程的始终。对决策的理解有广义和狭义之分。从广义上讲决策是指提出问题、收集资料、确定目标、拟订方案、分析评估以及实施、反馈、修正等一系列活动的全过程；从狭义上讲决策仅指决策全过程中选择方案这一环节，习惯上称为"拍板"。也有人仅仅把决策理解为在不确定条件下选择方案，即做出抉择，这在很大程度上依赖于决策者个人的经验、态度和决心，要承担一定的风险。灰色决策是在决策模型中含灰元或一般决策模型与灰色模型相结合的情况下进行的决策，重点研究方案选择问题。

在以下讨论中，我们将需要研究、解决的问题或需要处理的事物以及一个系统行为的现状等统称为事件。事件是我们进行决策的起点。

定义 7.1 事件、决策、目标、效果称为决策四要素。

定义 7.2 某一研究范围内事件的全体称为该研究范围内的事件集，记为
$$A = \{a_1, a_2, \cdots, a_n\}$$
其中，$a_i (i=1,2,\cdots,n)$ 为第 i 个事件，相应的所有可能的对策全体称为对策集，记为
$$B = \{b_1, b_2, \cdots, b_m\}$$
其中，$b_j (j=1,2,\cdots,m)$ 为第 j 种对策。

定义 7.3 事件集 $A = \{a_1, a_2, \cdots, a_n\}$ 与对策集 $B = \{b_1, b_2, \cdots, b_m\}$ 的笛卡儿积
$$A \times B = \{(a_i, b_j) | a_i \in A, b_j \in B\} \tag{7.9}$$
称为局势集，记作 $S = A \times B$。对于任意的 $a_i \in A, b_j \in B$，称 (a_i, b_j) 为局势，记作 $s_{ij} = (a_i, b_j)$。

例如在农业种植决策中，可把气候条件作为事件集，记平年为 a_1，旱年为 a_2，涝年为 a_3，则事件集
$$A = \{平年, 旱年, 涝年\} = \{a_1, a_2, a_3\}$$

将不同作物品种看作不同对策，记玉米为 b_1，高粱为 b_2，大豆为 b_3，芝麻为 b_4，红薯为 b_5，……，则对策集为
$$B = \{玉米, 高粱, 大豆, 芝麻, 红薯, \cdots\} = \{b_1, b_2, b_3, b_4, b_5, \cdots\}$$
于是局势集 $S = A \times B$
$$= \{s_{11}, s_{12}, \cdots, s_{15}, \cdots, s_{21}, \cdots, s_{25}, \cdots, s_{31}, \cdots, s_{35}, \cdots\}$$
其中，$s_{ij} = (a_i, b_j)$。

这里的事件和对策都比较单纯，构成的局势比较简单。在实际决策中，遇到的事件往往是由多种简单事件复合而成的复杂事件，对策也不那么单纯，而是十分复杂的，因而构成的局势也相当复杂。

我们仍以种植决策为例。

事件集实际上是由气候、土壤、水利、肥料、农药、劳动力、技术等构成的复合体，对策也不是单纯的某一种作物，而是由多种作物按不同比例搭配复合而成的。

记"平年、黏土、有效灌溉面积占 50%、肥料和农药基本满足需要、劳动力充足、技术中等"为 a_1，"涝年、黑土、有效灌溉面积占50%、肥料和劳动力充足、农药缺乏、技术中等"为 a_2，……则事件集 $A = \{a_1, a_2, \cdots\}$。

记"30%玉米 + 10%高粱 + 20%大豆 + 15%芝麻 + 15%红薯 + 10%其他"为 b_1，"10%玉米 + 20%高粱 + 30%大豆 + 30%芝麻 + 10%其他"为 b_2，……则对策集 $B = \{b_1, b_2, \cdots\}$。

局势 $s_{11} = (a_1, b_1)$ 就是在平年、黏土、有效灌溉面积占 50%、肥料和农药基本满足需

要、劳动力充足、技术中等的条件下种植 30%玉米＋10%高粱＋20%大豆＋15%芝麻＋15%红薯＋10%其他作物。

再如在教学计划安排中，可把某学校某学期开设的全部课程作为事件集，把该学校的专职和兼职教师以及实习、实验、电化教学等手段作为对策集。当然，根据情况也可以是一位教师同时开设几门课程，也可以是几位教师同时开设一门课程，课程教学可以是 100%讲授，也可以是 60%讲授、20%实验、10%实习、10%看教学录像等。

给定局势 $s_{ij} \in S$，在预定目标下对效果进行评估，根据评估结果决定取舍，这就是决策。以下各节中，我们将讨论几种不同的灰色决策方法。

二、灰靶决策

定义 7.4 设 $S = \{s_{ij} = (a_i, b_j) | a_i \in A, b_j \in B\}$ 为局势集，$u_{ij}^{(k)}$ 为局势 s_{ij} 在 k 目标下的效果值，R 为实数集，则称

$$u_{ij}^{(k)}: \ S \to R \ s_{ij} \mapsto u_{ij}^{(k)} \tag{7.10}$$

为 S 在 k 目标下的效果映射。

定义 7.5 （1）若 $u_{ij}^{(k)} = u_{ih}^{(k)}$，则称对策 b_j 与 b_h 关于事件 a_i 在 k 目标下等价，记作 $b_j \cong b_h$，称集合

$$B_i^{(k)} = \{b | b \in B, b \cong b_h\} \tag{7.11}$$

为 k 目标下关于事件 a_i 对策 b_h 的效果等价类。

（2）设 k 目标是效果值越大越好的目标，$u_{ij}^{(k)} > u_{ih}^{(k)}$，则称 k 目标下关于事件 a_i 对策 b_j 优于 b_h，记作 $b_j \succ b_h$，称集合 $B_{ih}^{(k)} = \{b | b \in B, b \succ b_h\}$ 为 k 目标下关于事件 a_i 对策 b_h 的优势类。

类似地，可以定义效果值适中为好，或越小越好情况下的对策优势类。

定义 7.6 （1）若 $u_{jh}^{(k)} = u_{ih}^{(k)}$，则称事件 a_i 与 a_j 关于对策 b_h 在 k 目标下等价，记作 $a_i \cong a_j$，称集合

$$A_{jh}^{(k)} = \{a | a \in A, a \cong a_i\} \tag{7.12}$$

为 k 目标下关于对策 b_h 的事件 a_i 的效果等价类。

（2）设 k 目标是效果值越大越好的目标，$u_{ih}^{(k)} > u_{jh}^{(k)}$，则称 k 目标下关于对策 b_h 事件 a_i 优于事件 a_j，记作 $a_i \succ a_j$，称集合

$$A_{jh}^{(k)} = \{a | a \in A, a \succ a_j\} \tag{7.13}$$

为 k 目标下关于对策 b_h 的事件 a_j 的优势类。

类似地，可以定义效果值适中为好，或越小越好情况下的事件优势类。

定义 7.7 （1）若 $u_{ij}^{(k)} = u_{hl}^{(k)}$，则称局势 s_{ij} 在 k 目标下等价于局势 s_{hl}，记作 $s_{ij} \cong s_{hl}$，称集合

$$S^{(k)} = \left\{ s \mid s \in S, s \cong s_{hl} \right\} \tag{7.14}$$

为 k 目标下局势 s_{hl} 的效果等价类。

（2）设 k 目标是效果值越大越好的目标，若 $u_{ij}^{(k)} > u_{hl}^{(k)}$，则称局势 s_{ij} 在 k 目标下优于局势 s_{hl}，记作 $s_{ij} \succ s_{hl}$，称集合

$$S_{hl}^{(k)} = \left\{ s \mid s \in S, s \succ s_{hl} \right\} \tag{7.15}$$

为 k 目标下局势 s_{hl} 的效果优势类。

类似地，可以定义效果值适中为好，或越小越好情况下的局势效果优势类。

命题 7.1 设

$$S = \left\{ s_{ij} = (a_i, b_j) \mid a_i \in A, b_j \in B \right\} \neq \varnothing \tag{7.16}$$

$$U^{(k)} = \left\{ u_{ij}^{(k)} \mid a_i \in A, b_j \in B \right\} \tag{7.17}$$

为 k 目标下的效果集，$\{S^{(k)}\}$ 为 k 目标下的局势效果等价类所形成的集合，则映射

$$u^{(k)} : \{S^{(k)}\} \to U^{(k)} \tag{7.18}$$

$$S^{(k)} \mapsto u_{ij}^{(k)} \tag{7.19}$$

为 S 在 k 目标下的效果映射。

定义 7.8 设 $d_1^{(k)}, d_2^{(k)}$ 为 k 目标下局势效果的上、下临界值，则称 $S^1 = \left\{ r \mid d_1^{(k)} \leq r \leq d_2^{(k)} \right\}$ 为 k 目标下的一维决策灰靶，并称 $u_{ij}^{(k)} \in \left[d_1^{(k)}, d_2^{(k)} \right]$ 为 k 目标下的满意效果，称相应的 s_{ij} 为 k 目标下的可取局势，b_j 为 k 目标下的关于事件 a_i 的可取对策。

命题 7.2 设 $u_{ij}^{(k)}$ 为局势 s_{ij} 在 k 目标下的效果值，$u_{ij}^{(k)} \in S^1$，即 s_{ij} 为 k 目标下的可取局势，则对任意的 $s \in S_{ij}^{(k)}$，s 亦为可取局势，即当 s_{ij} 可取时，其效果优势类中的局势皆为可取局势。

以上是单目标的情况，类似地，可以讨论多目标局势的决策灰靶。

定义 7.9 设 $d_1^{(1)}, d_2^{(1)}$ 为目标 1 的局势效果临界值，$d_1^{(2)}, d_2^{(2)}$ 为目标 2 的局势效果临界值，则称

$$S^2 = \left\{ (r^{(1)}, r^{(2)}) \mid d_1^{(1)} \leq r^{(1)} \leq d_2^{(1)}, d_1^{(2)} \leq r^{(2)} \leq d_2^{(2)} \right\} \tag{7.20}$$

为二维决策灰靶。若局势 s_{ij} 的效果向量 $u_{ij} = \left\{ u_{ij}^{(1)}, u_{ij}^{(2)} \right\} \in S^2$，则称 s_{ij} 为目标 1 和目标 2 下的可取局势，b_j 为事件 a_i 在目标 1 和目标 2 下的可取对策。

定义 7.10 设 $d_1^{(1)}, d_2^{(1)}; d_1^{(2)}, d_2^{(2)}; \cdots; d_1^{(s)}, d_2^{(s)}$ 分别为目标 $1, 2, \cdots, s$ 下的局势效果临界值，则称 s 维超平面区域

$$S^s = \left\{ (r^{(1)}, r^{(2)}, \cdots, r^{(s)}) \mid d_1^{(1)} \leq r^{(1)} \leq d_2^{(1)}, d_1^{(2)} \leq r^{(2)} \leq d_2^{(2)}, \cdots, d_1^{(s)} \leq r^{(s)} \leq d_2^{(s)} \right\}$$

为 s 维决策灰靶。若局势 s_{ij} 的效果向量

$$u_{ij} = \left(u_{ij}^{(1)}, u_{ij}^{(2)}, \cdots, u_{ij}^{(s)} \right) \in S^s \tag{7.21}$$

其中，$u_{ij}^{(k)} (k = 1, 2, \cdots, s)$ 为局势 s_{ij} 在 k 目标下的效果值，则称 s_{ij} 为目标 $1, 2, \cdots, s$ 下的可取局势。

决策灰靶实质上是相对优化意义下满意效果所在的区域。在许多场合下，要取得绝对的最优是不可能的，因而人们常常退而求其次，要求有个满意的结果就行了。当然，根据需要，可将决策灰靶逐步收缩，最后蜕化为一点，即是最优效果，与之对应的局势就是最优局势，相应的对策即为最优对策。

定义 7.11 称

$$R^s = \left\{ \left(r^{(1)}, r^{(2)}, \cdots, r^{(s)}\right) \middle| (r^{(1)} - r_0^{(1)})^2 + (r^{(2)} - r_0^{(2)})^2 + \cdots + (r^{(s)} - r_0^{(s)})^2 \leq R^2 \right\}$$

为以 $r_0 = \left(r_0^{(1)}, r_0^{(2)}, \cdots, r_0^{(s)}\right)$ 为靶心，以 R 为半径的 s 维球形灰靶。称 $r_0 = \left(r_0^{(1)}, r_0^{(2)}, \cdots, r_0^{(s)}\right)$ 为最优效果向量。

定义 7.12 设 $r_1 = \left(r_1^{(1)}, r_1^{(2)}, \cdots, r_1^{(s)}\right) \in R$，称

$$|r_1 - r_0| = \left[(r_1^{(1)} - r_0^{(1)})^2 + (r_1^{(2)} - r_0^{(2)})^2 + \cdots + (r_1^{(s)} - r_0^{(s)})^2\right]^{1/2} \quad (7.22)$$

为向量 r_1 的靶心距。靶心距的数值反映了局势效果向量的优劣。

定义 7.13 设 s_{ij}, s_{hl} 为不同的局势，$u_{ij} = \left(u_{ij}^{(1)}, u_{ij}^{(2)}, \cdots, u_{ij}^{(s)}\right), u_{hl} = \left(u_{hl}^{(1)}, u_{hl}^{(2)}, \cdots, u_{hl}^{(s)}\right)$ 分别为 s_{ij} 与 s_{hl} 的效果向量。若

$$|u_{ij} - r_0| \geq |u_{hl} - r_0| \quad (7.23)$$

则称局势 s_{hl} 优于 s_{ij}。记作 $s_{hl} \succ s_{ij}$，当式中等号成立时，亦称为 s_{ij} 与 s_{hl} 等价，记作 $s_{hl} \cong s_{ij}$。

定义 7.14 若对 $i = 1, 2, \cdots, n$ 与 $j = 1, 2, \cdots, m$，恒有 $u_{ij} \neq r_0$，则称最优局势不存在，或称事件无最优对策。

定义 7.15 若最优局势不存在，但存在 h, l，使任意 $i = 1, 2, \cdots, n$ 与 $j = 1, 2, \cdots, m$，都有

$$|u_{hl} - r_0| \leq |u_{ij} - r_0| \quad (7.24)$$

即对任意的 $s_{ij} \in S$，有 $s_{hl} \succ s_{ij}$，则称 s_{hl} 为次优局势，并称 a_h 为次优事件，b_l 为次优对策。

定理 7.1 设 $S = \left\{s_{ij} = (a_i, b_j) \middle| a_i \in A, b_j \in B\right\}$ 为局势集，

$$R^s = \left\{ \left(r^{(1)}, r^{(2)}, \cdots, r^{(s)}\right) \middle| (r^{(1)} - r_0^{(1)})^2 + (r^{(2)} - r_0^{(2)})^2 + \cdots + (r^{(s)} - r_0^{(s)})^2 \leq R^2 \right\} \quad (7.25)$$

为球形灰靶，则 S 在"优于"关系下构成有序集。

定理 7.2 局势集 $(S, \succ)$ 中必有次优局势。

证明 此为 Zorn（佐恩）引理。

例 7.17 设某一旧有建筑物的建设处理为事件 a_1，改建、新建、维修分别为对策 b_1, b_2, b_3，试按费用、功能、建设速度三个目标进行灰靶决策。

解：记费用为目标 1，功能为目标 2，建设速度为目标 3。则三种局势分别为

$s_{11} = (a_1, b_1) = $（建设，改建），$s_{12} = (a_1, b_2) = $（建设，新建），$s_{13} = (a_1, b_3) = $（建设，维修）。

各种局势在不同目标下，其效果显然是不同的，而衡量效果好坏的标准也各异，如

费用应以少为好，功能应以高为佳，而建设速度则又应以快为好。把局势的效果级别分为好、次和更次三级。

三种局势的效果向量定义为

$u_{11} = \left(u_{11}^{(1)}, u_{11}^{(2)}, u_{11}^{(3)}\right) = (2,2,2)$， $u_{12} = \left(u_{12}^{(1)}, u_{12}^{(2)}, u_{12}^{(3)}\right) = (3,1,3)$， $u_{13} = \left(u_{13}^{(1)}, u_{13}^{(2)}, u_{13}^{(3)}\right) = (1,3,1)$

取球心为 $r_0 = (1,1,1)$，计算靶心距

$$|u_{11} - r_0| = \left[\left(u_{11}^{(1)} - r_0^{(1)}\right)^2 + \left(u_{11}^{(2)} - r_0^{(2)}\right)^2 + \left(u_{11}^{(3)} - r_0^{(3)}\right)^2\right]^{1/2}$$

$$= \left[(2-1)^2 + (2-1)^2 + (2-1)^2\right]^{1/2} = 1.73$$

$$|u_{12} - r_0| = \left[\left(u_{12}^{(1)} - r_0^{(1)}\right)^2 + \left(u_{12}^{(2)} - r_0^{(2)}\right)^2 + \left(u_{12}^{(3)} - r_0^{(3)}\right)^2\right]^{1/2}$$

$$= \left[(3-1)^2 + (1-1)^2 + (3-1)^2\right]^{1/2} = 2.83$$

$$|u_{13} - r_0| = \left[\left(u_{13}^{(1)} - r_0^{(1)}\right)^2 + \left(u_{13}^{(2)} - r_0^{(2)}\right)^2 + \left(u_{13}^{(3)} - r_0^{(3)}\right)^2\right]^{1/2}$$

$$= \left[(1-1)^2 + (3-1)^2 + (1-1)^2\right]^{1/2} = 2$$

其中，$|u_{11} - r_0|$ 最小，局势 S_{11} 的效果向量 $u_{11} = (2,2,2)$ 进入了灰靶。因此，改建的决策方案是一种满意方案。

三、基于混合可能度函数的灰色聚类决策模型

灰色聚类是根据灰色关联矩阵或灰数的白化权函数将一些观测指标或观测对象划分成若干个可定义类别的方法。一个聚类可以看作是属于同一类的观测对象的集合。在实际问题中，往往是每个观测对象具有许多个特征指标，难以进行准确的分类。例如，"因材施教"是教育界讨论了许多年的一个问题，但由于难以区别各个学生到底属于哪一类人才范畴而无法付诸实践。在用人问题上，由于不能准确地对具有不同能力的人进行归类，造成用人失误，给企业带来损失。

按聚类对象划分，灰色聚类可分为灰色关联聚类和灰色白化权函数聚类。灰色关联聚类主要用于同类因素的归并，以使复杂系统简化。通过灰色关联聚类，我们可以检查许多因素中是否有若干个因素大体上属于同一类，使我们能用这些因素的综合平均指标或其中的某一个因素来代表这若干个因素而使信息不受严重损失。这是属于系统变量的删减问题。在进行大面积调研之前，通过典型抽样数据的灰色关联聚类，可以减少不必要变量的收集，以节省经费。灰色白化权函数聚类主要用于检查观测对象是否属于事先设定的不同类别，以便区别对待。具体做起来，灰色白化权函数聚类比灰色关联聚类复杂一些。

1. 基于端点混合可能度函数的灰色聚类决策模型

基于端点混合可能度函数的灰色聚类决策模型适用于各灰类边界清晰，但最可能属

于各灰类的点不明的情形。其建模步骤如下。

第一步，按照决策要求所需划分的灰类数 s，将各个指标的取值范围也相应地划分为 s 个灰类，例如，将 j 指标的取值范围 $[a_1, a_{s+1}]$ 划分为 s 个小区间

$$[a_1, a_2], \cdots, [a_{k-1}, a_k], \cdots, [a_{s-1}, a_s], [a_s, a_{s+1}]$$

其中，$a_k (k = 1, 2, \cdots, s, s+1)$ 的值一般可根据实际决策要求或定性研究结果确定。

第二步，确定与 $[a_1, a_2]$ 和 $[a_s, a_{s+1}]$ 对应的灰类 1 和灰类 s 的转折点 λ_j^1, λ_j^s；同时计算其余各个小区间的几何中点，$\lambda_k = \dfrac{a_k + a_{k+1}}{2}$，$k = 2, \cdots, s-1$。

第三步，对于灰类 1 和灰类 s，构造相应的下限测度可能度函数 $f_j^1 [-, -, \lambda_j^1, \lambda_j^2]$ 和上限测度可能度函数 $f_j^s [\lambda_j^{s-1}, \lambda_j^s, -, -]$。

设 x 为指标的观测值，当 $x \in [a_1, \lambda_j^2]$ 或 $x \in [\lambda_j^{s-1}, a_{s+1}]$ 时，可分别由公式

$$f_j^1(x) = \begin{cases} 0, & x \notin [a_1, \lambda_j^2] \\ 1, & x \in [a_1, \lambda_j^1] \\ \dfrac{\lambda_j^2 - x}{\lambda_j^2 - \lambda_j^1}, & x \in [\lambda_j^1, \lambda_j^2] \end{cases} \tag{7.26}$$

或

$$f_j^s(x) = \begin{cases} 0, & x \notin [\lambda_j^{s-1}, a_{s+1}] \\ \dfrac{x - \lambda_j^{s-1}}{\lambda_j^s - \lambda_j^{s-1}}, & x \in [\lambda_j^{s-1}, \lambda_j^s] \\ 1, & x \in [\lambda_j^s, a_{s+1}] \end{cases} \tag{7.27}$$

计算出其属于灰类 1 和灰类 s 的可能度值 $f_j^1(x)$ 或 $f_j^s(x)$。

第四步，对于灰类 $k (k \in \{2, 3, \cdots, s-1\})$，同时连接点 $(\lambda_j^k, 1)$ 与灰类 $k-1$ 的几何中点 $(\lambda_j^{k-1}, 0)$（或灰类 1 的转折点 $(\lambda_j^1, 0)$）以及 $(\lambda_j^k, 1)$ 与灰类 $k+1$ 的几何中点 $(\lambda_j^{k+1}, 0)$（或灰类 s 的转折点 $(\lambda_j^s, 0)$），得到 j 指标关于灰类 k 的三角可能度函数 $f_j^k [\lambda_j^{k-1}, \lambda_j^k, -, \lambda_j^{k+1}]$，$j = 1, 2, \cdots, m; k = 2, 3, \cdots, s-1$（图 7.8）。

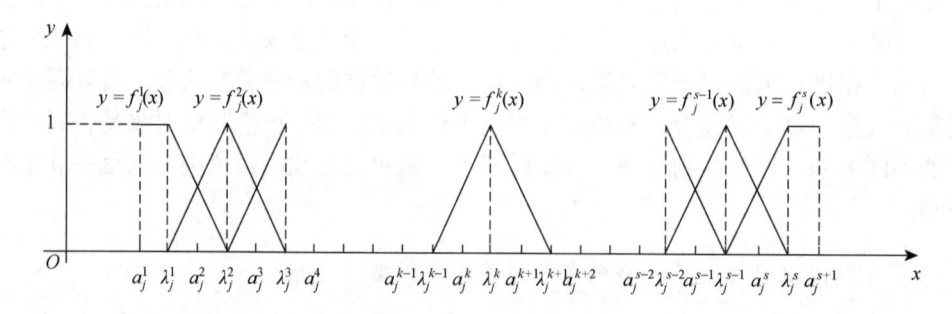

图 7.8 端点混合白化权函数示意图

对于指标 j 的一个观测值 x，可由

$$f_j^k(x) = \begin{cases} 0, & x \notin \left[\lambda_j^{k-1}, \lambda_j^{k+1}\right] \\ \dfrac{x - \lambda_j^{k-1}}{\lambda_j^k - \lambda_j^{k-1}}, & x \in \left[\lambda_j^{k-1}, \lambda_j^k\right] \\ \dfrac{\lambda_j^{k+1} - x}{\lambda_j^{k+1} - \lambda_j^k}, & x \in \left[\lambda_j^k, \lambda_j^{k+1}\right] \end{cases} \quad (7.28)$$

计算出其属于灰类 $k(k=1,2,\cdots,s)$ 的可能度值 $f_j^k(x)$。

第五步，确定各指标的权重 $w_j, j=1,2,\cdots,m$。

第六步，计算对象 $i(i=1,2,\cdots,n)$ 关于灰类 $k(k=1,2,\cdots,s)$ 的综合聚类系数

$$\sigma_i^k = \sum_{j=1}^m f_j^k(x_{ij}) \cdot w_j \quad (7.29)$$

其中，$f_j^k(x_{ij})$ 表示 j 指标 k 子类可能度函数；w_j 表示指标 j 在综合聚类中的权重。

第七步，由 $\max\limits_{1 \leq k \leq s}\{\sigma_i^k\} = \sigma_i^{k^*}$，判断对象 i 属于灰类 k^*；当有多个对象同属于 k^* 灰类时，还可以进一步根据综合聚类系数的大小确定同属于 k^* 灰类之各个对象的优劣或位次。

2. 基于中心点混合可能度函数的灰色聚类决策模型

基于中心点混合可能度函数的灰色聚类决策模型适用于较易判断最可能属于各灰类的点，但各灰类边界不清晰的情形。

我们将属于某灰类程度最大的点称为该灰类的中心点。基于中心点混合可能度函数的灰色决策模型的建模步骤如下。

第一步，对于指标 j，设其取值范围为 $[a_j, b_j]$，按照评估要求所需划分的灰类数 s，分别确定灰类 1、灰类 s 的转折点 λ_j^1, λ_j^s 和灰类 $k(k \in \{2,3,\cdots,s-1\})$ 的中心点 $\lambda_j^2, \lambda_j^3, \cdots, \lambda_j^{s-1}$。

第二步，对于灰类 1 和灰类 s，构造相应的下限测度可能度函数 $f_j^1\left[-,-,\lambda_j^1,\lambda_j^2\right]$ 和上限测度可能度函数 $f_j^s\left[\lambda_j^{s-1},\lambda_j^s,-,-\right]$。

设 x 为指标 j 的一个观测值，当 $x \in \left[a_j, \lambda_j^2\right]$ 或 $x \in \left[\lambda_j^{s-1}, b_j\right]$ 时，可分别由公式

$$f_j^1(x) = \begin{cases} 0, & x \notin \left[a_j, \lambda_j^2\right] \\ 1, & x \in \left[a_j, \lambda_j^1\right] \\ \dfrac{\lambda_j^2 - x}{\lambda_j^2 - \lambda_j^1}, & x \in \left[\lambda_j^1, \lambda_j^2\right] \end{cases} \quad (7.30)$$

或

$$f_j^s(x) = \begin{cases} 0, & x \notin \left[\lambda_j^{s-1}, b_j\right] \\ \dfrac{x - \lambda_j^{s-1}}{\lambda_j^s - \lambda_j^{s-1}}, & x \in \left[\lambda_j^{s-1}, \lambda_j^s\right] \\ 1, & x \in \left[\lambda_j^s, b_j\right] \end{cases} \quad (7.31)$$

计算出其属于灰类 1 和灰类 s 的可能度值 $f_j^1(x)$ 或 $f_j^s(x)$。

第三步，对于灰类 $k(k \in \{2,3,\cdots,s-1\})$，同时连接点 $(\lambda_j^k,1)$ 与灰类 $k-1$ 的中心点 $(\lambda_j^{k-1},0)$（或灰类 1 的转折点 $(\lambda_j^1,0)$）以及 $(\lambda_j^k,1)$ 与灰类 $k+1$ 的中心点 $(\lambda_j^{k+1},0)$（或灰类 s 的转折点 $(\lambda_j^s,0)$），得到 j 指标关于灰类 k 的三角可能度函数 $f_j^k[\lambda_j^{k-1},\lambda_j^k,-,\lambda_j^{k+1}]$，$j=1,2,\cdots,m; k=2,3,\cdots,s-1$（图 7.9）。

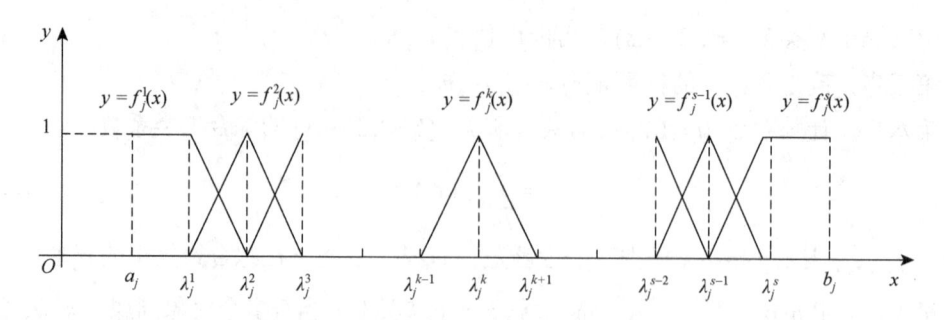

图 7.9 中心点混合可能度函数示意图

对于指标 j 的一个观测值 x，当 $k=2,3,\cdots,s-1$ 时，可由公式

$$f_j^k(x) = \begin{cases} 0, & x \notin \left[\lambda_j^{k-1},\lambda_j^{k+1}\right] \\ \dfrac{x-\lambda_j^{k-1}}{\lambda_j^k-\lambda_j^{k-1}}, & x \in \left[\lambda_j^{k-1},\lambda_j^k\right] \\ \dfrac{\lambda_j^{k+1}-x}{\lambda_j^{k+1}-\lambda_j^k}, & x \in \left[\lambda_j^k,\lambda_j^{k+1}\right] \end{cases}$$

计算出其属于灰类 $k(k \in \{2,3,\cdots,s-1\})$ 的可能度值 $f_j^k(x)$。

第四步，确定各指标的权重 w_j，$j=1,2,\cdots,m$。

第五步，计算对象 $i(i=1,2,\cdots,n)$ 关于灰类 $k(k=1,2,\cdots,s)$ 的聚类系数

$$\sigma_i^k = \sum_{j=1}^m f_j^k(x_{ij}) \cdot w_j$$

其中，$f_j^k(x_{ij})$ 表示 j 指标 k 子类可能度函数；w_j 表示指标 j 在综合聚类中的权重。

第六步，由 $\max\limits_{1 \leq k \leq s}\{\sigma_i^k\} = \sigma_i^{k^*}$，判断对象 i 属于灰类 k^*；当有多个对象同属于 k^* 灰类时，还可以进一步根据综合聚类系数的大小确定同属于 k^* 灰类之各个对象的优劣或位次。

四、多目标加权智能灰靶决策模型

本节首先构造出四种新型一致效果测度函数，并据此建立一种新的多目标加权智能灰靶决策模型。新模型充分考虑了目标效果值和目标效果向量中靶和脱靶两种不同情形，物理含义十分清晰，而且综合效果测度的分辨率亦大大提高。

1. 一致效果测度函数

由于不同目标效果值的意义、量纲和性质可能各不相同，为得到具有可比性的综合效果测度，首先需要将目标效果值 $u_{ij}^{(k)}$ 化为一致效果测度。

定义 7.16 设 $A=\{a_1,a_2,\cdots,a_n\}$ 为事件集，$B=\{b_1,b_2,\cdots,b_m\}$ 为对策集，$S=\{s_{ij}=(a_i,b_j)|a_i\in A,b_j\in B\}$ 为决策方案集，

$$U^{(k)}=(u_{ij}^{(k)})=\begin{pmatrix} u_{11}^{(k)} & u_{12}^{(k)} & \cdots & u_{1m}^{(k)} \\ u_{21}^{(k)} & u_{22}^{(k)} & \cdots & u_{2m}^{(k)} \\ \vdots & \vdots & & \vdots \\ u_{n1}^{(k)} & u_{n2}^{(k)} & \cdots & u_{nm}^{(k)} \end{pmatrix}$$

为决策方案集 S 在 $k(k=1,2,\cdots,s)$ 目标下的效果样本矩阵，则

（1）设 k 为效益型目标，即目标效果样本值越大越好；k 目标下的决策灰靶设为 $u_{ij}^{(k)}\in\left[u_{i_0j_0}^{(k)},\max_i\max_j\{u_{ij}^{(k)}\}\right]$，即 $u_{i_0j_0}^{(k)}$ 为 k 目标效果临界值，则

$$r_{ij}^{(k)}=\frac{u_{ij}^{(k)}-u_{i_0j_0}^{(k)}}{\max_i\max_j\{u_{ij}^{(k)}\}-u_{i_0j_0}^{(k)}} \tag{7.32}$$

称为效益型目标效果测度函数（effect measure for benefit type objective）。

（2）设 k 为成本型目标，即目标效果样本值越小越好；k 目标下的决策灰靶设为 $u_{ij}^{(k)}\in\left[\min_i\min_j\{u_{ij}^{(k)}\},u_{i_0j_0}^{(k)}\right]$，即 $u_{i_0j_0}^{(k)}$ 为 k 目标效果临界值，则

$$r_{ij}^{(k)}=\frac{u_{i_0j_0}^{(k)}-u_{ij}^{(k)}}{u_{i_0j_0}^{(k)}-\min_i\min_j\{u_{ij}^{(k)}\}} \tag{7.33}$$

称为成本型目标效果测度函数（effect measure for cost type objective）。

（3）设 k 为适中型目标，即目标效果样本值越接近某一适中值 A 越好；k 目标下的决策灰靶设为 $u_{ij}^{(k)}\in\left[A-u_{i_0j_0}^{(k)},A+u_{i_0j_0}^{(k)}\right]$，即 $A-u_{i_0j_0}^{(k)}$，$A+u_{i_0j_0}^{(k)}$ 分别为 k 目标下的下限效果临界值和上限效果临界值，则

（i）当 $u_{ij}^{(k)}\in\left[A-u_{i_0j_0}^{(k)},A\right]$ 时，称

$$r_{ij}^{(k)}=\frac{u_{ij}^{(k)}-A+u_{i_0j_0}^{(k)}}{u_{i_0j_0}^{(k)}} \tag{7.34}$$

为适中型目标下限效果测度函数（lower effect measure for moderate objective）。

（ii）当 $u_{ij}^{(k)}\in\left[A,A+u_{i_0j_0}^{(k)}\right]$ 时，称

$$r_{ij}^{(k)}=\frac{A+u_{i_0j_0}^{(k)}-u_{ij}^{(k)}}{u_{i_0j_0}^{(k)}} \tag{7.35}$$

为适中型目标上限效果测度函数（upper effect measure for moderate objective）。

效益型目标效果测度函数反映效果样本值与最大效果样本值的接近程度及其远离目

标效果临界值的程度；成本型目标效果测度函数反映效果样本值与最小效果样本值的接近程度及其远离目标效果临界值的程度；适中型目标下限效果测度函数反映小于适中值 A 的效果样本值与适中值 A 的接近程度及其远离下限效果临界值的程度，适中型目标上限效果测度函数反映大于适中值 A 的效果样本值与适中值 A 的接近程度及其远离上限效果临界值的程度。

对于脱靶的情形亦可以相应分为以下四种。

（1）效益型目标效果值小于临界值 $u_{i_0 j_0}^{(k)}$，即 $u_{ij}^{(k)} < u_{i_0 j_0}^{(k)}$。

（2）成本型目标效果值大于临界值 $u_{i_0 j_0}^{(k)}$，即 $u_{ij}^{(k)} > u_{i_0 j_0}^{(k)}$。

（3）适中型目标效果值小于下限效果临界值 $A - u_{i_0 j_0}^{(k)}$，即 $u_{ij}^{(k)} < A - u_{i_0 j_0}^{(k)}$。

（4）适中型目标效果值大于上限效果临界值 $A + u_{i_0 j_0}^{(k)}$，即 $u_{ij}^{(k)} > A + u_{i_0 j_0}^{(k)}$。

为使各类目标效果测度满足规范性，即

$$r_{ij}^{(k)} \in [-1, 1]$$

对于效益型目标，不妨设

$$u_{ij}^{(k)} \geqslant -\max_i \max_j \{u_{ij}^{(k)}\} + 2u_{i_0 j_0}^{(k)} \tag{7.36}$$

对于成本型目标，不妨设

$$u_{ij}^{(k)} \leqslant -\min_i \min_j \{u_{ij}^{(k)}\} + 2u_{i_0 j_0}^{(k)} \tag{7.37}$$

对于适中型目标效果值小于下限效果临界值 $A - u_{i_0 j_0}^{(k)}$ 的情形，不妨设

$$u_{ij}^{(k)} \geqslant A - 2u_{i_0 j_0}^{(k)} \tag{7.38}$$

对于适中型目标效果值大于上限效果临界值 $A + u_{i_0 j_0}^{(k)}$ 的情形，不妨设

$$u_{ij}^{(k)} \leqslant A + 2u_{i_0 j_0}^{(k)} \tag{7.39}$$

由此可得如下的命题。

命题 7.3 目标效果测度函数 $r_{ij}^{(k)} (i=1,2,\cdots,n; j=1,2,\cdots,m; k=1,2,\cdots,s)$ 满足以下条件：

（1）$r_{ij}^{(k)}$ 无量纲。

（2）效果越理想，$r_{ij}^{(k)}$ 越大。

（3）$r_{ij}^{(k)} \in [-1, 1]$。

在 k 目标效果值中靶情形时，$r_{ij}^{(k)} \in [0, 1]$；在 k 目标效果值脱靶情形时，$r_{ij}^{(k)} \in [-1, 0]$。

定义 7.17 效益型目标效果测度函数、成本型目标效果测度函数、适中型目标下限效果测度函数、适中型目标上限效果测度函数 $r_{ij}^{(k)} (i=1,2,\cdots,n; j=1,2,\cdots,m; k=1,2,\cdots,s)$ 通称为一致效果测度函数（uniform effect measure）。

一致效果测度函数反映了各个目标实现或偏离的程度。对于效益型目标，即希望效果样本值"越大越好""越多越好"这一类的目标，可采用效益型目标效果测度函数表达目标实现或偏离的程度；对于成本型目标，即希望效果样本值"越小越好""越少越好"这一类的目标，可采用成本型目标效果测度函数表达目标实现或偏离的程度；对于适中型目标，即希望效果样本值"既不太大又不太小""既不太多又不太少"这一类的

目标，对于小于设定适中值的效果样本值，可采用适中型目标下限效果测度函数表达目标实现或偏离的程度；对于大于设定适中值的效果样本值，可采用适中型目标上限效果测度函数表达目标实现或偏离的程度。

2. 综合效果测度函数

定义 7.18 设 $\eta_k(k=1,2,\cdots,s)$ 为目标 k 的决策权，$\sum_{k=1}^{s}\eta_k=1$，称

$$R^{(k)}=(r_{ij}^{(k)})=\begin{pmatrix} r_{11}^{(k)} & r_{12}^{(k)} & \cdots & r_{1m}^{(k)} \\ r_{21}^{(k)} & r_{22}^{(k)} & \cdots & r_{2m}^{(k)} \\ \vdots & \vdots & & \vdots \\ r_{n1}^{(k)} & r_{n2}^{(k)} & \cdots & r_{nm}^{(k)} \end{pmatrix} \tag{7.40}$$

为决策方案集 S 在 k 目标下的一致效果测度矩阵，则对于 $s_{ij}\in S$，称

$$r_{ij}=\sum_{k=1}^{s}\eta_k\cdot r_{ij}^{(k)} \tag{7.41}$$

为决策方案 s_{ij} 的综合效果测度函数，并称

$$R=(r_{ij})=\begin{pmatrix} r_{11} & r_{12} & \cdots & r_{1m} \\ r_{21} & r_{22} & \cdots & r_{2m} \\ \vdots & \vdots & & \vdots \\ r_{n1} & r_{n2} & \cdots & r_{nm} \end{pmatrix} \tag{7.42}$$

为综合效果测度矩阵（synthetic effect measure matrix）。

命题 7.4 由式（7.41）得到的综合效果测度 $r_{ij}(i=1,2,\cdots,n;j=1,2,\cdots,m)$ 满足以下条件：

（1）r_{ij} 无量纲。
（2）效果越理想，r_{ij} 越大。
（3）$r_{ij}\in[-1,1]$。

综合效果测度 $r_{ij}\in[0,1]$ 属于中靶情形，综合效果测度 $r_{ij}\in[-1,0]$ 属于脱靶情形；在中靶情形，我们还可以通过比较综合效果测度 $r_{ij}(i=1,2,\cdots,n;j=1,2,\cdots,m)$ 数值的大小判断事件 $a_i(i=1,2,\cdots,n)$、对策 $b_j(j=1,2,\cdots,m)$ 和决策方案 $s_{ij}(i=1,2,\cdots,n;j=1,2,\cdots,m)$ 的优劣。

3. 多目标加权智能灰靶决策模型的算法步骤

定义 7.19 （1）若 $\max\limits_{1\leq j\leq m}\{r_{ij}\}=r_{ij_0}$，则称 b_{j_0} 为事件 a_i 的最优对策。

（2）若 $\max\limits_{1\leq i\leq n}\{r_{ij}\}=r_{i_0j}$，则称 a_{i_0} 为与对策 b_j 相对应的最优事件。

（3）若 $\max\limits_{1\leq i\leq n}\max\limits_{1\leq j\leq m}\{r_{ij}\}=r_{i_0j_0}$，则称 $s_{i_0j_0}$ 为最优方案。

多目标加权智能灰靶决策模型的算法步骤如下。

第一步，根据事件集 $A=\{a_1,a_2,\cdots,a_n\}$ 和对策集 $B=\{b_1,b_2,\cdots,b_m\}$ 构造决策方案集 $S=\{s_{ij}=(a_i,b_j)|a_i\in A,b_j\in B\}$。

第二步，确定决策目标 $k=1,2,\cdots,s$。

第三步，确定各目标的决策权 $\eta_1,\eta_2,\cdots,\eta_s$。

第四步，对目标 $k=1,2,\cdots,s$，求相应的目标效果样本矩阵，即

$$U^{(k)}=(u_{ij}^{(k)})=\begin{pmatrix} u_{11}^{(k)} & u_{12}^{(k)} & \cdots & u_{1m}^{(k)} \\ u_{21}^{(k)} & u_{22}^{(k)} & \cdots & u_{2m}^{(k)} \\ \vdots & \vdots & & \vdots \\ u_{n1}^{(k)} & u_{n2}^{(k)} & \cdots & u_{nm}^{(k)} \end{pmatrix}$$

第五步，设定目标效果临界值。

第六步，求 k 目标下一致效果测度矩阵，即

$$R^{(k)}=(r_{ij}^{(k)})=\begin{pmatrix} r_{11}^{(k)} & r_{12}^{(k)} & \cdots & r_{1m}^{(k)} \\ r_{21}^{(k)} & r_{22}^{(k)} & \cdots & r_{2m}^{(k)} \\ \vdots & \vdots & & \vdots \\ r_{n1}^{(k)} & r_{n2}^{(k)} & \cdots & r_{nm}^{(k)} \end{pmatrix}$$

第七步，由 $r_{ij}=\sum_{k=1}^{s}\eta_k \cdot r_{ij}^{(k)}$ 计算综合效果测度矩阵，即

$$R=(r_{ij})=\begin{pmatrix} r_{11} & r_{12} & \cdots & r_{1m} \\ r_{21} & r_{22} & \cdots & r_{2m} \\ \vdots & \vdots & & \vdots \\ r_{n1} & r_{n2} & \cdots & r_{nm} \end{pmatrix}$$

第八步，按照定义 7.19 确定最优对策 b_{j_0} 或最优决策方案 $s_{i_0 j_0}$。

例 7.18 商用大型飞机某关键组件国际供应商选择决策。

我国商用大型飞机项目采用的是"主制造商—供应商"管理模式，大量关键组件需要国际供应商的协作与配合。因此，供应商选择决策的科学性是直接关系到项目成败的关键环节。作为复杂产品制造过程中的典型决策问题，供应商选择通常通过"招投标"的方式完成。一般由主制造商提出明确要求，各家供应商根据主制造商的要求制订投标方案，然后主制造商对各供应商提交的方案进行综合比较，选择最优方案，签订采购合同书。影响供应商选择决策的因素十分复杂，为实现科学决策，需要对各种因素进行综合分析。

在商用大型飞机某关键组件国际供应商选择决策中，首轮有三家国际供应商入围。

解：第一步，建立事件集、对策集及决策方案集。我们将商用大型飞机某关键组件国际供应商选择决策作为事件 a_1，事件集 $A=\{a_1\}$。选择供应商 1、供应商 2 和供应商 3 分别作为对策 b_1，b_2，b_3，对策集 $B=\{b_1,b_2,b_3\}$。由事件集 A 和对策集 B 构造决策方案

$$S=\{s_{ij}=(a_i,b_j)|a_i\in A, b_j\in B, i=1; j=1,2,3\}=\{s_{11},s_{12},s_{13}\}$$

第二步，确定决策目标。通过 3 轮专家调查，确定了以下 5 个决策目标：质量、价

格、交货期、设计方案、竞争力。其中，竞争力、质量、设计方案为定性目标，需要通过专家打分的办法进行评价，评价分值越高越好，均为效益型指标；价格越低越好，属于成本型指标；交货期属于适中型指标。

第三步，确定各目标的决策权。本章采用 AHP 方法确定各个目标及相应指标的决策权，如表 7.16 所示。

表 7.16　某关键组件国际供应商选择决策评价目标体系

评价目标	质量	价格/百万美元	交货期/月	设计方案	竞争力
序号	1	2	3	4	5
权重	0.25	0.22	0.18	0.18	0.17

第四步，求各目标的效果样本向量：$U^{(1)} = (9.5, 9.4, 9)$，$U^{(2)} = (14.2, 15.1, 13.9)$，$U^{(3)} = (15.5, 17.5, 19)$，$U^{(4)} = (9.6, 9.3, 9.4)$，$U^{(5)} = (9.5, 9.7, 9.2)$。

第五步，设定目标效果临界值。

质量、设计方案、竞争力 3 个同类效益型指标的临界值取为 $u_{i_0 j_0}^{(k)} = 9, k = 1, 4, 5$；价格指标的临界值取为 $u_{i_0 j_0}^{(2)} = 15$；交货期属于适中型指标，主制造商计划交货期为 16 个月，容忍限为 2 个月，即 $u_{i_0 j_0}^{(3)} = 2$，下限效果临界值为 16−2 = 14，上限效果临界值为 16 + 2 = 18。

第六步，求一致效果测度向量。竞争力、质量、设计方案三个定性分值目标采用效益型目标效果测度；价格目标采用成本型目标效果测度；交货期为适中型目标。对相应目标分别采用定义 7.16 中给出的效益型目标效果测度、成本型目标效果测度、适中型目标下限效果测度、适中型目标上限效果测度，可得一致效果测度向量如下。

$$R^{(1)} = (1, 0.8, 0), \quad R^{(2)} = (0.73, -0.09, 1), \quad R^{(3)} = (0.75, 0.25, -0.5),$$
$$R^{(4)} = (1, 0.5, 0.67), \quad R^{(5)} = (0.71, 1, 0.29)$$

第七步，由 $r_{ij} = \sum_{k=1}^{5} \eta_k \cdot r_{ij}^{(k)}$ 得综合效果测度向量

$$R = (r_{11}, r_{12}, r_{13}) = (0.8463, 0.4852, 0.2999)$$

第八步，决策。

由于 $r_{11} > 0, r_{12} > 0, r_{13} > 0$，三家供应商均中靶，说明初选这三家供应商入围是合理的。再由 $\max\limits_{1 \leqslant j \leqslant 3} \{r_{1j}\} = r_{11} = 0.8463$，故最终选择供应商 1 谈判、签约。

本 章 习 题

1. 已知面对四种自然状态的三种备选方案如表 1 所示。假设不知道各种自然状态出现的概率。

表1 备选方案

方案	评价目标			
	S1	S2	S3	S4
A1	16	7	0	−8
A2	5	13	7	4
A3	2	5	11	13

请分别用乐观准则、悲观准则、折中准则（乐观系数 $\alpha = 0.6$）、等可能性准则、后悔值准则求最优行动方案。设各自然状态出现的可能性分别为 0.2、0.3、0.3、0.2，采用风险型决策方法进行决策。

2. 根据以往资料，某面包店所需要的面包数可能为下面各数量中的一个，括号内为需求概率，120（0.1），180（0.3），240（0.3），300（0.2），360（0.1）。如果面包当天没有销售掉，则在当天结束时以 0.1 元/个处理给饲养场，新面包售价为每个 1.2 元，每个面包成本为 0.5 元。请分析面包店的最优进货策略。

3. 某建筑公司承建一项工程，需要决定下个月是否开工。如果开工后天气好，可以按期完工，获得利润 500 万元；如果开工后天气不好将损失 200 万元；如果不开工，不管天气如何，都要付出窝工损失 50 万元。根据气象资料，预计下月天气好的概率为 0.4，天气不好的概率为 0.6。为使利润最大、损失最小，该公司是否应该开工？

4. 某制造厂加工了 150 个零件，经验表明由于加工设备的原因，这一批零件不合格率 p 有 0.05 和 0.25 两种可能，p 为 0.05 的概率是 0.8，p 为 0.25 的概率是 0.2。这些零件将被用来组装成部件。制造厂可在组装前按每个零件 10 元的费用来检验这批零件中的每个零件，发现不合格立即更换，也可以不予检验就直接组装，但发现一个不合格品进行返工的费用是 100 元。请分析该厂的最优检验方案。

5. 某服装厂设计了一款新式女装准备推向全国。如直接大批生产与销售，主观估计成功与失败的概率各为 0.5，其分别获利为 1200 万元与 −500 万元，如取消生产销售计划，则损失设计与准备费用 40 万元。为稳妥起见，可先小批生产试销，试销的投入需要 45 万元；据历史资料与专家估计，试销成功与失败的概率分别为 0.6 与 0.4；又据过去情况，大批生产销售为成功的例子中，试销成功的占 84%；大批生产销售失败的事例中，试销成功的占 36%。试根据以上数据，先计算在试销成功与失败两种情况下，进行大批生产与销售时成功与失败的各自概率；再画决策树按最大收益期望值决策准则确定最优决策。

6. 某投资银行拟对 4 家企业进行投资，抽取 5 项指标进行评估，即产值、投资成本、销售额、国家收益比重、环境污染，5 项指标的权重分别为 0.2、0.2、0.3、0.15、0.15。投资银行考察了上年度 4 家企业的上述指标情况，所得到的评估结果如表 2 所示，试采用线性加权方法和 TOPSIS 方法以确定最佳投资方案，比较不同的标准化方法所得到的决策结果（产值、销售额、国家收益比重为效益型指标）。

表 2　某投资银行对 4 家企业的投资评估结果

企业	产值/万元	投资成本/万元	销售额/万元	国家收益比重	环境污染
1	8 560	5 090	6 140	0.82	严重
2	7 800	5 400	6 530	0.65	一般严重
3	10 000	8 000	9 000	0.59	很严重
4	6 700	6 000	8 890	0.74	严重

7. 某公司考虑是否承包一项工程。合同规定，如果工程能够按期完成，公司可获得 5 万元的利润；如果延期完成，公司将亏损 1 万元。假定工程能否完工取决于天气好坏，根据过去的经验，该公司认为天气好的概率是 0.2。为了更准确地估计天气情况，公司可以向气象咨询公司咨询，但是要付出 0.4 万元的费用。该气象咨询公司预报天气好的准确性是 0.7，预报天气坏的准确性是 0.8。试问是否值得咨询？

8. 某公司生产产品，每 500 件一箱，每箱产品的次品率有三种，即 10%、20%、30%，相应的概率分别为 0.7、0.2、0.1。出厂前的检验方案有两种，一是整箱产品全部检验（a1），每件的检验费为 0.1；二是整箱不检验（a2），但必须承担次品更换费用。一件次品的更换费用平均为 0.77 元。

（1）该公司应该选择哪一种检验方案？

（2）如果整箱产品逐一检验前，允许从每箱中抽取 10 件产品进行检验，设 $X=$ "其中包含次品个数"，试进行决策分析。

9. 某地方书店希望订购最新出版的图书。根据以往经验，新书的销售量可能为 50、100、150 或 200 本。假定每本新书的订购价是 5 元，销售价是 8 元，剩书的处理价是 2 元。要求：①建立收益矩阵；②分别用乐观法、悲观法和等概率决策法决定该书店应订购的新书数量；③建立后悔值矩阵，并用后悔值决策法决定书店该订购的新书数量。

10. 某钟表公司计划通过它的销售网推销一种低价钟表，计划零售价为每块 25 元。对这种钟表有三个设计方案：方案 1，需一次投资 10 万元，投产后每块成本 15 元；方案 2，需一次投资 16 万元，投产后每块成本 12 元；方案 3，需一次投资 25 万元，投产后每块成本 8 元。该种钟表需求量不确切，但估计有三种可能：30 000 块、120 000 块、200 000 块。要求：①建立收益矩阵；②分别用乐观法、悲观法及等概率决策法决定公司该采用哪一个设计方案；③建立后悔值矩阵，用后悔值决策法决定采用哪一个设计方案。

11. 某厂生产 A、B 两种型号的洗衣机，市场预测每周最大销售量分别为 90 台、80 台，单位利润分别为 30 元、200 元，电动机由合作厂按合同供给，每周供给量定额 150 台，超过定额则供给二等品，厂家经营目标是：①一级目标，尽可能用完合同供给的 150 台电动机；②二级目标，多购的电动机数不超过 10 台；③三级目标，尽量生产 A 型洗衣机 90 台、B 型洗衣机 80 台，其权重系数与单位利润成正比；④四级目标，保证质量，尽量减少二等品的电动机的数量。

试对该厂的生产安排做出决策分析。
12. 请列举几种灰色决策方法，并阐述其建模机理。
13. 请详述基于端点混合可能度函数的灰色聚类决策模型的步骤。
14. 请阐述四种一致效果测度函数的定义及其含义。

第八章

住院费用影响因素挖掘

第一节 案例背景

居民收入与医疗费用之间的不协调关系是一个突出的问题,导致部分患者因为医疗费用而无法获得有效治疗。在这样的背景下,如何在有限的费用下满足居民的卫生服务需求,成为一个迫切需要研究的重要议题。本案例旨在深入探讨患者群体的特征、治疗效果、住院费用及其相关因素,为医疗决策、资源规划和政策制定提供科学支持。

因此,本案例的研究目标如下:基于医院特征、个体特征和医保类型等因素,建立模型来预测患者的住院费用,以帮助医院进行成本估计、资源规划以及医疗服务的定价策略制定。

为完成上述目标,我们选取了 2700 例病案样本进行分析[①]。变量说明如表 8.1 所示。

表 8.1 变量说明

变量类型	变量名称
医院特征变量	医院代码、医院所在地区(东、中、西部)、医院级别(省、地、县三级)
个体特征变量	年龄、性别、婚姻状况(未婚、已婚)、民族、职业等
病人入院状况	入院途径(门诊、急诊、转院)、入院病情(危、急、一般)
医保类型	变量名称为费用来源,共分为社会基本医疗保险、商业保险、自费医疗、公费医疗、大病统筹以及其他六类
住院费用状况	包括住院总费用,以及药费、检查费、诊疗费、手术费等一系列费用分项指标
具体治疗情况	入院前经外院诊治、药物过敏标志、院内感染、输血情况、输液情况、有无手术、住院时有无出现病情危重、急症、疑难症等
治疗效果	疾病转归(治愈、好转、未愈、死亡)、出院方式(常规、自动、转院、其他)

[①] 本案例数据来自张文彤与钟云飞编著《IBM SPSS 数据分析与挖掘实战案例精粹》的公开案例数据,案例分析过程旨在介绍数据分析的思路、流程与具体实现过程,所得结论或许有失偏颇,不代表出版社及作者观点。

续表

变量类型	变量名称
诊断符合情况	门出、入出诊断符合率
中医特有变量	治疗类别（中医疗法、西医疗法、中西医疗法）等
时间变量	包括年份和月份
其他变量	包括有无医保拒付等

第二节 数据预处理

一、处理空值

我们通过 Python 语言完成数据的分析处理工作。应先加载依赖项，并读取数据，在 Python 中的实现程序如下：

```
import pandas as pd
df=pd.read_csv('data.csv')
df.shape
```

其中数据共有 2700 个样本，47 个变量。为避免空值对后续分析产生影响，需对数据中的空值进行预处理。观察数据中是否存在空值，实现程序如下：

```
df.isna().sum()
```

根据输出结果可知，婚姻状况、入院状况、转归（西医主诊断）、入院途径这三个变量中分别包含了空值。由于样本中空值较少，故直接采用删除空值的方法进行处理，即删除含有空值的样本，实现程序如下：

```
df.dropna(axis=0,inplace=True)
df.shape
```

删除 23 个包含有空值的样本后，数据集中共有 2677 个样本。

二、描述性统计

对治疗的各项费用与总费用进行描述性统计，计算其均值、标准差、最小值以及最大值。取出数据中与费用相关的变量，并进行描述性统计，实现程序如下：

```
fees_feature=['住院总费用','床位费','中成药费','西药费','检查费','血费','氧费','诊疗费','手术费','接生费','其他费','放射费','化验费','中草药费','护理费','治疗费']
df[fees_feature].describe().transpose()
```

描述性统计结果如表 8.2 所示。

表 8.2 描述性统计结果　　　　　　　　　　　　单位：元

变量	N	均值	标准差	最小值	下四分位数	中位数	上四分位数	最大值
住院总费用	2 677	4 084.50	7 006.10	0	877	1 822	4 322	96 965
床位费	2 677	233.77	345.60	0	42	117	280	4 400
中成药费	2 677	335.63	1 005.40	0	0	7	182	18 614
西药费	2 677	1 773.00	3 698.10	0	215	621	1 788	66 891
检查费	2 677	120.06	222.47	0	0	35	137	2 981
血费	2 677	5.84	70.13	0	0	0	0	1 320
氧费	2 677	28.23	142.56	0	0	0	0	2 608
诊疗费	2 677	995.07	2 572.80	0	66	238	784	28 977
手术费	2 677	62.46	232.04	0	0	0	0	2 758
接生费	2 677	0.04	2.20	0	0	0	0	114
其他费	2 677	158.31	716.34	0	0	17	105	28 978
放射费	2 677	35.29	91.47	0	0	0	36	1 810
化验费	2 677	119.59	146.83	0	18	80	163	1 958
中草药费	2 677	91.28	312.71	0	0	0	52	7 103
护理费	2 677	106.28	273.10	0	0	6	84	5 895
治疗费	2 677	19.87	135.80	0	0	0	6	6 223

由描述性统计的结果可知，住院总费用中占比较大的为西药费、诊疗费、中成药费等，而血费、氧费、接生费等占比较小，且大部分样本中的值为 0。

三、数据分布

为进一步探索数据的分布情况，我们绘制费用变量的直方图，在 Python 中实现的程序如下：

```
import matplotlib.pyplot as plt
import seaborn as sns

plt.figure(figsize=(20,20))
plt.subplot(5,3,1)
for i in range(16):
    plt.subplot(4,4,i+1)
    sns.histplot(data=df,x=fees_feature[i],bins=20)
    plt.ylabel('频数')
plt.show()
```

绘制的直方图如图 8.1 所示。

/商业数据分析/

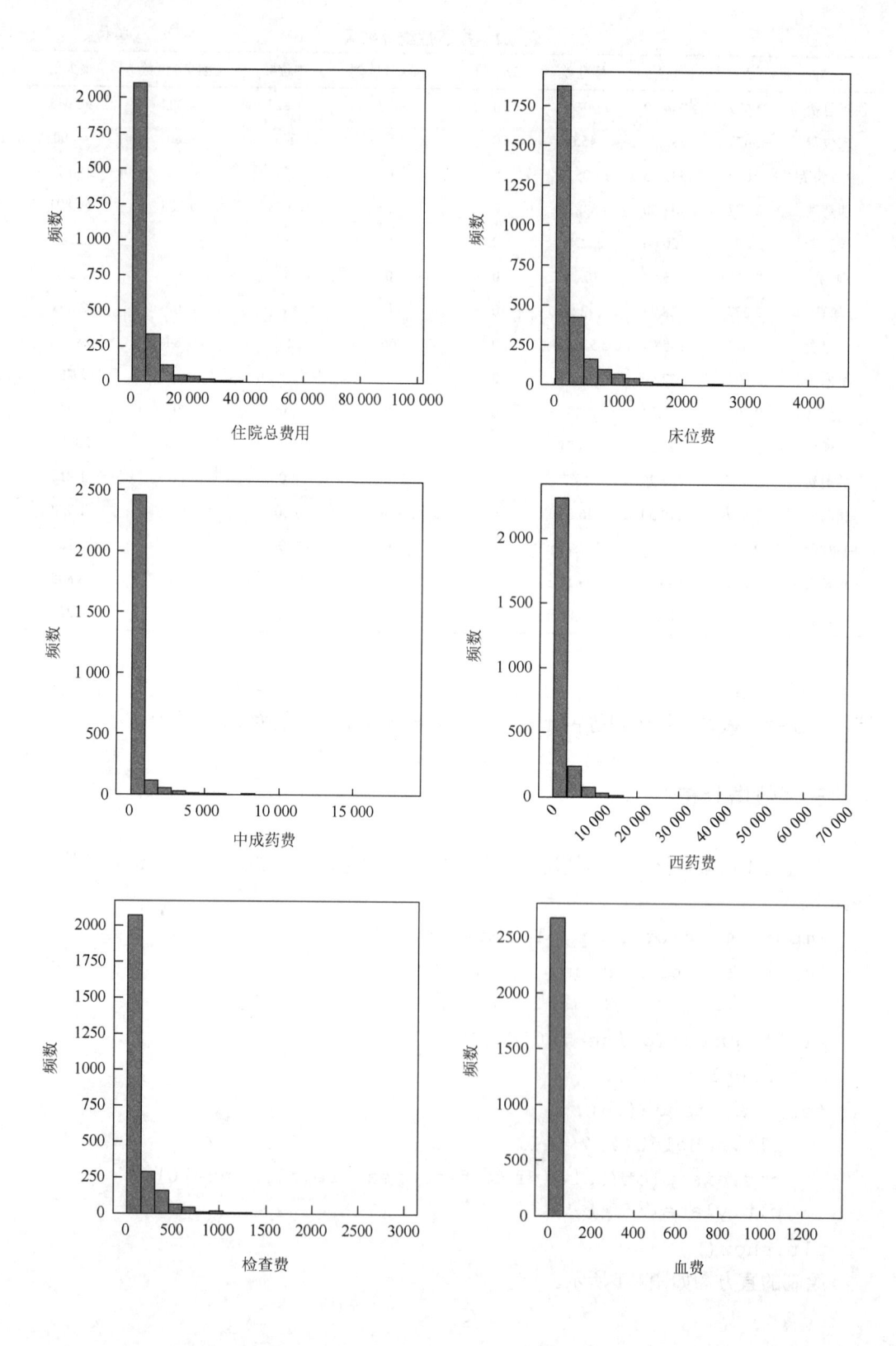

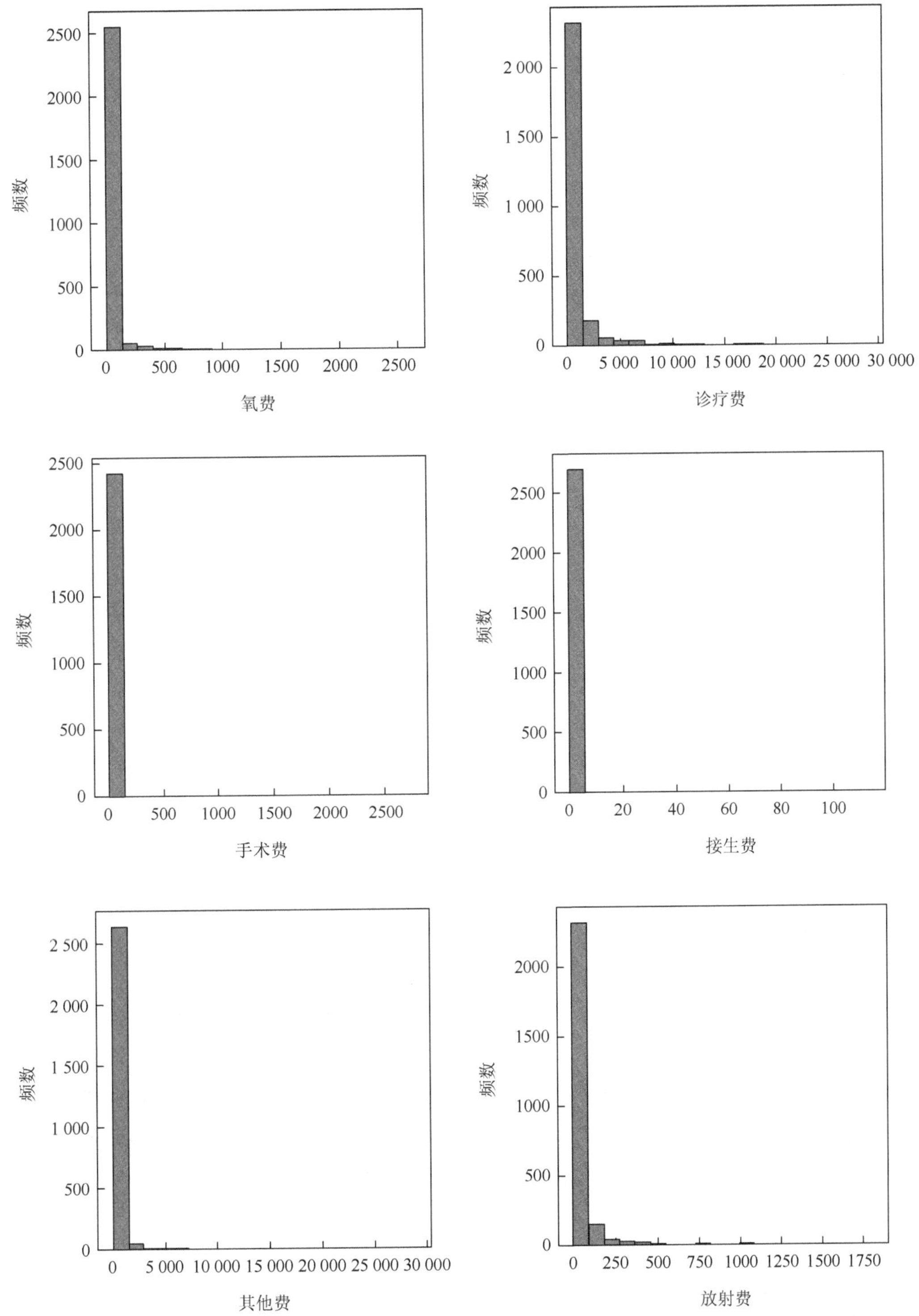
频数
2500
2000
1500
1000
500
0
0 500 1000 1500 2000 2500
氧费
频数
2 000
1 500
1 000
500
0
0 5 000 10 000 15 000 20 000 25 000 30 000
诊疗费
频数
2500
2000
1500
1000
500
0
0 500 1000 1500 2000 2500
手术费
频数
2500
2000
1500
1000
500
0
0 20 40 60 80 100
接生费
频数
2 500
2 000
1 500
1 000
500
0
0 5 000 10 000 15 000 20 000 25 000 30 000
其他费
频数
2000
1500
1000
500
0
0 250 500 750 1000 1250 1500 1750
放射费

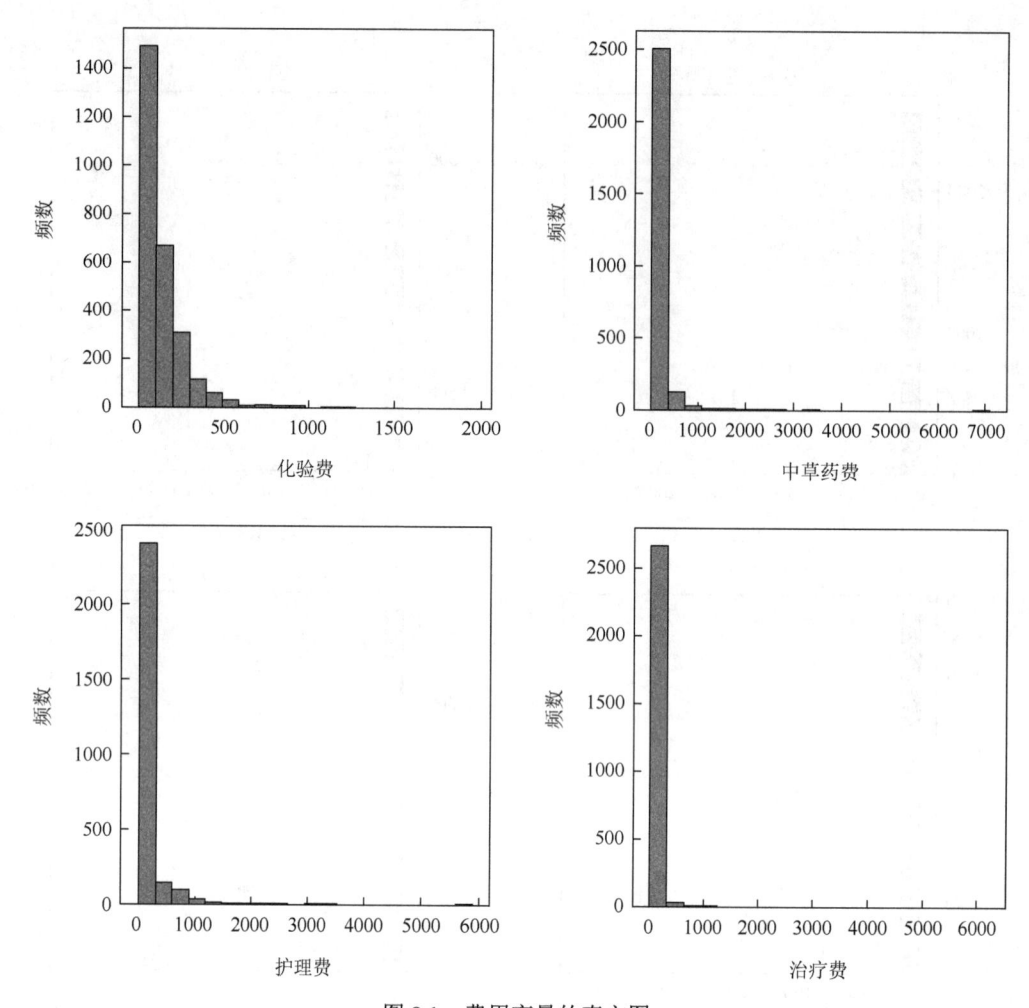

图 8.1　费用变量的直方图

根据图 8.1 所列的直方图，大部分的费用是一个左偏的分布，样本观测集中在费用较少的部分。此外，大部分样本中的血费、接生费、氧费等变量值为 0，表明大部分患者不需要支付这些费用。

四、离群值处理

根据描述性统计的初步判断，变量中存在部分离群值，可能对分析结果产生影响。因此，进一步对住院总费用中的离群值进行处理，绘制其箱线图对四分位数进行可视化，观察住院总费用数据中是否存在离群值，实现的程序如下：

```
plt.figure(figsize=(10,6))
sns.boxplot(data=df,x='住院总费用')
plt.show()
```

根据箱线图所示（图 8.2），右侧黑点部分可视为数据中的离群点。这些离群点的判定方式如下：

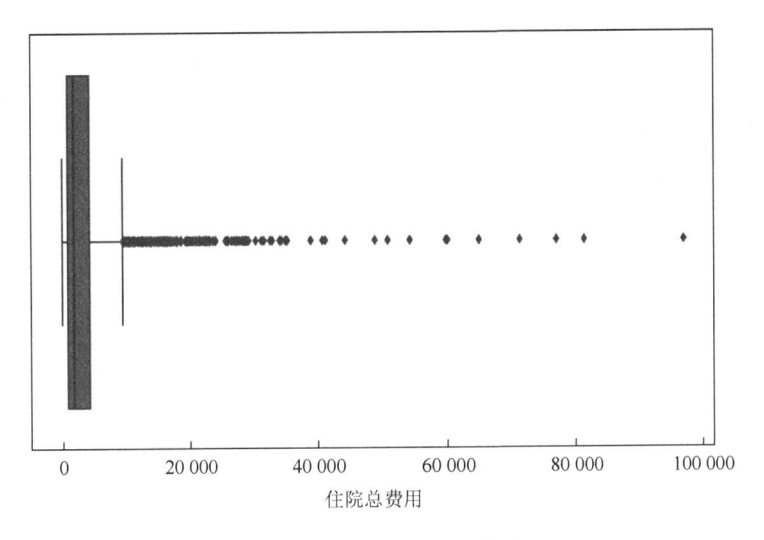

图 8.2　住院总费用箱线图

（1）计算住院总费用的四分位数，四分位数将全部数据划分为相等的四部分，记 q1 为第一四分位数，q2 为中位数，q3 为第三四分位数。

（2）计算四分位数范围四分位距（interquartile range，iqr），定义为 q3-q1。

（3）将小于 q1-1.5×iqr 与大于 q3+1.5×iqr 的值判定为离群值。

根据上述过程，筛选出数据中的离群点，共有 271 个离群点，实现的程序代码如下：

```
total_fee=df['住院总费用']
q1=total_fee.quantile(0.25)
q3=total_fee.quantile(0.75)
iqr=q3-q1
outlier=df.loc[(total_fee>q3+1.5*iqr)|(total_fee<q1-1.5*iqr),:]
outlier.shape[0]
```

从样本中移除住院总费用为离群点的数据，实现的程序如下：

```
df=df.loc[(total_fee<=q3+1.5*iqr)&(total_fee>=q1-1.5*iqr),:]
df.shape
```

此时，数据集中共有 2406 个样本。

第三节　不同治疗类别的治疗费用差异分析

一、不同治疗类别的差异可视化分析

在本节中我们将探究不同治疗类别（中医疗法、西医疗法、中西医疗法）的差异。通过数据可视化的方式，展示三种不同的治疗类别在住院总费用、住院天数、治疗效果方面的差异。我们先统计样本中采用各治疗类别的样本个数，实现的程序如下：

```
df_agg0=df['治疗类别'].value_counts().reset_index()
df_agg0['治疗类别']=df_agg0['治疗类别'].map({1:'中医疗法',2:'西医疗法',3:'中西医疗法'})
df_agg0.rename(columns={'count':'计数'},inplace=True)
df_agg0
```
统计结果如表 8.3 所示。

表 8.3　治疗类别统计

治疗类别	计数
西医疗法	823
中医疗法	406
中西医疗法	1177

接下来绘制饼图将治疗类别的分布进行可视化，实现的程序如下：

```
plt.figure(figsize=(8,6))
plt.pie(data=df_agg,x='治疗类别',labels=['中医疗法','西医疗法','中西医疗法'],autopct='%1.1f%%')
plt.show()
```

绘制结果如图 8.3 所示。

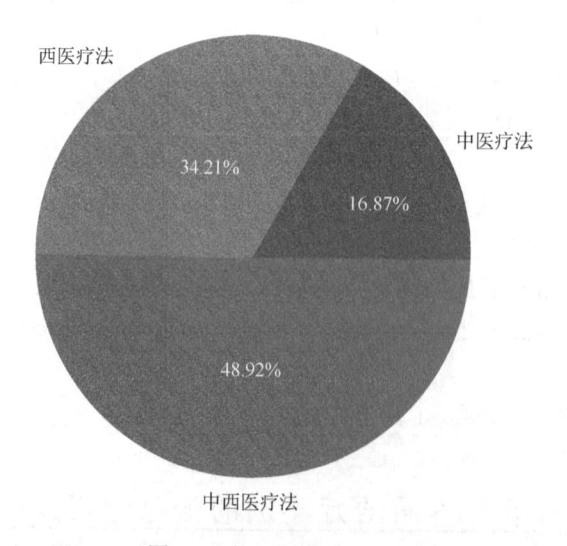

图 8.3　各治疗类别的比例

根据饼图，样本中大部分患者选择了中西医疗法，占到了总样本量的 48.92%，其次是西医疗法，占到了总样本量的 34.21%，中医疗法最少，占到了总样本的 16.87%。

完成对各治疗类别在样本中的比例的探究之后，需要分析各治疗类别对患者影响的差异，这种差异包括了治疗费用、治疗时长以及治疗效果的差异。根据治疗类别将数据集分组，计算各组中住院总费用、住院天数的均值，实现的程序如下：

```
df_agg1=df.groupby('治疗类别')[['住院总费用','住院天数']].mean().
reset_index()
df_agg1
```
分组聚合计算的结果如表 8.4 所示。

表 8.4 分组聚合计算结果

治疗类别	住院总费用	住院天数
中医疗法	2766.15	17.28
西医疗法	1876.96	9.78
中西医疗法	2500.99	15.99

根据表 8.4，西医疗法的住院总费用以及住院天数均值最少。为更直观地展示三种治疗类别的差异，绘制柱状图将表 8.4 的结果可视化，实现的程序如下：

```
plt.figure(figsize=(16,10))
plt.subplot(2,1,1)
sns.barplot(data=df_agg,x='治疗类别',y='住院总费用')
plt.xticks(ticks=[0,1,2],labels=['中医疗法','西医疗法','中西医疗法'])
plt.subplot(2,1,2)
sns.barplot(data=df_agg,x='治疗类别',y='住院天数')
plt.xticks(ticks=[0,1,2],labels=['中医疗法','西医疗法','中西医疗法'])
plt.show()
```
柱状图如图 8.4 所示。

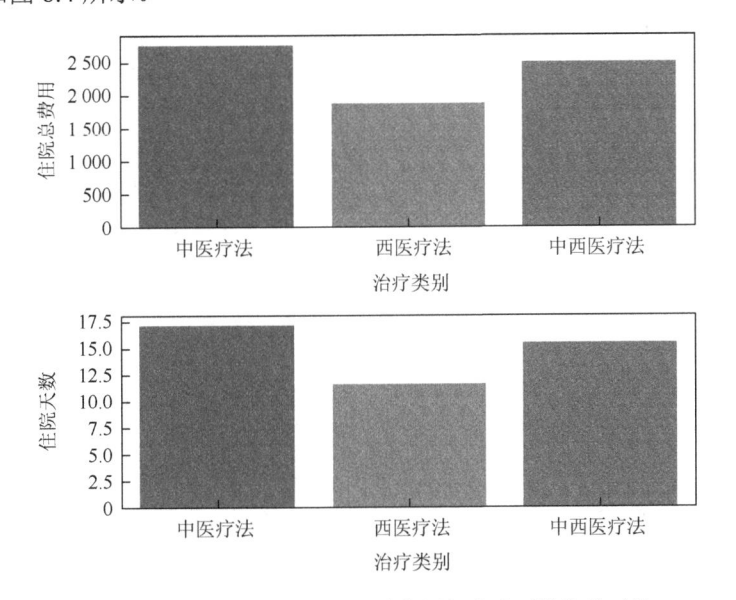

图 8.4 不同治疗类别的住院总费用与住院天数均值对比

接下来分析不同的治疗类别与治疗效果间的关系，同样进行分组聚合计算，分析各治疗类别下患者的治愈情况，实现的程序如下：

```
df_agg1=df.groupby('治疗类别')['转归(西医主诊断)'].value_counts().reset_index()
df_agg1['治疗类别']=df_agg1['治疗类别'].map({1:'中医疗法',2:'西医疗法',3:'中西医疗法'})
df_agg1['转归(西医主诊断)']=df_agg1['转归(西医主诊断)'].map({1:'治愈',2:'好转',3:'未愈',4:'死亡'})
df_agg1.set_index(['治疗类别','转归(西医主诊断)']).unstack()
```

计算结果如表 8.5 所示。

表 8.5 治疗类别与治疗效果的列联表

治疗类别	治愈	好转	未愈	死亡
中医疗法	179	219	5	3
西医疗法	528	270	20	5
中西医疗法	649	494	20	14

绘制柱状图对计算内容进行可视化，如图 8.5 所示。

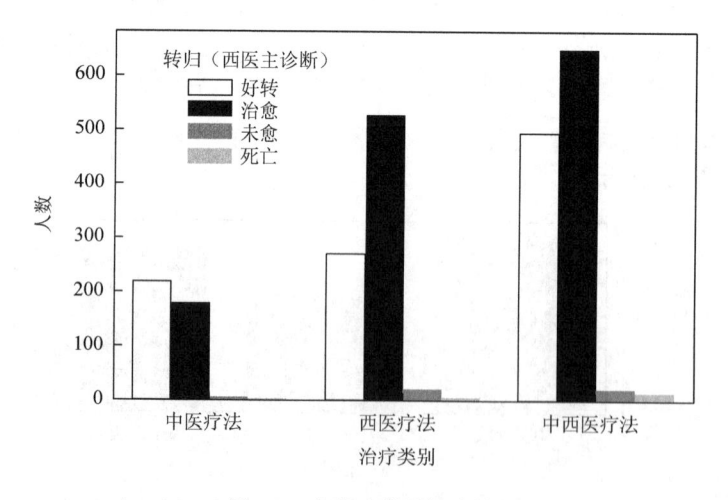

图 8.5 各治疗类别的疗效

```
df_agg2=df.groupby('治疗类别')['转归(西医主诊断)'].value_counts().reset_index()
plt.figure(figsize=(16,10))
sns.barplot(data=df_agg2,x='治疗类别',y='count',hue='转归(西医主诊断)')
plt.show()
```

根据图 8.5，无论是何种治疗类别，绝大部分患者在接受治疗后病情有所好转，或完全治愈，而少部分患者病情未愈，甚至死亡。

二、治疗费用的方差分析

为进一步明确三种不同的治疗类别是否对治疗费用、治疗时长有显著的影响，我们通过方差分析的方式探究不同组之间这些因素的差异水平。

方差分析是一种用于比较两个或更多组之间差异的统计方法。它用于分析不同组之间的均值是否存在显著差异，从而判断这些差异是否由随机变异引起的，或者是否具有统计学意义。其假设样本是从正态分布中抽取的，并且要求各组之间的方差相等（称为方差齐次性）。方差分析会计算各组的均值、总体均值、组内方差和组间方差，然后通过比较组内方差和组间方差之间的比值来判断是否存在显著差异。如果组间方差显著大于组内方差，就可以得出不同组之间存在显著差异的结论。

我们先绘制住院费用、住院时长的直方图以及 Q-Q 图，探究这两个变量是否服从正态分布，实现的程序如下：

```
plt.figure(figsize=(16,10))
plt.subplot(1,2,1)
sns.histplot(data=df,x='住院总费用',bins=20)
plt.ylabel('频数')
plt.subplot(1,2,2)
sns.histplot(data=df,x='住院天数',bins=20)
plt.ylabel('频数')
plt.show()

from scipy import stats

plt.figure(figsize=(16,8))
plt.subplot(1,2,1)
stats.probplot(df['住院总费用'],plot=plt)
plt.xlabel('理论分位数')
plt.ylabel('样本分位数')
plt.title('Q-Q Plot')
plt.subplot(1,2,2)
stats.probplot(df['住院天数'],plot=plt)
plt.xlabel('Theoretical Quantiles')
plt.ylabel('Sample Quantiles')
plt.title('Q-Q Plot')
plt.show()
```

直方图如图 8.6 所示。

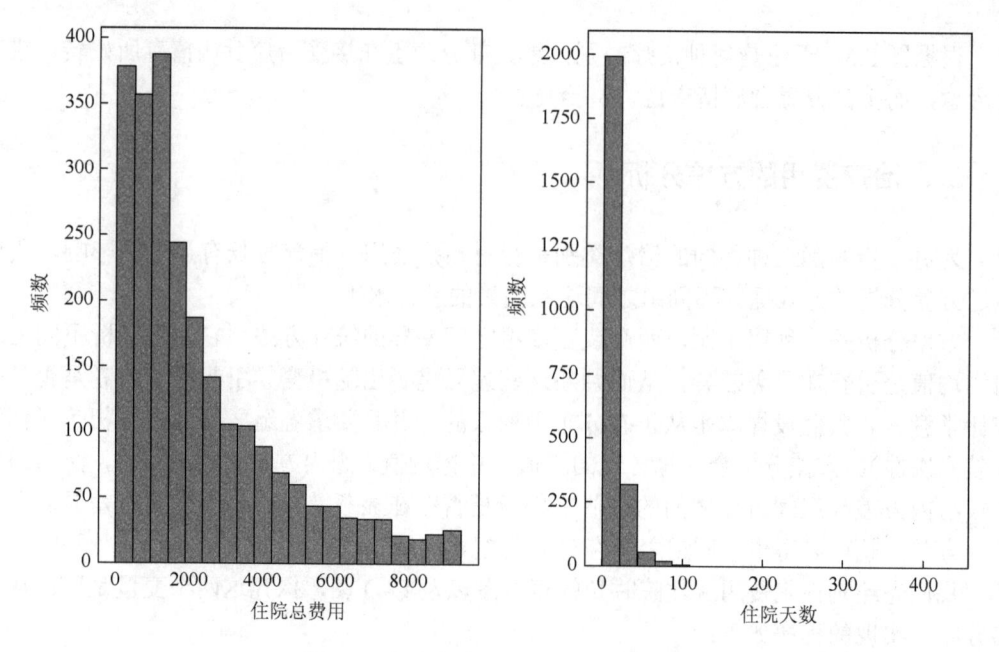

图 8.6　住院总费用与住院天数直方图

Q-Q 图如图 8.7 所示。

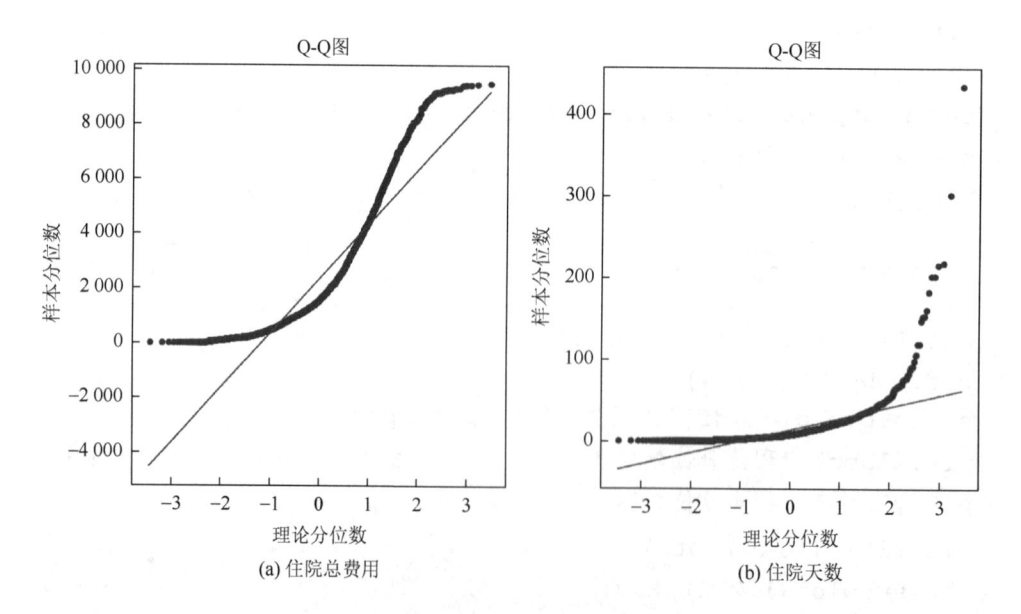

图 8.7　住院总费用与住院天数 Q-Q 图

根据直方图与 Q-Q 图，住院费用和住院时长服从左偏分布，不服从正态分布。对此，我们对变量进行对数变换，并分析其变换后的数据分布情况，实现的程序如下：

```
df['住院总费用log']=np.log(df['住院总费用'])
df['住院天数log']=np.log(df['住院天数'])
```

```
plt.figure(figsize=(16,10))
plt.subplot(1,2,1)
sns.histplot(data=df,x='住院总费用 log',bins=20)
plt.ylabel('频数')
plt.subplot(1,2,2)
sns.histplot(data=df,x='住院天数 log',bins=20)
plt.ylabel('频数')
plt.show()

plt.figure(figsize=(16,8))
plt.subplot(1,2,1)
stats.probplot(df['住院总费用 log'],plot=plt)
plt.xlabel('理论分位数')
plt.ylabel('样本分位数')
plt.title('Q-Q Plot')
plt.subplot(1,2,2)
stats.probplot(df['住院天数 log'],plot=plt)
plt.show()
plt.xlabel('理论分位数')
plt.ylabel('样本分位数')
plt.title('Q-Q Plot')
```
在完成对数变换后，直方图与Q-Q图的形式如图8.8所示。

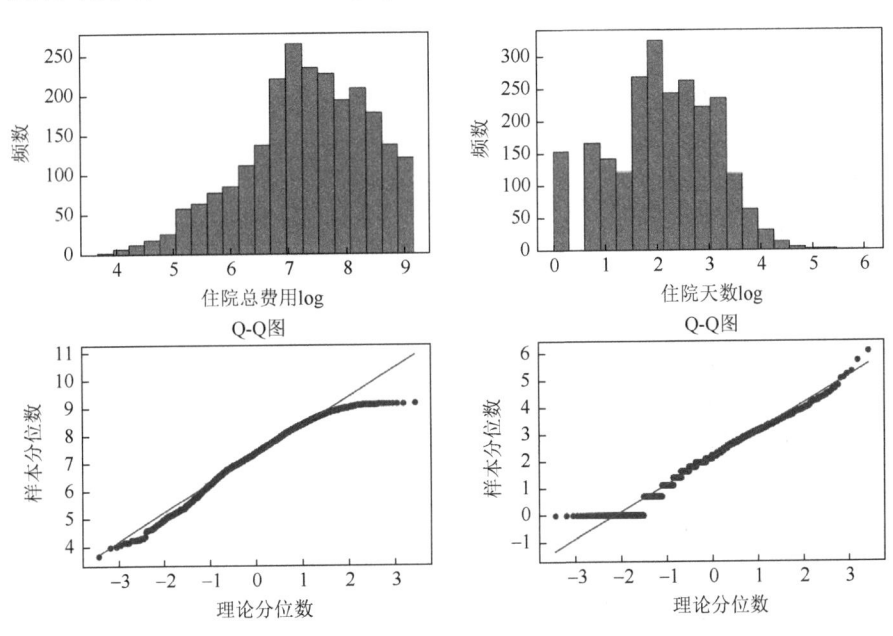

图8.8 经对数变换后的数据分布

在完成对数变换后,变量的左偏问题得以缓解,更接近于正态分布。因此我们对变换后的数据进行方差分析,判断组间差异。

首先分析三组数据在住院总费用上是否存在组间差异,实现的程序如下:
```
F1,p1=stats.f_oneway(df.loc[df['治疗类别']==1,'住院总费用log'],\
    df.loc[df['治疗类别']==2,'住院总费用log'])
F2,p2=stats.f_oneway(df.loc[df['治疗类别']==1,'住院总费用log'],\
    df.loc[df['治疗类别']==3,'住院总费用log'])
F3,p3=stats.f_oneway(df.loc[df['治疗类别']==2,'住院总费用log'],\
    df.loc[df['治疗类别']==3,'住院总费用log'])
p1,p2,p3
```

方差分析输出结果中 p 值分别为 1.80×10^{-12}, 1.71×10^{-5}, 0.02,均小于 0.05,我们认为这三组数据的均值间存在显著的组间差异。其中,西医疗法的住院总费用少于中西医疗法与中医疗法,中西医疗法的住院总费用少于中医疗法,见表 8.4。

接下来分析三组数据在住院天数上是否存在组间差异,实现的程序如下:
```
F1,p1=stats.f_oneway(df.loc[df['治疗类别']==1,'住院天数log'],\
    df.loc[df['治疗类别']==2,'住院天数log'])
F2,p2=stats.f_oneway(df.loc[df['治疗类别']==1,'住院天数log'],\
    df.loc[df['治疗类别']==3,'住院天数log'])
F3,p3=stats.f_oneway(df.loc[df['治疗类别']==2,'住院天数log'],\
    df.loc[df['治疗类别']==3,'住院天数log'])
p1,p2,p3
```

p 值分别为 4.03×10^{-26}, 4.28×10^{-6}, 9.02×10^{-10},同样远小于 0.05,可以认为这三组数据的均值间存在显著的组间差异。而其中西医疗法的住院天数少于中西医疗法与中医疗法,中西医疗法的住院天数少于中医疗法,见表 8.4。

可以看出住院总费用与住院天数在不同治疗类别之间存在显著的组间差异。接下来我们进一步分析平均每天的住院费用是否存在组间差异,首先构造一个新的变量:
```
df['平均每天住院费用']=df['住院总费用']/df['住院天数']
df['平均每天住院费用log']=np.log(df['平均每天住院费用'])
```

观察其数据分布情况:
```
plt.figure(figsize=(12,8))
plt.subplot(1,2,1)
sns.histplot(data=df,x='平均每天住院费用log',bins=20)
plt.subplot(1,2,2)
stats.probplot(df['平均每天住院费用log'],plot=plt)
plt.xlabel('理论分位数')
plt.ylabel('样本分位数')
plt.title('Q-Q Plot')
```
Q-Q 图

```
plt.show()
```
结果如图 8.9 所示，由图 8.9 可知，经对数变换后的平均每天住院费用接近于一个正态分布。

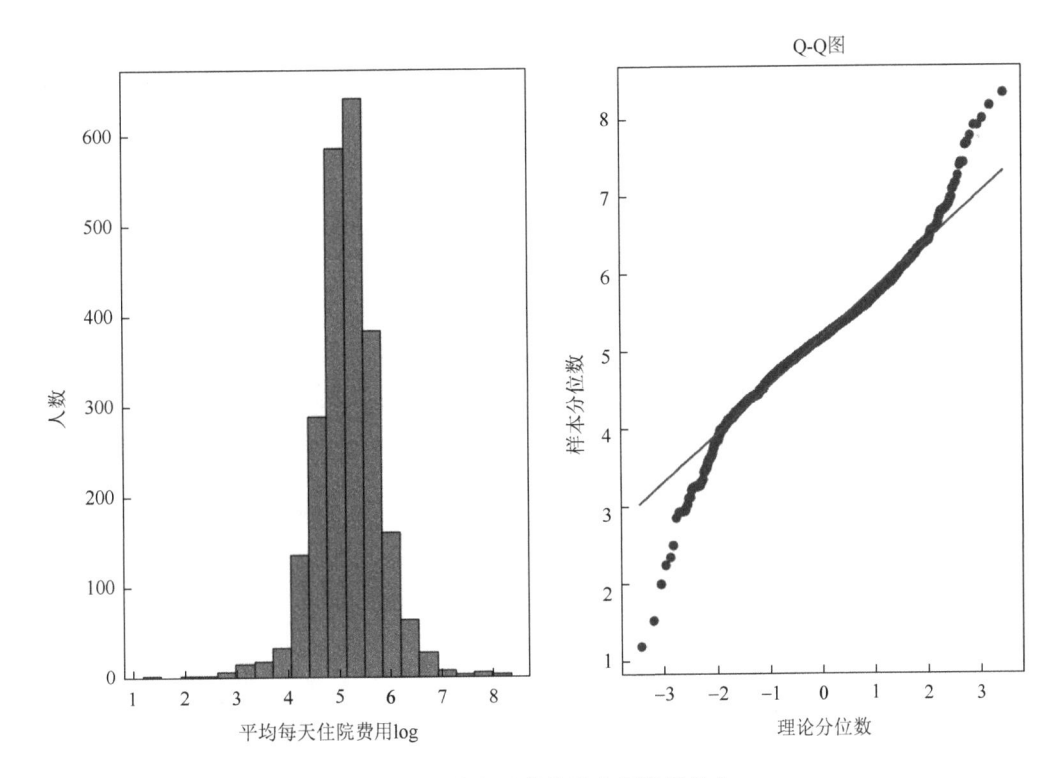

图 8.9 平均每天的住院费用数据分布

之后，进行方差分析判断该变量上是否存在组间差异，实现的程序如下：
```
F1,p1=stats.f_oneway(df.loc[df['治疗类别']==1,'平均每天住院费用log'],\
       df.loc[df['治疗类别']==2,'平均每天住院费用log'])
F2,p2=stats.f_oneway(df.loc[df['治疗类别']==1,'平均每天住院费用log'],\
       df.loc[df['治疗类别']==3,'平均每天住院费用log'])
F3,p3=stats.f_oneway(df.loc[df['治疗类别']==2,'平均每天住院费用log'],\
       df.loc[df['治疗类别']==3,'平均每天住院费用log'])
p1,p2,p3
```
输出的 p 值分别为 1.57×10^{-6}，0.91，7.02×10^{-9}，因此我们可以认为西医疗法与中医疗法、西医疗法与中西医疗法之间存在显著的组间差异，而中医疗法与中西医疗法之间不存在显著的差异。进一步观察该值在不同组别上均值的柱状图，实现的程序如下：

```
df_agg3=df.groupby('治疗类别')['平均每天住院费用 log'].mean().reset_index()
df_agg3['治疗类别']=df_agg3['治疗类别'].map({1:'中医疗法',2:'西医疗法',3:'中西医疗法'})

plt.figure(figsize=(12,8))
sns.barplot(data=df_agg3,x='治疗类别',y='平均每天住院费用 log')
plt.grid()
plt.show()
```

结果如图 8.10 所示。

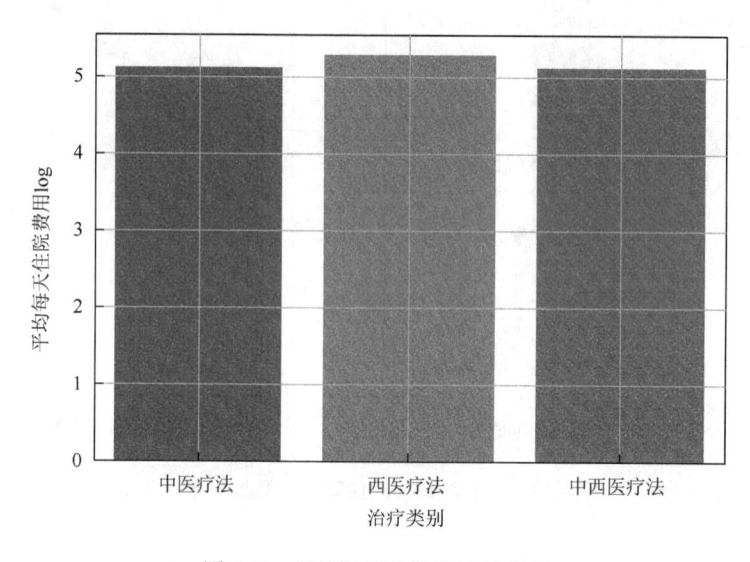

图 8.10 平均每天住院费用柱状图

由方差分析以及柱状图的结果可知，西医疗法的平均每天住院费用要高于中医疗法与中西医疗法，而中医疗法与中西医疗法之间则没有显著的差异。

第四节　住院费用的影响因素分析

一、随机森林算法简介

我们将使用随机森林算法分析住院费用的影响因素，随机森林（random forest）是一种集成学习（ensemble learning）方法，用于解决分类和回归等机器学习问题。它结合了多个决策树来构建一个更为鲁棒和准确的模型。随机森林是由多个决策树组成的，每棵树的预测结果（对于分类问题是投票，对于回归问题是平均）结合起来得出最终的预测结果。

随机森林的主要特点和工作原理如下。

（1）决策树的集成：随机森林由多个决策树组成，每棵树都是基学习器。每个决策树独立地对数据进行训练和预测，然后将它们的预测结果综合起来形成最终预测。

（2）随机性：随机森林在构建每棵决策树时引入了一些随机性，这有助于减少过拟合现象。在构建决策树的过程中，随机森林随机选择数据的子集（称为"bootstrap 样本"）和特征的子集来进行训练。这使得每棵树都在略微不同的数据子集上训练，从而产生多样性。

（3）投票或平均：对于分类问题，随机森林中的每棵决策树都会对样本进行分类，最后通过投票来决定最终的预测类别。对于回归问题，每棵树会预测一个值，最后取这些值的平均作为最终预测结果。

（4）特征重要性：随机森林可以计算出每个特征在模型中的重要性程度。这可以帮助了解哪些特征对于预测结果的贡献更大，从而进行特征选择或分析。

随机森林的优点包括：抗过拟合能力强、对于高维数据和大规模数据效果好、具有良好的准确性等。它在许多机器学习问题中都表现出色，无论是分类还是回归任务。因此非常适合本案例的分析。

二、随机森林建模

本节使用随机森林算法进行建模，分析住院费用的影响因素。

首先筛选可能对住院费用产生影响的因素，共包括地区、级别、出院西医主诊断、年龄、性别、出院方式、转归（西医主诊断）、门出诊断符合标志、入出诊断符合标志、有无抢救、治疗类别、药物过敏标志、手术标志、院内感染、输血情况、输液情况、入院途径、入院前经外院诊治、住院期间病情、费用来源等因素。

由于其中大部分变量为分类变量，无法直接进行分析，故对其中的分类变量进行因子化处理，实现的程序如下：

```
factors=["地区","级别","出院西医主诊断","年龄","性别","出院方式","转归(西医主诊断)","门出诊断符合标志","入出诊断符合标志","有无抢救","治疗类别","药物过敏标志","手术标志","院内感染","输血情况","输液情况","入院途径","入院前经外院诊治","住院期间病情:危重","住院期间病情:急症","住院期间病情:疑难","费用来源"]
for factor in factors:
    df[factor+"factor"]=pd.factorize(df[factor])[0]
X_features=["地区factor","级别factor","出院西医主诊断factor","性别factor","出院方式factor","转归(西医主诊断)factor","门出诊断符合标志 factor","入出诊断符合标志 factor","有无抢救 factor","治疗类别factor","药物过敏标志 factor","手术标志 factor","院内感染 factor","输血情况 factor","输液情况 factor","入院途径 factor","入院前经外院诊治
```

factor","住院期间病情:危重 factor","住院期间病情:急症 factor","住院期间病情:疑难 factor","费用来源 factor","年龄 factor"]

```
X=df[X_features]
y=df['住院总费用']
```

之后构建随机森林回归模型,由于随机森林模型有多个超参数需要指定,难以确定最佳超参数以获得效果最优的模型。我们通过网格搜索的方法寻找最佳超参数,具体为选定参数列表,根据参数列表中的参数依次训练随机森林回归模型,并以平均误差平方和为指标挑选最优模型,以最优模型分析影响因素。我们对子模型个数、最大深度、最大特征数进行搜索,以挑选最佳超参数。

为避免训练得到的模型出现过拟合问题,使用 5 折交叉验证的方法对模型进行评估。具体为将原始数据集划分为 5 个相等的子集,然后进行以下步骤:①选取其中 1 个子集为测试集,其余 4 个子集为训练集;②根据训练集对模型进行训练;③使用训练好的模型在测试集上进行评估,使用的性能指标为平均误差平方和;④重复①~③步,每次选用不同的子集作为测试集,直至所有子集都充当一次测试集。最终将 5 次训练的性能指标取平均,作为一个更为全面、可靠的指标,使用交叉验证有助于减少模型性能评估的偶然性,提高泛化能力。训练模型的实现过程如下:

```
from sklearn.ensemble import RandomForestRegressor
from sklearn.model_selection import GridSearchCV
regressor=RandomForestRegressor()
parameters={'n_estimators':np.linspace(10,100,10,dtype=int),
'max_depth':np.power(2,np.linspace(0,5,6)).astype(int),
'max_features':np.linspace(1,25,5,dtype=int)}
grid_search=GridSearchCV(regressor,parameters,cv=5,scoring='neg_mean_squared_error',return_train_score=True)
grid_search.fit(X,y)
```

根据上述步骤训练模型,根据 5 折交叉验证的结果找出最优的模型,并观察其平均误差平方和与 R^2。

```
from sklearn.metrics import mean_squared_error,r2_score
best_estimator=grid_search.best_estimator_
y_pred=best_estimator.predict(X)
print('mean_squared_error:%.2f'%mean_squared_error(y,y_pred))
print('r2_score:%.4f'%r2_score(y,y_pred))
```

最终得到的最优模型的 5 折交叉验证的平均误差平方和为 1 642 247.14,解释了因变量中 64.54%的方差。

输出各变量对因变量影响的重要性:

```
best_estimator.feature_importances_
```

其结果如表 8.6 所示。

表 8.6　自变量对因变量的重要性

自变量	重要性
级别	0.392
年龄	0.162
费用来源	0.152
出院西医主诊断	0.104
地区	0.035
转归（西医主诊断）	0.029
治疗类别	0.025
出院方式	0.017
住院期间病情：急症	0.015
性别	0.012
手术标志	0.012
入院途径	0.008
入院前经外院诊治	0.008
药物过敏标志	0.007
输液情况	0.006
住院期间病情：危重	0.006
住院期间病情：疑难	0.003
有无抢救	0.003
门出诊断符合标志	0.002
输血情况	0.001
入出诊断符合标志	0.001
院内感染	0.001

根据表 8.6 绘制柱状图，观察各变量的影响大小，结果如图 8.11 所示。

```
features=best_estimator.feature_names_in_
features=[feature.replace('factor','')for feature in features]
imp=pd.DataFrame({'features':features,'importance':best_estimator.feature_importances_}).sort_values(by='importance',ascending=False)
    plt.figure(figsize=(16,10))
    sns.barplot(data=imp,x='importance',y='features')
    plt.xlabel('重要性')
    plt.ylabel('自变量')
    plt.show()
```

根据图 8.11 可知，医院级别、年龄、费用来源对于住院费用的影响较大。而院内感染、入出诊断符合标志、输血情况等变量对于住院费用的影响非常小。

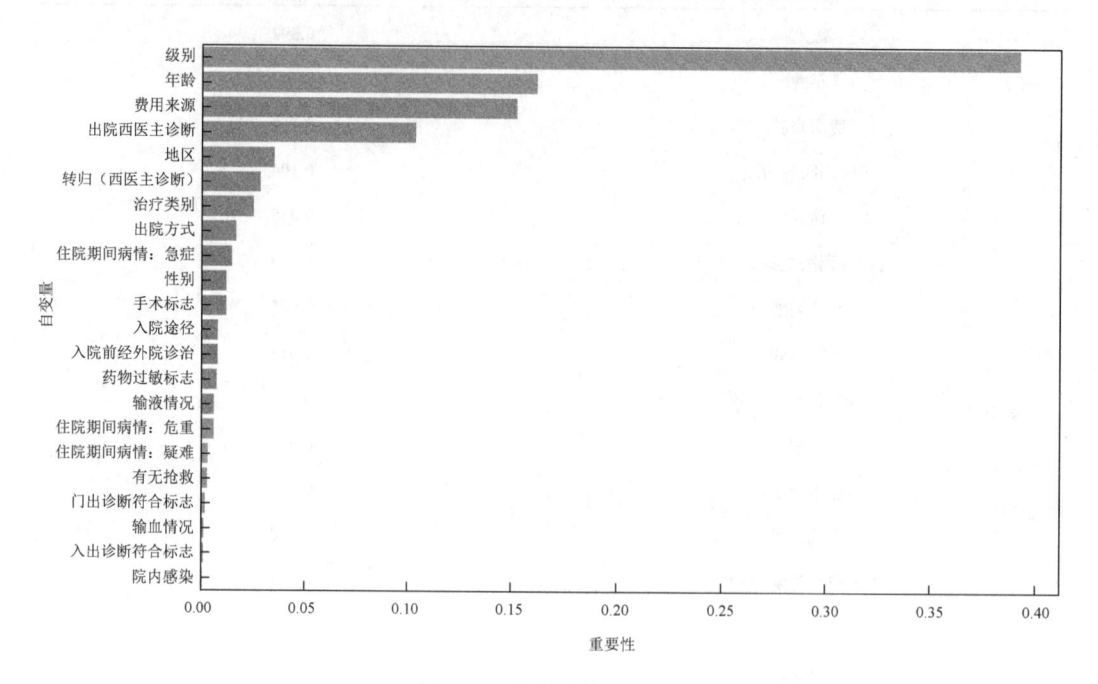

图 8.11　自变量的重要性

结　　论

根据上述分析过程与分析结果，我们可以得到以下结论。

第一，在住院总费用中，大部分费用为西药费、诊疗费、中成药费，而血费、氧费、接生费等费用大部分为 0，可以认为大部分患者不需要在这些方面付出成本。

第二，对于不同的治疗方法，选择西医疗法的患者一般而言住院天数更短，住院总费用较低；而选择中西医疗法的患者住院天数相较于西医疗法更长，住院总费用较高；选择中医疗法的患者住院天数最长，且总费用最高。然而西医疗法的平均每天内的住院费用较高，显著高于其他两种治疗类别，而中医疗法与中西医疗法在该特征上没有显著的差异。

第三，在对住院总费用的影响因素中，医院的级别、患者年龄、费用来源对总费用的影响是最大的，而院内感染、输血情况等因素对总费用的影响较小。

第九章

基于大数据分析平台的 L 集团销售商机预测

第一节 案例背景

一、L 集团概况介绍

L 集团是中国本土综合实力强大的大型 IT 企业之一，国内领先的云计算领导厂商，先进的信息科技产品与解决方案服务商。集团旗下拥有多家上市公司，业务涵盖云数据中心、云服务大数据、智慧城市、智慧企业四大产业群组，为全球 100 多个国家和地区提供 IT 产品和服务。基于智慧计算战略，公司不断提升供应链整合能力，具备了大规模高速部署交付能力，包括建有业界领先的智能高端计算机、服务器工厂，通过数字化、智能化的手段，实现高效的定制化生产，解决了信息化高端装备的大规模定制生产难题，实现了公司与客户之间协同创新、量身定制、商业共赢的全面融合。

二、L 集团销售管理现状

L 集团销售中心建立了以台式机、笔记本、服务器、存储设备产品为主的销售队伍，在全国各省区市均设有销售机构，能够将优质产品迅速推向国内市场。与全国百余家供应商建立了良好的合作关系。产品在全国形成了一定的规模销售，深受客户的信赖与认可。

在销售管理方面，集团目前已经运用量化管理进行系统管理，通过对流程、平台和团队能力的全面建设，实现对销售组织的管理可视性、可控性和可预测性。随着经济的不断发展、市场竞争的不断加剧，集团规模逐步扩大，下属分公司遍布 31 个省区市，设置销售大区及销售办事处，各销售办事处负责当地销售商机的挖掘、签单与回款等事宜。面对集团在大数据时代的转型，以及战略规划目标的调整，建立科学有效的销售管理体系，不断加强销售管理，对集团目标的实现以及战略规划的转型有着非常重要的作用。图 9.1 为集团的销售管理体系。

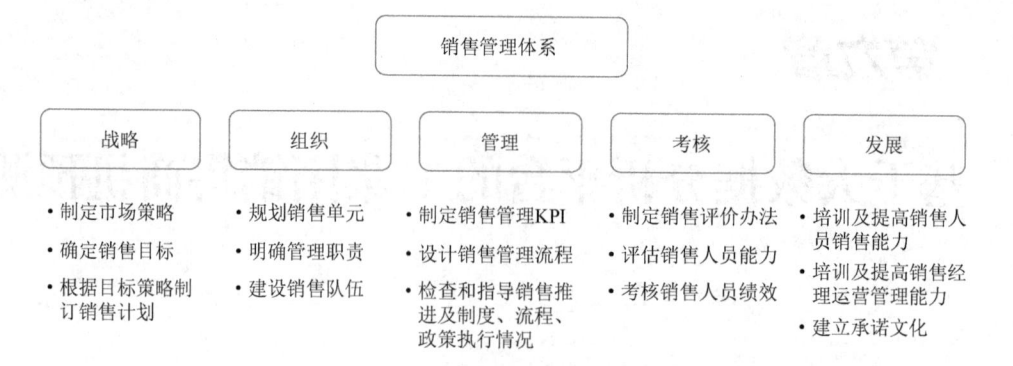

```
                    销售管理体系

   战略          组织          管理          考核          发展

• 制定市场策略   • 规划销售单元   • 制定销售管理KPI   • 制定销售评价办法   • 培训及提高销售人
• 确定销售目标   • 明确管理职责   • 设计销售管理流程   • 评估销售人员能力     员销售能力
• 根据目标策略制  • 建设销售队伍   • 检查和指导销售推   • 考核销售人员绩效   • 培训及提高销售经
  订销售计划                   进及制度、流程、                   理运营管理能力
                             政策执行情况                     • 建立承诺文化
```

图 9.1　集团销售管理体系

L 集团在 2011 年启用了客户关系管理（customer relationship management，CRM）系统，系统对客户、销售过程及售后进行了全方位的管理，通过 CRM 系统可以了解到每个客户的购买历史记录，如联系人、销售机会、联系记录、销售报价、签约信息、回款数据、服务记录、投诉处理等，这让销售人员能够充分了解每一个销售机会的跟进情况，从而可以有针对性地给客户制定相关产品策略，避免客户流失，大大提高了销售业绩达成率。

第二节　L 集团销售过程管理

销售管理量化分解过程是销售团队权责利统一分配、统一管理的过程，不仅要对销售工作的数据进行管理，也要对销售行为进行管理。销售管理的构成和概念有不同理解和认识，因此有必要统一销售工作各阶段的定义及相关术语，统一平台及收集信息的机制，保证执行与结果可以被衡量和监控，以客观的事实与数字为基础。因此，管理的流程要统一，自上而下，选择统一的方法，共同的语言。L 集团把销售推动和销售回顾过程进行了分解，并定义了各阶段的数据产出，建立了销售管理高效运营的六要素，即分级指挥、目标分解、精准执行、过程检查、信息系统和报表工具，如图 9.2 所示。

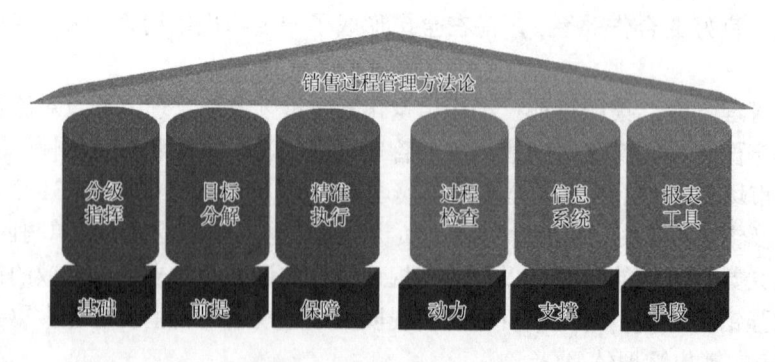

```
              销售过程管理方法论

    分级    目标    精准    过程    信息    报表
    指挥    分解    执行    检查    系统    工具

    基础    前提    保障    动力    支撑    手段
```

图 9.2　销售过程管理六要素

一、销售过程分解

销售过程管理，也称作营销过程管理，或营销业务流程管理，是分解销售链的一连串的营销活动，并针对这些活动的作业流程进行管理。其目标在于解构营销业务流程，并采用恰当的方法，来确保企业中各种营销活动的执行成果能具有一定的水准和精确率，同时也能持续改善活动的进行方式，串联活动的作业流程，让企业具有强有力的销售链，保持在市场上的竞争力。

L 集团将销售过程分解为建立关系、发现机会、描述能力、表明价值、开发方案、完成销售和达到目标七个步骤，将客户购买进程分解为酝酿需求、讨论需求、确定需求、评估选择、确定方案、完成招标和达到目标七个步骤。管理企业内部销售过程的目的就是要将企业的销售过程与客户的购买进程相匹配，设立 S1 至 S9 共九个销售状态，分别为：S1.发现机会、S2.确认机会、S3.分析机会、S4.落实机会、S5.中标签单、S6.实施结束、S7.放弃投标、S8.项目停止、S9.落标，如图 9.3 所示。

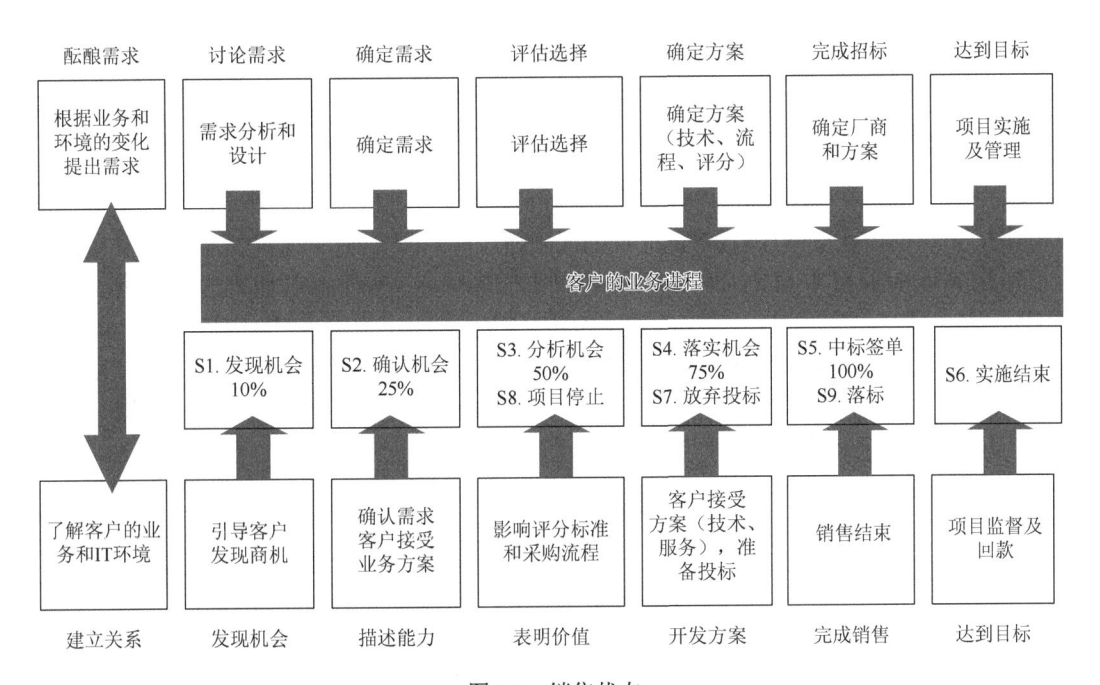

图 9.3 销售状态

二、销售漏斗管理

销售漏斗指通过统一的规划，把销售过程按照关键事件分为若干阶段，以此记录项目销售状态的管理工具。销售漏斗由以下漏斗模型组成：①以项目为基础的商机漏斗；②由商机漏斗统计出来的销售统计漏斗；③在销售统计漏斗中分析出来的标准漏斗。

商机漏斗是销售统计漏斗的基础，销售统计漏斗和标准漏斗是在这个漏斗的基础上通过分析统计派生出来的。如图9.4所示，在采用漏斗作为管理工具时首要的工作是漏斗设计。漏斗设计过程同样也是销售过程规划。要根据企业所在的行业、市场、企业产品特性来进行相对应的设计，以设计出真正符合企业特点和市场情况的销售漏斗。不同的企业各有不同的特点，此外产品、项目性质不同，销售漏斗的阶段划分也不同，一个企业可以建立多个销售漏斗。

```
S1 发现机会
S2 确认机会
S3 分析机会
S4 落实机会
S5 中标签单
销售目标
```

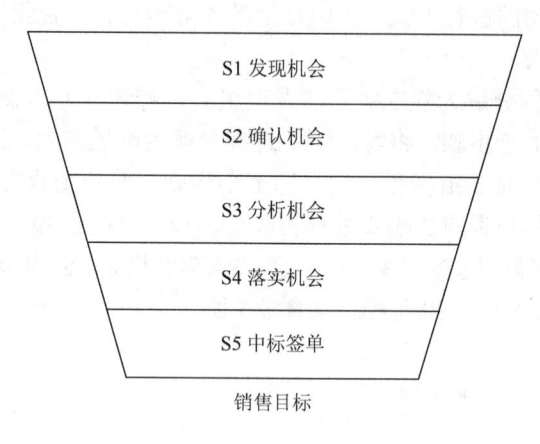

图9.4 L集团销售漏斗

L集团根据其销售情况，设计出自有的销售管理信息系统，其功能包括：①建立全面的客户档案和销售人员基本档案；②定义销售过程的各个阶段及每个阶段应该进行的工作；③反映各销售单位和人员的销售机会及销售状态；④描述销售机会的推进过程和进度。

L集团通过使用CRM系统和管理方法自建适合公司发展的销售管理流程，并且针对此流程不断地创新，以自身的实际业务需求作为目标，不断地完善该流程，特别是对于销售业务中的商机管理，创造了自己的业务管理模型。

L集团销售管理全流程如图9.5所示。

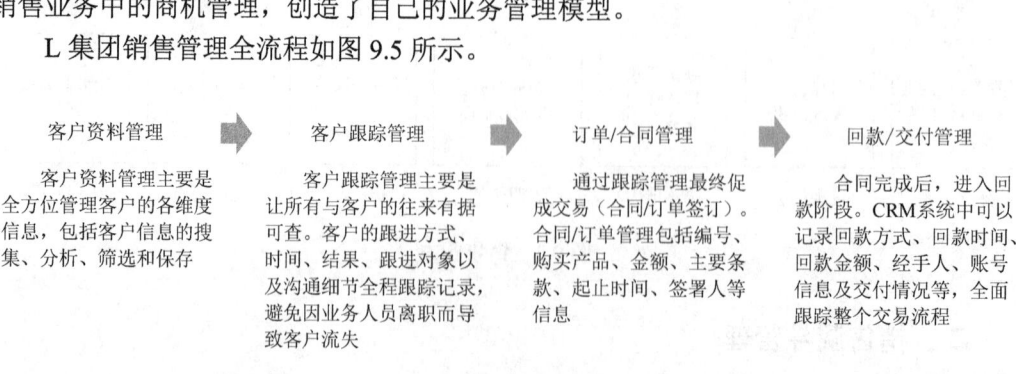

客户资料管理 ➡ **客户跟踪管理** ➡ **订单/合同管理** ➡ **回款/交付管理**

客户资料管理主要是全方位管理客户的各维度信息，包括客户信息的搜集、分析、筛选和保存

客户跟踪管理主要是让所有与客户的往来有据可查。客户的跟进方式、时间、结果、跟进对象以及沟通细节全程跟踪记录，避免因业务人员离职而导致客户流失

通过跟踪管理最终促成交易（合同/订单签订）。合同/订单管理包括编号、购买产品、金额、主要条款、起止时间、签署人等信息

合同完成后，进入回款阶段。CRM系统中可以记录回款方式、回款时间、回款金额、经手人、账号信息及交付情况等，全面跟踪整个交易流程

图9.5 销售管理全流程

将销售状态与CRM系统销售管理流程相结合进行目标管理，构建了线索漏斗理论，如图9.6所示。

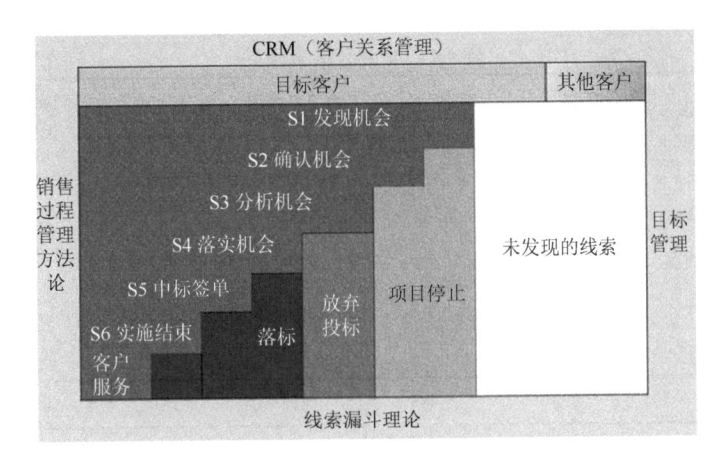

图 9.6　线索漏斗理论

第三节　L 集团销售线索管理

销售线索管理意义在于发现销售过程中的薄弱环节及相关异动，并及时采取有效措施，动态地管理当前的销售机会；对重点客户有针对性地采取措施，发现未来销售有可能出现的问题，进行销售预测；更加细致地评估销售人员的工作表现，更加深入地评估销售团队整体表现，控制销售费用，把费用花在关键环节和关键项目上，缩短销售产品的周期，提升中标率和签单率。

一、建立模型

目前 L 公司的销售项目包括 SV 系列产品线项目和软件产品线项目，根据经验确定各销售状态项目的经验系数，借助各销售状态的项目金额总结出不同产品线本期销售预测公式如下：

SV 本期销售预测 = S1 金额×0% + S2 金额×20% + S3 金额×30%
　　　　　　　　　+ S4 金额×50% + S5 金额×100% + S6×100%

软件本期销售预测 = S1 金额×10% + S2 金额×20% + S3 金额×30%
　　　　　　　　　+ S4 金额×50% + S5 金额×70% + S6×100%

二、线索总额分析

线索总额分析即通过线索总额进行分析，来确定销售人员的线索是否充足，是否足够支持其完成销售任务。一般情况，销售的有效线索要是销售任务的 4 倍左右。

依据模型进行中标金额分析，如根据 2023 财年 5 月份的项目备案线索，计算 6 月份 SV 系列产品线预计中标额，采用下列模型，所得结果如表 9.1 所示。

SV6 月销售预测 = S1 金额×0% + S2 金额×20% + S3 金额×30%
　　　　　　　　+ S4 金额×50% + S5 金额×100% + S6×100%

表 9.1　A 大区销售预测

大区	区	2023年总任务/万元	6月份任务/万元	要求线索额/万元	6月份申请特价额/万元	6月份线索缺口/万元	缺口比例
A 大区	A1 区	4350	305	609	498	−111	−18%
	A2 区	800	56	112	46	−66	−59%
	A3 区	180	13	25	3	−22	−88%
	A4 区	300	21	42	13	−29	−69%
	A5 区	750	53	105	1	−104	−99%
	小计	6380	448	893	561	−332	−37%

三、平衡分析

平衡分析指各个阶段线索量的分析。以线索商机进入 CRM 系统为节点，对过程商机（即 S1～S4 阶段的商机）阶段的转化率及推进周期进行分析，建立销售漏斗分析模型。按照标准的线索模型应该呈现漏斗形的模型，即后一阶段的商机数量、金额占比小于前一阶段。以 2023 年 1～5 月销售阶段处于 S1～S4 的全部商机为例（表 9.2），根据其阶段转化率，进行模型绘制，并分析结果。

表 9.2　2023 年 1～5 月销售汇总

S1 阶段情况		S2 阶段情况		S3 阶段情况		S4 阶段情况	
数量占比	金额占比	数量占比	金额占比	数量占比	金额占比	数量占比	金额占比
32%	36%	15%	17%	10%	12%	43%	35%

通过数据转换成销售漏斗，对比如图 9.7 所示。

实际-哑铃形　　　　标准-漏斗形

图 9.7　销售漏斗

销售漏斗没有形成标准漏斗形态，而是呈现哑铃形，下端线索量集中，表明初期有效线索量少，同时也说明对销售机会后期推进存在问题，需要对项目跟踪管理或投标策略进行重点分析。

四、销售进度分析

根据不同阶段的线索分析来看销售的跟进线索的能力，以及线索转换的能力。如以 2023 年 1～5 月销售阶段处于 S1～S4 的销售阶段停留天数为例，关注销售线索在每个阶段实际停留的天数与该阶段的标准停留天数差异并进行分析。如果销售人员的线索多集中在 S1～S2 阶段，如表 9.3 中的华中、华东和苏皖大区数据，说明商机线索并未进行有效的推进，需要进行分析并做出改善。

表 9.3 各大区销售线索关闭情况统计

大区/行业	总销售线索	\multicolumn{4}{c}{未及时关闭的销售线索}	合计	比率
		S1	S2	S3	S4		
山东大区	1915	2	0	0	5	7	0.37%
华北大区	869	4	2	1	1	8	0.92%
华中大区	818	11	0	1	3	15	1.83%
华南大区	353	5	2	2	4	13	3.68%
西北大区	545	2	0	5	5	12	2.20%
东北大区	537	5	1	0	1	7	1.30%
西南大区	304	1	1	0	1	3	0.99%
华东大区	464	16	0	1	3	20	4.31%
苏皖大区	922	19	2	0	4	25	2.71%
行业总部	37	0	0	0	0	0	0.00%
合计	6764	65	8	10	27	110	1.63%

第四节　销售商机分析大数据平台建设

一、销售商机分析大数据平台建设背景

2019 年以后，L 集团销售收入出现了大幅下降导致毛利贡献绝对额大幅度降低。集团的管理层非常重视业绩下滑问题，召集公司各部门对近三年的销售情况进行分析，得出如下结论。

（1）集团自身销售组织完善，可覆盖全国各个区域，尚无明显问题。

（2）集团制定了完善的销售管理办法，规定了严谨的销售管理流程，销售人员在按照销售制度推进项目，尚无明显问题。

（3）计算机、服务器行业竞争激烈，价格信息充分透明化，利润空间被一再压缩。去年有大量竞争对手采取大幅降价的手段抢占市场份额，导致集团销售额下降。竞争对

手抢走集团的部分客户,但是集团的商机管理并没有及时补充到位新的销售商机,从而导致商机无法支撑业绩的达成。

(4)集团通过销售漏斗管理销售过程,销售漏斗中的销售商机补充是由"商机水库模型"计算确定,而商机水库模型中重要的计算指标是商机转化率,商机转化率主要是指在某一阶段里所有潜在商机最终转化为订单的概率。集团所使用的商机转化率主要是根据近三年的销售数据测算得出,具有一定的偏差,从而导致计算的商机缺口不足。

(5)销售线索获取有一定难度,精准链接客户成为难题,线上活动无法精准投放,多类型、有侧重的线下活动管控困难,营销数据无法做到实时分析。

因此,L集团决定在当前阶段信息化基础上,整合集团信息化数据资源,建立大数据中心,数字化展示集团经营过程、成果,洞察问题,辅助决策。

二、销售商机分析大数据平台系统简介

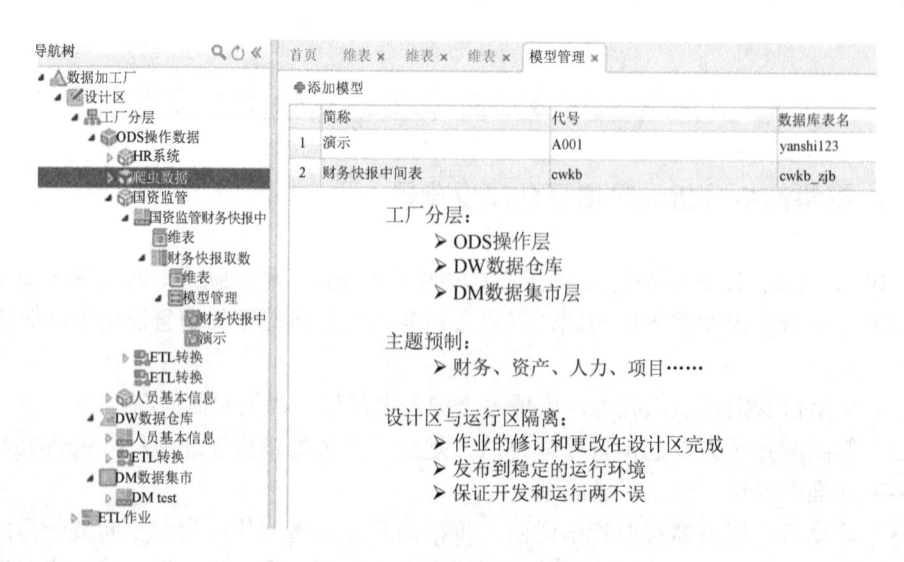

(一)数据智能分析平台

数据智能分析平台是一款专业面向数据仓库实施的智能、敏捷的数据全生命周期管理的应用平台,能够有效地解决企业面临的数据架构、数据标准、数据质量问题,可全方位满足用户对数据管理和数据服务应用时效性和准确性需求,能在很大程度上降低数据集成项目实施技术门槛,使复杂的工作简单化、重复的工作智能化。

随着企业的发展,企业所要处理的数据类型和数据量越来越多,数据成为重要的资产,数据仓库、大数据分析系统逐渐成为企业信息建设热点,但企业缺少专业的数据仓库建设和管理工具,导致数据仓库建设步履维艰,管理过程困难重重。为了解决客户遇到的此类问题,L集团总结20多年数据治理、数据仓库实施、大数据分析应用的经验,通过自主研发,推出了数据智能分析平台产品,如图9.8所示。

图9.8 数据智能分析平台

数据智能分析平台是支撑企业数据仓库建设和数据管理的工具，具有智能、敏捷、高效、协同等特点，拥有数据源、数据加工厂、数据质量管理、数据标准管理、数据服务管理、数据服务共享、聚数等模块，可实现对数据全生命周期的管理。

平台采用数据仓库层级架构，它将数据仓库划分为不同的层级，每个层级负责特定的功能和任务，使得数据的存储、管理、处理和查询更加高效和灵活。典型的数据仓库层级架构包括以下几个层次。

ODS（operation data store），即操作性数据存储，是作为数据库到数据仓库的一种过渡，一般情况下ODS层的数据结构与数据来源保持一致，是将不同系统的数据原封不动地抽取到数据仓库，用于后续数据的整理。

DW（data warehouse），即数据仓库，是数据存储集合，将所需数据从原来的数据中抽取出来，在数据仓库进行加工、整理，删除冗余数据。

DM（data mart），即数据集市，是为了特定的应用目的或应用范围，从数据仓库中独立出来的一部分数据，主要是从业务需求方面对数据进行归集、整理，从不同的维度进行分析。

数据仓库平台采用 ETL［extract（抽取），transform（转换），load（加载）］将来自不同数据源的数据集成到一个中心化的数据仓库中，为企业提供高质量、一致和可靠的数据。

ETL 的主要目标是确保数据的质量、一致性和可用性，以便支持业务报表、分析和决策。ETL 流程有助于将不同来源的数据整合到一个一致的数据仓库中，从而为企业提供了可靠的数据基础，用于分析和洞察。

（二）可视化销售分析系统

可视化销售分析系统（图9.9）通过对数据的收集、管理、分析以及转化，使数据成为可用的信息，辅助决策和指导行动。软件基于云计算的开放架构，采用大数据处理、流程智能、智能消息推送、商业分析等技术，对企业内、外部数据进行整合，为企业提供商业分析服务，辅助领导决策，提升管理水平，为企业创造价值。

在竞争日益激烈的市场环境下，企业面临的经营风险和不确定性不断增加，而用于决策的信息也随之不断增加，对于企业管理者来说，如何提高决策效率、规避风险就成了一个严峻的挑战。可视化销售分析系统中的商业分析软件通过集合、分析、管理各个业务系统数据用以探索、展示与挖掘各业务信息资产，通过将分散在企业各系统中的数据进行整合，使得烦琐的信息获取过程变得简便易行，实现企业全面分析管理，及时掌握动态，加强内部控制，防范意外风险，优化资源配置。全方位地提高企业的竞争力，大大减少了风险，进而使企业更快获得成功。

可视化销售分析系统分为数据整合层、商业智能分析层、应用层三个层次。数据整合层提供数据仓库的建设；商业智能分析层提供了多种智能分析工具，针对企业不断变化的分析需求，快速生成与之相关的查询、报表、报告，及时反映企业的真实情况；应用层提供了七类经营分析和信息披露、风险防控应用模型。用户也可以利用智能分析系统开发自己的经营分析工具，来不断丰富展现内容，为决策提供更好的支持；并且提供多种登录方式，方便用户随时随地掌握一手数据。

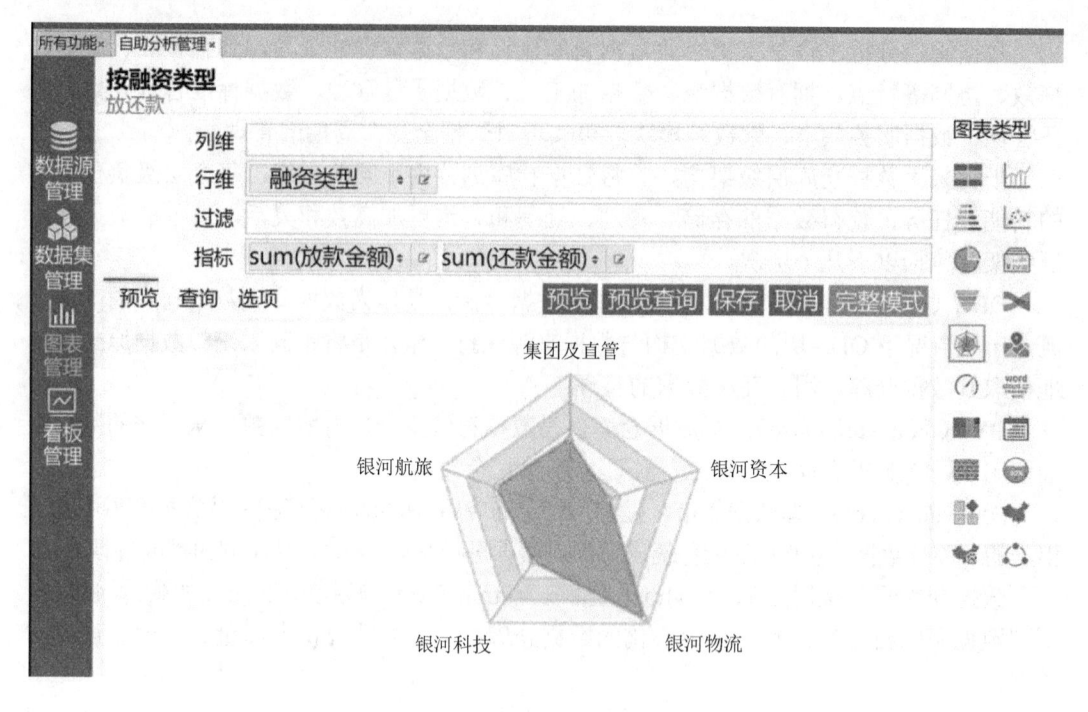

图9.9 可视化销售分析系统

三、销售商机分析大数据平台建设

（一）销售商机分析大数据平台系统架构

销售商机分析大数据平台系统架构如图 9.10 所示，平台采用新一代信息技术，通过聚集大数据资源实现资产化管理与运营，实现产业融合创新。该平台以云计算为基础，

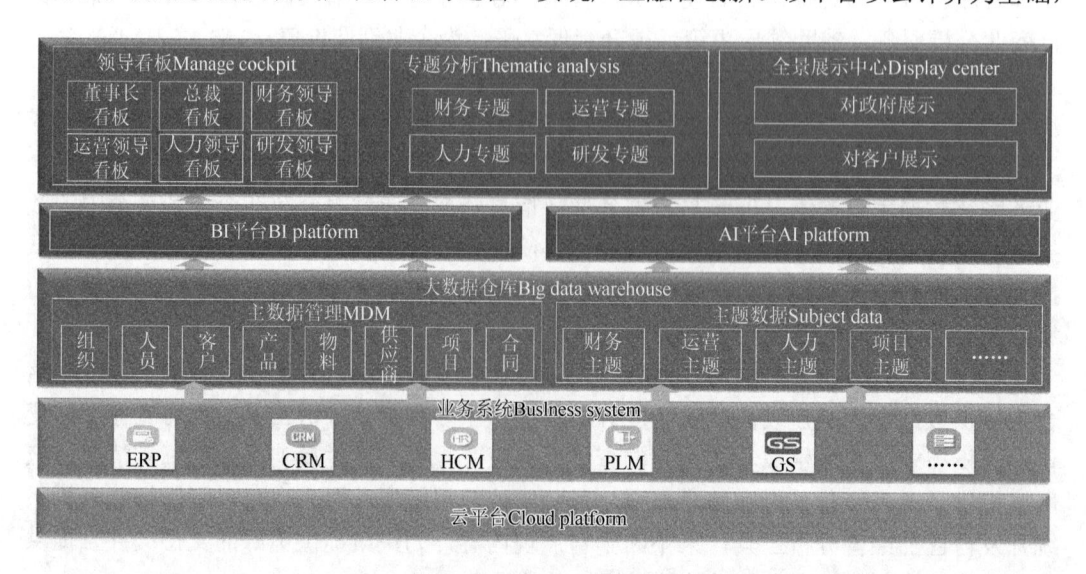

图9.10 销售商机分析大数据平台系统架构

构筑云平台，在此基础上，构建 ERP、CRM、HRM（human resource management，人力资源管理）、PLM（product life-cycle management，产品生命周期管理）等业务系统，基于各个业务系统中的数据构建大数据仓库，形成主数据仓库和主题数据仓库。借助 BI（business intelligence，商业智能）和 AI 平台，形成领导看板、专题分析、全景展示中心等大数据分析中心及多终端展示平台。

（二）销售商机分析大数据平台建设步骤

销售商机分析大数据平台的建设步骤如图 9.11 所示，平台是遵循"自上而下理需求，自下而上建系统"的原则分三个批次建设而成的。首先由集团领导基于战略目标分解形成管理领域，进而提出各领域统计分析需求，进行第一批次的建设。其次由各职能部门负责人基于集团层领导需求，结合自身管理职责，细化管理要求，形成分领域的统计分析需求，进行第二批次的建设。最后，由各职能部门执行人基于满足上两层的需求实现以及日常管理职能要求梳理数据统计需求，进行第三批次的建设，并且在建设过程中进行循环迭代，持续优化，以企业大数据为核心，以 AI、云计算、大数据分析为基础，构建企业大脑。

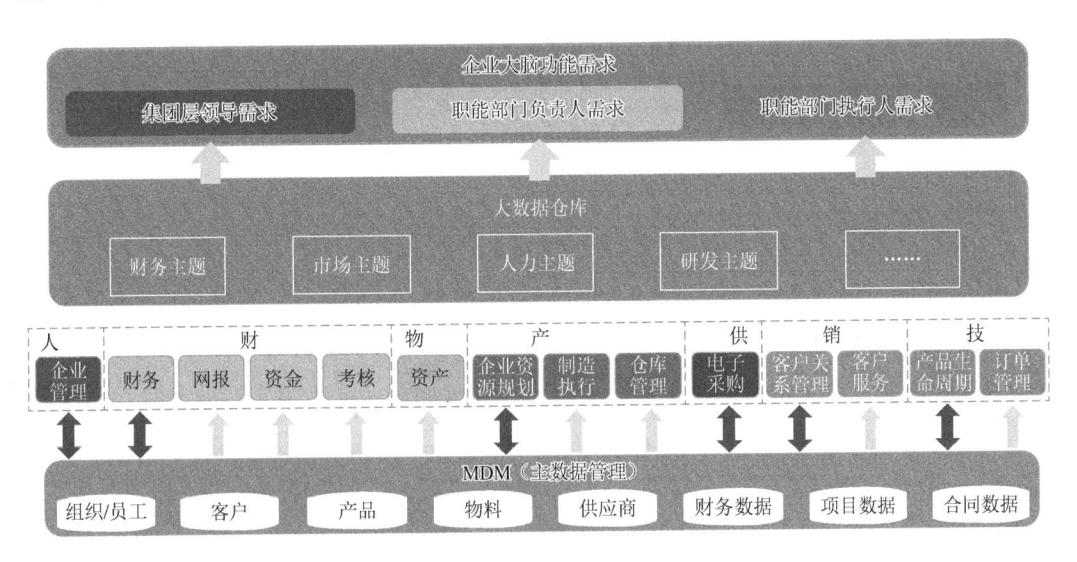

图 9.11 销售商机分析大数据平台建设步骤

（三）销售商机分析大数据平台建设模块

销售商机分析大数据建设内容如图 9.12 所示，平台建立了一套规范的、标准化的主数据管理系统，实现统一的元数据管理、主数据管理和数据质量控制。基于核心客户的项目流程，将各系统中的数据打通，利用机器学习算法分别为集团财务部、市场运营部和人力资源部提供精细核算、商机水库中标预测、人效分析等深层次的大数据分析，搭建总体监控全景展示中心，利用丰富的信息资产，实现公司销售信息的图形化展示，面向公司管理层、销售相关部门提供大屏看板，构建集团全景监控中心，加强集团管控。

/商业数据分析/

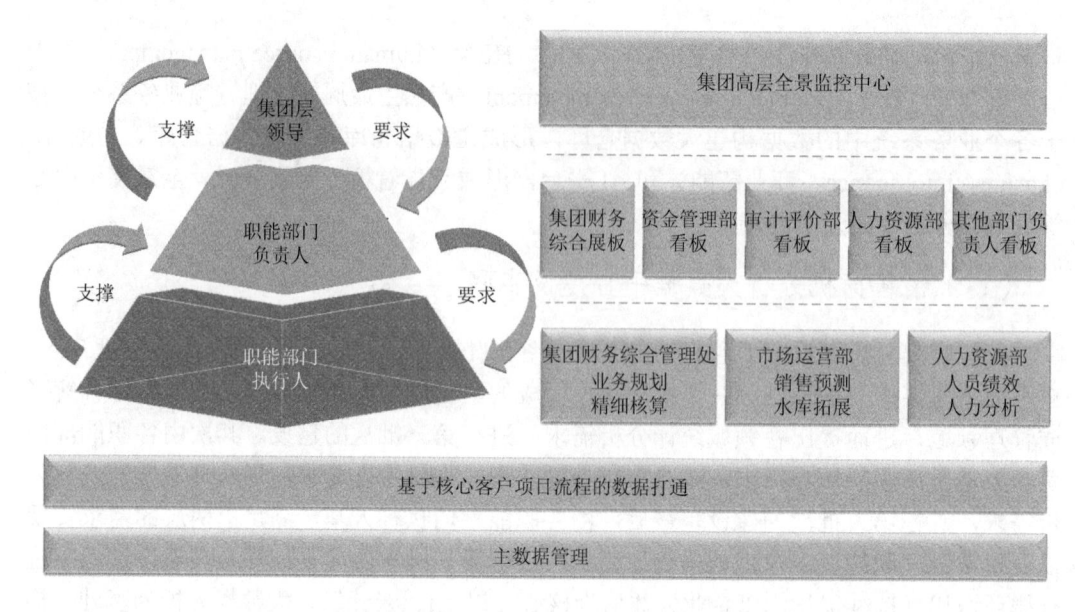

图 9.12 销售商机分析大数据平台建设内容

第五节 销售商机分析大数据平台应用

一、数据挖掘

(一)销售商机中标预测模型的建模流程

销售商机中标预测模型的建模流程分为数据准备、特征工程、模型训练、模型评估及模型上线五个步骤,如图 9.13 所示。数据准备阶段,选取集团多年积累的历史商机

- **数据准备** → ◆ 选取历史商机数据142 082条和销售人员信息表。过滤掉正在进行中的数据和质量较差的数据,剩余131 465条

- **特征工程** → ◆ 经数据分析以及与销售人员沟通,从152列中识别出与中标相关的40列

- **模型训练** → ◆ 选择80%的历史数据作为训练数据
  ◆ 使用决策树算法,进行机器学习训练

- **模型评估** → ◆ 选择20%的历史数据作为测试数据
  ◆ 训练得到的商机中标准确率为86.89%(这里存在匹配最优算法模型的问题)

- **模型上线** → ◆ 定期根据新数据,训练优化模型

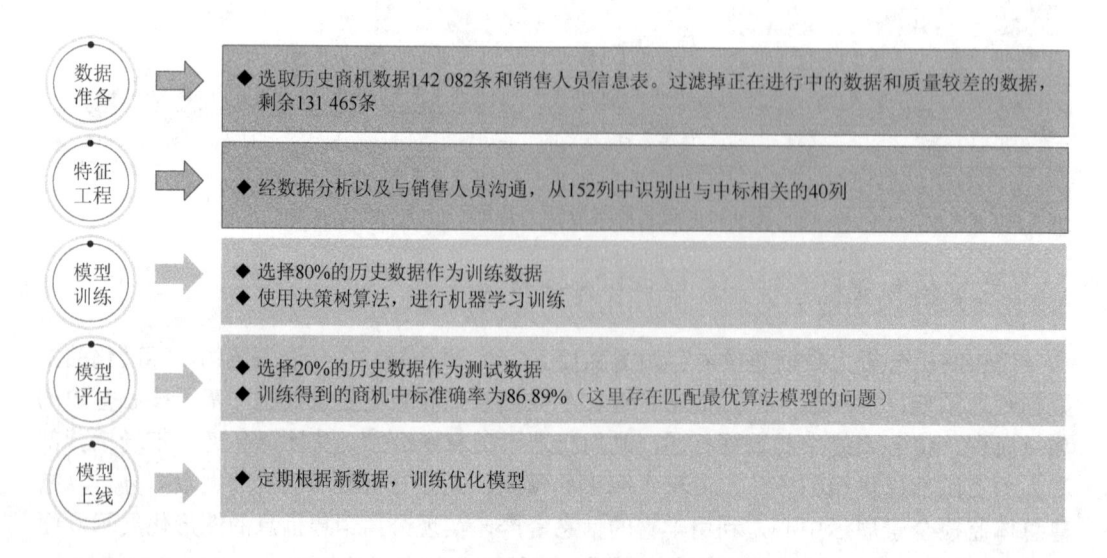

图 9.13 销售商机中标预测模型建模流程

数据 142 082 条和销售人员信息表。过滤掉正在进行中的数据和质量较差的数据，剩余 131 465 条用以模型训练。特征工程的建立是在数据分析以及与销售人员沟通的基础上，从 152 列中识别出与中标相关的 40 列，作为特征列进行建模计算。采用有监督算法——决策树算法，选择 80%的历史数据作为训练数据，20%的历史数据作为测试数据进行模型训练，得到正确率大于 85%的销售商机中标预测模型，将模型上线，并定期根据新数据，训练优化模型。

（二）销售商机中标预测模型的系统应用

数据准备见图 9.14。

图 9.14　数据准备

数据预处理见图 9.15。

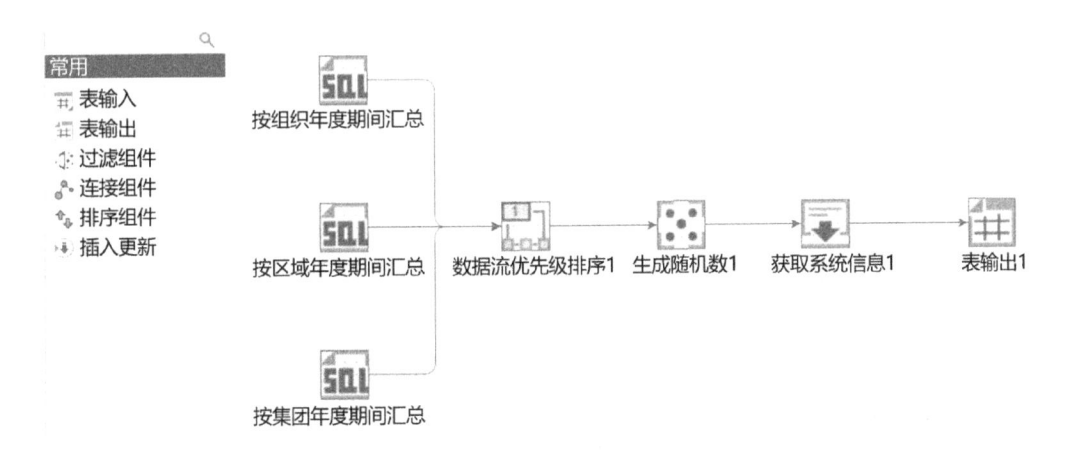

图 9.15　数据预处理

模型训练见图 9.16。

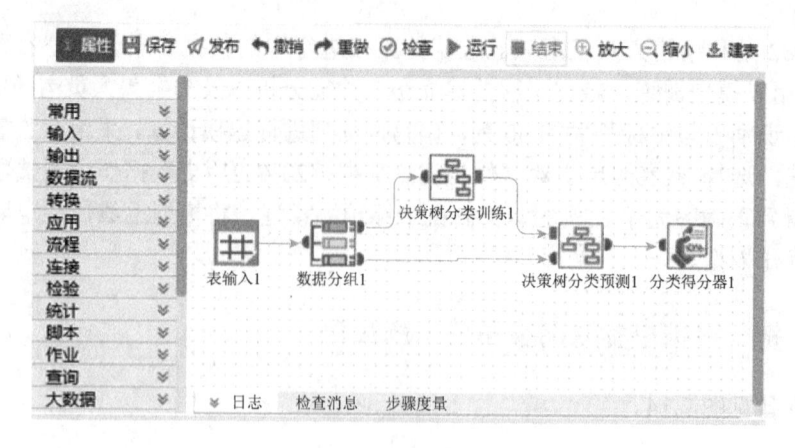

图9.16　决策树模型训练

模型应用见图9.17。

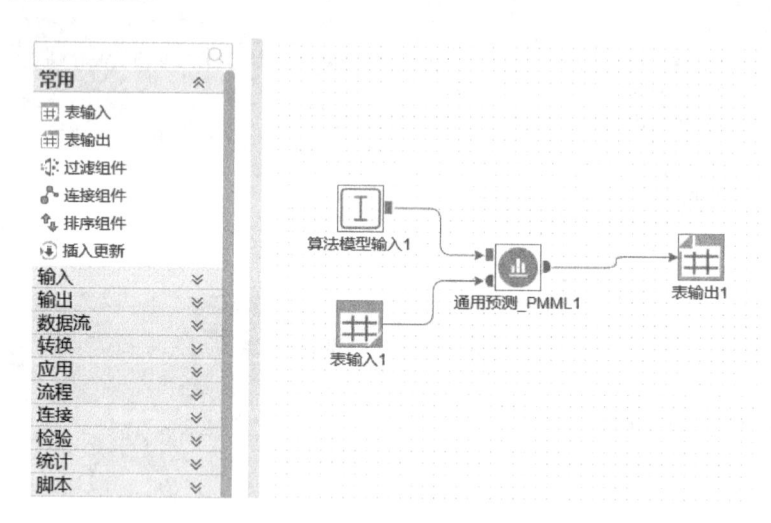

图9.17　模型应用

二、数据可视化

1. 市场分析

企业要根据经济发展的情况、政府组织架构、信息化政策、计划产品应对等对市场情况进行多维度的分析。

（1）进行市场分析的目的是要分析各省区市整体的增长都分布在哪里，然后通过市场洞察发现未来主要的增长机会在哪里。

（2）进行市场分析所需的支撑资料为市场洞察报告。分析报告要体现总规模去向分解，主要投资规划动向以及进入路径，此外，还要对重点大项目机会进行详细的分析。

（3）进行市场分析需要输出各细分市场的规模及增长趋势揭示表以及主要的商机列表。

2. 客户分析

客户分析是以客户为角度进行分析，客户地图（图 9.18）是回答具体卖给谁。客户地图指对各客户群进一步细分，提出具体的 TOP 客户（有一定规模或有大项目），如某电网公司、某厅局级单位等。要对每个 TOP 客户的商机和进入路径等进行描绘，并提出对应的解决方案：主攻单一产品或产品组合或整体解决方案，并根据 TOP 客户规模和数量确定对应客户经理的人数编制。

■ TOP5商机

主要城市	客户名称	总商机（万元）	中标（万元）	进行中（万元）
广东	A	27 019	19 322	0
广东	B	12 540	9 880	2 614
吉林	C	9 870	9 613	251
新疆	D	24 727	26 516	7 685
江苏	E	6 906	6 071	10

图 9.18 客户地图

（1）编制客户地图的目的是明确主攻的 TOP 客户、客户层，进一步明确各目标细分市场的 TOP 客户；了解各客户需求及主要竞争对手，找到突破路数。

（2）对客户地图进行分析所需的支撑资料为 TOP 客户名单及需求机会、竞争占比、对 TOP 客户进行的评价及认知。

（3）对客户地图进行分析，输出资料为 TOP 客户详细列表。

3. 目标线索漏斗分析

将 S1～S5 销售状态的情况进行漏斗分析，制作销售阶段金额漏斗图和销售阶段数量图，如图 9.19 所示。

销售阶段金额　销售阶段数量

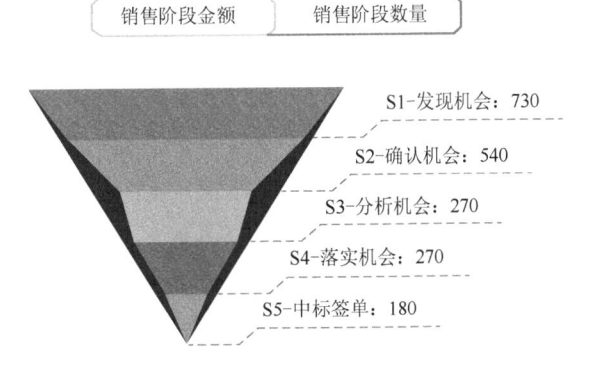

S1-发现机会：730
S2-确认机会：540
S3-分析机会：270
S4-落实机会：270
S5-中标签单：180

图 9.19 销售漏斗分析

4. 可视化大屏端展示效果

最终形成包括漏斗分析、TOP 商机、业绩预测、财务预警、运营排名、督办待办、项目管理监测等多维大数据可视化分析看板（图 9.20），以实现数字化科学决策。

图 9.20　可视化大屏展示

参考文献

陈为，沈则潜，陶煜波，等. 2019. 数据可视化. 2 版. 北京：电子工业出版社.
胡永胜. 2021. Power BI 商业数据分析. 北京：人民邮电出版社.
杰弗里 D. 坎姆. 2017. 商业数据分析. 耿修林，宋哲译. 北京：机械工业出版社.
李博. 2017. 机器学习实践应用. 北京：人民邮电出版社.
李航. 2019. 统计学习方法. 2 版. 北京：清华大学出版社.
李运. 2015. 机器学习算法在数据挖掘中的应用. 北京：北京邮电大学.
零一. 2021. Python 商业数据分析：零售和电子商务案例详解. 北京：电子工业出版社.
刘思峰. 2020. 应用统计学. 4 版. 北京：高等教育出版社.
刘思峰. 2021. 灰色系统理论及其应用. 9 版. 北京：科学出版社.
刘思峰，菅利荣，米传民. 2020. 管理预测与决策方法. 4 版. 北京：科学出版社.
马克·J. 施尼德詹斯，达拉·G. 施尼德詹斯，克里斯多夫·M. 斯塔基. 2018. 商业数据分析：原理、方法与应用. 王忠玉，王天元，王伟译. 北京：机械工业出版社.
王衡军. 2020. 机器学习（Python + sklearn + TensorFlow 2.0）微课视频版. 北京：清华大学出版社.
王仁武，蔚海燕，范并思. 2014. 商业分析：商业数据的分析、挖掘和应用. 上海：华东师范大学出版社.
王宇韬，钱妍竹. 2020. Python 大数据分析与机器学习商业案例实战. 北京：机械工业出版社.
谢丽星，周明，孙茂松. 2012. 基于层次结构的多策略中文微博情感分析和特征抽取. 中文信息学报，26（1）：73-83.
薛薇. 2020. SPSS Modeler 数据挖掘方法及应用. 3 版. 北京：电子工业出版社.
张浩彬，周伟珠. 2019. IBM SPSS Modeler 18.0 数据挖掘权威指南. 北京：人民邮电出版社.
张文彤，邝春伟. 2011. SPSS 统计分析基础教程. 2 版. 北京：高等教育出版社.
张文彤，钟云飞. 2013. IBM SPSS 数据分析与挖掘实战案例精粹. 北京：清华大学出版社.
Breiman L I, Friedman J H, Olshen R A, et al. 1984. Classification and Regression Trees. Biometrics, 40（3）：358.
Feldman R, Dagan I. 1995. KDT-knowledge discovery in texts//Proceedings of the First International Conference on Knowledge Discovery and Data Mining（KDD）. Palo Alto：AAAI Press：112-117.
Firth J R. 1957. A synopsis of linguistic theory 1930—1955//Firth J R, Stockwell R P. Studies in Linguistic Analysis. Oxford：Philological Society：1-32.
Goodfellow I J, Pouget-Abadie J, Mirza M, et al. 2014. Generative adversarial nets//Proceedings of the 27th International Conference on Neural Information Processing Systems-Volume 2. Montreal：ACM：2672-2680.
Harris Z S. 1954. Distributional structure. Word, 10（2/3）：146-162.

Hinton H S. 1988. Architectural considerations for photonic switching networks. IEEE Journal on Selected Areas in Communications, 6 (7): 1209-1226.

Kim Y. 2014. Convolutional neural networks for sentence classification//Proceedings of the 2014 Conference on Empirical Methods in Natural Language Processing (EMNLP). Doha: Association for Computational Linguistics: 1746-1751.

Kodratoff Y. 1999. Knowledge discovery in texts: a definition, and applications//Lecture Notes in Computer Science. Berlin, Heidelberg: Springer Berlin Heidelberg: 16-29.

Landahl H D, McCulloch W S, Pitts W. 1943. A statistical consequence of the logical calculus of nervous nets. The Bulletin of Mathematical Biophysics, 5 (4): 135-137.

Pang B, Lee L, Vaithyanathan S. 2002. Thumbs up?: sentiment classification using machine learning techniques//Proceedings of the ACL-02 conference on Empirical methods in natural language processing - Volume 10. ACM: 79-86.

Quek C Y. 1997. Classification of World Wide Web Documents. Senior Honors Thesis, Carnegie Mellon University.

Salton G, Wong A, Yang C S. 1975. A vector space model for automatic indexing. Communications of the ACM, 18 (11): 613-620.